十三經注疏

周易

注 王弼·韓康伯 疏 孔穎達
책임번역 成百曉 공동번역 申相厚

譯註 周易正義 2
주역정의

전통문화연구회

東洋古典現代化와 十三經注疏 譯註

본회가 東洋古典의 飜譯과 敎育, 情報化 등 古典現代化 사업을 시작한 지 어느덧 25년이 되었다. 그간 우리나라의 고전국역 상황을 보면, 東洋古典에 대한 번역문제는 1960년 중반에 한국고전번역을 정부에서 추진하면서 우선 四書五經 등 기본고전을 모범 번역하자는 논의가 있었지만 우리 고전이 아니라고 무산되었다.

1980년대에 韓國學 연구와 한국고전번역의 先決課題는 물론, 國際政治 관계나 經濟상의 이유로도 필요하다는 논의가 제기되었다. 그 후 1988년 본회가 발족하면서 東洋古典 번역을 착수하여, 1990년대 말경 본회에서 소위 '新注'의 四書三經을 註까지 懸吐完譯함으로써 東洋學과 韓國學徒들의 袖珍本이 되고 敎育界와 文化界까지 파급되었다.

그 후 본회 창립 20주년이 되면서 다시 대화의 과제와 목표를 논의하면서, 단순한 韓國學의 선결과제를 넘어 東洋文化에 대한 源泉的이며 體系的인 檢討의 필요성이 대두되었으니, 이제 우리는 東洋文化의 先導的 역할을 담당할 준비를 갖추고 21세기에 先進文化强國 건설로 새 歷史를 이루자는 것이었다.

일반적으로 十三經은 核心的 儒家經典의 總稱이지만, 이는 東洋文化의 뿌리라 하겠다. 우리 역사상으로 十三經은 저 멀리 삼국시대에 이미 高句麗의 太學에서 기본 교과로 채택하였고, 百濟에서는 五經博士 制度를 두었고, 新羅 薛聰은 九經을 方言으로 읽었고, 高麗에서는 國子監이나 九齋學堂에서 교육하였으며, 朝鮮朝 成均館과 鄕校, 書堂과 書院에서는 四書五經 등을 교육하여 人材 등용과 국가정책에 절대적 영향을 끼쳤다.

이 十三經의 代表的 註釋書는 漢·唐 시기의 '古注'라 일컬어지는 十三經注疏와, 그 후 宋代의 朱子的 世界觀이 반영된 '集註'와 '集傳' 등의 '新注'가 두 개의 軸이라 할 수 있다.

그런데 우리는 조선조에서부터 朱子學 일변도의 學風으로 경도되어, 그 偏向性이 오늘에까지 이르렀음은 심히 不幸이라 하겠다. 中國에서는 明·淸 시기에 訓詁學, 考證學이라는 學風이 일어 十三經注疏가 經學硏究의 標準이 되었고, 日本에서는 反朱子的 見解와 陽明學의 영향을 받아 明治維新 때 이미 漢文大系 등의 古典整理 사업으로 '古注' 연구가

一般化된 사실을 간과해서는 안 되겠다.

이에 東洋文化의 核心이라 할 수 있는 十三經注疏를 譯註하고, 이를 통해 우리 文化의 傳統에 대해 體系的으로 이해하고 復元함으로써, 그간 편협했던 학술 風土를 넘어 多樣性과 客觀性을 모색하고, 아울러 古典現代化의 水準을 높이고 融合的이고 自生的인 韓國學을 진작시켜야 할 것이다.

오늘날 중국과 일본에서 번역하지 못한 십삼경주소를 본회에서 130여 책으로 10년 안에 完譯하고, 이와 아울러 韓中日 三國의 東洋古典語彙 情報網을 구축함으로써, 우리의 東洋學과 韓國學 연구에 礎石과 架橋가 되어 우리나라가 先進文化强國으로 昇華되고 世界文化 발전에까지 기여하기를 기대한다.

이 十三經注疏의 번역은 三經과 三禮와 春秋三傳과 ≪論語≫, ≪孟子≫, ≪孝經≫, ≪爾雅≫ 등의 十三經을 經은 물론이요 注와 疏까지 譯註하는 것으로, 原典의 傳統性과 번역의 現代性을 기본으로 하여 漢學元老와 新進學者의 協同硏究飜譯으로 추진하고자 한다.

또한 註釋은 宋代의 소위 '新注'와 비교하고, 明淸代의 注와 韓國 先賢의 注와 見解, 그리고 日本의 注를 가급적 반영하며, 深度 있는 硏究解題를 하기로 하였다. 한편 古典의 우리식 讀解文法인 懸吐를 經과 注에 달고 방대한 疏에는 편의상 構文을 이해할 수 있는 標點을 달며, 經・注・疏 전체에 대한 內容索引을 할 계획이다.

끝으로 오랫동안 飜譯과 校閱에 종사하여 오신 元老漢學者와 10여 년 이상 漢學을 연수한 新進學者로서, 이 십삼경주소의 연구번역에 참여하여 難解한 注疏의 譯註에 헌신하시는 모든 분들께 무한한 감사를 드린다.

또한 고전현대화에 대한 政府의 지대한 關心과 支援에 감사를 드리며, 그간 직간접으로 지도편달하여 주신 학계와 교육계 및 문화계 인사 여러분께 심심한 謝意를 표하며, 앞으로도 따뜻한 관심과 엄정한 叱正을 부탁드리며 내내 평강과 행복을 기원한다.

社團法人 傳統文化硏究會 會長 李啓晃

凡 例

1. 본서는 十三經注疏 중 ≪譯註 周易正義≫의 제2책이다.

2. 본서의 底本은 阮元 校刻本 ≪周易正義≫(淸 嘉慶 21년(1816) 阮元 校刻 十三經注疏, 中華書局, 2009, 이하 '阮刻本'으로 약칭)로 하되, 北京大 整理本 ≪周易正義≫(十三經注疏整理委員會 整理, 北京大學出版社, 2000, 이하 '北京大本'으로 약칭)를 참고하였다.

3. 본서의 書名은 底本인 阮刻本의 〈重刻宋板注疏總目錄〉에는 '周易正義'로, 卷次名에는 '周易兼義'로 되어 있다. 그런데 阮刻本의 〈重刻宋板注疏總目錄〉과 ≪四庫全書總目提要≫ 등에는 '周易正義'로 되어 있고, 국내외 학자들의 견해도 '周易正義'가 적정하다고 밝히고 있어, 본서의 書名은 '周易正義'로 하고, 卷次名은 저본대로 '周易兼義'로 하였다. 그리고 '兼義'라는 명칭에 대해서는 ≪四庫全書總目提要≫에서도 그 이유를 알 수 없다 했고, 이를 밝혀낸 현대의 연구도 없다.

4. 본서는 원전의 傳統性과 번역의 現代性을 구현하기 위해 노력하였다.

5. 原文의 經과 注는 우리나라 전통 방식으로 懸吐하였다. 전통적으로 懸吐는 經에만 하고 小註나 疏에는 하지 않았으며, 또한 疏는 經과 注의 字句 해석이 중심이므로, 본서에서도 간략하게 標點만 하였다.

6. 原文은 저본의 體制에 따라 經, 注, 疏를 구분하고, 經은 大字로 표기하고, 注와 疏는 【注】와 【疏】로 표시하여 구분하였다.

7. 原文의 分節은, 經과 注는 저본의 분절을 따르고, 疏는 단락이 길 경우 의미 단락에 따라 역자 재량으로 분절하였다.

8. 저본의 反切 注는 생략하되, 문맥을 이해하기 위해 필요한 경우에만 살리고, 讀音이 특수하거나 僻字인 경우에는 ( ) 속에 한글로 흡을 달아주었다.

9. 疏에서 설명 대상으로 인용한 經과 注의 단어나 구절은 번역하지 않고 원문 그대로〔 〕 속에 넣어주었다.

　　예〔飛龍在天 上治〕聖人이 윗자리에 거하여 다스림을 말한 것이다.

10. 飜譯은 原義에 충실하게 하되, 이해가 어려운 부분은 意譯 또는 補充譯을 하였다.

11. 飜譯文은 한글과 漢字를 混用하였으며, 맞춤법과 띄어쓰기는 한글 맞춤법과 표준어 규정을 따르는 것을 원칙으로 하였다.

12. 譯註는 校勘, 人物, 制度, 官職, 역사적 사건, 인용문의 出典, 異說, 故事, 전문용어, 難解語 등에 관한 사항을 밝혔다.

13. 校勘은 원문의 誤字, 脫字, 衍字, 倒文 등을 대상으로 하였다.

14. 校勘은 저본인 阮刻本의 校勘記 중 꼭 필요한 것만 선택하여 譯註에 반영하였다. 그 외에도 北京大本을 비롯한 여러 原典 자료를 참고하였으며, 이를 譯註에 밝혔다.

15. 阮刻本에서 校勘에 참고한 書目의 略稱은 다음과 같으며, 본서의 校勘註에도 약칭으로 표기하였다.

- 古本 : 唐나라 이전 本으로 日本 足利學校에 所藏된 書寫本
- 石經 : 唐나라 開成(836~840) 연간의 石刻本
- 十行本 : 南宋(1127~1279) 시기 刊行本
- 宋本 : 南宋 紹興(1131~1162) 연간의 石刻本으로 日本 足利學校 所藏本
- 毛本 : 明나라 崇禎(1628~1644) 연간 毛晉의 汲古閣 校刊本
- 閩本 : 明나라 嘉靖(1522~1566) 연간 閩中禦史 李元陽의 校刊本
- 監本 : 明나라 萬曆(1573~1620) 연간 閩本의 重刻本
- 岳本 : 廖氏의 世綵堂本에 대한 岳珂(1183~1243)의 校勘本
- 錢本 : 明나라 錢孫保의 校本을 淸나라 盧文弨(1717~1795)가 傳校한 本
- 錢交本 : 淸나라 錢曾(1629~1701)의 校勘本
- 足利本 : 日本 足利學校 所藏本
- 釋文 : 唐나라 陸德明(?~630)의 ≪經傳釋文≫

16. 본서의 校勘에 사용된 符號는 다음과 같다.

( )〔 〕: (저본의 誤字)〔교감한 正字〕

〔 〕: 저본의 脫字 보충

( ) : 저본의 衍字

17. 본서에 사용된 주요 符號는 다음과 같다.

" " : 對話, 각종 引用

' ' : " " 안에서 再引用, 强調

「 」: ' ' 안에서 再引用, 强調

( ) : 원문에서는 讀音이 특수한 글자나 僻字의 音

번역문에서는 간단한 譯註

〔 〕: 번역문과 뜻은 같으나 音이 다른 漢字나 句節, 譯註에서 인용한 原文

疏에서 설명 대상으로 제시한 經이나 注의 단어나 구절

≪ ≫ : 書名이나 典據

〈 〉 : 篇章名, 作品名, 補充譯

【 】 : 注와 疏의 표시

○ : 저본에 사용된 단락 구분 표시 遵用

18. 본서의 疏에 사용한 標點은, 中國의 출판본에 이미 상세 표점이 되어 있으므로, 한국
에서 재래로 사용해오던 표점방식을 보완하여, 文理의 이해를 돕는 정도로 간략히 하
였다. 본서에 사용된 標點은 다음과 같다.

. : 문장의 종결

, : 한 문장 안에서 句나 節의 구분이 필요한 곳

· : 대등한 명사나 구절의 병렬

" " : 對話, 각종 引用

' ' : " " 안에서 再引用, 强調

「 」 : ' ' 안에서 再引用, 强調

: : 疏 내용을 포괄하는 '正義曰' 뒤에 사용

參考文獻

◇ 底本 및 주요 참고도서

• ≪周易正義≫, 阮元(淸) 校刻, 十三經注疏(淸 嘉慶刊本), 中華書局, 2009.
• ≪周易正義≫, 十三經注疏整理委員會 整理, 北京大學出版社, 2000.

◇ 十三經注疏

• ≪論語注疏≫, 阮元(淸) 校刻, 十三經注疏(淸 嘉慶刊本), 中華書局, 2009.
• ≪孟子注疏≫, 阮元(淸) 校刻, 十三經注疏(淸 嘉慶刊本), 中華書局, 2009.
• ≪毛詩正義≫, 阮元(淸) 校刻, 十三經注疏(淸 嘉慶刊本), 中華書局, 2009.
• ≪尙書正義≫, 阮元(淸) 校刻, 十三經注疏(淸 嘉慶刊本), 中華書局, 2009.
• ≪禮記正義≫, 阮元(淸) 校刻, 十三經注疏(淸 嘉慶刊本), 中華書局, 2009.
• ≪儀禮注疏≫, 阮元(淸) 校刻, 十三經注疏(淸 嘉慶刊本), 中華書局, 2009.
• ≪爾雅注疏≫, 阮元(淸) 校刻, 十三經注疏(淸 嘉慶刊本), 中華書局, 2009.
• ≪周禮注疏≫, 阮元(淸) 校刻, 十三經注疏(淸 嘉慶刊本), 中華書局, 2009.
• ≪春秋穀梁傳注疏≫, 阮元(淸) 校刻, 十三經注疏(淸 嘉慶刊本), 中華書局, 2009.
• ≪春秋公羊傳注疏≫, 阮元(淸) 校刻, 十三經注疏(淸 嘉慶刊本), 中華書局, 2009.
• ≪春秋左傳正義≫, 阮元(淸) 校刻, 十三經注疏(淸 嘉慶刊本), 中華書局, 2009.
• ≪孝經注疏≫, 阮元(淸) 校刻, 十三經注疏(淸 嘉慶刊本), 中華書局, 2009.

◇ 기타 원전자료

• ≪經書釋義≫, 李滉(朝鮮) 著, 洌巖 朴鍾鴻 親寫本, 열암기념사업회, 1983.
• ≪舊唐書≫, 劉昫(後晉) 等 撰, 標點校勘本, 中華書局, 1975.
• ≪老子道德經≫, 王弼(晉) 注, 影印本, 中華書局, 1985.
• ≪論語集註大全≫, 朱熹(宋) 集註, 胡廣(明) 等 編, 朝鮮 內閣本, 影印本, 學民文化社.

• 《陶谷集》, 李宜顯(朝鮮), 韓國文集叢刊 제180-181집, 民族文化推進會 刊, 1996.
• 《孟子集註大全》, 朱熹(宋) 集註, 胡廣(明) 等 編, 朝鮮 內閣本, 影印本, 學民文化社.
• 《沙溪全書》, 金長生(朝鮮), 遁巖書院, 1932.
• 《四庫全書總目提要》, 永瑢(淸) 外撰, 影印本, 臺灣商務印書館, 1983.
• 《三國志》, 陳壽(西晉) 撰, 裴松之(東晉) 注, 標點校勘本, 中華書局, 1990.
• 《常變通攷》, 柳長源(朝鮮) 著, 影印本, 迎春齋, 1991.
• 《說文解字句讀》, 王筠(淸) 注, 標點校勘本, 中華書局, 1988.
• 《新唐書》, 歐陽脩(宋)·宋祁(宋) 撰, 標點校勘本, 中華書局, 1975.
• 《與猶堂全書》, 丁若鏞(朝鮮), 茶山學術文化財團, 俟菴, 2013.
• 《易緯乾鑿度》, 鄭玄(漢) 注, 文淵閣四庫全書 제53책, 影印本, 臺灣商務印書館, 1983.
• 《玉函山房輯佚書》, 馬國翰(淸) 編, 影印本, 中和堂, 1974.
• 《子夏易傳》, 卜商(周) 撰, 影印本, 中華書局, 1991.
• 《莊子集解》, 郭慶藩(淸) 輯, 中國書店, 1988.
• 《周易略例》, 王弼(晉) 撰, 邢璹(唐) 注, 范欽(明) 訂, 標點校勘本, 藝文印書館, 1965.
• 《周易傳義大全》, 程頤(宋) 傳, 朱熹(宋) 本義, 胡廣(明) 等 編, 朝鮮 內閣本, 影印本,
    學民文化社.
• 《周易折中》, 李光地(淸) 撰, 文淵閣四庫全書 제28책, 影印本, 臺灣商務印書館, 1983.
• 《周易鄭康成注》, 鄭玄(漢) 注, 王應麟(宋) 撰, 嚴靈峰 編, 成文出版有限公社, 1976.
• 《周易正義》, 王弼(晉) 注, 孔穎達(唐) 疏, 標點校勘本, 北京大學出版社, 2000.
• 《周易集解》, 李鼎祚(唐) 輯, 影印本, 中華書局, 1985.
• 《朱子大全》, 朱熹(宋) 撰, 影印本, 學民文化社, 2004.
• 《朱子語類》, 黎靖德(宋) 編, 標點校勘本, 中文出版社, 1970.
• 《春秋經傳集解》, 左丘明(周) 傳, 杜預(晉) 註, 林堯叟(宋)·朱申(宋·元) 附註, 朝鮮
    金屬活字本(戊申字), 影印本, 保景文化社.
• 《華西集》, 李恒老(朝鮮), 韓國文集叢刊 제304-305집, 民族文化推進會 刊, 2003.

◇ 飜譯書·研究書·論文類
• 구미숙, 〈왕필의 得意忘象에 관한 연구〉, 《大同哲學》, 42집, 2008.
• 金碩鎭, 《대산 주역강의》, 한길사, 1999.
• 김주창, 〈王弼 周易의 言象意 知識體系 理論 考察〉, 《中國學論叢》, 16집, 2003.

- 樓宇烈 校釋, ≪老子周易王弼注校釋≫, 華正書局, 1983.
- 방 인, 〈茶山의 道家易學비판〉, ≪哲學硏究≫, 108집, 2008.
- 방 인·장정욱 공역, ≪역주 주역사전≫ 1-8, 소명출판, 2007.
- 成百曉 譯註, ≪周易傳義≫, 傳統文化硏究會, 1999.
- 신동준, ≪주역론≫, 인간사랑, 2007.
- 廖名春·康學偉·梁韋弦 著, 심경호 역, ≪周易哲學史≫, 예문서원, 1994.
- 柳長源, 한국고전의례연구회 역주, ≪국역 상변통고≫, 신지서원, 2009.
- 임채우 역, ≪주역 : 왕필주≫, 길, 2006.
- ───, 〈王弼 易 哲學 硏究 : 以簡御繁사상을 중심으로〉, 연세대학교 박사논문, 1996.
- ───, 〈왕필 역 철학의 도가역학적 위상〉, ≪원불교사상과 종교문화≫, 40집, 2008.
- 주백곤, ≪역학철학사≫, 김학권 외 역, 소명출판, 2012.
- 한규성, ≪易學原理講話≫, 예문지, 1957.
- 황병기, 〈茶山 丁若鏞의 易象學〉, 연세대학교 박사논문, 2004.

◇ 電子文獻 및 Web DB
- 한국고전종합DB (http://db.itkc.or.kr)
- 동양고전종합DB (http://db.cyberseodang.or.kr)
- 상우천고 (http://www.s-sangwoo.kr)
- 電子版 文淵閣四庫全書, 上海古籍出版社.

目 次

東洋古典現代化와 十三經注疏 譯註

凡 例

參考文獻

周易兼義 上經 隨傳 卷第三

17. 隨䷐䷠ / 13

18. 蠱䷑䷡ / 27

19. 臨䷒䷒ / 39

20. 觀䷓䷓ / 50

21. 噬嗑䷔䷔ / 62

22. 賁䷕䷕ / 76

23. 剝䷖䷖ / 90

24. 復䷗䷗ / 100

25. 无妄䷘䷘ / 117

26. 大畜䷙䷙ / 132

27. 頤䷚䷚ / 145

28. 大過䷛䷛ / 159

29. 坎䷜䷜ / 175

30. 離䷝䷝ / 191

周易兼義 下經 咸傳 卷第四

31. 咸䷞䷞ / 204

32. 恒䷟䷟ / 222

33. 遯䷠ / 239

34. 大壯䷡ / 252

35. 晉䷢ / 265

36. 明夷䷣ / 280

37. 家人䷤ / 293

38. 睽䷥ / 305

39. 蹇䷦ / 321

40. 解䷧ / 334

41. 損䷨ / 349

42. 益䷩ / 370

17. 隨䷐ 震下兌上

隨는 **元亨**하고 **利貞**이라야 **无咎**리라

隨는 크게 형통하고 貞함이 이로워야 허물이 없으리라.

【疏】'隨元亨利貞无咎' ○正義曰 : '元亨'者, 於相隨之世, 必大得亨通, 若其不大亨通, 則无以相隨, 逆於時也. '利貞'者, 相隨之體, 須利在得正, 隨而不正, 則邪僻之道, 必須利貞也. '无咎'者, 有此四德, 乃无咎, 以苟相從, 涉於朋黨, 故必須四德, 乃无咎也.

經의 〔隨元亨利貞无咎〕

○正義曰 : 〔元亨〕 서로 따르는 세상에 반드시 크게 형통함을 얻는 것이니, 만약 크게 형통하지 못하면 서로 따르는 이가 없어서 때에 거스르게 된다.

〔利貞〕 서로 따르는 體는 모름지기 이로움이 바름을 얻음에 있으니, 따르면서 바르지 못하면 사벽한 방도이니, 반드시 貞함이 이로워야 하는 것이다.

〔无咎〕 이 네 德이 있어야 비로소 허물이 없는 것이니, 구차히 서로 따르면 朋黨에 해당된다. 그러므로 반드시 네 德이 있어야 비로소 허물이 없는 것이다.

【疏】凡卦有四德者, 或其卦當時之義, 即有四德, 如乾·坤·屯·臨·无妄, 此五卦之時, 即能四德備具. 其隨卦以惡相隨, 則不可也, 有此四德, 乃无咎, 无此四德, 則有咎也, 與前五卦, 其義稍別. 其革卦"已日乃孚", 有四德, 若不已日乃孚, 則无四德, 與乾·坤·屯·臨·无妄·隨, 其義又別. 若當卦之時, 其卦雖美, 未有四德, 若行此美, 方得在後始致四德者, 於卦則不言其德也. 若謙·泰及復之等, 德義旣美, 行之不已, 久必致此四德, 但當初之時, 其德未具, 故卦不顯四德也. 其諸卦之三德已下, 其義大略亦然也.

무릇 卦에 〈元·亨·利·貞의〉 네 德이 있는 것은 혹은 卦가 당시의 뜻에 바로 네 德을 소유한 것이니, 예컨대 乾卦·坤卦·屯卦·臨卦·无妄卦와 같은 것인바, 이 다섯 卦의 때에는 즉시 네 德을 구비한다. 그런데 隨卦는 惡함으로 서로 따르면 不可하니 이 네

德을 소유하여야 비로소 허물이 없고 이 네 德이 없으면 허물이 있으니, 앞의 다섯 卦와
는 그 뜻이 조금 다르다.

革卦의 "하루가 지나야 믿는다."에 네 德이 있는 것은 만약 '하루가 지나야 믿음'을 하
지 않으면 네 德이 없는 것이니, 乾卦·坤卦·屯卦·臨卦·无妄卦·隨卦와 그 뜻이 또
다른 것이다.

卦의 때를 당하여 그 卦가 비록 아름다워도 네 德이 아직 없다가 만약 이 아름다움을
행하면 비로소 뒤에 처음으로 네 德을 이룰 수 있는 것과 같은 경우에는 卦에 그 德을 말
하지 않았다. 예컨대 謙卦·泰卦와 復卦의 등속은 德義가 이미 아름답고 행하기를 그치
지 않아서 오래되면 반드시 이 네 德을 이루나, 다만 당초에 그 德이 아직 갖추어지지 않
았기 때문에 卦에 네 德을 드러내지 않은 것이다. 여러 卦의 세 德 이하도 그 뜻이 대략
이와 같다.

彖曰 隨는 剛來而下柔하고 **動而說**(열)**이 隨**니 **大亨貞**하여 **无咎**하여 **而天下隨
時**하니 **隨時之義 大矣哉**라

〈彖傳〉에 말하였다. "隨는 剛이 와서 柔에게 낮추며 動하고 기뻐함이 隨이다. 크
게 형통하고 貞하여 허물이 없어서 천하가 때를 따르니, 때를 따르는 義가 크다."

【注】震剛而兌柔也니 **以剛下柔**하고 **動而之說**이 **乃得隨也**라 **爲隨而不大通**이면 **逆於時**
也요 **相隨而不爲利**면 **正災之道也**라 **故로 大通利貞**이라야 **乃得无咎也**라 **爲隨而令大通利**
貞이면 **得於時也**니 **得時**면 **則天下隨之矣**라 **隨之所施 唯在於時也**니 **時異而不隨는 否之道**
也라 **故로 隨時之義 大矣哉**라

震은 剛이고 兌는 柔이니 剛으로서 柔에게 낮추고, 동하여 기쁨으로 가는 것이 바로
隨를 얻은 것이다. 따르면서 크게 형통하지 못하면 때를 거스르는 것이요, 서로 따르면
서 이롭게 하지 못하면 바로 災禍의 方道이다. 그러므로 크게 형통하고 貞함이 이로워야
비로소 허물이 없을 수 있는 것이다. 따르면서 크게 형통하고 貞함이 이롭게 하면 때를
얻은 것이니, 때를 얻으면 천하의 사람들이 따른다.

隨의 베풂은 오직 때에 달려 있으니, 때가 달라 따르지 않음은 비색한 道이다. 그러므
로 때를 따르는 義가 큰 것이다.

【疏】‘象曰’至‘大矣哉’ ○ 正義曰 : ‘隨 剛來而下柔 動而說 隨’者, 此釋隨卦之義. 所以致此隨者, 由剛來而下柔, 剛謂震也, 柔謂兌也, 震處兌下, 是剛來下柔. 震動而兌說, 旣能下人, 動則喜說, 所以物皆隨從也. ‘大亨貞 无咎 而天下隨時’者, 以有大亨貞正, 无有咎害, 而天下隨之, 以正道相隨, 故隨之者廣. 若不以大亨貞无咎, 而以邪僻相隨, 則天下不從也. ‘隨時之義 大矣哉’, 若以元亨利貞, 則天下隨從, 卽隨之義意廣大矣哉, 謂隨之初始, 其道未弘, 終久義意而美大者. 特云“隨時”者, 謂隨其時節之義,[1] 謂此時宜行元亨利貞, 故云“隨時”也.

1) 特云隨時者 謂隨其時節之義 :〈彖傳〉에서 時와 義를 함께 “大矣哉”라고 탄미한 卦는 豫卦, 遯卦, 姤卦, 旅卦, 隨卦로 모두 다섯 卦인데, 隨卦에서만 “隨時之義”라고 하여 조금 다르다.

孔穎達은 그 이유를 “비단 이 가운데에 따로 義意가 있을 뿐만이 아니요 또 때를 따름을 취하였기 때문에 변하여 ‘隨時之義 大矣哉’라고 한 것이다.〔非但其中別有義意 又取隨逐其時 故變云隨時之義大矣哉〕” 하였다.

程伊川은 “君子의 道는 때를 따라 동하여 마땅함을 따르고 변화에 적응해서 일정한 법칙으로 삼을 수 없으니, 道에 조예가 깊어 기미를 알아 저울질할 수 있는 자가 아니면 여기에 참여할 수 없다. 그러므로 찬양하기를 ‘때를 따르는 뜻이 크다.’라고 한 것이니, 무릇 찬양한 것은 사람들이 그 義가 큼을 알아서 살펴보고 알게 하고자 한 것이다. 여기에서 때를 따르는 뜻이 큼을 찬양한 것은 豫卦 등의 여러 卦와 같지 않으니, 여러 卦는 때와 義이니, 이는 두 가지 일이다.〔君子之道 隨時而動 從宜適變 不可爲典要 非造道之深 知幾能權者 不能與於此也 故贊之曰 隨時之義 大矣哉 凡贊之者 欲人知其義之大 玩而識之也 此贊隨時之義大 與豫等諸卦不同 諸卦 時與義 是兩事〕” 하였다.

한편 朱子는 王肅本에 “隨之時義”라고 한 것을 따랐는바, 이를 따르면 隨卦의 〈彖傳〉역시 “隨의 때와 義가 크다.”로 해석하게 된다.

經의 〔象曰〕에서 〔大矣哉〕까지

○ 正義曰 :〔隨 剛來而下柔 動而說 隨〕이것은 隨卦의 뜻을 해석한 것이다. 이 隨를 이룰 수 있는 이유는 剛이 와서 柔에게 낮추기 때문이니, ‘剛’은 震을 이르고 ‘柔’는 兌를 이르는바, 震이 兌의 아래에 처한 것이 바로 剛이 와서 柔에게 낮추는 것이다. 震은 동하고 兌는 기뻐하니, 이미 남에게 낮추고서 동하면 〈사람들이〉 기뻐하므로 이 때문에 물건(사람)이 모두 따르는 것이다.

〔大亨貞 无咎 而天下隨時〕크게 형통하고 바름이 있으면 허물과 害가 없어서 천하가 따르니, 正道로 서로 따르기 때문에 따르는 자가 많은 것이다. 만약 ‘크게 형통하고 貞하

여 '허물이 없음'을 쓰지 않고 사벽함으로 서로 따르면 천하가 따르지 않는다.

〔隨時之義 大矣哉〕만약 元亨利貞으로 하면 천하가 따르니, 곧 隨의 義意가 廣大한 것인바, 隨의 처음에는 그 道가 넓지 않다가 義意를 끝까지 오래하면 아름답고 커짐을 말한 것이다. 특별히 "때를 따른다.〔隨時〕"라고 말한 것은 그 시절을 따르는 뜻을 이른 것이니, 이때에는 마땅히 元亨利貞을 행해야 함을 말하였으므로 "때를 따른다."라고 말한 것이다.

【疏】○ 注'震剛而兌'至'大矣哉' ○ 正義曰 : '爲隨而不大通 逆於時也', 物既相隨之時, 若王者不以廣大開通, 使物閉塞, 是違逆於隨從之時也. '相隨而不爲利 正災之道'者, 凡物之相隨, 多曲相朋附, 不能利益於物, 守其正直, 此則小人之道長, 災禍及之, 故云 "災之道"也. '隨之所施 唯在於時'者, 釋隨時之義, 言隨時施設, 唯在於得時. 若能大通利貞, 是得時也, 若不能大通利貞, 是失時也. '時異而不隨 否之道'者, 凡所遇之時, 體无恒定, 或值不動之時, 或值相隨之時, 舊來恒往, 今須隨從, 時既殊異於前, 而不使物相隨, 則是否塞之道. 當須可隨則隨, 逐時而用, 所利則大, 故云"隨時之義大矣哉."

○ 注의 〔震剛而兌〕에서 〔大矣哉〕까지

○ 正義曰 : 〔爲隨而不大通 逆於時也〕물건이 이미 서로 따르는 때이니, 만약 王者가 廣大함으로 開通하지 못하여 물건으로 하여금 폐색하게 하면 이는 따르는 때를 거스르는 것이다.

〔相隨而不爲利 正災之道〕무릇 물건이 서로 따를 때에는 굽혀서 서로 모이고 붙는 경우가 많으니, 물건에게 이익을 주고 정직함을 지키지 못하면 이는 小人의 道가 자라나서 災禍가 미치는 것이다. 그러므로 "災禍의 方道〔災之道〕"라고 말한 것이다.

〔隨之所施 唯在於時〕'隨時'의 뜻을 해석한 것이니, 때를 따라 베풂은 오직 때를 얻음에 달려 있음을 말한 것이다. 만약 능히 크게 형통하고 貞함이 이로움을 하면 이는 때를 얻는 것이요, 만약 능히 크게 형통하고 貞함이 이로움을 하지 못하면 이는 때를 잃는 것이다.

〔時異而不隨 否之道〕무릇 만나는 때에는 體가 항상 정해져 있지 않아서 혹 동하지 않는 때를 만나기도 하고 혹 서로 따르는 때를 만나기도 하니, 예전에는 항상 떠나갔으나 지금은 따라야 해서 때가 이미 이전과 다른데 물건을 서로 따르게 하지 못하면 이는 否塞한 道이다. 마땅히 따라야 하면 따라서 때에 따라 운용하면 이로운 바가 클 것이다. 그러

므로 "때를 따르는 義가 크다."라고 한 것이다.

象曰 澤中有雷 隨니 君子以嚮晦入宴息하나라

〈象傳〉에 말하였다. "못 가운데에 우레가 있는 것이 隨卦이니, 君子가 보고서 저녁이 되면 宴寢에 들어가 편안히 쉰다."

【注】澤中有雷는 動說(열)之象也니 物皆說隨면 可以无爲하여 不勞明鑒이라 故로 君子嚮晦하여 入宴息也라

못 가운데에 우레가 있는 것은 동하여 기뻐하는 象이니, 물건이 모두 기뻐하고 따르면 无爲를 행할 수 있어 수고로이 밝게 비출 필요가 없다. 그러므로 君子가 저녁이 되면 宴寢에 들어가서 편안히 쉬는 것이다.

【疏】'象曰'至'宴息' ○ 正義曰 : 說卦云"動萬物者, 莫疾乎雷, 說萬物者, 莫說乎澤." 故注云"澤中有雷, 動說之象也." '君子以嚮晦入宴息'者, 明物皆說豫相隨, 不勞明鑒, 故君子象之. 鄭玄云"晦, 宴也, 猶人君既夕之後, 入於宴寢而止息."

經의 〔象曰〕에서 〔宴息〕까지

○ 正義曰 : 〈說卦傳〉에 이르기를 "萬物을 동하게 하는 것은 우레보다 빠른 것이 없고, 萬物을 기쁘게 하는 것은 못보다 기쁜 것이 없다." 하였다. 그러므로 注에 "못 가운데에 우레가 있는 것은 동하여 기뻐하는 象이다."라고 한 것이다.

〔君子以嚮晦入宴息〕물건이 모두 기뻐하여 서로 따라서 수고로이 밝게 비출 필요가 없으므로 君子가 이를 따름을 밝힌 것이다. 鄭玄이 이르기를 "晦는 宴이니, 人君이 이미 저녁이 된 뒤에 宴寢에 들어가 편안히 쉬는 것과 같다." 하였다.

初九는 官有渝면 貞吉이라 出門交면 有功하리라

初九는 맡아 지킴에 변함이 있으면 貞하여 길하다. 문을 나가 사귀면 功이 있으리라.

【注】居隨之始하고 上无其應하여 无所偏係하고 動能隨時하여 意无所主者也라 隨不以欲하고 以欲隨宜者也라 故로 官有渝變이면 隨不失正也라 出門无違하니 何所失哉리오

　　隨의 시초에 거하고 위로 應이 없어서 편벽되게 매이는 바가 없고 동함에 능히 때를
따라서 마음에 주장하는 바가 없는 자이다. 따름을 私慾으로 하지 않고 마땅함을 따르고
자 하는 자이다. 그러므로 맡아 지킴에 변함이 있으면 따름에 그 바름을 잃지 않는 것이
다. 문을 나가 어김이 없으니 어찌 잃는 바가 있겠는가.

　　【疏】'初九'至'有功' ○ 正義曰 : '官有渝'者, 官, 謂執掌之職, 人心執掌, 與官同稱, 故
人心所主, 謂之官. 渝, 變也, 此初九旣无其應, 无所偏係, 可隨則隨, 是所執之志, 有
能渝變也. 唯正是從, 故貞吉也. '出門交有功'者, 所隨不以私欲, 故見善則往隨之, 以
此出門交, 獲其功.

　　經의 〔初九〕에서 〔有功〕까지

　　○ 正義曰 : 〔官有渝〕'官'은 맡아 지키는 직책을 이르니, 사람의 마음에 맡아 지키는
것이 官과 같기 때문에 사람의 마음에 주장하는 것을 官이라 이른 것이다. '渝'는 변함이
니, 이 初九가 이미 應이 없어서 편벽되게 매이는 바가 없으므로 따를 만하면 따르니, 이
는 지키는 바의 뜻이 능히 변할 수 있는 것이다.

　　오직 바름을 따르기 때문에 貞하여 길한 것이다.

　　〔出門交有功〕따르는 것을 사욕으로 하지 않기 때문에 善을 보면 가서 따르니, 이런
식으로 문을 나가서 사귀면 그 功을 얻는 것이다.

　　【疏】○ 注'居隨之始'至'何所失哉' ○ 正義曰 : 言'隨不以欲 以欲隨宜'者, 若有其應, 則
有私欲, 以无偏應, 是所隨之事, 不以私欲, 有止則從, 是以欲隨其所宜也.

　　○ 注의 〔居隨之始〕에서 〔何所失哉〕까지

　　○ 正義曰 : 〔隨不以欲 以欲隨宜〕만약 그 應이 있으면 사욕이 있는데 치우친 應이 없
기 때문에 따르는 일을 사욕으로 하지 않는 것이요, 바름이 있으면 따르기 때문에 마땅함
을 따르고자 하는 것이다.

象曰 官有渝는 從正이면 吉也요 出門交有功은 不失也라

　　〈象傳〉에 말하였다. "맡아 지킴에 변함이 있음은 바름을 따르면 길한 것이요, 문
을 나가 사귀면 功이 있음은 〈正道를〉 잃지 않는 것이다."

【疏】正義曰 : ‘官有渝 從正 吉’者, 釋‘官有渝’之義, 所執官守正, 能隨時渝變, 以見貞正, 則往隨從, 故云“從正吉.” ‘出門交有功 不失’者, 釋‘交有功’之義, 以所隨之處, 不失正道, 故出門卽有功也.

正義曰 : 〔官有渝 從正 吉〕 ‘맡아 지킴에 변함이 있음’의 뜻을 해석한 것이니, 맡아 관장하는 것이 바름을 지켜서 능히 때에 따라 변하여 貞正함을 보면 가서 따른다. 그러므로 “바름을 따르면 길하다.”라고 말한 것이다.

〔出門交有功 不失〕 ‘사귀면 功이 있음’의 뜻을 해석한 것이니, 따르는 곳에 正道를 잃지 않기 때문에 문을 나가면 功이 있는 것이다.

六二는 係小子면 失丈夫하리라

六二는 小子에게 매이면 丈夫를 잃으리라.

【注】陰之爲物로 以處隨世하여 不能獨立하여 必有係也라 居隨之時하여 體(於)〔分〕[1]柔弱하여 而以乘夫剛動하니 豈能秉志違於所近이리오 隨此失彼하여 弗能兼與하니 五處己上하고 初處己下라 故로 曰 係小子면 失丈夫也라하니라

1) (於)〔分〕 : 저본에는 ‘於’으로 되어 있으나, 錢本·閩本·監本·毛本에 의거하여 ‘分’으로 바로잡았다.〔阮刻本 참조〕

陰의 물건으로 隨의 세상에 처하여 獨立하지 못해서 반드시 매이는 것이 있다. 隨의 때에 거하여 體가 유약함을 분수로 하고 剛함과 動함을 타고 있으니, 어찌 간직한 뜻이 가까운 이를 멀리할 수 있겠는가. 이것을 따르면 저것을 잃어서 겸하여 함께하지 못하니, 九五는 자기의 위에 있고 初九는 자기의 아래에 있다. 그러므로 “小子에게 매이면 丈夫를 잃는다.”고 한 것이다.

【疏】‘六二’至‘失丈夫’ ○ 正義曰 : 小子謂初九也, 丈夫謂九五也, 初九處卑, 故稱小子, 五居尊位, 故稱丈夫. 六二旣是陰柔, 不能獨立所處, 必近係屬初九, 故云“係小子.” 旣屬初九, 則不得往應於五, 故云“失丈夫”也.

經의 〔六二〕에서 〔失丈夫〕까지

○ 正義曰 : ‘小子’는 初九를 이르고, ‘丈夫’는 九五를 이르니, 初九가 낮은 곳에 처하였기 때문에 小子라 칭한 것이고, 九五가 尊位에 거하였기 때문에 丈夫라 칭한 것이다.

六二가 이미 陰柔이므로 처한 바에서 獨立하지 못하고 반드시 가까이 初九에게 매이기 때문에 "小子에게 매인다."라고 한 것이요, 이미 初九에게 붙었으면 九五에게 가서 응할 수 없기 때문에 "丈夫를 잃는다."라고 한 것이다.

象曰 係小子는 弗兼與也라

〈象傳〉에 말하였다. "小子에게 매임은 겸하여 함께하지 못하는 것이다."

【疏】正義曰:釋係小子之意. 旣隨此初九, 則失彼九五丈夫, 是不能兩處兼有, 故云 "弗兼與也."

正義曰: '小子에게 매임'의 뜻을 해석한 것이다. 이미 이 初九를 따랐으면 저 九五의 丈夫를 잃으니, 이는 두 곳을 겸하여 소유하지 못하는 것이다. 그러므로 "겸하여 함께하지 못한다."라고 한 것이다.

六三은 係丈夫하고 失小子하니 隨有求得하나 利居貞하니라

六三은 丈夫에게 매이고 小子를 잃으니, 따름에 구함이 있음을 얻으나 貞에 거함이 이롭다.

【注】陰之爲物로 以處隨世하여 不能獨立하여 必有係也라 雖體下卦나 二已據初하니 將何所附리오 故로 舍初係四하여 志在丈夫라 四俱无應하여 亦欲於己隨之하니 則得其所求矣라 故曰 隨有求得也라하니라 應非其正하여 以係於人하니 何可以妄이리오 曰 利居貞也라하니라 初處己下하고 四處己上이라 故로 曰 係丈夫하고 失小子也라하니라

陰의 물건으로 隨의 세상에 처하여 獨立하지 못해서 반드시 매이는 것이 있다. 비록 體가 下卦이나 六二가 이미 初九를 점거하였으니, 장차 어디에 붙을 수 있겠는가. 그러므로 初九를 버리고 九四에게 매여서 뜻이 丈夫에게 있는 것이다. 九四와 〈六三이〉 모두 應이 없어서 또한 자기를 따르고자 하니, 이것이 구하는 바를 얻은 것이다. 그러므로 "따름에 구함이 있음을 얻었다."고 한 것이다.

應이 正應이 아니면서 남에게 매여 있으니, 어찌 함부로 할 수 있겠는가. 그래서 "貞에 거함이 이롭다."고 한 것이다. 初九가 자기 아래에 처하고 九四가 자기 위에 처하였으므로 "丈夫에게 매이고 小子를 잃는다."고 한 것이다.

【疏】 '六三係丈夫'至'利居貞' ○ 正義曰 : 六三陰柔, 近於九四, 是係於丈夫也, 初九旣
被六二之所據, 六三不可復往從之, 是失小子也. '隨有求得'者, 三從往隨於四, 四亦更
无他應, 己往隨於四, 四不能逆己, 是三之所隨, 有求而皆得也. '利居貞'者, 己非其正,
以係於人, 不可妄動, 唯利在俱處守正, 故云"利居貞"也.

經의 〔六三係丈夫〕에서 〔利居貞〕까지

○ 正義曰 : 六三이 陰柔로서 九四와 가까우니 이것이 丈夫에게 매여 있는 것이요, 初
九가 이미 六二에게 점거당하여 六三이 다시 가서 따를 수 없으니 이것이 小子를 잃은
것이다.

〔隨有求得〕 六三이 九四에게 가서 따르면 九四도 다시 별다른 應이 없어서 자기가 九
四에게 가면 九四가 자기를 거스르지 못하니, 이는 六三이 따르는 바에 구함이 있으면
모두 얻는 것이다.

〔利居貞〕 자기가 正應이 아니면서 남에게 매여 있으니 함부로 동할 수 없고 오직 함께
正을 지킴에 처함이 이롭다. 그러므로 "貞에 거함이 이롭다.〔利居貞〕"라고 말한 것이다.

【疏】 ○ 注'四俱无應'至'小子也' ○ 正義曰 : '四(居)〔俱〕[1]无應'者, 三旣无應, 四亦无
應, 是四與三俱无應也. 此六二·六三因陰陽之象, 假丈夫小子, 以明人事, 餘无義也.

1) (居)〔俱〕 : 저본에는 '居'로 되어 있으나, 注와 毛本에 의거하여 '俱'로 바로잡았다.〔阮刻
本 참조〕

○ 注의 〔四俱无應〕에서 〔小子也〕까지

○ 正義曰 : 〔四俱无應〕 六三이 이미 應이 없고 九四 또한 應이 없으니, 이는 九四와
六三이 모두 應이 없는 것이다. 이는 六二와 六三이 陰陽의 象을 인하여 丈夫와 小子를
빌려서 사람의 일을 밝힌 것이니, 나머지는 다른 뜻이 없다.

象曰 係丈夫는 志舍下也라

〈象傳〉에 말하였다. "丈夫에게 매임은 뜻이 아래를 버리는 것이다."

【注】 下는 謂初也라

아래는 初九를 이른다.

【疏】正義曰 : 釋係丈夫之義, 六三旣係九四之丈夫, 志意則舍下之初九也.

　　正義曰 : '丈夫에게 매임'의 뜻을 해석하였으니, 六三이 이미 九四의 丈夫에게 매이면 뜻이 아래의 初九를 버린 것이다.

九四는 隨有獲이나 貞凶이니 有孚하고 在道하여 以明이면 何咎리오

　　九四는 따름에 얻음이 있으나 貞이 흉하니, 誠信이 있고 道에 머물러 있으면서 〈功을〉 밝게 세우면 무슨 허물이 있겠는가.

【注】處說之初하고 下據二陰하여 三求係己하니 不距則獲이라 故曰 隨有獲也라하니라 居於臣地하여 履非其位하여 以擅其民하여 失於臣道하니 違正者也라 故曰 貞凶이라 體剛居說하여 而得民心하여 能幹其事하여 而成其功者也라 雖(爲)〔違〕[1]常義나 志在濟物하여 心有公誠하니 著信在道하여 以明其功이면 何咎之有리오

　　1) (爲)〔違〕 : 저본에는 '爲'로 되어 있으나, 疏에 의거하여 '違'로 바로잡았다.

　　기뻐함의 처음에 처하고 아래로 두 陰을 점거하여 六三이 구하여 자기에게 매이니, 막지 않으면 얻는다. 그러므로 "따름에 얻음이 있다."고 한 것이다. 신하의 지위에 거하여 밟고 있는 것이 正位가 아니면서 백성들을 독차지하여 신하의 도리를 잃으니, 바름을 어긴 자이다. 그러므로 "貞이 흉하다."고 한 것이다.

　　體가 강하고 기뻐함에 거하여 民心을 얻어 능히 일을 주간해서 功을 이룰 수 있는 자이다. 비록 떳떳한 義를 어기나 뜻이 남을 구제하는 데에 있어서 마음에 공정함과 誠信이 있으니, 誠信을 드러내고 道에 머물면서 功을 밝게 세우면 무슨 허물이 있겠는가.

【疏】'九四'至'何咎' ○ 正義曰 : '隨有獲'者, 處說之初, 下據二陰, 三求係己, 不距則獲, 故曰"隨有獲"也. '貞凶'者, 居於臣地, 履非其位, 以擅其民, 失其臣道, 違其正理, 故貞凶也.[1] '有孚在道以明 何咎'者, 體剛居說, 而得民心, 雖違常義, 志在濟物, 心存公誠, 著信在於正道, 有功以明, 更有何咎. 故云"有孚在道以明, 何咎"也.

　　1) 貞凶者……故貞凶也 : '貞凶'을 王弼과 孔穎達은 九四가 신하로서 백성의 마음(六二와 六三)을 얻은 것은 신하의 도리를 잃은 것이므로 바름을 어긴 것이어서 흉하다는 의미로 해석하였다.
　　　　반면 程伊川은 "九四가 陽剛의 재주로 신하 지위의 극에 처하였으니, 만약 따름에 얻

음이 있으면 비록 올바르더라도 흉하다.〔九四以陽剛之才 處臣位之極 若於隨有獲 則雖正亦凶〕"라 하고, 朱子는 "九四가 剛으로서 上卦의 아래에 거하여 九五와 德이 같다. 그러므로 그 占이 따라서 얻음이 있으나 權勢가 九五를 능멸하기 때문에 비록 올바르더라도 흉하다.〔九四以剛居上之下 與五同德 故其占隨而有獲 然勢陵於五 故雖正而凶〕"라고 하여, '貞凶'을 모두 '올바르더라도 흉함'으로 해석하였다.

經의 〔九四〕에서 〔何咎〕까지

○ 正義曰 : 〔隨有獲〕 기뻐함의 처음에 처하고 아래로 두 陰을 점거하여 六三이 구하여 자기에게 매이니, 막지 않으면 얻는다. 그러므로 "따름에 얻음이 있다.〔隨有獲〕"라고 말한 것이다.

〔貞凶〕 신하의 자리에 거하여 밟고 있는 것이 正位가 아니면서 백성들을 독차지하여 신하의 도리를 잃었으니, 바른 이치를 어긴 것이므로 貞이 흉한 것이다.

〔有孚在道以明 何咎〕 體가 강하고 기뻐함에 거하여 民心을 얻으니, 비록 떳떳한 義를 어기나 뜻이 남을 구제하는 데에 있어서 마음에 공정함과 誠信을 보존하는바, 誠信을 드러내고 正道에 머물러 功이 있으면서 밝히면 다시 무슨 허물이 있겠는가. 그러므로 "誠信이 있고 道에 머물러 있으면서 〈功을〉 밝게 세우면 무슨 허물이 있겠는가."라고 말한 것이다.

象曰 隨有獲은 其義凶也요 有孚在道는 明功也라

〈象傳〉에 말하였다. "따름에 얻음이 있음은 의리상 흉한 것이요, 誠信이 있고 道에 있음은 功을 밝게 세우는 것이다.

【疏】正義曰 : '隨有獲 其義凶'者, 釋隨有獲貞凶之意. 九四旣有六三·六二, 獲得九五之民, 爲臣而擅君之民, 失於臣義, 是以宜其凶也. '有孚在道 明功'者, 釋以明何咎之義. 旣能著信在于正道, 是明立其功, 故无咎也.

正義曰 : 〔隨有獲 其義凶〕 '따름에 얻음이 있으나 貞이 흉함'의 뜻을 해석한 것이다. 九四가 이미 六三과 六二를 소유하여 九五의 백성을 얻어서 신하가 되어 군주의 백성을 독차지하니 신하의 의리를 잃은 것이다. 이 때문에 흉함이 마땅한 것이다.

〔有孚在道 明功〕 '功을 밝게 세우면 무슨 허물이 있겠는가'의 뜻을 해석한 것이다. 이미 誠信을 드러내고 正道에 있을 수 있으면 이는 功을 밝게 세우는 것이다. 그러므로 허

물이 없는 것이다.

九五는 孚于嘉니 吉하니라

九五는 善을 믿는 것이니, 길하다.

【注】履正居中하고 而處隨世하여 盡隨時之宜하여 得物之誠이라 故嘉吉也라

正位를 밟고 中에 거하며 따르는 세상에 처하여 때를 따르는 마땅함을 다해서 남의 誠信을 얻었다. 그러므로 善하여 길한 것이다.

【疏】正義曰 : 嘉, 善也. 履中居正, 而處隨世, 盡隨時之義, 得物之誠信, 故獲美善之吉也.[1]

> 1) 履中居正……故獲美善之吉也 : '孚于嘉'를 王弼과 孔穎達은 九五의 善함을 남이 믿는 것으로 해석하였다.
>
>   반면 程伊川은 九五가 善을 정성스럽게 따름의 의미로 해석하고, 이를 九五가 六二에 응함과 연관하여 다음과 같이 설명하였다. "九五는 尊位에 거하고 正을 얻었으며 中이 實하니, 이는 마음의 정성이 善을 따름에 있는 것인바, 길함을 알 수 있다. 嘉는 善이다. 人君으로부터 庶人에 이르기까지 따르는 道의 길함은 오직 善을 따름에 있을 뿐이니, 아래로 六二의 正中에 응하는 것이 善을 따르는 뜻이 된다.〔九五居尊得正而中實 是其中誠 在於隨善 其吉可知 嘉 善也 自人君至於庶人 隨道之吉 唯在隨善而已 下應二之正中 爲隨善之義〕" 朱子도 이와 같다.

正義曰 : 嘉는 善이다. 中을 밟고 正位에 거하며 따르는 세상에 처하여 때를 따르는 義를 다해서 남의 誠信을 얻었으므로 아름답고 善한 길함을 얻는 것이다.

象曰 孚于嘉吉은 位正中也라

〈象傳〉에 말하였다. "善을 믿어서 길함은 자리가 正中하기 때문이다."

上六은 拘係之라야 乃從이요 維之인댄 王用亨于西山하니라

上六은 얽어놓아야 비로소 따르고, 동여매려면 王이 西山을 통해야 할 것이다.

【注】隨之爲體 陰順陽者也어늘 最處上極하여 不從者也라 隨道已成이어늘 而特不從이라

故로 拘係之라야 乃從也라 率土之濱이 莫非王臣이어늘 而爲不從이면 王之所討也라 故로 維之인댄 王用亨于西山也라 兌爲西方이요 山者는 途之險隔也니 處西方而爲不從이라 故로 王用通于西山이라

隨의 體는 陰이 陽에 順한 것인데, 〈上六이〉 가장 上의 極에 처하여 따르지 않는 자이다. 隨의 道가 이미 이루어졌는데 홀로 따르지 않는다. 그러므로 얽어놓아야 비로소 따르는 것이다. 온 海內의 땅이 왕의 신하 아닌 이가 없는데 따르지 않으면 왕이 토벌한다. 그러므로 동여매려면 왕이 西山을 통해야 하는 것이다. 兌는 西方이 되고 山은 길 중에 험한 것이니, 서방에 있으면서 따르지 않기 때문에 왕이 西山을 통하는 것이다.

【疏】 '象曰'至'于西山' ○ 正義曰:最處上極, 是不隨從者也, 隨道已成, 而特不從, 故須拘係之, 乃始從也. '維之 王用亨于西山'者, 若欲維係此上六, 王者必須用兵, 通于西山險難之處, 乃得拘係也.[1] 山謂險阻, 兌處西方, 故謂"西山." (今)〔令〕[2]有不從, 必須維係, 此乃王者必須用兵, 通於險阻之道, 非是意在好刑, 故曰王用亨于西山.

1) 王用亨于西山者……乃得拘係也:'王用亨于西山'을 王弼과 孔穎達은 '王者가 험난한 西山의 길을 통과함'의 뜻으로 보았다.

　　반면 程伊川은 여기의 王을 太王으로 보고, 西山을 岐山으로 보아, "옛날에 太王이 이 道를 써서 王業을 西山에서 亨通하게 하였다. 太王이 狄의 난을 피하여 豳을 버리고 岐山으로 오자, 豳 땅의 늙은이와 어린이가 붙들어 잡고 따르기를 시장에 돌아가듯 하였으니, 인심의 따름이 이처럼 굳게 결속되어 있었다. 이 때문에 그 王業을 西山에서 亨通하고 창성할 수 있었던 것이다. 西山은 岐山이니, 周나라의 王業이 여기에서 일어났다. 〔昔者 太王用此道 亨王業于西山 太王避狄之難 去豳來岐 豳人老稚 扶携以隨之 如歸市 蓋其人心之隨 固結如此 用此 故能亨盛其王業於西山 西山 岐山也 周王之業 蓋興於此〕"라고 하였다.

　　朱子는 西山을 程伊川과 똑같이 岐山으로 보았으나, '亨'은 大有卦 九三 爻辭의 "公用亨于天子"와 마찬가지로 '享'으로 보고, "이 점괘는 王이 西山에서 祭享함이 되니, 亨은 또한 마땅히 祭享의 享자가 되어야 한다. 周나라의 입장에서 말하면 岐山은 서쪽에 있다.〔其占爲王用亨于西山 亨亦當作祭享之享 自周而言 岐山在西〕" 하였다.

2) (今)〔令〕:저본에는 '今'으로 되어 있으나, 錢本에 의거하여 '令'으로 바로잡았다.〔阮刻本 참조〕

經의 〔象曰〕에서 〔于西山〕까지

○ 正義曰:〈上六이〉 가장 上의 極에 처하였으니 이는 따르지 않는 자이니, 隨의 道가 이미 이루어졌는데 홀로 따르지 않으므로 모름지기 얽어놓아야 비로소 따르는 것이다.

〔維之 王用亨于西山〕만약 이 上六을 매어놓고자 한다면 王者가 반드시 군대를 사용하여 西山의 험한 곳을 통하여야 얽어맬 수 있는 것이다. '山'은 험함을 이르고 兌는 西方에 처하므로 "西山"이라고 말한 것이다. 가령 따르지 않는 자가 있으면 반드시 얽어매어야 한다. 이는 바로 王者가 반드시 군대를 사용하여 험난한 길을 통과함이니, 뜻이 형벌을 좋아함에 있는 것은 아니다. 그러므로 "王이 西山을 통해야 할 것이다."라고 말한 것이다.

象曰 拘係之는 上窮也라

〈象傳〉에 말하였다. "얽어매는 것은 위로 궁극하기 때문이다."

【注】處于上極이라 故窮也라

上의 極에 처하였기 때문에 궁극한 것이다.

【疏】正義曰：釋拘係之義, 所以須拘係者, 以其在上而窮極, 不肯隨從故也.

正義曰：'얽어놓음'의 뜻을 해석한 것이니, 모름지기 얽어매야 하는 까닭은 위에 있으면서 궁극하여 따르려고 하지 않기 때문이다.

18. 蠱䷑ 巽下艮上

蠱는 元亨하고 利涉大川이니 先甲三日이요 後甲三日이라

蠱는 크게 형통하고 大川을 건넘이 이로우니, 甲보다 3일을 먼저하고 甲보다 3일을 뒤에 한다.

【疏】 '蠱元亨'至'後甲三日' ○ 正義曰 : '蠱'者, 事也. 有事營爲, 則大得亨通. 有爲之時, 利在拯難, 故利涉大川也. '先甲三日 後甲三日'者, 甲者, 創制之令, 旣在有爲之時, 不可因仍舊令. 今用創制之令, 以治於人, 人若犯者, 未可卽加刑罰, 以民未習, 故先此宣令之前三日, 殷勤而語之, 又如此宣令之後三日, 更丁寧而語之, 其人不從, 乃加刑罰也. 其褚氏·何氏·周氏等竝同鄭義, 以爲"甲者, 造作新令之日, 甲前三日, 取改過自新, 故用辛也, 甲後三日, 取丁寧之義, 故用丁也." 今案輔嗣注"甲者創制之令", 不云"創制之日", 又巽卦九五"先庚三日, 後庚三日", 輔嗣注"申命令謂之庚", 輔嗣又云"甲庚皆申命之謂", 則輔嗣不以甲爲創制之日, 而諸儒不顧輔嗣注旨, 妄作異端, 非也.[1]

1) 其褚氏何氏周氏等竝同鄭義……非也 : 王弼은 '甲'을 '처음으로 만든 법령'의 뜻으로 본 반면, 鄭玄 등은 '甲'을 '법령을 처음 만든 날'의 뜻으로 본 것이다. 鄭玄 등은, 天干에 있어 辛은 甲으로부터 거슬러 세 번째이고 丁은 甲으로부터 뒤로 세 번째이며, 辛은 改新의 뜻이고 丁은 丁寧의 뜻이 있다 하여 이렇게 주장한 것이다.
　한편 程伊川은 "制作과 政教 따위를 甲이라고 말하니, 첫 번째를 든 것이다.〔制作政教之類則云甲 擧其首也〕"라고 하여 王弼과 상통하며, 朱子는 "甲보다 앞서 3일은 辛이요 甲보다 뒤에 3일은 丁이니, 앞의 일이 中을 지나 장차 파괴되려 하면 스스로 새롭게 하여 뒷일의 단서를 만들어서 크게 파괴됨에 이르지 않게 하고, 뒷일이 막 시작되어 새로우나 다시 丁寧한 뜻을 지극히 하여 앞일의 잘못을 거울삼아 속히 파괴됨에 이르지 않게 하여야 한다.〔先甲三日 辛也 後甲三日 丁也 前事過中而將壞 則可自新以爲後事之端 而不使至於大壞 後事方始而尙新 然更當致其丁寧之意 以監其前事之失 而不使至於速壞〕"라고 하여 鄭玄의 說을 따랐다.

經의 〔蠱元亨〕에서 〔後甲三日〕까지

○ 正義曰 : 〔蠱〕 일이다.

일이 있어 경영하면 크게 형통함을 얻으며, 훌륭한 일을 하는 때에는 이로움이 어려움을 구제함에 있기 때문에 大川을 건넘이 이로운 것이다.

〔先甲三日 後甲三日〕 '甲'은 創制한(처음으로 만든) 법령이니, 이미 훌륭한 일을 하는 때에 있으면 옛 법령을 그대로 인습할 수가 없다. 이제 創制한 법령을 사용하여 사람을 다스릴 적에 사람들이 만약 법령을 범하면 즉시 형벌을 가할 수가 없으니, 백성들이 아직 〈새로운 법령을〉 익히지 않았기 때문에 이 법령을 선포하기 3일 전에 간곡히 말해주고 또 이와 같이 법령을 선포한 3일 뒤에 다시 丁寧히 말해주어서, 그런데도 그 사람이 따르지 않으면 비로소 형벌을 가하는 것이다.

褚氏(褚仲都), 何氏(何妥), 周氏(周宏正) 등은 모두 鄭玄의 뜻과 같이 하여, "甲은 새로운 법령을 창제하는 날이니, 甲의 전 3일은 허물을 고쳐 스스로 새로워짐을 취하므로 辛을 쓰는 것이요, 甲의 뒤 3일은 丁寧한 뜻을 취하므로 丁을 쓴다." 하였다.

지금 살펴보면 王輔嗣(王弼)의 注에 "甲은 創制한 명령이다." 하고 "創制한 날이다."라고 하지 않았으며, 또 巽卦 九五 爻辭에 "先庚三日이요 後庚三日이다."라고 하였는데, 王輔嗣의 注에 "거듭 명령을 내리는 것을 庚이라 한다." 하였고, 王輔嗣가 또 이르기를 "甲과 庚은 모두 거듭 명령을 내림을 말한다." 하였으니, 그렇다면 王輔嗣는 甲을 創制하는 날로 여기지 않은 것이다. 그런데 여러 학자들이 王輔嗣의 注의 뜻을 돌아보지 않고 함부로 異端의 說을 만들어내었으니, 잘못이다.

彖曰 蠱는 剛上而柔下하고

〈彖傳〉에 말하였다.

"蠱는 剛이 위에 있고 柔가 아래에 있으며,

【注】 上剛은 可以斷制요 下柔는 可以施令이라

위의 剛은 결단하여 制裁할 수 있고, 아래의 柔는 법령을 배포할 수 있다.

巽而止 蠱라

공손하고 그침이 蠱이다.

【注】旣巽又止하여 不競爭也니 有事而无競爭之患이라 故로 可以有爲也라

이미 공손한데 또 그쳐서 다투지 않으니, 일이 있으면서 다투는 근심이 없으므로 훌륭한 일을 할 수 있는 것이다.

【疏】'彖曰'至'止蠱' ○ 正義曰：'剛上而柔下 巽而止蠱'者, 此釋蠱卦之名, 并明稱蠱之義也. 以上剛能制斷, 下柔能施令, 巽順止靜, 故可以有爲也. 褚氏云"蠱者, 惑也, 物旣惑亂, 終致損壞, 當須有事也, 有爲治理也, 故序卦云'蠱者, 事也', 謂物蠱, 必有事, 非謂訓蠱爲事." 義當然也.

經의 〔彖曰〕에서 〔止蠱〕까지

○ 正義曰：〔剛上而柔下 巽而止蠱〕 이는 蠱卦의 이름을 해석하고 아울러 蠱라고 칭하는 뜻을 밝힌 것이다. 위의 剛은 制裁하여 결단할 수 있고 아래의 柔는 법령을 배포할 수 있으며, 공손하고 순하고 그치고 고요하므로 훌륭한 일을 할 수 있는 것이다.

褚氏가 말하기를 "蠱는 惑함이니, 물건이 이미 혹하고 어지러워서 끝내 損壞를 이루면 모름지기 일이 있어야 하니, 다스리는 일을 하는 것이다. 그러므로 〈序卦傳〉에 '蠱는 일이다.'라고 하였으니, 물건이 파괴되면〔蠱〕 반드시 일이 있음을 이른 것이요, 蠱를 訓하여 일이라고 말한 것이 아니다."라고 하였으니, 의리상 당연하다.

蠱는 元亨而天下治也요

蠱는 크게 형통하여 천하가 다스려지고,

【注】有爲而大亨하면 非天下治而何也오

훌륭한 일을 하여 크게 형통하면 천하가 다스려지는 것이 아니고 무엇이겠는가.

【疏】正義曰：釋元亨之義. 以有爲而得元亨, 是天下治理也.

正義曰：'元亨'의 뜻을 해석한 것이다. 훌륭한 일을 하여 크게 형통함을 얻으면 이는 천하가 다스려지는 것이다.

利涉大川은 往有事也요 先甲三日, 後甲三日은 終則有始 天行也라

'大川을 건넘이 이로움'은 가면 일이 있는 것이요, '甲보다 3일을 먼저하고, 甲보

다 3일을 뒤에 함'은 끝나면 시작이 있음이 하늘의 운행인 것이다."

【注】蠱者는 有事而待能之時也니 可以有爲 其在此時矣라 物已說隨하면 則待夫作制하여 以定其事也라 進德修業하니 往則亨矣라 故로 元亨하고 利涉大川也라 甲者는 創制之令也니 創制엔 不可責之以舊라 故로 先之三日하고 後之三日에 使令(治)〔洽〕1)而後에 乃誅也라 因 事申令하여 終則復始는 若天之行이 用四時也라

1) (治)〔洽〕: 저본에는 '治'로 되어 있으나, 岳本·宋本·古本·足利本에 의거하여 '洽'으로 바로잡았다.〔阮刻本 참조〕

蠱는 일이 있어 능한 이를 기다리는 때이니, 훌륭한 일을 할 수 있는 것이 이때에 있다. 물건이 이미 기뻐하여 따르면 制作하기를 기다려 그 일을 정해야 한다. 德을 진전하고 業을 닦았으니, 가면 형통하다. 그러므로 크게 형통하고 大川을 건넘이 이로운 것이다.

甲은 創制한(처음으로 만든) 법령이니, 創制할 때에는 옛 법령으로 책망할 수 없다. 그러므로 3일 전과 3일 후에 명령하여 흡족히 젖어든 뒤에 주벌하는 것이다. 일을 인하여 법령을 거듭하여 끝마치면 다시 시작하는 것은 하늘의 운행이 四時를 사용하는 것과 같다.

【疏】正義曰:'利涉大川 往有事也'者, 釋利涉大川也. 蠱者, 有爲之時, 拔拯危難, 往 當有事, 故利涉大川. 此則假外象, 以喩危難也. '先甲三日 後甲三日 終則有始 天行' 者, 釋先甲三日後甲三日之義也. 民之犯令, 告之已終, 更復從始, 告之殷勤不已, 若天 之行, 四時旣終, 更復從春爲始. 象天之行, 故云"天行"也.

正義曰:〔利涉大川 往有事也〕 '大川을 건넘이 이로움'을 해석한 것이다. 蠱는 일이 있는 때이니, 위태로움과 어려움을 구제할 적에 가면 마땅히 일이 있다. 그러므로 大川을 건넘이 이로운 것이다. 이는 外物의 상을 빌려서 위태로움과 어려움을 비유한 것이다.

〔先甲三日 後甲三日 終則有始 天行〕 '甲보다 3일을 먼저하고 甲보다 3일을 뒤에 함〔先甲三日 後甲三日〕'의 뜻을 해석한 것이다. 백성이 법령을 범할 적에 고함이 이미 끝나면 다시 처음부터 해서 고하기를 간곡히 하여 그치지 않으니, 마치 하늘의 운행이 四時가 이미 끝나면 다시 봄부터 시작하는 것과 같다. 하늘의 운행을 형상하였으므로 "하늘의 운행〔天行〕"이라고 한 것이다.

【疏】○ 注'蠱者'至'四時也' ○ 正義曰 : '蠱者 有事待能之時'者, 物旣蠱壞, 須有事營
爲, 所作之事, 非賢能不可, 故經云"幹父之蠱", 幹則能也. '甲者 創制之令'者, 甲爲十
日之首, 創造之令, 爲在後諸令之首, 故以創造之令, 謂之爲甲. 故漢時謂令之重者, 謂
之甲令, 則此義也. '創制 不可責之以舊'者, 以人有犯令而致罪者, 不可責之舊法, 有犯
則刑, 故須先後三日, 殷勤語之, 使曉知新令, 而後乃 (專)〔誅〕[1], 誅謂兼通責讓之罪,
非(尊)〔專〕[2]謂誅殺也.

1) (專)〔誅〕 : 저본에는 '專'으로 되어 있으나, 毛本에 의거하여 '誅'로 바로잡았다.〔阮刻本
참조〕

2) (尊)〔專〕 : 저본에는 '尊'으로 되어 있으나, 毛本에 의거하여 '專'으로 바로잡았다.〔阮刻本
참조〕

○ 注의 〔蠱者〕에서 〔四時也〕까지

○ 正義曰 :〔蠱者 有事待能之時〕물건이 이미 파괴되면 모름지기 일이 있어 경영하여
야 하니, 제작하는 일은 어진 이와 능한 이가 아니면 불가하다. 그러므로 經文에 "아버지
의 일을 주간한다〔幹〕." 하였으니, '幹'은 바로 능함이다.

〔甲者 創制之令〕甲은 10일의 머리가 되니, 創制한 명령이 뒤의 여러 법령의 머리에
있으므로 창제한 명령을 일러 甲이라고 한 것이다. 그러므로 漢나라 때에 법령의 重한
것을 甲令이라 하였으니, 바로 이 뜻이다.

〔創制 不可責之以舊〕사람이 법령을 범하여 죄를 지은 자가 있을 경우, 옛 법령으로 책
망하여 범함이 있으면 형벌할 수가 없다. 그러므로 모름지기 전후 3일에 걸쳐 간곡히 말해
주어서 백성들로 하여금 새 법령을 분명히 알게 한 뒤에 비로소 誅罰하는 것이니, '誅'는
責讓(꾸짖음)의 죄를 겸하여 통함을 말한 것이지 오로지 誅殺만을 말한 것이 아니다.

象曰 山下有風이 蠱니 君子以振民育德하니라

〈象傳〉에 말하였다. "산 아래에 바람이 있는 것이 蠱卦이니, 君子가 보고서 백성
을 구제하여 德으로 길러준다."

【注】蠱者는 有事而待能之時也라 故로 君子以濟民養德也라

蠱는 일이 있어 능한 이를 기다리는 때이다. 그러므로 군자가 보고서 백성을 구제하여
德으로 길러주는 것이다.

【疏】正義曰 : 必云"山下有風"者, 風能遙動, 散布潤澤, 今山下有風, 取君子能以恩澤下振於民, 育養以德.[1] 振民, 象山下有風, 育德, 象山在上也.

1) 風能遙動……育養以德 : 孔穎達은 바람의 動함을 '은택이 베풀어짐'으로 해석하여 바로 '振民'과 연결시켰으나, 程伊川은 "바람이 산을 만나 돌면 물건이 다 흩어져 혼란해진다. 그러므로 일이 있는 象이 된 것이다.〔風遇山而回 則物皆散亂 故爲有事之象〕"라고 하여, 바람의 動함을 물건이 흩어지고 파괴됨의 뜻으로 보았는바, 이는 朱子도 같다. 따라서 程伊川과 朱子는 '振民'과 '育德'을 이러한 혼란의 시기에 군자가 반드시 해야 할 두 가지 큰 일로 보았다.

　'育德'을 王弼은 분명히 밝히지 않았으나, 孔穎達은 '育養以德'이라고 부연 설명하였는바, '育德'을 '군자가 백성을 자신의 德으로 길러줌'으로 해석한 것이다. 반면 程伊川과 朱子는 '育德'을 '군자가 자신의 德을 기름'의 뜻으로 보았다.

正義曰 : 반드시 "산 아래에 바람이 있다."고 말한 것은, 바람은 멀리서 동하여 윤택함을 펼 수 있으니, 지금 '산 아래에 바람이 있음'은 君子가 능히 은택을 가지고 아래로 백성을 구제하여 德으로 길러줌을 취한 것이다. '백성을 구제함'은 산 아래에 바람이 있음을 형상하였고, '德으로 길러줌'은 산이 위에 있음을 형상한 것이다.

初六은 幹父之蠱니 有子면 考无咎하리니 厲하나 終吉하리라

初六은 아버지의 일을 주간함이니, 훌륭한 자식이 있으면 아버지가 허물이 없으리니, 위태로우나 끝내 길하리라.

【注】處事之首하니 始見任者也니 以柔巽之質로 幹父之事하여 能承先軌하여 堪其任者也라 故曰 有子也라 任爲事首하여 能堪其事하면 考乃无咎也라 故曰 有子면 考无咎也라하니라 當事之首하니 是以危也요 能堪其事라 故終吉이라

일의 첫머리에 처하였으니, 처음으로 임무를 받은 자이다. 柔巽한 자질로 아버지의 일을 주간하여 능히 옛 軌範을 받들어서 그 임무를 감당할 수 있다. 그러므로 "훌륭한 자식이 있다."고 말한 것이다. 임무를 맡아 일의 시작이 되어서 능히 그 일을 감당하면 아버지가 비로소 허물이 없다. 그러므로 "훌륭한 자식이 있으면 아버지가 허물이 없다."고 말한 것이다. 일의 첫머리에 당하였으니 이 때문에 위태로운 것이요, 능히 그 일을 감당하기 때문에 끝내 길한 것이다.

【疏】'初六'至'厲終吉' ○ 正義曰 : '幹父之蠱'者, 處事之首, 以柔巽之質, 幹父之事, 堪 其任也. '有子 考无咎'者, 有子旣能堪任父事, 考乃无咎也, 以其處事之初, 若不堪父 事, 則考有咎也. '厲 終吉'者, 厲, 危也. 旣爲事初, 所以危也,[1] 能堪其事, 所以終吉也.

> 1) 厲……所以危也 : 王弼과 孔穎達은 初六이 일의 처음이기 때문에 위태로운 것이라고 하
> 였으나, 程伊川은 자식이 위태롭게 여겨 조심해야 한다는 뜻으로 보았으며, 朱子 역시
> "위태로움을 알아 능히 경계하면 끝내 길하다.〔知危而能戒 則終吉也〕"고 하였다. 程伊川
> 과 朱子의 해석에 따르면 '厲終吉'은 "厲하여야 終吉이리라"로 현토해야 한다.

經의 〔初六〕에서 〔厲終吉〕까지

○ 正義曰 : 〔幹父之蠱〕 일의 첫머리에 처하여, 柔巽한 자질로 아버지의 일을 주간하 여 그 임무를 감당하는 것이다.

〔有子 考无咎〕 훌륭한 자식이 있어서 이미 아버지의 일을 감당하여 맡을 수 있으면 아 버지가 비로소 허물이 없는 것이니, 일의 처음에 처하여 만약 아버지의 일을 감당하지 못 하면 아버지가 허물이 있는 것이다.

〔厲 終吉〕 '厲'는 위태로움이다. 이미 일의 처음이 되었으니 이 때문에 위태로운 것이 요, 능히 그 일을 감당하니 이 때문에 끝내 길한 것이다.

象曰 幹父之蠱는 意承考也라

〈象傳〉에 말하였다. "아버지의 일을 주간함은 마음으로만 아버지를 받드는 것 이다."

【注】幹事之首엔 時有損益하여 不可盡承이라 故로 意承而已라

일의 첫머리를 주간할 적에는 때때로 덜고 더함이 있어 모두 받들 수가 없다. 그러므 로 마음으로만 받드는 것이다.

【疏】正義曰 : 釋幹父之蠱義. 凡堪幹父事, 不可小大損益一依父命, 當量事制宜, 以 意承考而已.[1] 對文父沒稱考, 若散而言之, 生亦稱考. 若康誥云"大傷厥考心", 是父在 稱考. 此避幹父之文, 故變云考也.

> 1) 凡堪幹父事……以意承考而已 : 王弼과 孔穎達은 '意承考'를 '자식이 아버지의 일을 주
> 간할 적에 아버지의 명령을 모두 따르지는 않고 마음으로만 아버지를 받드는 것'으로 해

석하였다. 반면 程伊川은 "자식이 아버지의 일을 주간하는 도리는 뜻이 아버지의 일을
받들어 담당함에 있는 것이다. 그러므로 그 일을 공경하여 아버지를 허물이 없는 처지
에 두어서 항상 두려워하고 위태로운 생각을 품으면 끝내 길함을 얻는 것이다. 아버지
의 일에 정성을 다함은 길한 방도이다.〔子幹父蠱之道 意在承當於父之事也 故祇敬其事 以置
父於无咎之地 常懷惕厲 則終得其吉也 盡誠於父事 吉之道也〕"라고 하여, '意承考'를 '자식이
아버지의 일에 정성을 다하여 그 일을 받들려는 것에 뜻을 둠'의 의미로 해석하였다.

正義曰 : '아버지의 일을 주간함'의 뜻을 해석한 것이다. 무릇 아버지의 일을 감당하여
주간할 적에는 작게 하고 크게 함과 덜고 더함을 한결같이 아버지의 명령을 따를 수가 없
고, 마땅히 일을 헤아려 마땅하게 만들어서 마음으로만 아버지를 받들 뿐이다.

對를 맞추어 쓴 글에는 아버지가 죽었을 때 '考'라고 칭하나 만약 넓게 말하면 살아 있
을 때에도 고라고 칭한다. 예컨대 ≪書經≫〈康誥〉에 "그 아버지〔考〕의 마음을 크게 상한
다."라고 하였으니, 이는 아버지가 살아 있을 때에도 考라고 칭한 것이다. 여기에서는 '幹
父'의 글을 피하려고 하였기 때문에 바꾸어 '考'라고 말한 것이다.

九二는 幹母之蠱니 不可貞이니라

九二는 어머니의 일을 주간함이니, 貞正해서는 안 된다.

【注】居於內中하여 宜幹母事라 故曰 幹母之蠱也요 婦人之性은 難可全正하여 宜屈己剛하니
旣幹且順이라 故曰 不可貞也라하니라 幹不失中은 得中道也라

內卦의 가운데에 거하여 마땅히 어머니의 일을 주간해야 하기 때문에 "어머니의 일을
주간한다."고 말한 것이요, 부인의 성품은 바름을 온전히 하기가 어려워서 마땅히 자기의
剛함을 굽혀야 하니, 이미 주간하고 순하기 때문에 "貞正해서는 안 된다."고 말한 것이
다. 주간하면서 中을 잃지 않음은 中道를 얻은 것이다.

【疏】正義曰 : 居內處中, 是幹母事也. '不可貞'者, 婦人之性, 難可全正, 宜屈己剛, 不
可固守貞正, 故云"不可貞"也.

正義曰 : 內卦에 거하고 中에 처하였으니, 이는 어머니의 일을 주간하는 것이다.

〔不可貞〕 부인의 성품은 바름을 온전히 하기가 어려워서 마땅히 자기의 剛함을 굽혀
야 하니, 貞正함을 굳게 지켜서는 안 된다. 그러므로 "貞正해서는 안 된다."라고 말한 것
이다.

象曰 幹母之蠱는 得中道也라

〈象傳〉에 말하였다. "어머니의 일을 주간함은 中道를 얻은 것이다."

【疏】正義曰 : '得中道'者, 釋幹母之蠱義, 雖不能全正, 猶不失在中之道, 故云"得中道"也.

正義曰 : 〔得中道〕'어머니의 일을 주간함'의 뜻을 해석한 것이니, 비록 바름을 온전히 하지는 못하나 그래도 中에 있는 道를 잃지 않았기 때문에 "中道를 얻었다."라고 말한 것이다.

九三은 幹父之蠱니 小有悔나 无大咎라

九三은 아버지의 일을 주간함이니, 다소 후회가 있으나 큰 허물이 없다.

【注】以剛幹事而无其應이라 故로 有悔也요 履得其位하여 以正幹父하니 雖小有悔나 終无大咎라

剛으로 일을 주간하면서 應이 없기 때문에 후회가 있는 것이요, 밟음이 正位를 얻어서 바름으로 아버지의 일을 주간하니 비록 다소 후회가 있으나 끝내 큰 허물이 없는 것이다.

【疏】正義曰 : '幹父之蠱 小有悔'者, 以剛幹事而无其應, 故小有悔也. '无大咎'者, 履得其位, 故終无大咎也.

正義曰 : 〔幹父之蠱 小有悔〕剛으로 일을 주간하면서 應이 없기 때문에 다소 후회가 있는 것이다.

〔无大咎〕밟음이 正位를 얻었으므로 끝내 큰 허물이 없는 것이다.

象曰 幹父之蠱는 終无咎也라

〈象傳〉에 말하였다. "아버지의 일을 주간함은 끝내 허물이 없는 것이다."

六四는 裕父之蠱니 往하면 見吝하리라

六四는 아버지의 일을 여유롭게 하는 것이니, 가면 부끄러움을 당하리라.

【注】體柔當位하여 幹不以剛하고 而以柔和하니 能裕先事者也라 然无其應하여 往必不合이라 故로 曰 往見吝이라

體가 柔하면서 지위를 담당하여 주간하기를 剛으로써 하지 않고 柔和로써 하니, 능히 先代의 일을 여유롭게 하는 자이다. 그러나 應이 없어서 가면 반드시 합하지 못한다. 이 때문에 "가면 부끄러움을 당한다."라고 말한 것이다.

【疏】'象曰'至'見吝' ○ 正義曰 : '裕父之蠱'者, 體柔當位, 幹不以剛, 而以柔和, 能容裕父之事也. '往見吝'者, 以其無應, 所往之處, 見其鄙吝, 故往未得也.[1]

> 1) 往見吝者……故往未得也 : 王弼과 孔穎達은 '往見吝'을 六四가 應이 없기 때문에 가면 부끄러움을 당하는 것이라고 해석하였는바, 蠱卦의 初爻는 陰爻이기 때문에 六四가 應이 없는 것이다. 반면 朱子는 "〈六四가〉 陰으로 陰位에 거하여 훌륭한 일을 하지 못하니, 寬裕로써 혼란함을 다스리는 象이다. 이와 같으면 혼란함이 장차 날로 깊어지므로 가면 부끄러움을 당하는 것이다.〔以陰居陰 不能有爲 寬裕以治蠱之象也 如是 則蠱將日深 故 往則見吝〕"라고 하였다.

經의 〔象曰〕에서 〔見吝〕까지

○ 正義曰 : 〔裕父之蠱〕 體가 柔하면서 지위를 담당하여 주간하기를 剛으로써 하지 않고 柔和로써 해서 능히 아버지의 일을 여유롭게 할 수 있다.

〔往見吝〕 應이 없으므로 가는 곳에서 鄙吝함을 당한다. 이 때문에 가면 얻지 못하는 것이다.

象曰 裕父之蠱는 往未得也라

〈象傳〉에 말하였다. "아버지의 일을 여유롭게 함은 가면 얻지 못하는 것이다."

六五는 幹父之蠱니 用譽리라

六五는 아버지의 일을 주간함이니, 명예가 있으리라.

【注】以柔處尊하여 用中而應하니 承先以斯하면 用譽之道也라

柔로서 尊位에 처하여 中을 써서 응하니, 선친을 받들기를 이로써 하면 명예를 받는 방도이다.

【疏】'象曰'至'用譽' ○ 正義曰 : 幹父之蠱 用譽者, 以柔處尊, 用中而應, 以此承父, 用有聲譽.

經의 〔象曰〕에서 〔用譽〕까지

○ 正義曰 :〔幹父之蠱 用譽〕柔로서 尊位에 처하여 中을 써서 응하니, 이로써 아버지를 받들면 훌륭한 명예가 있을 것이다.

象曰 幹父用譽는 承以德也라

〈象傳〉에 말하였다. "아버지의 일을 주관하여 명예가 있음은 德으로써 받드는 것이다."

【注】以柔處中하여 不任威力也라

柔로서 中에 처하여 위엄과 무력에 맡기지 않는 것이다.

【疏】正義曰 : 釋幹父用譽之義, 奉承父事, 唯以中和之德, 不以威力, 故云"承以德也."

正義曰 : '아버지의 일을 주관하여 명예가 있음'의 뜻을 해석한 것이니, 아버지의 일을 받들 적에 오직 中和의 德으로써 하고 위엄과 무력으로써 하지 않으므로 "德으로써 받는다."고 말한 것이다.

上九는 不事王侯하고 高尙其事로다

上九는 王侯를 섬기지 않고 그 일을 고상히 한다.

【注】最處事上하여 而不累於位하니 不事王侯하고 高尙其事也라

일의 가장 위에 처하여 지위에 얽매이지 않으니, 王侯를 섬기지 않고 그 일을 고상히 하는 것이다.

【疏】正義曰 : 最處事上, 不復以世事爲心, 不係累於職位, 故不承事王侯, 但自尊高慕尙其淸虛之事, 故云"高尙其事"也.

일의 가장 위에 처하여 다시 세상일을 마음에 두지 않고 직책과 지위에 얽매이지 않는다. 이 때문에 王侯를 받들어 섬기지 않고, 다만 스스로 자기의 淸虛한 일을 높이고 사모

하고 고상히 하기 때문에 "그 일을 고상히 한다."고 말한 것이다.

象曰 不事王侯는 志可則(칙)也라

〈象傳〉에 말하였다. "王侯를 섬기지 않음은 뜻이 본받을 만한 것이다."

【疏】正義曰 : 釋不事王侯之義, 身旣不事王侯, 志則淸虛高尙, 可法則也.

正義曰 : '王侯를 섬기지 않음'의 뜻을 해석한 것이니, 몸이 이미 王侯를 섬기지 않아 뜻이 淸虛하고 고상해서 법칙으로 삼을 만한 것이다.

19. 臨䷒ 兌下坤上

臨은 元亨하고 利貞하니 至于八月하면 有凶하리라

臨은 크게 형통하고 貞함이 이로우니, 8개월에 이르면 흉함이 있으리라.

【疏】'臨元亨'至'有凶' ○ 正義曰 : 案序卦云"臨, 大也." 以陽之浸長, 其德壯大, 可以
監臨於下, 故曰"臨"也. 剛旣浸長, 說而且順, 又以剛居中, 有應於外,[1) 大得亨通而利
正也, 故曰"元亨利貞"也. '至于八月 有凶'者, 以物盛必衰, 陰長陽退, 臨爲建丑之月, 從
建丑至于七月建申之時, 三陰旣盛, 三陽方退, 小人道長, 君子道消, 故八月有凶也.[2)
以盛不可終保, 聖人作易以戒之也.

1) 以剛居中 有應於外 : '剛으로서 中에 거함'은 九二를 가리킨 것이며, '밖에 應이 있음'은
九二가 外卦의 六五에 應함을 말한 것이다.
2) 至于八月……故八月有凶也 : 建丑月은 초저녁에 北斗星의 자루가 丑方을 가리키는 달
을 말한 것으로 음력 12월에 해당하고 卦로는 臨卦䷒에 해당하며, 建申月은 北斗星의
자루가 申方을 가리키는 달을 말한 것으로 음력 7월에 해당하고 卦로는 否卦䷋에 해당
한다. 음력 11월(復卦䷗)에 처음 陽이 자라기 시작하여 4월(乾卦䷀)에 極盛해지면, 다
시 陰이 자라고 陽이 물러가기 시작하여 陰爻가 더 많아지니, 建申月(7월, 否卦䷋)은 陰
이 陽보다 성해지게 되는 기점에 해당한다. 臨卦의 때에는 陽이 점점 자라나는 시기이
지만 이러한 성장이 계속될 수 없기 때문에 陰盛의 분기가 되는 否卦를 들어 미리 경계
한 것이다.
　　반면 程伊川과 朱子는 '至于八月'을 陽이 처음 생기는 11월의 復卦䷗로부터 시작하
는 것으로 계산하여 8개월 뒤인 6월의 遯卦䷠에 이르는 것으로 보았고, 朱子는 '至于八
月'을 8월(觀卦䷓)에 이르는 것으로 보는 說 또한 함께 소개하였다.

經의 〔臨元亨〕에서 〔有凶〕까지

○ 正義曰 : 살펴보건대, 〈序卦傳〉에 "臨은 큼이다." 하였으니, 陽이 점점 자라서 그 德
이 壯大하여 아랫사람을 監臨할 수 있다. 그러므로 卦 이름을 '臨'이라 한 것이다.

剛이 이미 점점 자라서 기뻐하고 순하며, 또 剛으로서 中에 거하고 밖에 應이 있어서

크게 형통함을 얻고 바름이 이로운 것이다. 그러므로 "크게 형통하고 貞함이 이롭다."라고 한 것이다.

〔至于八月 有凶〕물건이 盛하면 반드시 衰하고 陰이 자라면 陽이 물러간다. 臨卦는 建丑의 달이 되니, 建丑月로부터 시작하여 7월의 建申의 때에 이르면 세 陰이 이미 성하고 세 陽이 막 물러가서 小人의 道가 자라고 君子의 道가 사라진다. 그러므로 8개월이면 흉함이 있는 것이다. 성함을 끝까지 보존할 수 없기 때문에 聖人이 ≪周易≫을 지어 경계하신 것이다.

彖曰 臨은 剛浸而長하며 說而順하고 剛中而應하여 大亨以正하니 天之道也라

〈彖傳〉에 말하였다.

"臨은 剛이 점점 자라며 기뻐하고 순하며 剛이 中에 있고 응하여 크게 형통하고 바르니, 하늘의 道이다.

【注】陽轉進長하고 陰道日消하여 君子日長하고 小人日憂하니 大亨以正之義라

陽의 움직임이 나아가 자라고 陰의 道가 날로 사라져서 君子가 날로 자라고 小人이 날로 근심하니, 크게 형통하고 바른 뜻이다.

【疏】'彖曰'至'天之道也'○正義曰:'臨剛浸而長 說而順'者, 此釋卦義也. 凡諸卦之例, 說而順之, 下應以臨字結之, 此無臨字者, 以其剛中而應亦是臨義, 故不得於剛中之上而加臨也. '剛中而應 大亨以正 天之道'者, 天道以剛居中, 而下與地相應, 使物大得亨通而利正, 故乾卦元亨利貞, 今此臨卦, 其義亦然, 故云"天之道"也.

經의 〔彖曰〕에서 〔天之道也〕까지

○正義曰:〔臨剛浸而長 說而順〕이는 卦의 뜻을 해석한 것이다. 무릇 여러 卦의 例에 기뻐하고 순하면 아래에 응당 '臨'자로 끝맺어야 하는데 여기에 '臨'자가 없는 것은, '剛이 中에 있고 응함' 역시 臨의 뜻이기 때문에 '剛中'의 위에 '臨'자를 가할 수 없는 것이다.

〔剛中而應 大亨以正 天之道〕天道가 剛으로서 中에 있으면서 아래로 땅과 서로 응하여 물건으로 하여금 크게 형통함을 얻어 바름이 이롭게 한다. 그러므로 乾卦에 "元亨利貞"이라 하였으니, 지금 이 臨卦도 그 뜻이 또한 그러하다. 그러므로 "하늘의 道이다."라고 말한 것이다.

至于八月有凶은 消不久也일새라

8개월에 이르면 흉함이 있음은 사라질 때가 오래지 않기 때문이다."

【注】八月은 陽衰而陰長하니 小人道長하고 君子道消也라 故曰 有凶이라

8월은 陽이 쇠하고 陰이 자라니, 小人의 道가 자라고 君子의 道가 사라진다. 그러므로 "흉함이 있다."고 말한 것이다.

【疏】'至于八月'(不)〔至〕[1]'久也' ○ 正義曰 : 證 '有凶'之義, 以其陽道旣消, 不可常久, 故有凶也. 但復卦一陽始復, 剛性尙微, 又不得其中, 故未有元亨利貞, 泰卦三陽之時, 三陽在下而成乾體, 乾下坤上, 象天降下, 地升上, 上下通泰, 物通則失正, 故不具四德. 唯此卦二陽浸長, 陽浸壯大, 特得稱臨, 所以四德具也. 然陽長之卦, 每卦皆應八月有凶. 但此卦名臨, 是盛大之義, 故於此卦特戒之耳. 若以類言之, 則陽長之卦, 至其終末, 皆有凶也.

1) (不)〔至〕: 저본에는 '不'로 되어 있으나, 阮刻本〈校勘記〉에 "'不'은 마땅히 至가 되어야 한다."라고 한 것에 의거하여 '至'로 바로잡았다.

經의〔至于八月〕에서〔久也〕까지

○ 正義曰 : '흉함이 있음'을 증명하였으니, 陽의 道가 이미 사라져서 항상하고 오래할 수 없기 때문에 흉함이 있는 것이다.

다만 復卦는 한 陽이 처음 회복되어서 剛의 성질이 아직 미약하고 또 中을 얻지 못하였기 때문에 元亨利貞이 있지 못한 것이요, 泰卦의 세 陽의 때에는 세 陽이 아래에 있으면서 乾體를 이루어 乾이 아래에 있고 坤이 위에 있으니 이는 하늘이 아래로 내려가고 땅이 위로 올라가서 상하가 通泰함을 형상한 것인바, 물건이 通泰하면 바름을 잃기 때문에 四德을 갖추지 못한 것이다. 오직 이 卦는 두 陽이 점점 자라나서 陽이 점점 壯大해져 특별히 '臨'의 칭호를 얻었으니, 이 때문에 四德을 갖춘 것이다.

그러나 陽이 자라는 卦에는 매 卦마다 모두 '八月有凶'이라고 하여야 한다. 다만 이 卦는 이름이 '臨'이니, 이는 성대한 뜻이므로 이 卦에 특별히 경계한 것일 뿐이다. 만약 이런 종류를 가지고 말한다면 陽이 자라는 卦는 그 종말에 이르면 다 흉함이 있는 것이다.

【疏】○ 注'八月'至'有凶' ○ 正義曰 : 云'八月'者, 何氏云"從建子陽生, 至建未爲八月."

褚氏云"自建寅至建酉爲八月." 今案此注云"小人道長, 君子道消", 宜據否卦之時, 故以臨卦建丑而至否卦建申, 爲八月也.[1]

1) 云八月者……爲八月也 : '八月'에 대한 세 가지 해석을 제시한 것이다. 何氏는 建子月 (11월, 復卦䷗)에서 建未月(6월, 遯卦䷠)까지의 8개월로 보았고, 褚氏는 建寅月(1월, 泰卦䷊)에서 建酉月(8월, 觀卦䷓)까지로 보았다. 孔穎達은 王弼의 注에서 "小人의 道가 자라고 君子의 道가 사라진다."라고 한 것에 근거하여, 8개월을 建丑月(12월, 臨卦䷒)에서 建申月(7월, 否卦䷋)까지로 보았는데, "小人道長 君子道消"가 否卦를 형용한 말이기 때문이다. 이 말은 否卦〈象傳〉에 보인다. 한편 程伊川과 朱子는 何氏의 說과 같다.

○ 注의〔八月〕에서〔有凶〕까지

○ 正義曰 :〔八月〕何氏(何妥)는 "陽이 생기는 建子月(11월)로부터 建未月(6월)에 이르면 8개월이 된다."라고 하였고, 褚氏(褚仲都)는 "建寅月(1월)로부터 建酉月(8월)에 이르면 8개월이 된다."라고 하였다. 이제 살펴보건대, 이 注에 "小人의 道가 자라고 君子의 道가 사라진다."라고 하였으니, 이는 마땅히 否卦의 때를 근거해야 한다. 그러므로 臨卦의 建丑月(12월)로부터 否卦의 建申月(7월)에 이르면 8개월이 되는 것이다.

象曰 澤上有地 臨이니 君子以敎思无窮하며 容保民이 无疆하니라

〈象傳〉에 말하였다. "못 위에 땅이 있는 것이 臨卦이니, 君子가 보고서 가르치려는 생각이 다함이 없으며 백성을 용납하여 보존함이 끝이 없다."

【注】相臨之道는 莫若說順也니 不恃威制하고 得物之誠이라 故로 物无違也라 是以君子敎思无窮하며 容保民이 无疆也라

서로 임하는 道는 기뻐하고 和順함만 한 것이 없으니, 위엄으로 제재함을 믿지 않고 물건의 성실함을 얻는다. 그러므로 물건이 어김이 없는 것이다. 이 때문에 君子의 가르치려는 생각이 다함이 없으며 백성을 용납하여 보존함이 끝이 없는 것이다.

【疏】'象曰'至'无疆' ○ 正義曰 : '澤上有地'者, 欲見地臨於澤, 在上臨下之義, 故云"澤上有地"也. '君子以敎思无窮'者, 君子於此臨卦之時, 其下莫不喜說和順, 在上但須敎化, 思念无窮已也, 欲使敎恒不絶也. '容保民无疆'者, 容謂容受也, 保安其民, 无有疆境, 象地之闊遠, 故云"无疆"也.

經의 〔象曰〕에서 〔无疆〕까지

○ 正義曰 : 〔澤上有地〕 땅이 못에 임하여 위에 있으면서 아래에 임한 뜻을 나타내고자 하였다. 그러므로 "못 위에 땅이 있다."고 말한 것이다.

〔君子以敎思无窮〕 君子는, 이 臨卦의 때에 아랫사람들이 기뻐하고 和順하지 않는 이가 없으니, 위에 있는 자는 다만 敎化하여 그 생각이 다함이 없어야 할 뿐이니, 가르침이 항상 끊이지 않게 하고자 하는 것이다.

〔容保民无疆〕 '容'은 용납하여 받음을 이르니, 그 백성을 보존하여 편안하게 함이 疆界 (한계)가 없어서 땅의 넓고 먼 것을 형상하였기 때문에 "끝이 없다."라고 말한 것이다.

初九는 咸臨이니 貞하여 吉하니라

初九는 감응하여 임함이니, 貞하여 길하다.

【注】咸은 感也요 感은 應也니 有應於四하여 感以臨者也라 四履正位而己應焉하니 志行正者也라 以剛感順하고 志行其正하니 以斯臨物이면 正而獲吉也라

'咸'은 感動이요, 感은 應함이니, 六四에 應이 있어서 감응하여 임하는 자이다. 六四가 正位를 밟고 있는데 자기가 거기에 응하니, 뜻이 행해져 바른 자이다. 剛함으로써 順함에 감응하고 뜻이 행해져 바르니, 이런 방식으로 물건에 임하면 바루어서 길함을 얻는다.

【疏】正義曰 : 咸, 感也. 有應於四, 感之而臨, 志行得正, 故貞吉也.[1]

1) 咸……故貞吉也 : '咸臨'을 王弼과 孔穎達은 初九가 六四를 감동시켜 六四에게 임함의 뜻으로 해석하였다.

程伊川은 六四가 初九를 감동시키는 것으로 보아, "咸은 감동함이니, 陽이 자라는 때에 陰에게 감동하는 것이다. 六四가 初九에 應하니 감동시키는 자이다.〔咸 感也 陽長之時 感動於陰 四應於初 感之者也〕"라고 하였다.

한편 朱子는 '咸'을 '모두'의 뜻으로 보아, "卦에 오직 두 陽이 네 陰에 두루 임하므로 두 爻가 모두 다 임하는 象이 있는 것이다.〔卦唯二陽 徧臨四陰 故二爻皆有咸臨之象〕"라고 하였다.

正義曰 : 咸은 감동이다. 六四에 應이 있어서 감응하여 임해서 뜻이 행해져 바름을 얻기 때문에 貞하여 길한 것이다.

象曰 咸臨貞吉은 志行正也라

〈象傳〉에 말하였다. "'감응하여 임함이니 貞하여 길함'은 뜻이 행해져 바른 것이다."

【疏】正義曰 : '咸臨貞吉 志行正'者, 釋咸臨貞吉之義. 四旣履得正位, 己往與之相應, 是己之志意行而歸正也.

正義曰 :〔咸臨貞吉 志行正〕'감응하여 임함이니 貞하여 길함'의 뜻을 해석한 것이다. 六四가 이미 正位를 밟고 있는데 자기가 가서 더불어 相應하니, 이는 자기의 뜻이 행해 져 바름으로 돌아간 것이다.

九二는 咸臨이니 吉하여 无不利하니라

九二는 감응하여 임함이니, 길하여 이롭지 않음이 없다.

【注】有應在五하니 感以臨者也라 剛勝則柔危어늘 而五體柔하니 非能同斯志者也요 若順於 五하면 則剛德不長하니 何由得吉无不利乎아 全與相違하면 則失於感應하니 其得(感)〔咸〕[1] 臨吉无不利는 必未順命也라

1) (感)〔咸〕: 저본에는 '感'으로 되어 있으나, 阮刻本〈校勘記〉에 "'感'은 마땅히 '咸'이 되어야 한다. 이 注는 經文을 正述한 것이니, 글자를 고치는 준례는 없다."라고 한 것에 의거하여 '咸'으로 바로잡았다.

六五에 應이 있으니, 감응하여 임하는 사이다. 剛이 우세하면 柔가 위태로운데 六五의 體가 柔하니 이 뜻을 함께할 수 있는 자가 아니요, 만약 六五에 순종하면 剛의 德이 자라 지 못하니, 어떻게 '길하여 이롭지 않음이 없음'을 얻겠는가. 완전히 서로 위배하면 감응 함을 잃으니, '감응하여 임하니 길하여 이롭지 않음이 없음'을 얻는 것은 반드시 명령에 순종하지는 않는 것이다.

【疏】正義曰 : '咸臨 吉'者, 咸, 感也, 有應於五, 是感以臨而得其吉也. '无不利'者, 二 雖與五相應, 二體是剛, 五體是柔, 兩雖相感, 其志不同. 若純用剛往, 則五所不從, 若 純用柔往, 又損己剛性, 必須商量事宜, 有從有否, 乃得无不利也.[1]

1) 咸臨……乃得无不利也 : 孔穎達은 經文을 '咸臨吉'과 '无不利' 두 부분으로 나누어 해석 하였다. '咸臨吉'은 九二가 六五에 감응하므로 길한 것이니, 이 길함은 九二가 六五와

응함으로써 자연히 얻을 수 있는 것이고, '无不利'는 九二가 六五에 완전히 순종하거나 완전히 위배하지 않고 事宜에 따라 행해야만 비로소 얻게 되는 것이다.

正義曰 : 〔咸臨 吉〕'咸'은 감동이니, 六五에 應이 있음은 감응하여 임해서 그 길함을 얻는 것이다.

〔无不利〕九二가 비록 六五와 서로 응하나 九二의 體는 剛이고 六五의 體는 柔여서 둘이 비록 서로 감응하나 그 뜻이 똑같지 않다. 만약 순전히 剛을 써서 가면 六五가 따르지 않을 것이요, 만약 순전히 柔를 써서 가면 또 자기의 강한 성질을 덜게 되니, 모름지기 일의 마땅함을 헤아려서 따르는 것이 있고 따르지 않는 것이 있어야 비로소 '이롭지 않음이 없음'을 얻게 될 것이다.

象曰 咸臨吉无不利는 未順命也라

〈象傳〉에 말하였다. "'감응하여 임함이니 길하여 이롭지 않음이 없음'은 명령에 순종하지 않는 것이다."

【疏】正義曰 : 未順命者, 釋无不利之義. 未可盡順五命, 須斟酌事宜, 有從有否, 故得无不利也,[1] 則君臣上下獻可替否[2]之義也.

1) 未順命者……故得无不利也 : '未順命'을 王弼과 孔穎達은 九二가 六五의 명령에 순종하지 않는 것으로 해석하였다. 이 해석의 근거는 九二가 剛이어서 柔인 六五와 뜻이 맞지 않고, 六五에 완전히 순종하면 九二의 剛性이 감손되므로 九二가 六五의 명령에 완전히 순종하지 않아야 한다는 것이다. 그러나 初九가 六四와 감응할 때에는 剛·柔 간의 문제가 없었으므로, 王弼과 孔穎達의 해석에 이의를 제기할 수 있을 것이다. 程伊川은 九二가 六五에 응하는 것이 다만 윗사람의 명령에 순종하기 위함이 아니라 至誠으로 서로 감동하는 것이기 때문에 〈象傳〉에서 이렇게 말한 것이라고 해명하였으며, 朱子는 "未詳이다."라고 하였다.

2) 獻可替否 : 신하가 임금이 마땅히 행해야 할 일에 대해서는 과감하게 건의하고 행해서는 안 되는 일에 대해서는 그만두도록 간한다는 말이다. 《春秋左氏傳》 昭公 20년조에 "임금이 옳다고 하더라도 혹 옳지 못한 점이 있으면 신하는 그 옳지 못한 점을 上言하여 옳은 것을 이루도록 해야 하고, 임금이 옳지 못하다고 하더라도 혹 옳은 점이 있으면 신하는 그 옳은 점을 상언하여 옳지 못한 것을 고치도록 해야 한다.〔君所謂可而有否焉 臣獻其否以成其可 君所謂否而有可焉 臣獻其可以去其否〕"라고 보인다.

正義曰:〔未順命〕'이롭지 않음이 없음'의 뜻을 해석한 것이다. 六五의 명령에 모두 순종할 수가 없고, 모름지기 일의 마땅함을 參酌해서 따르는 것이 있고 따르지 않는 것이 있다. 그러므로 '이롭지 않음이 없음'을 얻는 것이니, 이는 君臣과 上下가 可함을 올려 可하지 않은 것을 바꾸는 의리이다.

六三은 甘臨이라 无攸利하니 旣憂之면 无咎리라

六三은 甘(아첨함)으로 임하여 이로운 바가 없으니, 이것을 다 근심하면 허물이 없으리라.

【注】甘者는 佞邪說媚不正之名也라 履非其位요 居剛長之世하여 而以邪說臨物이면 宜其无攸利也라 若能盡憂其危하여 改脩其道하면 剛不害正이라 故咎不長이라

'甘'은 간사하고 아첨하여 바르지 못한 이름이다. 밟은 자리가 正位가 아니고 剛이 자라는 세상에 거하여 간사하게 아첨함으로써 물건에 임하면 당연히 이로운 바가 없는 것이다. 만약 그 위태로움을 다 근심하여 그 道를 고쳐 닦으면 剛이 바름을 해치지 않기 때문에 허물이 길지 않은 것이다.

【疏】正義曰:'甘臨'者, 謂甘美諂佞也. 履非其位, 居剛長之世, 而以邪說臨物, 故无攸利也. '旣憂之 无咎'者, 旣, 盡也, 若能盡憂其危, 則剛不害正, 故无咎也.

正義曰:〔甘臨〕감미롭게 아첨함을 이른다. 밟은 자리가 正位가 아니고 剛이 자라는 세상에 거하여 간사하게 아첨함으로써 물건에 임한다. 그러므로 이로운 바가 없는 것이다.

〔旣憂之 无咎〕'旣'는 다함이니, 만약 그 위태로움을 다 근심하면 剛이 바름을 해치지 않기 때문에 허물이 없는 것이다.

象曰 甘臨은 位不當也요 旣憂之하니 咎不長也라

〈象傳〉에 말하였다. "甘으로 임함은 자리가 마땅하지 않은 것이요, 이것을 다 근심하니 허물이 길지 않은 것이다."

【疏】正義曰:'旣憂之 咎不長'者, 能盡憂其事, 改過自脩, 其咎則止, 不復長久, 故无咎也.

正義曰 : 〔旣憂之 咎不長〕 능히 그 일을 다 근심하여 허물을 고쳐 스스로 닦으면 그 허물이 중지되어서 다시는 장구하지 않다. 그러므로 허물이 없는 것이다.

六四는 至臨이니 无咎하니라

六四는 지극히 임함이니, 허물이 없다.

【注】處順應陽하여 不忌剛長하여 而乃應之하고 履得其位하여 盡其至者也라 剛勝則柔危어늘 柔不失正하니 乃得无咎也라

順에 처하고 陽에 응하여 剛이 자람을 시기하지 아니하여 마침내 응하고, 밟은 자리가 正位를 얻어서 지극함을 다한 자이다. 剛이 우세하면 柔가 위태로운데 柔가 바름을 잃지 않으니, 바로 허물이 없을 수 있는 것이다.

【疏】正義曰 : 履順應陽, 不畏剛長而已應之, 履得其位, 能盡其至極之善而爲臨, 故云"至臨." 以柔不失正, 故无咎也.

正義曰 : 順을 밟고 陽에 응하여 剛이 자람을 두려워하지 않고서 자기가 陽에 응하고 밟은 자리가 正位를 얻어서 능히 지극한 善을 다하여 임하였다. 그러므로 "지극히 임함"이라고 말한 것이다.

柔로서 바름을 잃지 않았다. 그러므로 허물이 없는 것이다.

象曰 至臨无咎는 位當也라

〈象傳〉에 말하였다. "'지극히 임함이니 허물이 없음'은 자리가 마땅한 것이다."

【疏】正義曰 : 釋无咎之義. 以六四以陰所居得正, 柔不爲邪, 位當其處, 故无咎也.

正義曰 : '허물이 없음'의 뜻을 해석한 것이다. 六四가 陰으로서 거한 바가 正位를 얻어서 柔가 간사함이 되지 않고 자리가 제 위치에 마땅하다. 그러므로 허물이 없는 것이다.

六五는 知臨이니 大君之宜니 吉하니라

六五는 임함을 앎이니, 大君의 마땅함이니 길하다.

【注】處於尊位하고 履得其中하여 能納剛以禮하고 用建其正하여 不忌剛長而能任之하고 委物以能而不犯焉[1]하면 則聰明者 竭其視聽하고 知力者 盡其謀能하여 不爲而成하고 不行而至矣라 大君之宜는 如此而已라 故로 曰 知臨이니 大君之宜니 吉也라하니라

　　1) 委物以能而不犯焉 : '委物以能'은 어떤 일을 남에게 맡길 적에 그가 능력이 있는지 없는지를 보고서 능력이 있으면 맡긴다는 의미이고, '不犯焉'은 일을 맡긴 뒤에는 그의 처사에 관여하지 않는다는 의미이다.

　尊位에 처하고 밝은 자리가 中을 얻어 능히 剛을 받아들이기를 禮로써 하고 씀이 바름을 세워서, 剛이 자람을 시기하지 않고 능히 맡기며 남에게 능함으로써 맡기고 범하지 않는다. 이렇게 하면 총명한 자가 자기의 보고 들음을 다하고 지혜 있고 힘 있는 자가 자기의 智謀와 재능을 다한다. 그리하여 하지 않아도 이루어지고 행하지 않아도 이르는 것이다. 大君의 마땅함은 이와 같을 뿐이다. 그러므로 "임함을 아는 것이니, 大君의 마땅함이니 길하다."라고 말한 것이다.

【疏】正義曰 : 處於尊位, 履得其中, 能納剛以禮, 用建其正, 不忌剛長而能任之, 故聰明者竭其視聽, 知力者盡其謀能. 是知爲臨之道, 大君之所宜以吉也.

　正義曰 : 尊位에 처하고 밝은 자리가 中을 얻어 능히 剛을 받아들이기를 禮로써 하고 씀이 바름을 세워서 剛이 자람을 시기하지 않고 능히 맡긴다. 그러므로 총명한 자가 자기의 보고 들음을 다하고 지혜 있고 힘 있는 자가 자기의 智謀와 재능을 다하는 것이다. 이는 임하는 방도를 아는 것이니, 大君이 마땅히 길한 이유이다.

象曰 大君之宜는 行中之謂也라

　〈象傳〉에 말하였다. "大君의 마땅함은 中을 행함을 이른다."

【疏】正義曰 : 釋大君之宜, 所以得宜者, 止由六五處中, 行此中和之行, 致得大君之宜, 故言"行中之謂也."

　正義曰 : '大君의 마땅함'을 해석한 것이니, 마땅함을 얻는 까닭은 다만 六五가 中에 처하여 이 中和의 행실을 행해서 大君의 마땅함을 이루었기 때문이다. 그러므로 "中을 행

함을 이른다."라고 말한 것이다.

上六은 敦臨이니 吉하여 无咎하니라

上六은 敦厚하게 임함이니, 길하여 허물이 없다.

【注】處坤之極하니 以敦而臨者也라 志在助賢하여 以敦爲德하니 雖在剛長이나 剛不害厚라 故无咎也라

坤의 極에 처하였으니 敦厚함으로 임하는 자이다. 뜻이 賢者를 도와줌에 있어서 돈후함을 德으로 삼으니, 비록 剛이 자라는 때에 있으나 剛이 돈후함을 해치지 않기 때문에 허물이 없는 것이다.

【疏】正義曰：敦, 厚也. 上六處坤之上, 敦厚而爲臨, 志在助賢, 以敦爲德, 故云"敦臨吉." 雖在剛長, 而志行敦厚, 剛所以不害, 故无咎也.

正義曰：敦은 厚함이다. 上六이 坤의 위에 처하여 돈후하게 임하고, 뜻이 현자를 도와줌에 있어서 돈후함을 德으로 삼는다. 그러므로 "돈후하게 임함이니 길하다."라고 한 것이다.

비록 剛이 자라는 때에 있으나 뜻이 돈후함을 행하니 이 때문에 剛이 해치지 않는다. 그러므로 허물이 없는 것이다.

象曰 敦臨之吉은 志在內也라

〈象傳〉에 말하였다. "敦厚하게 임함의 길함은 뜻이 안에 있는 것이다."

【疏】正義曰：釋敦臨吉之義. 雖在上卦之極, 志意恒在於內之二陽, 意在助賢, 故得吉也.

正義曰：'敦厚하게 임함이니 길함'의 뜻을 해석한 것이다. 비록 上卦의 極에 있으나 뜻이 항상 內卦의 두 陽에 있어서 뜻이 賢者를 도와줌에 있기 때문에 길함을 얻는 것이다.

20. 觀䷓ 坤下巽上

觀은 盥而不薦이면 有孚하여 顒若하니라

觀은 세수만 하고 祭需를 올리지 않으면 〈아랫사람들이〉 孚信이 있어 엄숙하다.

【注】王道之可觀者는 莫盛乎宗廟요 宗廟之可觀者는 莫盛於盥也니 至薦하여는 簡略하여 不足復觀이라 故로 觀盥而不觀薦也라 孔子曰 禘自旣灌而往者는 吾不欲觀之矣[1]라하시니 盡夫觀盛하면 則下觀而化矣라 故로 觀至盥하면 則有孚하여 顒若也라

1) 孔子曰……吾不欲觀之矣 : 《論語》〈八佾〉에 보인다. 禘제사는 王者의 제사로, 시조의 所自出을 모시는 제사이다. 朱子는 孔子의 이 말씀을 "灌은 제사하는 초기에 鬱鬯술을 사용하여 땅에 부어 神을 降臨하게 하는 것이다. 魯나라의 임금과 신하가 이때를 당해서는 誠意가 아직 흩어지지 않아 그래도 볼 만한 것이 있었고, 이로부터 이후는 점차 게을러져서 볼 만한 것이 없었다. 魯나라의 禘제사는 禮가 아니니 孔子께서 본래 보고 싶어 하지 않으셨고, 이때에 이르러서는 失禮한 가운데 또 失禮를 하였다. 그러므로 이러한 탄식을 하신 것이다.〔灌者 方祭之始 用鬱鬯之酒 灌地以降神也 魯之君臣 當此之時 誠意未散 猶有可觀 自此以後 則浸以懈怠而無足觀矣 蓋魯祭非禮 孔子本不欲觀 至此而失禮之中 又失禮焉 故發此歎也〕"라고 해석하였다. 禘제사는 王者(天子)의 제사인데, 제후국인 魯나라에서 제사한 것은 참람한 행위이므로 禮가 아니라고 말한 것이다.

王道 중에 볼 만한 것은 종묘보다 성한 것이 없고, 종묘 중에 볼 만한 것은 세수하는 것보다 성한 것이 없으니, 제수를 올리게 되면 간략하여 다시 볼 것이 없다. 그러므로 세수하는 것만 보고 제수를 올리는 것을 보지 않는 것이다. 孔子가 말씀하기를 "禘제사는 降神酒를 따른 뒤로부터는 내 보고 싶지 않다."라고 하셨으니, 봄의 성함을 다하면 아랫사람들이 보고 교화된다. 그러므로 봄이 세수함에 이르면 孚信이 있어 엄숙한 것이다.

【疏】'觀盥而至顒若' ○ 正義曰 : 觀者, 王者道德之美而可觀也, 故謂之觀. '觀盥而不薦'者, 可觀之事, 莫過宗廟之祭, 盥其禮盛也. 薦者, 謂旣灌之後, 陳薦籩豆之事, 故云 "觀盥而不薦"也. '有孚 顒若'者, 孚, 信也. 但下觀此盛禮, 莫不皆化, 悉有孚信而顒然,故云"有孚顒若."

經의〔觀盥而〕에서〔顒若〕까지

○ 正義曰:〔觀〕王者의 道德의 아름다움으로 볼 만한 것이다. 그러므로 '觀'이라 하였다.

〔觀盥而不薦〕볼 만한 일이 종묘의 제사보다 더한 것이 없고, 세수함은 그 禮가 성대하다. '薦'은 이미 降神한 뒤에 籩豆의 일을 진설하여 올림을 이른다. 그러므로 "觀은 세수하기만 하고 제수를 올리지 않는다."라고 한 것이다.

〔有孚 顒若〕'孚'는 信이니, 아랫사람들이 다만 이 성대한 禮를 보면 다 교화되지 않음이 없어서 모두 孚信이 있어 엄숙〔顒然〕하다. 그러므로 "孚信이 있어서 엄숙하다."라고 한 것이다.

【疏】○ 注'王道之可觀'至'有孚顒若也'○ 正義曰:'盡夫觀盛 則下觀而化'者, 觀盛, 謂觀盥禮盛, 則休而止, 是觀其大, 不觀其細. 此是下之效上, 因觀而皆化之矣. '故觀至盥 則有孚 顒若'者, 顒是嚴正之貌, 若爲語辭, 言下觀而化, 皆孚信, 容貌儼然也.[1]

1) 盡夫觀盛……容貌儼然也:王弼과 孔穎達은 卦辭를 "아랫사람들이 王者의 제사에서 세수하는 禮만 보고 제수를 올리는 禮는 보지 않으면, 교화되어 윗사람을 믿어서 엄숙한 용모를 갖추게 될 것이다."의 의미로 해석하였다.

程伊川 역시 '有孚顒若'을 백성들이 윗사람을 보고 교화되어 孚誠을 다하여 우러러 존경하게 되는 것으로 해석하였으나, '盥而不薦'은 천하의 본보기가 되는 君子가 모든 행위를 할 때 제사에서 盥할 때처럼 精一한 마음가짐으로 임해야 한다는 의미로 해석하였다.

반면 朱子는 '盥而不薦 有孚顒若'을 모두 점치는 자 자신에 해당하는 말로 보아 "깨끗함을 지극히 하고 가볍게 스스로 행동하지 않으면 孚信이 마음속에 있어서 顒然히 우러를 만함을 말한 것이니, 점치는 자가 마땅히 이와 같이 해야 한다고 경계한 것이다.〔言致其潔淸而不輕自用 則其孚信在中而顒然可仰 戒占者當如是也〕"라고 하였다.

○ 注의〔王道之可觀〕에서〔有孚顒若也〕까지

○ 正義曰:〔盡夫觀盛 則下觀而化〕'觀盛'은 세수하는 禮의 성대함을 보면 쉬고 그침을 이르니, 이는 큰 것을 보고 작은 것을 보지 않는 것이다. 이는 아랫사람이 윗사람을 본받을 적에 봄으로 인하여 다 교화가 되는 것이다.

〔故觀至盥 則有孚 顒若〕'顒'은 嚴正한 모양이요, '若'은 어조사이니, 아랫사람들이 보고 교화되어서 모두 믿어 용모가 엄숙함을 말한 것이다.

彖曰 大觀으로 **在上**하여

〈彖傳〉에 말하였다.

"큰 볼것으로 위에 있어,

【注】下賤而上貴也라

아래는 천하고 위는 귀하다.

【疏】正義曰 : 謂大爲在下所觀, 唯在於上. 由在上旣貴, 故在下大觀, 今大觀在於上.

正義曰 : 아래에 있는 사람들에게 크게 보여줌은 오직 위에 있음을 말한 것이다. 위에
있어 이미 귀하기 때문에 아래에 있는 사람들이 크게 보는 것이니, 지금 큰 볼것이 위에
있는 것이다.

順而巽하고 **中正以觀天下**니 **觀盥而不薦 有孚顒若**은 **下觀而化也**라 **觀天之
神道**하면 **而四時不忒**하니 **聖人以神道設敎而天下服矣**니라

순하고 공손하며 中正함으로써 천하에게 보여주니, '觀은 세수만 하고 제수를 올
리지 않으면 孚信이 있어 엄숙하다.'는 것은 아랫사람들이 보고 교화되는 것이다.
하늘의 神道를 보면 四時가 어긋나지 않으니, 聖人이 神道로써 가르침을 베풀어서
천하가 복종하는 것이다."

【注】統說觀之爲道 不以刑制使物而以觀感化物者也라 **神則無形者也**니 **不見天之使四
時**나 **而四時不忒**하고 **不見聖人使百姓**이나 **而百姓自服也**라

觀의 道가 형벌과 제재로써 물건을 부리지 않고, 보고 감동함으로써 물건을 교화함을 통
합하여 말한 것이다. 神은 형체가 없는 것이니, 하늘이 四時를 부림을 보지 못하나 四時가
어긋나지 않고, 聖人이 백성을 부림을 보지 못하나 백성이 저절로 복종하는 것이다.

【疏】'順而巽'至'天下服矣' ○正義曰 : 順而和巽, 居中得正, 以觀於天下, 謂之觀也,
此釋觀卦之名. '觀盥而不薦 有孚顒若 下觀而化'者, 釋有孚顒若之義. 本由在下觀效在
上而變化, 故有孚顒若也. '觀天之神道 而四時不忒'者, 此盛名觀卦之美. 言觀盥與天

之神道相合, 觀此天之神道, 而四時不有差忒. 神道者, 微妙无方, 理不可知, 目不可見, 不知所以然而然, 謂之神道, 而四時之節氣見矣. 豈見天之所爲, 不知從何而來邪. 蓋四時流行, 不有差忒, 故云"觀天之神道, 而四時不忒"也. '聖人以神道設教而天下服矣'者, 此明聖人用此天之神道, 以觀設教而天下服矣. 天旣不言而行, 不爲而成, 聖人法則天之神道, 本身自行善, 垂化於人, 不假言語教戒, 不須威刑恐逼, 在下自然觀化服從, 故云"天下服矣."

經의 〔順而巽〕에서 〔天下服矣〕까지

○ 正義曰 : 순하고 和하고 공손하며 中에 거하고 正位를 얻어서 천하에 보여주는 것을 觀이라 이르니, 이는 觀卦의 이름을 해석한 것이다.

〔觀盥而不薦 有孚顒若 下觀而化〕 '孚信이 있어 엄숙함'의 뜻을 해석한 것이다. 본래 아래에 있는 자가 위에 있는 사람을 보고 본받아서 변화하였기 때문에 孚信이 있어 엄숙한 것이다.

〔觀天之神道 而四時不忒〕 이는 觀卦의 아름다움을 성대하게 형용한 것이다. 세수하는 것을 봄이 하늘의 神道와 서로 부합함을 말하였으니, 이 하늘의 神道를 보면 四時가 어긋남이 있지 않은 것이다. 神道란 미묘하고 방소가 없어서 이치를 알 수 없고 눈으로 볼 수 없어서 所以然을 알지 못하고 그러한 것이니, 이것을 神道라 이르는데 四時의 절기는 볼 수 있다. 어찌 하늘이 하는 바를 보겠는가. 어디에서 왔는지를 알지 못한다. 〈그런데도〉 四時가 유행하여 어긋남이 있지 않다. 그러므로 "하늘의 神道를 보면 四時가 어긋나지 않는다."라고 한 것이다.

〔聖人以神道設教而天下服矣〕 이는 聖人이 이 하늘의 神道를 사용하여 觀으로써 가르침을 베풀어 천하가 복종함을 밝힌 것이다. 하늘이 이미 말하지 않으면서 행하고, 하지 않으면서 이루는데, 성인이 하늘의 神道를 본받아서 자기 몸이 스스로 善을 행하여 남에게 교화를 드리운다. 그리하여 언어와 가르침과 경계를 빌리지 않고, 위엄과 형벌로 공갈하고 핍박함을 쓰지 않고도 아래에 있는 자가 자연히 보고 감화되고 복종한다. 그러므로 "천하가 복종한다."라고 한 것이다.

象曰 風行地上이 觀이니 先王以省方觀民하여 設敎하니라

〈象傳〉에 말하였다. "바람이 지상으로 다니는 것이 觀卦이니, 先王이 보고서 사방을 살펴보아 백성의 풍속을 관찰하여 가르침을 베푼다."

【疏】正義曰：'風行地上'者, 風主號令行于地上, 猶如先王設敎在於民上, 故云"風行地上觀"也. '先王以省方觀民 設敎'者, 以省視萬方, 觀看民之風俗, 以設於敎, 非諸侯以下之所爲, 故云"先王"也.

正義曰：〔風行地上〕바람은 號令이 지상으로 다님을 주장하니, 先王이 가르침을 베푸는 것이 백성의 위에 있는 것과 같다. 그러므로 "바람이 지상으로 다니는 것이 觀卦이다."라고 말한 것이다.

〔先王以省方觀民 設敎〕萬方을 살펴보아 백성들의 풍속을 관찰해서 가르침을 베푸는 것이니, 이는 제후 이하가 하는 일이 아니다. 그러므로 "先王"이라 한 것이다.

初六은 童觀이니 小人无咎요 君子吝이리라

初六은 童子의 봄이니, 小人은 허물이 없고 君子는 부끄러우리라.

【注】處於觀(盥)〔時〕[1]하여 而最遠(德)〔朝〕[2]美하고 體於陰柔하여 不能自進하여 无所鑒見이라 故曰 童觀이라 (巽)〔趣〕[3]順而已요 無所能爲하니 小人之道也라 故曰 小人无咎라하니 君子處大觀之時하여 而爲童觀이면 不亦鄙乎아

1) (盥)〔時〕: 저본에는 '盥'으로 되어 있으나, 岳本·閩本·監本·毛本에 의거하여 '時'로 바로잡았다.〔阮刻本 참조〕
2) (德)〔朝〕: 저본에는 '德'으로 되어 있으나, 岳本·閩本·監本·毛本에 의거하여 '朝'로 바로잡았다.〔阮刻本 참조〕
3) (巽)〔趣〕: 저본에는 '巽'으로 되어 있으나, 岳本·閩本·監本·毛本에 의거하여 '趣'로 바로잡았다.〔阮刻本 참조〕

觀의 때에 처하여 조정의 아름다움에서 가장 멀고 體가 陰柔여서 능히 스스로 나아가지 못하여 보는 바가 없다. 그러므로 "童子의 봄〔童觀〕"이라 한 것이다. 나아감이 순종할 뿐이요 능히 하는 바가 없으니, 小人의 道이다. 그러므로 "小人은 허물이 없다."라고 하였으니, 君子가 大觀의 때에 처하여 童觀이 된다면 비루하지 않겠는가.

【疏】正義曰：'童觀'者, 處於觀時, 而最遠朝廷之美觀, 是柔弱不能自進, 无所鑒見, 唯如童稚之子而觀之. 爲'小人无咎 君子吝'者, 爲此觀看, 趣在順從而已, 無所能爲, 於小人行之, 纔得无咎, 若君子行之, 則鄙吝也.

正義曰 : 〔童觀〕 觀의 때에 처하여 조정의 아름다운 볼것에서 가장 머니, 이는 柔弱하여 스스로 나아가지 못해서 보는 바가 없는 것이요, 오직 어린 童子가 보는 것과 같다.

〔小人无咎 君子吝〕 이 봄은 나아감이 순종함에 있을 뿐이요 능히 하는 바가 없으니, 소인에 있어서 이것을 행하면 겨우 허물이 없을 수 있고, 만약 군자가 이것을 행하면 鄙吝한 것이다.

象曰 初六童觀은 小人道也라

〈象傳〉에 말하였다. "初六의 童觀은 小人의 道이다."

六二는 闚觀이니 利女貞하니라

六二는 엿봄이니, 여자의 貞함이 이롭다.

【注】 處在於內하여 無所鑒見하고 體性柔弱하여 從順而已라 猶有應焉하여 不爲全蒙이나 所見者狹이라 故로 曰 闚觀이라 居觀得位하여 柔順寡見이라 故로 曰 利女貞이라하니 婦人之道也라 處大觀之時하여 居中得位호되 不能大觀廣鑒하고 闚觀而已니 誠可醜也라

처함이 안(內卦)에 있어서 보는 바가 없고 體의 성질이 柔弱하여 순함을 따를 뿐이다. 그래도 應이 있어서 완전히 몽매함은 되지 않으나 보는 바가 좁다. 그러므로 "엿봄"이라 한 것이다. 觀에 거하고 正位를 얻어서 유순하여 조금 봄이 있다. 그러므로 "여자의 貞함이 이롭다."라고 하였으니, 부인의 道이다. 大觀의 때에 처하여 中에 거하고 正位를 얻었으나 크게 보고 널리 살피지 못하고 엿볼 뿐이니, 진실로 추하다 할 만하다.

【疏】 '象曰'至'利女貞' ○ 正義曰 : '闚觀 利女貞'者, 既是陰爻, 又處在卦內, 性又柔弱, 唯闚竊而觀, 如此之事, 唯利女之所貞, 非丈夫所爲之事也.

經의 〔象曰〕에서 〔利女貞〕까지

○ 正義曰 : 〔闚觀 利女貞〕 이미 陰爻이고 또 처함이 內卦에 있고 성질이 또 柔弱하여 오직 엿보고 훔쳐볼 뿐이니, 이와 같은 일은 오직 여자의 貞한 바가 이롭고 丈夫가 할 일이 아니다.

【疏】 ○ 注'處在於內'至'誠可醜也' ○ 正義曰 : '猶有應焉 不爲全蒙'者, 六二以柔弱在內, 猶有九五剛陽與之爲應, 則爲有闚竊, 不爲全蒙. 童蒙, 如初六也, 故能闚而外觀. 此童觀·闚觀, 皆讀爲去聲也.[1]

1) 此童觀闚觀 皆讀爲去聲也 : 觀이 去聲일 경우에는 '눈여겨보다', '보여주다', 또는 '누대' 나 '경관'의 의미이다.

○ 注의 〔處在於內〕에서 〔誠可醜也〕까지

○ 正義曰 : 〔猶有應焉 不爲全蒙〕六二가 柔弱함으로서 안(內卦)에 있으나 그래도 九五의 剛陽이 자기와 더불어 應이 되니, 이는 엿보고 훔쳐봄이 있어서 완전히 몽매함이 되지는 않는 것이다. 童蒙은 初六과 같으므로 능히 엿보아 밖을 보는 것이다. 이 童觀과 闚觀은 모두 去聲으로 읽는다.

象曰 闚觀女貞은 亦可醜也라

〈象傳〉에 말하였다. "'엿봄이니 여자의 貞함이 이로움'은 또한 추하다 할 만한 것이다."

六三은 觀我生하여 進退하니라

六三은 나의 냄(행동이나 道)을 살펴보아서 나아가고 물러간다.

【注】居下體之極하고 處二卦之際하여 近不比尊하고 遠不童觀하니 觀風者也라 居此時也하여 可以觀我生進退也라

下體의 極에 거하고 두 卦의 사이에 처하여 가까이는 尊位에 붙지 않고 멀리는 童子의 봄을 하지 않으니, 풍속을 관찰하는 자이다. 이때에 거하여 나의 냄을 살펴보아서 나아가고 물러날 수 있는 것이다.

【疏】'象曰'至'進退' ○ 正義曰 : '觀我生進退'者, 我生, 我身所動出. 三居下體之極, 是有可進之時, 又居上體之下, 復是可退之地. 遠則不爲童觀, 近則未爲觀國, 居在進退之處, 可以自觀我之動出也. 故時可則進, 時不可則退, 觀風相幾, 未失其道, 故曰"觀我生進退"也. 道得名生者, 道是開通生利萬物, 故繫辭云"生生之謂易." 是道爲生也.

經의 〔象曰〕에서 〔進退〕까지

○ 正義曰：〔觀我生進退〕'我生'은 내 몸이 동하여 내는 것이다. 六三이 下體의 極에 거하였으니 이는 나아갈 수 있는 때요, 또 上體의 아래에 거하였으니 다시 물러갈 수 있는 자리이다. 멀리는 童子의 봄을 하지 않고 가까이는 나라의 광채를 보지 못하여 거함이 나아가고 물러나는 곳에 있어서 내가 동하여 냄을 스스로 살펴볼 수 있다. 그러므로 때가 가하면 나아가고 때가 불가하면 물러나서 풍속을 보고 기회를 살펴서 그 道를 잃지 않는다. 그러므로 "나의 냄을 살펴보아서 나아가고 물러난다."라고 한 것이다. 道를 '生'이라고 이름한 것은 道는 開通하여 만물을 낳고 이롭게 하기 때문이다. 그러므로 〈繫辭傳〉에 이르기를 "낳고 낳는 것을 易이라 한다."라고 하였으니, 이것이 道가 生이 되는 것이다.

象曰 觀我生進退는 未失道也라

〈象傳〉에 말하였다. "'나의 냄을 살펴보아서 나아가고 물러감'은 道를 잃지 않는 것이다."

【注】(正義曰)[1] : (○)〔三〕[2]處進退之時하여 以觀進退之幾하여 未失道也라

1) (正義曰) : 저본에는 '正義曰'이 있으나, 岳本・錢本・宋本・古本・足利本에 의거하여 衍文으로 처리하였다.〔阮刻本 참조〕
2) (○)〔三〕 : 저본에는 '○'으로 되어 있으나, 閩本・監本・毛本에 의거하여 '三'으로 바로잡았다.〔阮刻本 참조〕

正義曰 : 六三이 나아가고 물러나는 때에 처하여 나아가고 물러나는 기회를 관찰해서 道를 잃지 않는 것이다.

六四는 觀國之光이니 利用賓于王하니라

六四는 나라의 광채를 봄이니, 왕의 조정에 손님이 되는 것이 이롭다.

【注】居觀之時하여 最近至五하니 觀國之光者也라 居近得位하여 明習國儀者也라 故로 曰 利用賓于王也라하니라

觀의 때에 거하여 至尊의 六五에 가장 가까우니, 나라의 광채를 보는 자이다. 가까운 곳에 거하고 正位를 얻어서 국가의 禮儀를 밝게 익힌 자이다. 그러므로 "왕의 조정에 손

님이 됨이 이롭다."라고 한 것이다.

【疏】正義曰 : 最近至五, 是觀國之光. '利用賓于王'者, 居在親近, 而得其位, 明習國
之禮儀, 故曰"利用賓于王庭"也.

正義曰 : 至尊의 六五에 가장 가까우니, 이것이 "나라의 광채를 봄"이다.

〔利用賓于王〕 거함이 군주와 가까운 자리에 있고 正位를 얻어서 나라의 禮儀를 밝게
익힌다. 그러므로 "왕의 조정에 손님이 됨이 이롭다."라고 한 것이다.

象曰 觀國之光은 尙賓也라

〈象傳〉에 말하였다. "'나라의 광채를 봄'은 손님이 됨을 숭상하는 것이다."

【疏】正義曰 : 釋觀國之光義, 以居近至尊之道, 志意慕尙爲王賓也.

正義曰 : '나라의 광채를 봄'의 뜻을 해석하였으니, 거함이 至尊에 가까이 있는 道를 가
지고 뜻이 왕의 손님이 됨을 사모하고 숭상하는 것이다.

九五는 觀我生호되 君子면 无咎리라

九五는 나의 냄을 살펴보되 君子의 풍속이 있으면 허물이 없으리라.

【注】居於尊位하여 爲觀之主하여 宣弘大化하여 光于四表하니 觀之極者也라 上之化下 猶風
之靡(章)〔草〕[1]라 故로 觀民之俗하여 以察己(之)〔道〕[2]라 百姓有罪는 在(于)〔予〕[3]一人하니
君子風著면 己乃无咎라 上爲觀主하니 將欲自觀이면 乃觀民也라

1) (章)〔草〕 : 저본에는 '章'으로 되어 있으나, 北京大本에 의거하여 '草'로 바로잡았다.
2) (之)〔道〕 : 저본에는 '之'로 되어 있으나, 岳本·宋本·古本·足利本에 의거하여 '道'로
   바로잡았다.〔阮刻本 참조〕
3) (于)〔予〕 : 저본에는 '于'로 되어 있으나, 岳本·足利本에 의거하여 '予'로 바로잡았다.
   〔阮刻本 참조〕

尊位에 거하여 觀의 주체가 되어서 큰 교화를 베풀고 키워 四表에 빛나니, 봄이 지극
한 자이다. 위가 아래를 교화함은 바람이 풀을 쓰러뜨리는 것과 같다. 그러므로 백성의
풍속을 관찰하여 자기의 道를 살펴보는 것이다. 백성에게 잘못이 있는 것은 군주 한 사

람에게 책임이 있는 것이니, 君子의 풍속이 드러나면 자기가 바로 허물이 없는 것이다. 上은 觀의 주체가 되니, 장차 스스로 자신을 살펴보고자 하면 바로 백성을 살펴보아야 한다.

【疏】正義曰 : 九五居尊, 爲觀之主, 四海之內, 由我而觀, 而敎化善, 則天下有君子之風, 敎化不善, 則天下著小人之俗, 故(則)〔觀〕[1]民以察我道, 有君子之風著, 則无咎也, 故曰"觀我生, 君子无咎"也.

1) (則)〔觀〕 : 저본에는 '則'으로 되어 있으나, 閩本・監本・毛本에 의거하여 '觀'으로 바로 잡았다.〔阮刻本 참조〕

正義曰 : 九五가 尊位에 거하여 觀의 주체가 되었으니, 四海의 안이 나로 말미암아 보아서 교화가 좋으면 천하에 君子의 풍속이 있고, 교화가 좋지 못하면 천하에 小人의 풍속이 드러난다. 그러므로 백성을 관찰하여 나의 道를 살펴보는 것이니, 군자의 풍속이 드러나면 허물이 없는 것이다. 그러므로 "나의 냄을 살펴보되 君子의 풍속이 있으면 허물이 없다."라고 한 것이다.

象曰 觀我生은 觀民也라

〈象傳〉에 말하였다. "'나의 냄을 살펴봄'은 백성을 살펴보는 것이다."

【疏】正義曰 : 謂觀民以觀我, 故觀我卽觀民也.

正義曰 : 백성을 살펴보아 나를 관찰하므로 나를 살펴봄은 바로 백성을 살펴보는 것임을 말하였다.

上九는 觀其生하되 君子면 无咎리라

上九는 그 냄을 살펴보되 君子의 德이 있으면 허물이 없으리라.

【注】觀我生은 自觀其道也요 觀其生은 爲民所觀者也라 不在於位하고 最處上極하여 高尙其志하여 爲天下所觀者也라 處天下所觀之地하니 可不愼乎아 故로 君子德見(현)하면 乃得无咎라 生은 猶動出也라

나의 냄을 살펴봄은 스스로 그 道를 보는 것이요, 그 냄을 살펴봄은 백성이 우러러보

는 바가 되는 것이다. 지위에 있지 않고 上의 極에 가장 높이 처하여 그 뜻을 높여서 천하가 우러러보는 바가 된 자이다. 천하가 우러러보는 자리에 처하였으니, 삼가지 않을 수 있겠는가. 그러므로 君子의 德이 나타나면 비로소 허물이 없을 수 있는 것이다. '生'은 동하여 냄과 같다.

【疏】'上九'至'无咎' ○ 正義曰：'觀其生'者, 最處上極, 高尙其志, 生亦道也, 爲天下觀其己之道, 故云"觀其生"也.[1] '君子无咎'者, 旣居天下可觀之地, 可不愼乎, 故君子謹愼, 乃得無咎也.

   1) 觀其生者……故云觀其生也 : 王弼과 孔穎達은 '觀其生'을 '觀我生'과 구분하여, '觀其生'은 백성이 上九를 살펴보는 것으로 해석하였다. 반면 程伊川과 朱子는 '觀其生' 역시 上九가 자신의 德業과 行爲를 관찰하는 것으로 보았으며, 朱子는 '觀我生'이라 하지 않고 '觀其生'이라고 한 이유에 대하여 "그 경계하는 말이 대략 九五와 같으나 다만 '我'를 '其'라고 하여 주인(九五)과 손님(上九)의 차이가 약간 있을 뿐이다.〔其戒辭 略與五同 但以我爲其 小有主賓之異耳〕"라고 하였다.

經의 〔上九〕에서 〔无咎〕까지

○ 正義曰：〔觀其生〕上의 極에 가장 높이 처하여 그 뜻을 높이니, 生은 또한 道인바, 천하가 자기의 道를 살펴봄이 된다. 그러므로 "그 냄을 살펴본다."라고 한 것이다.

〔君子无咎〕이미 천하가 볼 수 있는 자리에 거하였으면 삼가지 않을 수 있겠는가. 그러므로 군자가 조심하고 삼가면 비로소 허물이 없을 수 있는 것이다.

【疏】注'觀我生'至'動出也' ○ 正義曰：'生猶勸出'者, 或動或出, 是生長之義, 故云"生猶動出." 六三·九五皆云"觀我生", 上九云"觀其生", 此等云生, 皆爲動出, 故於卦(主主)〔末注〕[1]總明之也.

   1) (主主)〔末注〕: 저본에는 '主主'로 되어 있으나, 毛本에 의거하여 '末注'로 바로잡았다.〔阮刻本 참조〕

注의 〔觀我生〕에서 〔動出也〕까지

○ 正義曰：〔生猶勸出〕혹은 동하고 혹은 냄이 바로 生長의 뜻이다. 그러므로 "生은 동하여 냄과 같다."라고 한 것이다. 六三과 九五에는 모두 "觀我生"이라 하였고 上九에 "觀其生"이라 하였으니, 여기서 똑같이 '生'이라고 말한 것은 모두 동하여 냄이 된다. 그러므로 卦의 끝 注에 총괄하여 밝힌 것이다.

象曰 觀其生은 志未平也라

〈象傳〉에 말하였다. "'그 냄을 살펴봄'은 뜻이 화평하지 못한 것이다."

【注】(將)〔特〕[1]處異地하여 爲衆觀하여 不爲平易和光流通하니 志未平也라

1) (將)〔特〕: 저본에는 '將'으로 되어 있으나, 岳本·宋本·古本·足利本에 의거하여 '特'으로 바로잡았다.〔阮刻本 참조〕

특이한 자리에 특별히 처하여 여러 사람의 우러러봄이 되어서 평이하지 않아 和光이 유통하지 않으니, 뜻이 화평하지 못한 것이다.

【疏】正義曰 : 釋觀其生之義. 以特處異地, 爲衆所觀, 不爲平易和光流通, 志未與世俗均平.[1] 世無危懼之憂, 我有符同之慮, 故曰"志未平也."

1) 以特處異地……志未與世俗均平 : 王弼과 孔穎達은 '志未平'을 上九가 윗자리에 있어서 세상 사람들과 그 뜻이 均平하지 못함의 뜻으로 해석하였다. 반면 程伊川과 朱子는 上九가 비록 군주의 자리에 있지는 않지만 항상 戒懼해야 한다는 의미로 해석하였는바, 이때에 '平'은 平安의 뜻이 된다.

正義曰 : '그 냄을 살펴봄'의 뜻을 해석하였다. 특이한 자리에 특별히 처하여 여러 사람의 우러러보는 바가 되어서 평이하지 않아 和光이 유통하지 않으니, 뜻이 세속과 더불어 균평하지 못하다. 세상은 위태롭고 두려워하는 근심이 없고 나는 부합하여 함께하려는 생각이 있으므로, "뜻이 화평하지 못하다."라고 말한 것이다.

21. 噬嗑䷔ 震下離上

噬嗑은 亨하니 利用獄하니라

噬嗑은 형통하니, 刑獄을 씀이 이롭다.

【注】噬는 齧也요 嗑은 合也라 凡物之不親은 由有間也요 物之不齊는 由有過也니 有間與過에 齧而合之는 所以通也라 刑克以通은 獄之利也라

'噬'는 깨묾이요, '嗑'은 합함이다. 모든 물건이 친근하지 않음은 틈이 있기 때문이고 물건이 가지런하지 않음은 허물이 있기 때문이니, 틈과 허물이 있을 적에 깨물어서 합침은 통하게 하는 것이다. 형벌로 이겨서 통함은 刑獄의 이로움이다.

【疏】正義曰 : '噬嗑 亨'者, 噬, 齧也, 嗑, 合也. 物在於口, 則隔其上下, 若齧去其物, 上下乃合而得亨也. 此卦之名, 假借口象以爲義, 以喩刑法也. 凡上下之間, 有物間隔, 當須用刑法去之, 乃得亨通, 故云'噬嗑, 亨'也. '利用獄'者, 以刑除間隔之物, 故利用獄也.

正義曰 : 〔噬嗑 亨〕'噬'는 깨묾이요, '嗑'은 합함이다. 물건이 입에 있으면 그 위아래를 間隔하니(틈이 생기게 하니), 만약 그 물건을 씹어 제거하면 위아래가 마침내 합하여 형통함을 얻는다. 이 卦의 이름은 입의 象을 빌려서 뜻으로 삼아 刑法을 비유하였다. 무릇 위아래 사이에 물건이 있어 間隔하면 모름지기 刑法을 사용하여 제거하여야 비로소 형통함을 얻을 수 있다. 그러므로 "噬嗑은 형통하다."라고 한 것이다.

〔利用獄〕형벌로써 間隔하는 물건을 제거하기 때문에 刑獄을 씀이 이로운 것이다.

象曰 頤中有物曰噬嗑이라

〈象傳〉에 말하였다.

"턱 가운데 물건이 있는 것을 噬嗑이라 한다.

【注】頤中有物을 齧而合之 噬嗑之義也라

턱 가운데 물건이 있는 것을 씹어서 합하는 것이 噬嗑의 뜻이다.

【疏】正義曰 : 此釋噬嗑名也. 案諸卦之彖, 先標卦名, 乃復言曰某卦, 曰同人·曰大有·曰小畜之類是也. 此發首不疊卦名者, 若義幽隱者, 先出卦名, 後更以卦名結之, 若其義顯露, 則不先出卦名, 則此頤中有物曰噬嗑之類, 其事可知, 故不先出卦名.[1] 此乃夫子因義理文勢, 隨義而發, 不爲例也.

1) 案諸卦之彖……故不先出卦名 : 同人卦의 〈彖傳〉은 "同人 柔得位得中而應乎乾 曰同人"이고, 大有卦의 〈彖傳〉은 "大有 柔得尊位大中而上下應之 曰大有"이고, 小畜卦의 〈彖傳〉은 "小畜 柔得位而上下應之 曰小畜"이다. 이 세 卦는 모두 앞에 '同人'·'大有'·'小畜'의 卦名이 먼저 나오는데, 여기에서는 噬嗑이 먼저 나오지 않았으므로, 그 차이는 '뜻이 분명하게 드러나고 드러나지 않음에 의한 것'이라고 설명한 것이다.

正義曰 : 이는 噬嗑의 이름을 해석한 것이다. 살펴보건대, 여러 卦의 〈彖傳〉에 먼저 卦의 이름을 표출하고 마침내 다시 '아무 卦'라고 말한 것은 "曰同人"·"曰大有"·"曰小畜" 따위가 이것이다. 여기에서 처음에 卦의 이름을 거듭 말하지 않은 것은, 뜻이 그윽하고 깊은 경우에는 먼저 卦의 이름을 표출하고 뒤에 다시 卦의 이름을 가지고 맺지만, 만약 그 뜻이 드러나면 먼저 卦의 이름을 표출하지 않으니, 여기에서 "턱 가운데 물건이 있는 것을 噬嗑이라 한다."라고 한 따위는 그 일을 알 수 있으므로 먼저 卦의 이름을 표출하지 않은 것이다. 이는 바로 夫子가 義理와 文勢를 인하여 뜻을 따라 말씀해서 準例를 만들지 않은 것이다.

噬嗑而亨이라

깨물어 합하여 형통하다.

【注】有物有間하니 不齧不合이면 无由亨也라

물건이 있어 間隔을 하니 깨물지 아니하여 합하지 않으면 형통할 수가 없는 것이다.

【疏】正義曰 : 釋亨義, 由噬嗑而得亨也.

正義曰 : '亨'의 뜻을 해석하였으니, 噬嗑으로 말미암아 형통함을 얻는 것이다.

剛柔分하여 動而明하고 雷電이 合而章이라

剛과 柔가 나뉘어 동하여 밝고, 우레와 번개가 합하여 드러난다.

【注】剛柔分動하여 不溷乃明하고 雷電並合하여 不亂乃章하니 皆利用獄之義라

剛과 柔가 나뉘어 동하여 뒤섞이지 않아서 마침내 밝고, 우레와 번개가 함께 합하여 어지럽지 않아서 마침내 드러나니, 이는 모두 刑獄을 씀이 이로운 뜻이다.

【疏】'剛柔分動'至'合而章'〈○〉[1]正義曰 : 釋利用獄之義. 剛柔旣分, 不相溷雜, 故動而顯明也, 雷電旣合, 而不錯亂, 故事得(彭)[彰][2]著, 明而且著, 可以斷獄. 剛柔分, 謂震剛在下, 離柔在上. 剛柔云分, 雷電云合者, 欲見明之與動各是一事, 故剛柔云分也, 明動雖各一事, 相須而用, 故雷電云合. 但易之爲體, 取象旣多, 若取分義, 則云震下離上, 若取合義, 則云離·震合體, 共成一卦也. 此釋二象利用獄之義也.

1) 〈○〉: 저본에는 '○'이 없으나, 文例에 의거하여 보충하였다.
2) (彭)[彰] : 저본에는 '彭'으로 되어 있으나, 毛本에 의거하여 '彰'으로 바로잡았다.〔阮刻本 참조〕

經의 〔剛柔分動〕에서 〔合而章〕까지

○ 正義曰 : '刑獄을 씀이 이로움'의 뜻을 해석하였다. 剛과 柔가 이미 나뉘어 서로 뒤섞이지 않으므로 동하여 드러나 밝은 것이요, 우레와 번개가 이미 합하여 어지럽지 않으므로 일이 밝게 드러나니, 밝고 또 드러나면 刑獄을 결단할 수 있다.

'剛과 柔가 나뉨'은 震의 剛이 아래에 있고 離의 柔가 위에 있음을 이른다. 剛과 柔는 '나뉜다'고 말하고 우레와 번개는 '합한다'고 말한 것은, 밝음과 동함이 각기 한 가지 일임을 보이고자 하였으므로 剛과 柔에는 '나뉜다'고 말한 것이요, 밝음과 동함이 비록 각기 한 가지 일이나 서로 필요로 하여 쓰이므로 우레와 번개에는 '합한다'고 말한 것이다.

다만 《周易》의 體制는 象을 취함이 이미 많으니, 만약 나뉘는 뜻을 취하면 "震이 아래에 있고 離가 위에 있다."라고 말하고, 만약 합하는 뜻을 취하면 "離와 震이 體를 합하여 함께 한 卦를 이루었다."고 말한다. 이는 두 象이 형옥을 씀이 이로운 뜻을 해석한 것이다.

【疏】○ 注'剛柔分動'至'用獄之義' ○ 正義曰 : '雷電並合 不亂乃章'者, 象文唯云"雷電合", 注云"不亂乃章"者, 不亂之文, 以其上云"剛柔分", 剛柔分, 則是不亂, 故云"雷電竝合, 不亂乃章"也.

○ 注의 〔剛柔分動〕에서 〔用獄之義〕까지

○ 正義曰：〔雷電竝合 不亂乃章〕〈象傳〉의 글에서는 오직 "우레와 번개가 합한다."고만 말하였는데, 注에는 "어지럽지 않아 마침내 드러난다."고 말한 것은, '어지럽지 않다'는 글은 위에서 "剛과 柔가 나뉘었다."고 말하였기 때문이니, 剛과 柔가 나뉘었으면 이는 어지럽지 않은 것이다. 그러므로 "우레와 번개가 함께 합하여 어지럽지 않아서 마침내 드러난다."라고 말한 것이다.

柔得中而上行하니 雖不當位나 利用獄也라

柔가 中을 얻고 위로 가니, 비록 자리에 마땅하지 않으나 刑獄을 씀이 이롭다."

【注】謂五也라 能爲齧合而通은 必有其主하니 五則是也라 上行은 謂所之在進也니 凡言上行은 皆所之在貴也라 雖不當位나 不害用獄也라

六五를 말한 것이다. 능히 깨물어 합쳐서 형통함은 반드시 그 주체가 있으니, 六五가 바로 이것이다. '上行'은 가는 바가 나아감에 있음을 말한 것이니, 무릇 上行이라고 말한 것은 다 가는 바가 귀함에 있는 것이다. 비록 자리에 마땅하지 않으나 刑獄을 씀이 해롭지 않은 것이다.

【疏】'柔得中'至'用獄也' ○ 正義曰：此釋爻有利用獄之義. 陰居五位, 是柔得中也. '而上行'者, 旣居上卦, 意在向進, 故云"上行." 其德如此, 雖不當位者, 所居陰位, 猶利用獄也.

經의 〔柔得中〕에서 〔用獄也〕까지

○ 正義曰：이는 爻에 刑獄을 씀이 이로움이 있음의 뜻을 해석한 것이다.

陰이 五位에 거함은 이것이 '柔가 中을 얻음'이다.

〔而上行〕이미 上卦에 거하면서 뜻이 앞을 향하여 나아감에 있으므로 "위로 간다."라고 말한 것이다.

그 德이 이와 같으니, 비록 자리에 마땅하지 않으나 거한 바가 陰의 자리여서 오히려 刑獄을 씀이 이로운 것이다.

【疏】 ○ 注'謂五也'至'不害用獄也' ○ 正義曰 : '凡言上行 皆所之在貴'者, 輔嗣此注, 恐畏之適五位則是上行, 故於此明之. 凡言上行, 但所之在進, 皆曰上行, 不是唯向五位, 乃稱上行也. 故謙卦(序)[1]象云"地道卑而上行", 坤道體在上, 故總云上行, 不止〈五〉[2]也. 又損卦象云"損下益上曰上行",[3] 是(減下云)〔減下卦〕[4]益上卦, 謂之上行, 是亦不據五也. 然則此云上行及晉卦象(卦)〔云〕[5]上行, 旣在五位而又稱上行, 則似若王者, 雖見在尊位, 猶意在欲進, 仰慕三皇五帝可貴之道, 故稱上行者也.

1) (序) : 저본에는 '序'가 있으나, 글 뜻에 의거하여 衍字로 처리하였다.
2) 〈五〉 : 저본에는 '五'가 없으나, 錢本・宋本에 의거하여 보충하였다.〔阮刻本 참조〕
3) 損下益上曰上行 : 損卦 〈象傳〉은 다음과 같다. "損은 아래를 덜어 위에 더하여 그 道가 올라간다.〔損 損下益上 其道上行〕"
4) (減下云)〔減下卦〕 : 저본에는 '減下云'으로 되어 있으나, 阮刻本 〈校勘記〉에 "閩本・監本・毛本에는 '是減三而益上卦'라고 되어 있다. 살펴보건대, '減'자가 맞고, '三而' 두 글자는 틀렸으니, 마땅히 '是減下卦益上卦'라고 해야 한다."라고 한 것에 의거하여 '減下卦'로 바로잡았다.
5) (卦)〔云〕 : 저본에는 '卦'로 되어 있으나, 阮刻本 〈校勘記〉에 "'是減下云益上卦'의 '云'과 다음 줄의 '卦'가 서로 바뀌어 잘못되었다."고 한 것에 의거하여 '云'으로 바로잡았다.

○ 注의 〔謂五也〕에서 〔不害用獄也〕까지

○ 正義曰 :〔凡言上行 皆所之在貴〕 王輔嗣(王弼)의 이 注는 五位로 가는 것이 上行이라고 여길까 염려하였으므로 여기에서 밝힌 것이다. 무릇 上行이라고 말한 것은, 다만 가는 바가 나아감에 있으면 모두 上行이라 하고, 오직 五位를 향하여야 비로소 上行이라고 칭하는 것이 아니다. 그러므로 謙卦의 〈象傳〉에 "地道가 낮추어 위로 간다."라고 하였으니, 坤道의 體가 위에 있기 때문에 총괄하여 "上行"이라고 말하고, 五位에만 그치지 않은 것이다. 또 損卦의 〈象傳〉에 "아래를 덜어 위를 더하는 것을 上行이라고 한다." 하였으니, 이는 下卦를 덜어서 上卦에 보탬을 上行이라 이른 것이니, 이 또한 五位를 근거로 하지 않은 것이다. 그렇다면 여기에서 말한 上行과 晉卦 〈象傳〉에 말한 上行은 이미 五位에 있고 또 上行이라고 칭했으니, 그렇다면 이는 王者가 비록 현재 尊位에 있으나 오히려 뜻이 나아가고자 함에 있어서 三皇・五帝의 귀하게 여길 만한 道를 우러러 사모하는 것과 유사하므로 上行이라고 칭한 것이다.

象曰 雷電이 噬嗑이니 先王以明罰勅法하니라

〈象傳〉에 말하였다. "우레와 번개가 噬嗑卦이니, 先王이 이것을 보고서 형벌을 밝히고 법을 신칙한다."

【疏】正義曰 : '雷電 噬嗑'者, 但噬嗑之象, 其象在口. 雷電, 非噬嗑之體, 但噬嗑象外物, 旣有雷電之體, 則雷電欲取明罰勅法可畏之義, 故連云"雷電"也.

正義曰 : 〔雷電 噬嗑〕 다만 噬嗑卦의 象은 그 象이 입에 있다. 우레와 번개는 噬嗑의 體가 아니요, 다만 噬嗑은 밖의 물건을 형상한 것이니, 이미 우레와 번개의 體가 있으면 우레와 번개는 형벌을 밝히고 법을 신칙하여 두려워할 만한 뜻을 취하고자 한 것이므로 "우레와 번개"라고 연이어 말한 것이다.

初九는 履校하여 滅趾니 无咎하니라

初九는 신발에 차꼬를 채워 발꿈치가 없어진 것이니, 허물이 없다.

【注】居无位之地하여 以處刑初하니 受刑而非治刑者也라 凡過之所始는 必始於微하여 而後至於著하고 罰之所始는 必始於薄하여 而後至於誅하니 過輕戮薄이라 故로 履校하여 滅趾하여 桎其行也니 足懲而已라 故不重也라 過而不改라야 乃謂之過니 小懲大誡면 乃得其福이라 故无咎也라 校者는 以木絞校者也니 卽械也니 校者는 取其通名也라

지위가 없는 자리에 거하여 형벌하는 초기에 처하였으니, 형벌을 받는 자이고 형벌을 다스리는 자가 아니다. 무릇 허물이 시작되는 것은 반드시 은미함에서 시작하여 뒤에 드러남에 이르고, 형벌이 시작되는 것은 반드시 작은 데서 시작하여 뒤에 誅罰에 이르니, 허물이 가볍고 형벌이 작기 때문에 신발에 차꼬를 채워 발꿈치를 없애서 그 감을 막는 것이다. 충분히 징계할 뿐이므로 죄를 거듭하지 않는 것이다.

허물이 있는데도 고치지 않아야 비로소 허물이라 하니, 작게 징계하여 크게 경계되면 바로 그 福을 얻는다. 그러므로 허물이 없는 것이다.

'校'는 나무를 가지고 차꼬에 묶는 것이니 바로 형틀이다. 校는 그 공통된 이름을 취한 것이다.

【疏】'初九'至'无咎' ○ 正義曰 : '履校 滅趾'者, 履, 謂著而履踐也. 校, 謂所施之械也. 處刑之初, 居无位之地, 是受刑之人, 非治刑之主. 凡過之所始, 必始於微, 積而不已,逐至於著, 罰之所始, 必始於薄刑, 薄刑之不已, 逐至於誅. 在刑之初, 過輕戮薄, 必校之在足, 足爲懲誡, 故不復重犯. 故校之在足, 已沒其趾, 桎其小過, 誡其大惡. 過而能改, 乃是其福, 雖復滅趾, 可謂无咎, 故言"屨校, 滅趾, 无咎"也.

經의 〔初九〕에서 〔无咎〕까지

○ 正義曰 : 〔屨校 滅趾〕 '屨'는 발에 신을 신어 밟음을 이르고, '校'는 베푸는 바의 형틀을 이른다. 형벌하는 초기에 처하여 지위가 없는 자리에 거하였으니, 이는 형벌을 받는 사람이요, 형벌을 다스리는 주체가 아니다. 무릇 허물이 시작되는 것은 반드시 은미함에서 시작되니 쌓고 그치지 않으면 마침내 드러남에 이르고, 형벌이 시작되는 것은 반드시 작은 형벌에서 시작되니 작은 형벌이 그치지 않으면 마침내 誅罰에 이른다.

형벌하는 초기에 있어서 허물이 가볍고 형벌이 작으니 반드시 차꼬가 발에 있으면 충분히 징계할 수 있다. 그러므로 다시 거듭 죄를 범하지 않는 것이다. 이 때문에 차꼬가 발에 있으면 이미 발꿈치가 없어진 것이니, 작은 허물을 막아서 큰 惡을 경계한 것이다. 허물을 저질러도 능히 고치면 이것은 바로 福이니, 비록 다시 발꿈치가 없어졌으나 허물이 없다고 이를 만하다. 그러므로 "신발에 차꼬를 채워 발꿈치가 없어진 것이니, 허물이 없다."라고 말한 것이다.

象曰 屨校滅趾는 不行也라

〈象傳〉에 말하였다. "'신발에 차꼬를 채워 발꿈치가 없어짐'은 행하지 못하는 것이다."

【注】過止於此라

허물이 여기에서 그치는 것이다.

【疏】正義曰 : 釋屨校滅趾之義, 猶著校, 滅沒其趾也. 小懲大誡, 故罪過止息, 不行也.

正義曰 : '신발에 차꼬를 채워 발꿈치가 없어짐'의 뜻을 해석하였으니, 차꼬를 신발에 채워 그 발꿈치가 없어진 것과 같다. 조금 징계하여 크게 경계되므로 죄와 허물이 그쳐져서 행하지 못하는 것이다.

六二는 噬膚滅鼻니 无咎하니라

六二는 살을 깨물어 코가 없어진 것이니, 허물이 없다.

【注】噬는 齧也니 齧者는 刑克之謂也라 處中得位하여 所刑者當이라 故曰 噬膚也요 乘剛而刑하여 未盡順道하여 噬過其分이라 故로 滅鼻也요 刑得所疾[1]이라 故로 雖滅鼻나 而无咎也라 膚者는 柔脆之物也라

1) 刑得所疾 : 미워할 만한 사람에게 형벌을 씀을 말한다.

'噬'는 깨묾이니, 깨묾은 형벌로 다스림을 이른다. 中에 처하고 正位를 얻어서 형벌하는 것이 합당하므로 "살을 깨물었다."라고 말한 것이요, 剛을 타고 형벌하여 순한 道를 다하지 못해서 깨무는 것이 그 분수를 넘었으므로 코가 없어진 것이요, 형벌이 미워하는 바를 얻었으므로 비록 코가 없어졌으나 허물이 없는 것이다. 살은 부드러운 물건이다.

【疏】正義曰 : 六二處中得位, 是用刑者, 所刑中當, 故曰"噬膚." 膚是柔脆之物, 以喩服罪受刑之人也. 乘剛而刑, 未盡順道, 噬過其分, 故至滅鼻, 言用刑大深也. '无咎'者, 用刑得其所疾, 謂刑中其理, 故无咎也.

正義曰 : 六二가 中에 처하고 正位를 얻었으니, 이는 형벌을 사용하는 자인데, 형벌하는 것이 알맞고 합당하므로 "살을 깨물었다."라고 말한 것이다. 살은 부드러운 물건이니, 죄에 굴복하고 형벌을 받는 사람을 비유한 것이다.

剛을 타고 형벌하여 순한 道를 다하지 못해서 깨무는 것이 그 분수를 넘었으므로 코가 없어짐에 이르렀으니, 이는 형벌을 씀이 너무 깊음을 말한 것이다.

〔无咎〕형벌을 사용함에 그 미워하는 바를 얻은 것이니, 형벌이 이치에 알맞으므로 허물이 없음을 말한 것이다.

象曰 噬膚滅鼻는 乘剛也일새라

〈象傳〉에 말하였다. "'살을 깨물어 코가 없어짐'은 剛을 탔기 때문이다."

【疏】正義曰 : '乘剛'者, 釋噬膚滅鼻之義, 以其乘剛, 故用刑深也.

正義曰 : 〔乘剛〕'살을 깨물어 코가 없어짐'의 뜻을 해석한 것이니, 剛을 탔기 때문에 형벌을 씀이 깊은 것이다.

六三은 噬腊肉하다가 **遇毒**하여 **小吝**이나 **无咎**리라

六三은 말린 고기를 씹다가 害毒을 만나 조금 부끄러우나 허물이 없으리라.

【注】處下體之極하여 **而履非其位**하니 **以斯食物**이면 **其物必堅**이니 **豈唯堅乎**아 **將遇其毒**이라 **噬**는 **以喩刑人**하고 **腊**은 **以喩不服**하고 **毒**은 **以喩怨生**이라 **然承於四**하고 **而不乘剛**하여 **雖失其正**이나 **刑不侵順**이라 **故**로 **雖遇毒**하여 **小吝**이나 **无咎**라

下體의 極에 처하여 밟은 것이 正位가 아니니, 이로써 물건을 먹으면 그 물건이 반드시 단단하다. 어찌 다만 단단할 뿐이겠는가. 장차 그 害毒을 만날 것이다. '噬'는 사람을 형벌함을 비유하였고, '腊'은 복종하지 않음을 비유하였고, '毒'은 원망이 생김을 비유하였다. 그러나 九四를 받들고 剛을 타지 않아서 비록 正位를 잃었으나 형벌이 순함을 침범하지 않았다. 그러므로 비록 害毒을 만나 조금 부끄러우나 허물이 없는 것이다.

【疏】正義曰：'噬腊肉'者, 腊是堅剛之肉也, 毒者苦惡之物也. 三處下體之上, 失政刑人, 刑人不服, 若齧其腊肉, 非但難齧, 亦更生怨咎, 猶噬腊而難入, 復遇其毒味然也. 三以柔不乘剛, 刑不侵順道, 雖有遇毒之吝, 於德亦无大咎, 故曰"噬腊肉, 遇毒, 小吝, 无咎"也.

正義曰：〔噬腊肉〕'腊'은 단단하고 강한 고기요, '毒'은 쓰고 나쁜 물건이다.

六三이 下體의 위에 처하여 政事를 잘못하고 남을 형벌하여 형벌 받은 사람이 복종하지 않는다. 이는 마치 말린 고기를 씹음에 씹기 어려울 뿐만이 아니요, 또한 다시 원망과 허물이 생기는 것과 같으니, 말린 고기를 씹음에 들어가기가 어려워서 다시 독한 맛을 만난 것과 같다. 六三은 柔로서 剛을 타지 않았으니, 형벌이 순한 道를 침범하지 않아서 비록 害毒을 만난 부끄러움이 있으나 德에는 또한 큰 허물이 없다. 그러므로 "말린 고기를 씹다가 害毒을 만나 조금 부끄러우나 허물이 없다."라고 말한 것이다.

象曰 遇毒은 **位不當也**라

〈象傳〉에 말하였다. "'害毒을 만남'은 자리가 마땅하지 않기 때문이다."

【疏】正義曰：'位不當'者, 謂處位不當也.

正義曰 : 〔位不當〕 처한 자리가 마땅하지 않음을 이른다.

九四는 噬乾胏하여 得金矢하니 利艱貞吉하니라

九四는 말린 고깃점을 씹어서 금과 화살을 얻었으니, 어렵게 여기고 바름이 이로워 길하다.

【注】雖體陽爻나 爲陰之主하여 履不獲中하고 而居其非位하니 以斯噬物이면 物亦不服이라 故로 曰 噬乾胏也라 金은 剛也요 矢는 直也니 噬乾胏而得剛直이면 可以利於艱貞之吉하고 未足以盡通理之道也라

비록 體가 陽爻이나 陰의 주체가 되어서 밟는 자리가 中을 얻지 못하였고 거한 것이 正位가 아니니, 이로써 물건을 씹으면 물건이 또한 복종하지 않는다. 그러므로 "말린 고깃점을 씹었다."라고 한 것이다.

'金'은 剛함이요, '矢'는 곧음〔直〕이니, 말린 고깃점을 씹어서 剛함과 곧음을 얻으면 어렵게 여기고 바름의 길함에 이롭고, 통하는 이치의 道를 다하지는 못한 것이다.

【疏】正義曰 : '噬乾胏'者, 乾胏, 是臠肉之乾者. 履不獲中, 居其非位, 以斯治物, 物亦不服, 猶如噬乾胏然也. '得金矢'者, 金, 剛也, 矢, 直也, 雖刑不能服物, 而能得其剛直也.[1] '利艱貞吉'者, 旣得剛直, 利益艱難, 守貞正之吉, 猶未能光大通理之道, 故象云 "未光也."

1) 得金矢者……而能得其剛直也 : '得金矢'를 王弼과 孔穎達은 모두 "金은 剛함이요, 矢는 곧음이다."라고 해석하였다.

程伊川도 "金은 강한 뜻을 취하고 矢는 곧은 뜻을 취하였다. 九四가 陽德으로 剛直하여 剛直한 道를 얻음이 되니, 비록 剛直한 道를 쓰나 이로움이 일을 어렵게 여기고 지킴을 貞固히 함에 있으니, 이렇게 하면 길하다.〔金 取剛 矢 取直 九四陽德剛直 爲得剛直之道 雖用剛直之道 利在克艱其事而貞固其守 則吉也〕"라고 하였다.

반면에 朱子는 金矢를 해석하면서 ≪周禮≫에 "獄訟을 할 경우, 鈞金과 束矢를 납입한 뒤에 訟事를 다스린다.〔獄訟 入鈞金束矢而後聽之〕"라고 한 것을 원용하였다. '鈞金'은 30근의 金(黃銅)이고, '束矢'는 10개 묶음의 화살로, 訟事를 하려는 자는 미리 이것을 官府에 바쳤는바, 이것은 오늘날 民事 사건에 印紙代를 내는 것과 같은 제도로, 분쟁을 최소화하려는 의도였다고 한다.

正義曰：〔噬乾胏〕'乾胏'는 고깃점을 말린 것이다. 밟은 자리가 中을 얻지 못하였고 거한 것이 正位가 아니니, 이로써 물건(남)을 다스리면 물건이 또한 복종하지 않는바, 말린 고깃점을 씹는 것과 같은 것이다.

〔得金矢〕'金'은 剛함이요, '矢'는 곧음〔直〕이니, 비록 형벌이 물건을 복종시키지는 못하였으나 능히 그 剛함과 곧음을 얻은 것이다.

〔利艱貞吉〕이미 剛함과 곧음을 얻었으니 어렵게 여김이 이로워서 貞正함의 길함을 지키나, 오히려 통하는 이치의 道를 光大하게 하지는 못하였다. 그러므로 〈象傳〉에 "光大하지 못하다."라고 한 것이다.

象曰 利艱貞吉은 未光也라

〈象傳〉에 말하였다. "'어렵게 여기고 바름이 이로워 길함'은 光大하지 못한 것이다."

六五는 噬乾肉하여 得黃金이니 貞厲나 无咎리라

六五는 말린 고기를 씹어 黃金을 얻었으니, 〈형벌이〉 바르고 〈자신은〉 위태로우나 허물이 없으리라.

【注】乾肉은 堅也요 黃은 中也요 金은 剛也라 以陰處陽하고 以柔乘剛하여 以噬於物이면 物亦不服이라 故로 曰 噬乾肉也라 然處得尊位하고 以柔乘剛而居於中하여 能行其戮者也라 履不正而能行其戮하여 剛勝者也니 噬雖不服이나 得中而勝이라 故로 曰 噬乾肉하여 得黃金也라 己雖不正이나 而刑戮得當이라 故로 雖貞厲나 而无咎也라

'乾肉'은 단단함이고, '黃'은 중앙의 색이고, '金'은 剛함이다. 陰으로서 陽의 자리에 처하고 柔로서 剛을 타고 있어서 물건을 씹으면 물건이 또한 복종하지 않는다. 그러므로 "말린 고기를 씹었다."라고 한 것이다.

그러나 처한 자리가 尊位를 얻고 柔로서 剛을 타고서 中에 거하여 능히 그 형벌을 시행하는 자이다. 밟은 자리가 바르지 못하면서 능히 그 형벌을 행하여 剛함이 우세한 자이니, 깨무는 상대가 비록 복종하지 않으나 中을 얻어 이기기 때문에 "말린 고기를 씹어 황금을 얻었다."라고 말한 것이다.

자기가 비록 바르지 않으나 형벌이 합당함을 얻었으므로 비록 〈형벌이〉 바르고 〈자신

은〉위태로우나 허물이 없는 것이다.

【疏】'象曰'至'貞厲无咎' ○ 正義曰 : '噬乾肉'者, 乾肉, 堅也, 以陰處陽, 以柔乘剛, 以此治罪於人, 人亦不服, 如似噬乾肉也. '得黃金'者, 黃, 中也, 金, 剛也, 以居於中, 是黃也, 以柔乘剛, 是金也. 旣中而行剛, 能行其戮, 剛勝者也, 故曰"得黃金也."[1] '貞厲无咎'者, 已雖不正, 刑戮得當, 故雖貞正自危, 而无咎害,[2] 位雖不當, 而用刑得當, 故象云"得當也."

1) 得黃金者……得黃金也 : '黃金'을 王弼과 孔穎達은 "黃은 中(중앙의 색)이요, 金은 剛함이다."라고 하여, 六五가 中에 거함을 '黃'으로, 六五가 九四를 타고 있음을 '金'으로 해석하였다.

　程伊川은 "黃은 중앙의 색이고, 金은 강한 물건이니, 六五가 中에 거함이 中道를 얻음이 되고, 剛에 처하였는데 九四가 剛으로써 보필함은 황금을 얻은 것이다. 六五가 應이 없으나 九四가 大臣의 지위에 거하여 그 도움을 얻은 것이다.〔黃 中色 金 剛物 五居中 爲得中道 處剛而四輔以剛 得黃金也 五无應 而四居大臣之位 得其助也〕"라고 하여, '得黃金'의 '得金'을 陽爻인 九四의 보좌를 얻음으로 해석하였다.

　반면 朱子는 九四와 마찬가지로 金을 鈞金으로 보아 "六五는 유순하고 中으로 尊位에 거하였으니, 사람에게 형벌을 씀에 사람들이 복종하지 않는 자가 없다. 그러므로 이러한 象이 있는 것이다.〔六五柔順而中 以居尊位 用刑於人 人无不服 故有此象〕"라고 하였다.

　이에 대하여 簡易(崔岦)는 "九四의 金矢와 六五의 黃金은 다만 모두 獄을 결단하는 뜻을 취할 뿐인 듯하다. 矢는 九의 강직함을 취하였는데 陰位인 四爻에 있기 때문에 '利艱貞吉 未光也'라고 경계하였고, 黃은 五의 中道를 취하였는데 陰爻인 六이 거하였기 때문에 '貞厲无咎'라고 경계한 것이다."라고 하였는바, 沙溪(金長生)는 이 說을 취하여 ≪經書辨疑≫에 수록하였다. ≪沙溪全書 經書辨疑 권15 周易≫

2) 貞厲无咎者……而无咎害 : 王弼과 孔穎達은 '貞厲无咎'를 六五가 바르지 않으나 형벌이 바르기 때문에 형벌은 바르고 스스로는 위태로우나 허물이 없는 것이라고 해석하였는바, '貞厲'의 '貞'은 형벌의 바름을 말한 것이고 '厲'는 正位를 얻지 못한 六五 자신의 위태로움을 말한 것으로 해석한 것이다. 반면 程伊川과 朱子는 六五가 柔로서 尊位에 거하고 있으므로 스스로 貞固히 하고 위태롭게 여겨야 허물이 없다는 의미로 해석하였다.

經의 〔象曰〕에서 〔貞厲无咎〕까지

○ 正義曰 : 〔噬乾肉〕'乾肉'은 단단함이다. 陰으로서 陽의 자리에 처하고 柔로서 剛을 타고 있으니, 이로써 남의 죄를 다스리면 남이 또한 복종하지 않는바, 마치 말린 고기를 씹는 것과 같은 것이다.

〔得黃金〕‘黃’은 중앙의 색이고, ‘金’은 강한 것이니, 中에 거함은 黃色이요, 柔로서 剛을 탐은 金이다. 이미 中에 있으면서 剛함을 행하면 능히 그 형벌을 시행하여 剛이 우세한 자이다. 그러므로 “황금을 얻었다.”라고 말한 것이다.

〔貞厲 无咎〕 자기가 비록 바르지 않으나 형벌이 합당함을 얻었으므로 비록 〈형벌은〉 貞正하고 자신은 위태로우나 허물과 害가 없는 것이요, 자리가 비록 합당하지 않으나 형벌을 사용함이 마땅함을 얻었으므로 〈象傳〉에 “마땅함을 얻었다.”라고 말한 것이다.

象曰 貞厲无咎는 得當也라

〈象傳〉에 말하였다. “‘〈형벌이〉 바르고 〈자신은〉 위태로우나 허물이 없음’은 마땅함을 얻은 것이다.”

上九는 何校滅耳하니 凶하니라

上九는 차꼬를 메어 귀가 없어진 것이니, 흉하다.

【注】 處罰之極하여 惡積不改者也니 罪非所懲[1]이라 故로 刑及其首하여 至于滅耳라 及首非誠이요 滅耳非懲이니 凶莫甚焉이라

> 1) 罪非所懲 : 징계는 허물이나 잘못을 나무라고 경계하는 것으로, 죄를 지은 사람이 그 잘못을 다시 반복하지 않고 善해지기를 바라는 마음으로 행하는 것이다. 그런데 上九의 죄는 돌이킬 수 없는 큰 죄이기 때문에, 징계할 대상이 아니라 극형에 처할 대상인 것이다.

형벌의 極에 처하여 惡이 쌓여 고치지 않는 자이니, 죄가 징계되는 바가 아니므로 형벌이 그 머리에 미쳐서 귀가 없어짐에 이른 것이다. 머리에 미침은 경계함이 아니요, 귀가 없어짐은 징계함이 아니니, 흉함이 이보다 더 심한 것이 없다.

【疏】 ‘象曰’至‘滅耳凶’ ○ 正義曰 : ‘何校滅耳 凶’者, 何, 謂擔何, 處罰之極, 惡積不改, 故罪及其首, 何擔枷械, 滅沒於耳, 以至誅殺. 以其聰之不明, 積惡致此, 故象云“聰不明也.”

經의 〔象曰〕에서 〔滅耳凶〕까지

○ 正義曰 :〔何校滅耳 凶〕‘何’는 멤〔擔何〕을 이르니, 형벌의 極에 처하여 惡이 쌓여 고치지 않으므로 죄가 그 머리에 미쳐서 형틀을 메어 귀가 없어져서 誅殺에 이른 것이다.

귀가 밝지 못하여 惡을 쌓아 이것을 이루었기 때문에 〈象傳〉에 "귀가 밝지 못하다."고 한 것이다.

【疏】 ○ 注'處罰之極'至'凶莫甚焉' ○ 正義曰 : '罪非所懲'者, 言其惡積旣深, 尋常刑罪, 非能懲誡, 故云"罪非所懲"也. '及首非誡 滅耳非懲'者, 若罪未及首, 猶可誡懼歸善也, 罪已及首, 性命將盡, 非復可誡, 故云"及首非誡"也. 校旣滅耳, 將欲刑殺, 非可懲改, 故云"滅耳非懲"也.

○ 注의 〔處罰之極〕에서 〔凶莫甚焉〕까지

○ 正義曰 : 〔罪非所懲〕惡이 쌓임이 이미 깊으면 보통의 刑罪로는 능히 징계되는 바가 아니라는 말이다. 그러므로 "죄가 징계되는 바가 아니다."라고 말한 것이다.

〔及首非誡 滅耳非懲〕만약 죄가 머리에 이르지 않았으면 그래도 경계하고 두려워하여 善으로 돌아올 수 있지만, 죄가 이미 머리에 이르면 생명이 장차 다하여 다시 경계될 수 있는 것이 아니다. 그러므로 "머리에 미침은 경계함이 아니다."라고 하였다. 형틀이 이미 귀를 없애면 장차 형벌하여 죽이고자 해서 징계하여 고칠 수 있는 것이 아니다. 그러므로 "귀가 없어짐은 징계됨이 아니다."라고 한 것이다.

象曰 何校滅耳는 聰不明也라

〈象傳〉에 말하였다. "'차꼬를 메어 귀가 없어짐'은 귀가 밝지 못한 것이다."

【注】 聰不明故로 不慮惡積하여 至于不可解也[1]라

1) 不慮惡積 至于不可解也 : 아래 〈繫辭傳 上〉에 "善을 쌓지 않으면 명성을 이루지 못하고 惡을 쌓지 않으면 몸을 없애지 못하는데, 小人은 작은 善을 유익함이 없다 하여 행하지 않고, 작은 惡을 해로움이 없다 하여 버리지 않는다. 이 때문에 惡이 쌓여 가릴 수 없고 죄가 커져서 풀 수 없는 것이다. 《周易》에 이르기를 '차꼬를 메어 귀가 없어졌으니, 흉하다.'라고 하였다.〔善不積 不足以成名 惡不積 不足以滅身 小人 以小善爲无益而弗爲也 以小惡爲无傷而弗去也 故惡積而不可掩 罪大而不可解 易曰 何校 滅耳 凶〕"라고 하였다.

귀가 밝지 못하기 때문에 惡이 쌓여서 풀 수 없음에 이름을 생각하지 않은 것이다.

22. 賁☲☶ 離下艮上

賁는 亨하니 **小利有攸往**하니라

賁는 형통하니, 가는 바를 둠이 조금 이롭다.

【疏】正義曰 : 賁, 飾也, 以剛·柔二象, 交相文飾也. '賁亨'者, 以柔來文剛, 而得亨通, 故曰"賁亨"也. '小利有攸往'者, 以剛上文柔, 不得中正, 故不能大有所往, 故云"小利有攸往"也.

正義曰 : '賁'는 꾸밈이니, 剛과 柔 두 象이 서로 文飾하는 것이다.

〔賁亨〕 柔가 와서 剛을 문식하여 형통함을 얻었으므로 "賁는 형통하다."라고 한 것이다.

〔小利有攸往〕 剛이 위로 올라가서 柔를 문식하여 中正함을 얻지 못하였으므로 크게 갈 바를 두지 못한다. 그러므로 "갈 바를 둠이 조금 이롭다."라고 한 것이다.

象曰 賁亨은 **柔來而文剛**이라 **故**로 **亨**하고 **分剛上而文柔**라 **故**로 **小利有攸往**이라

〈彖傳〉에 말하였다.

"賁가 형통함은 柔가 와서 剛을 문식하였으므로 형통한 것이요, 剛을 나누어 위로 올라가서 柔를 문식하였으므로 갈 바를 둠이 조금 이로운 것이다.

【注】剛柔不分이면 文何由生이리오 故로 坤之上六이 來居二位는 柔來文剛之義也니 柔來文剛하여 居位得中이라 是以亨이라 乾之九二 分居上位는 分剛上而文柔之義也니 剛上文柔하여 不得中位하여 不若柔來文剛이라 故로 小利有攸往이라

剛과 柔를 나누지 않으면 文이 어디에서 생기겠는가. 그러므로 坤의 上六이 와서 二位에 거함은 柔가 와서 剛을 문식한 뜻이니, 柔가 와서 剛을 문식하여 正位에 거하고 中을 얻었다. 이 때문에 형통한 것이다.

乾의 九二가 나뉘어 윗자리에 거함은 剛을 나누어 위로 올라가서 柔를 문식한 뜻이니,

剛이 위로 올라가서 柔를 문식하여 中의 자리를 얻지 못해서, 柔가 와서 剛을 문식함만
못하다. 그러므로 갈 바를 둠이 조금 이로운 것이다.

【疏】 '象曰'至'有攸往' ○ 正義曰 : '賁亨 柔來而文剛 故亨'者, 此釋賁亨之義. 不直言
賁, 連云賁亨者, 由賁而致亨, 事義相連也, 若大哉乾元, 以元連乾者也. 柔來而文剛,
故亨, 柔來文剛, 以文相飾, 是賁義也, 相飾卽有爲亨, 故云"賁亨." 亨之下, 不重以賁字
結之者, 以亨之與賁相連而釋, 所以亨下不得重結賁字. '分剛上而文柔 故小利有攸
(住)〔往〕1)'〈者〉2), 釋小利有攸往義. 乾體在下, 今分乾之九二, 上向文飾坤之上六, 是分
剛上而文柔也. 棄此九二之中, 往居无立之地, 棄善從惡, 往无大利, 故小利有攸往也.

1) (住)〔往〕: 저본에는 '住'로 되어 있으나, 閩本·監本·毛本에 의거하여 '往'으로 바로잡
   았다.〔阮刻本 참조〕
2) 〈者〉: 저본에는 '者'가 없으나, 錢本·宋本에 의거하여 보충하였다.〔阮刻本 참조〕

經의〔象曰〕에서〔有攸往〕까지

○ 正義曰 :〔賁亨 柔來而文剛 故亨〕이는 "賁는 형통함〔賁亨〕"의 뜻을 해석한 것이다.
단지 '賁'만 말하지 않고 '賁亨'이라고 연이어 말한 것은 꾸밈으로 말미암아 형통함을 이
루어서 일과 뜻이 서로 연결된 것이니, '大哉乾元'에서 '元'을 '乾'과 연결한 것과 같다. 柔
가 와서 剛을 문식하였기 때문에 형통하다는 것은, 柔가 와서 剛을 문식함은 文으로써
서로 꾸미는 것이니 이는 賁의 뜻이요, 서로 꾸미면 즉시 형통함이 되기 때문에 "賁가 형
통하다."라 한 것이다. '亨'의 아래에 거듭 賁자로 맺지 않은 것은 亨과 賁를 서로 연결하
여 해석한 것이니, 이 때문에 亨 아래에 거듭 賁자를 맺지 못한 것이다.

〔分剛上而文柔 故小利有攸往〕'가는 바를 둠이 조금 이로움'의 뜻을 해석한 것이다.
乾의 體가 아래에 있는데 이제 乾의 九二를 나누어서 위로 향하여 坤의 上六을 문식하였
으니, 이는 剛을 나누어 위로 올라가서 柔를 문식한 것이다. 이 九二의 中을 버리고 가서
지위가 없는 자리에 거하였으니, 善을 버리고 惡을 따른 것이어서 감에 큰 이로움이 없
다. 그러므로 가는 바를 둠이 조금 이로운 것이다.

【疏】 ○ 注'剛柔不分'至'小利有攸往' ○ 正義曰 : 坤之上六, 何以來居二位, 不居於初·
三, 乾之九二, 何以分居上位, 不居於五者, 乾性剛亢, 故以己九二居坤極, 坤性柔順,
不爲(順)〔物〕1)首, 故以己上六下居乾之二位也. 且若柔不分居乾二, 剛不分居坤極, 則

不得文明以止故也. 又陽本在上, 陰本在下, 應分剛而下, 分柔而上, 何因分剛向上, 分柔向下者, 今謂此本泰卦故也. 若天地交泰, 則剛·柔得交, 若乾上坤下, 則是天地否閉, 剛·柔不得交, 故分剛而上, 分柔而下也.[2]

1) (順)〔物〕: 저본에는 '順'으로 되어 있으나, 錢本·宋本에 의거하여 '物'로 바로잡았다.〔阮刻本 참조〕

2) 坤之上六……分柔而下也 : 王弼과 孔穎達은 賁卦☲☶를 泰卦☷☰에서 온 것으로 보았다. 따라서 六二는 泰卦 上六이 二位로 와서 陰爻가 된 것으로, 이것이 〈象傳〉의 "柔來而文剛"이고, 上九는 泰卦 九二가 上位로 가서 陽爻가 된 것으로, 이것이 〈象傳〉의 "分剛上而文柔"이다. '分剛上'은 下卦인 乾卦에서 陽爻가 분리되어 上卦로 올라감을 말한다. 이는 卦變說에 의거하여 卦를 설명하는 것인데, 의리를 위주로 하는 王弼이나 程伊川은 이에 대한 자세한 說이 없다. 이 부분에서는 程伊川도 "下體는 본래 乾인데 柔가 와서 그 가운데를 문식하여 離卦가 되었고, 上體는 본래 坤인데 剛이 가서 그 上을 문식하여 艮이 되었다.〔下體本乾 柔來文其中而爲離 上體本坤 剛往文其上而爲艮〕"라고 하여, 王弼·孔穎達의 해석과 같다.

반면 朱子는 象數에도 소홀하지 않았기 때문에 卦變에 대해서는 특별히 北宋 李之才의 卦變說을 채택하여 그의 〈64卦相生圖〉를 〈易本義圖〉에 싣고 이를 '卦變圖'라 하였다. 이 卦變圖에 따라 여기에서도 朱子는 "卦가 損卦☶☱로부터 온 것은 柔가 三에서 와서 二를 문식하고 剛이 二에서 올라가 三을 文飾하며, 旣濟卦☵☲로부터 온 것은 柔가 上에서 와서 五를 문식하고 剛이 五에서 올라가 上을 문식하였다.〔卦自損來者 柔自三來而文二 剛自二上而文三 自旣濟而來者 柔自上來而文五 剛自五上而文上〕"라고 설명하였다.

○ 注의 〔剛柔不分〕에서 〔小利有攸往〕까지

○ 正義曰 : 坤의 上六이 어찌하여 二位에 와서 거하고 初位와 三位에 거하지 않으며, 乾의 九二가 어찌하여 나누어 上位에 거하고 五位에 거하지 않았는가? 이는 乾의 성질이 강하고 높기 때문에 자기의 九二로서 坤의 極에 거하고, 坤의 성질이 유순하여 물건의 머리가 되지 않기 때문에 자기의 上六으로서 내려와 乾의 二位에 거한 것이다. 또 만약 柔가 나뉘어 乾의 二位에 거하지 않고, 剛이 나뉘어 坤의 極에 거하지 않았으면 '문명으로 그치게 함'을 얻을 수 없기 때문이다.

또 陽은 본래 위에 있고 陰은 본래 아래에 있으니, 응당 剛을 나누어 아래로 내려가고 柔를 나누어 위로 올라가야 하는데, 무슨 이유로 剛을 나누어 위로 향하고 柔를 나누어 아래로 향했는가? 이는 지금 이것이 본래 泰卦임을 말했기 때문이다. 만약 天地가 交泰하면 剛과 柔가 사귐을 얻는데, 만약 乾이 위에 있고 坤이 아래에 있으면 天地가 否塞하고 막혀서 剛과 柔가 사귈 수가 없다. 그러므로 剛을 나누어 위로 올라가고 柔를 나누어 아래로 내려간 것이다.

天文也요

이는 天文이요,

【注】剛柔交錯而成文焉은 天之文也라

剛과 柔가 서로 갈마들어 文을 이룸은 하늘의 文(문채)이다.

【疏】正義曰：天之爲體, 二象剛·柔, 剛·柔交錯成文, 是天文也.

正義曰：하늘의 體는 두 象이 剛과 柔이니, 剛과 柔가 갈마들어 文을 이룸은 바로 하늘의 文이다.

文明以止는 人文也라

문명으로 그치게 함은 사람의 文이다.

【注】止物不以威武而以文明은 人之文也라

물건을 그치게 하기를 威武로써 하지 않고 文明으로써 함은 사람의 文이다.

【疏】正義曰：文明, 離也, 以止, 艮也. 用此文明之道, 裁止於人, 是人之文德之敎, 此賁卦之象. 旣有天文·人文, 欲廣美天文·人文之義, 聖人用之, 以治於物也.

正義曰：'文明'은 離이고, '以止'는 艮이다. 이 文明한 道를 사용해서 사람을 제재하여 그치게 함은 바로 사람의 文德의 가르침이니, 이는 賁卦의 象이다. 이미 天文과 人文이 있으면 天文과 人文의 뜻을 넓혀 아름답게 하고자 하니, 聖人이 이것을 사용하여 물건을 다스리는 것이다.

觀乎天文하여 以察時變하고 觀乎人文하여 以化成天下하니라

天文을 관찰하여 四時의 변화를 살피고, 人文을 관찰하여 천하를 교화하여 이룬다."

【注】觀天之文하면 則時變可知也요 觀人之文하면 則化成可爲也라

하늘의 文을 관찰하면 四時의 변화를 알 수 있고, 사람의 文을 관찰하면 교화하여 이룸을 할 수 있는 것이다.

【疏】正義曰 : '觀乎天文 以察時變'者, 言聖人當觀視天文剛·柔交錯相飾成文, 以察四時變化. 若四月純陽用事, 陰在其中, 靡草[1]死也, 十月純陰用事, 陽在其中, (齊)〔薺〕[2] 麥生也, 是觀剛柔而察時變也. '觀乎人文 以化成天下'者, 言聖人觀察人文, 則詩·書·禮·樂之謂, 當法此敎而化成天下也.

1) 靡草 : 《禮記》〈月令〉의 孟夏之月에 "靡草가 죽으면 麥秋가 이른다.〔靡草死 麥秋至〕"라고 보이는바, 靡草는 陰類로 陽이 성하면 죽는 식물이다. 孔穎達은 "가지와 잎이 미세하기 때문에 靡草라고 이른다."라고 疏를 내었다.
2) (齊)〔薺〕 : 저본에는 '齊'로 되어 있으나, 錢本·宋本에 의거하여 '薺'로 바로잡았다.〔阮刻本 참조〕

正義曰 :〔觀乎天文 以察時變〕聖人이 마땅히 天文의 剛과 柔가 서로 갈마들어 서로 꾸며서 文을 이룸을 보고서 사시의 변화를 살펴야 함을 말한 것이다. 만약 4월에 純陽이 用事할 적에 陰이 이 가운데에 있으면 靡草가 죽고, 10월에 純陰이 用事할 적에 陽이 이 가운데에 있으면 냉이와 보리가 나는 것과 같으니, 이는 剛과 柔를 관찰하여 四時의 변화를 살피는 것이다.

〔觀乎人文 以化成天下〕聖人이 人文을 관찰함은 詩·書·禮·樂을 이르니, 마땅히 이 가르침을 본받아서 천하를 교화하여 이루는 것이다.

象曰 山下有火 賁니 君子以明庶政하고 无敢折獄하니라

〈象傳〉에 말하였다. "산 아래에 불이 있는 것이 賁卦이니, 君子가 이것을 보고서 여러 政事를 밝히고 獄事를 결단함에 과감히 하지 않는다."

【注】處賁之時하여 止物以文明하고 不可以威刑이라 故로 君子以明庶政하고 而无敢折獄이라

賁의 때에 처하여 물건을 그치게 하기를 文明으로써 하고 위엄과 형벌로써 해서는 안 된다. 그러므로 군자가 이것을 보고서 여러 政事를 밝히고 獄事를 결단함에 과감히 하지 않는 것이다.

【疏】正義曰：'山下有火 賁'者, 欲見火上照山, 有光明文飾也. 又取山含火之光明, 象君子內含文明, 以理庶政, 故云"山〈下〉[1]有火, 賁"也. '以明庶政'者, 用此文章明達, 以治理庶政也. '无敢折獄'者, 勿得直用果敢, 折斷訟獄.

1) 〈下〉: 저본에는 '下'가 없으나, 毛本에 의거하여 보충하였다.〔阮刻本 참조〕

正義曰：〔山下有火 賁〕 불이 위로 산을 비추어서 光明하게 문식함이 있음을 보이고자 한 것이다. 또 산이 불의 光明함을 머금음을 취하여 君子가 안에 文明을 머금어 여러 政事를 다스림을 형상하였다. 그러므로 "산 아래에 불이 있는 것이 賁卦이다."라고 한 것이다.

〔以明庶政〕 이 文章의 밝고 통달함을 사용하여 여러 정사를 다스리는 것이다.

〔无敢折獄〕 곧바로 과감함을 사용하여 訟事와 獄事를 결단하지 말아야 하는 것이다.

初九는 賁其趾니 舍車而徒로다

初九는 그 발을 꾸밈이니, 수레를 버리고 도보로 가도다.

【注】在賁之始하여 以剛處下하여 居於无位하여 棄於不義하고 安夫徒步하여 以從其志者也라 故로 飾其趾니 舍車而徒는 義弗乘之謂也라

賁의 시초에 있으면서 剛으로서 아래에 처하여 지위가 없는 자리에 거해서, 의롭지 못한 수레를 버리고 도보를 편안히 여겨 그 뜻을 따르는 자이다. 그러므로 '그 발을 꾸밈이니, 수레를 버리고 도보로 감'은 의리상 수레를 타지 않음을 이른 것이다.

【疏】正義曰：在賁之始, 以剛處下, 居於无位之地, 乃棄於不義之車, 而從有義之徒步, 故云"舍車而徒." 以其志行高絜, 不苟就輿乘, 是以義不肯乘, 故象云"義弗乘也."[1]

1) 以其志行高絜……故象云義弗乘也: 程伊川은 初九가 가까이 있는 六二와 응하지 않고 六四와 응하는 것이 바로 의롭지 못한 수레(六二)를 버리고 의로운 도보(六四)를 택하는 것과 같다고 하였다. 六二는 가깝기 때문에 편한 수레가 되지만 初位와 二位가 응하는 것은 正道가 아니기 때문에 의롭지 못한 수레가 되는 것이다.

正義曰：賁의 시초에 있으면서 剛으로서 아래에 처하여 지위가 없는 자리에 거함은 바로 의롭지 못한 수레를 버리고 의리가 있는 도보를 따르는 것이다. 그러므로 "수레를

버리고 도보로 간다."라고 하였다. 뜻과 행실이 고결하여 구차히 수레를 탐에 나아가지 않으니, 이는 의리상 수레를 타려 하지 않는 것이다. 그러므로 〈象傳〉에 "의리상 타지 않는다."라고 한 것이다.

象曰 舍車而徒는 義弗乘也라

〈象傳〉에 말하였다. "수레를 버리고 도보로 감은 의리상 타지 않는 것이다."

六二는 賁其須로다

六二는 그 수염을 꾸미도다.

【注】得其位而无應하고 三亦无應하여 俱无應而比焉하니 近而相得者也라 須之爲物은 上附者也니 循其所履하여 以附於上이라 故로 曰 賁其須也라

正位를 얻었으나 應이 없고 九三 또한 應이 없어서 모두 應이 없이 가까이 있으니, 가까우면 서로 뜻이 맞는 자이다. 수염이란 물건은 위로 붙어 있는 것이니, 자기가 밟은 바를 따라 위에 붙는다. 그러므로 "그 수염을 꾸민다."라고 말한 것이다.

【疏】正義曰: '賁其須'者, 須是上(須)〔附〕[1]於面, 六二常上附於三, 若似賁飾其須也. 循其所履, 以附於上, 與上同爲興起, 故象云"與上興也."

1) (須)〔附〕: 저본에는 '須'로 되어 있으나, 毛本에 의거하여 '附'로 바로잡았다.〔阮刻本 참조〕

正義曰:〔賁其須〕 수염은 위로 얼굴에 붙어 있으니, 六二가 항상 위로 九三에 붙어 있음이 마치 그 수염을 꾸미는 것과 같은 것이다. 자기가 밟는 바를 따라 위에 붙어서 위와 더불어 함께 흥기한다. 그러므로 〈象傳〉에 "위와 더불어 일어난다."라고 한 것이다.

象曰 賁其須는 與上興也라

〈象傳〉에 말하였다. "그 수염을 꾸밈은 위와 더불어 일어나는 것이다."

九三은 賁如濡如하니 永貞吉하니라

九三은 꾸미고 윤택하니, 영구히 貞固하여 길하다.

【注】處下體之極하여 居得其位하고 與二相比하여 俱履其正하여 和合相潤하여 以成其文者也라 旣得其飾하고 又得其潤이라 故로 曰 賁如濡如也요 永保其貞하여 物莫之陵이라 故로 曰 永貞吉也라

下體의 極에 처하여 거함이 正位를 얻었고 六二와 서로 가까운데 모두 正位를 밟고 있어서 화합하고 서로 윤택하여 문체를 이루는 자이다.

이미 꾸밈을 얻고 또 윤택함을 얻었으므로 "꾸미고 윤택하다."라고 한 것이요, 영구히 그 貞固함을 보존하여 물건이 능멸하지 못한다. 그러므로 "영구히 貞固하여 길하다."라고 한 것이다.

【疏】正義曰：'賁如濡如'者, 賁如, 華飾之貌, 濡如, 潤澤之理, 居得其位, 與二相比, 和合文飾, 而有潤澤, 故曰"賁如濡如." 其美如此, 長保貞吉, 物莫之陵, 故象云"永貞之吉, 終莫之陵也."

正義曰：〔賁如濡如〕'賁如'는 화려하게 꾸미는 모양이요, '濡如'는 윤택한 이치이니, 거함이 正位를 얻었고 六二와 더불어 서로 가까워 화합하여 문식해서 윤택함이 있다. 그러므로 "꾸미고 윤택하다."라고 한 것이다.

그 아름다움이 이와 같으면서 장구하게 貞吉을 보존하여 물건이 능멸하지 못한다. 그러므로 〈象傳〉에 "永貞의 길함은 끝내 능멸하는 이가 없다."라고 한 것이다.

象曰 永貞之吉은 終莫之陵也라

〈象傳〉에 말하였다. "永貞의 길함은 끝내 능멸하는 이가 없는 것이다."

六四는 賁如皤如하며 白馬翰如니 匪寇면 婚媾하리라

六四는 꾸미고 희며 白馬가 깨끗하니, 寇難이 있지 않으면 혼인하리라.

【注】有應在初나 而閡於三하여 爲己寇難하니 二志相感이나 不獲通亨하여 欲靜則疑初之應하고 欲進則懼三之難이라 故로 或飾或素하여 內懷疑懼也라 鮮絜其馬하여 翰如以待하니 雖履正位나 未敢果其志也요 三爲剛猛하여 未可輕犯하니 匪寇乃婚하면 終无尤也라

應이 初九에 있으나 九三에게 막혀서 자기의 寇難이 되니, 〈初九와 六四〉 두 뜻이 서

로 감응하나 형통함을 얻지 못하므로, 고요하고자 하면 初九의 應을 의심하고 나아가고
자 하면 九三의 寇難을 두려워한다. 그러므로 혹 꾸미고 혹 흰색이어서 안에 疑懼心을
품는 것이다. 그 말〔馬〕을 깨끗이 하여 翰如로써 기다리니, 비록 正位를 밟고 있으나 그
뜻을 과감히 시행하지 못한다. 또 九三이 강하고 사나워서 경솔히 범할 수가 없으니, 寇
難이 있지 않아서 마침내 혼인하면 끝내 허물이 없는 것이다.

【疏】'象曰永貞之吉'至'匪寇婚媾' ○ 正義曰 : '賁如皤如'者, 皤是素白之色. 六四有應
在初, 欲往從之, 三爲己難, 故己猶豫. 或以文絜, 故賁如也, 或守質素, 故皤如也. '白
馬翰如'者, 但鮮絜其馬, 其色翰如, 徘徊待之, 未敢輒進也.[1] '匪寇 婚媾'者, 若非九三
爲己寇害, 乃得與初爲婚媾也.

> 1) 白馬翰如者……未敢輒進也 : '白馬翰如'를 王弼과 孔穎達은 백마를 깨끗이 한 채로 주
> 저하며 기다리는 것으로 해석하였다.
>
> 반면 程伊川과 朱子는 '翰如'를 '나는 듯이 빠름'으로 해석하였다. 程伊川은 "正應을
> 따르는 뜻이 나는 듯하므로 '翰如'라 하였다.〔其從正應之志如飛 故云翰如〕"하였고, 朱子
> 는 "가서 구하려는 마음이 나는 듯이 빠른 것이다.〔其往求之心 如飛翰之疾也〕"하였다.

經의 〔象曰永貞之吉〕에서 〔匪寇婚媾〕까지

○ 正義曰 :〔賁如皤如〕'皤'는 素白의 색깔이다. 六四가 應이 初九에 있어서 가서 따
르고자 하나 九三이 자기의 寇難이 되었다. 그러므로 자기가 머뭇거리는 것이다. 혹 문
채와 깨끗함을 쓰기 때문에 '賁如'이고, 혹 질박함과 素白을 지키기 때문에 '皤如'이다.

〔白馬翰如〕다만 말을 깨끗이 하여 그 색이 翰如하여 배회하고 기다리며 감히 곧바로
나아가지 않는 것이다.

〔匪寇 婚媾〕만약 九三이 자기의 寇害가 됨이 아니면 비로소 初九와 더불어 혼인할
수 있는 것이다.

象曰 六四는 當位疑也니 匪寇婚媾면 終无尤也리라

〈象傳〉에 말하였다. "六四는 당한 자리가 의심스럽기 때문이니, 寇難이 있지 않
아 혼인하면 끝내 허물이 없으리라."

【疏】正義曰 :'六四當位疑'者, 以其當位得與初爲應, 但礙於三, 故遲疑也. 若不當

位, 則與初非應, 何須欲往而致遲疑也. '匪寇婚媾 終无尤'者, 釋匪寇婚媾之義. 若待匪有寇難, 乃爲婚媾, 則終无尤過,[1] 若犯寇難而爲婚媾, 則終有尤也.

1) 匪寇婚媾……則終无尤過 : '終无尤也'를 孔穎達은 끝내 허물이 없음으로 보았고, 朱子 역시 '尤'를 '患'으로 해석하였다. 반면 程伊川은 初九와 六四가 응하는 것이 正道이기 때문에 혼인함에 '원망'이 없다는 의미로 해석하였다.

正義曰 : 〔六四當位疑〕 당한 자리가 初九와 應이 되나 다만 九三에 막혀 있기 때문에 주저하고 의심하는 것이다. 만약 자리에 해당하지 않으면 初九와 應이 아니니, 어찌 굳이 가고자 하여 주저하고 의심함을 이루겠는가.

〔匪寇婚媾 終无尤〕 '寇難이 있지 않아 혼인함'의 뜻을 해석한 것이다. 만약 寇難이 있지 않을 때를 기다려서 비로소 혼인을 하면 끝내 허물이 없을 것이요, 만약 寇難을 범하고 혼인을 하면 끝내 허물이 있는 것이다.

六五는 賁于丘園하여 束帛戔戔하니 吝이라야 終吉하리라

六五는 丘園을 꾸며서 묶어놓은 비단이 많고 많으니, 인색하여야 끝내 길하리라.

【注】 處得尊位하여 爲飾之主하니 飾之盛者也라 施飾於物은 其道害也요 施飾丘園은 盛莫大焉이라 故로 賁于束帛하면 丘園乃落하고 賁于丘園하면 帛乃戔戔이라 用莫過儉하니 泰而能約이라 故로 必吝焉이라야 乃得終吉也라

처함이 尊位를 얻어서 꾸밈의 주체가 되었으니, 꾸밈이 성한 자이다. 물건에게 꾸밈을 베풂은 그 道가 해롭고, 丘園에 꾸밈을 베풀면 성함이 이보다 클 수가 없다. 그러므로 묶어놓은 비단을 꾸미면 丘園이 마침내 떨어지고, 丘園을 꾸미면 비단이 마침내 많은 것이다. 씀은 검소함보다 더 좋은 것이 없으니, 많은데도 능히 검소하기 때문에 반드시 인색하여야 비로소 끝내 길함을 얻는 것이다.

【疏】 '六五賁于丘園'至'終吉' ○ 正義曰 : '賁于丘園'者, 丘園是質素之處. 六五處得尊位, 爲飾之主, 若能施飾在於質素之處, 不華侈費用, 則所束之帛, 戔戔衆多也. '吝終吉'者, 初時儉約, 故是其吝也, 必儉約之吝, 乃得終吉而有喜也, 故象云 "六五之吉, 有喜也."[1]

1) 賁于丘園者……有喜也 : 六五의 爻辭를 王弼과 孔穎達은 "六五가 비어 있는 곳인 丘園을 꾸며 허비하지 않으므로 비단이 많아지니, 이처럼 꾸밈을 검소하고 인색하게 해야

길함을 얻는다."의 의미로 해석하였다. 여기에서 '戔戔'은 '많음'의 뜻이며, '吝'은 '인색함'의 뜻이다.

　　반면 程伊川은 丘園을 '높고 가까운 곳으로 上九를 가리키는 것'으로 보고 '戔戔'을 '재단하여 분열한 모양'으로 보아, 經文의 의미를 "六五가 가깝고 높은 곳인 上九에게서 꾸밈을 받아 그에게 제재를 받으므로 마치 束帛이 재단되어 있는 것처럼 하니, 남에게 꾸밈을 의뢰하여 비록 부끄러우나 남의 꾸밈을 받아 功을 누리므로 길하다."로 해석하였다.

　　朱子는 이와 또 다른바, '戔戔'을 '적음'의 뜻으로 보고, "六五가 柔中으로 賁의 주체가 되어 근본을 돈독히 하고 실질을 숭상하니, 꾸미는 道를 얻었다. 그러므로 '丘園'의 象이 있는 것이다. 그러나 陰의 성질은 인색하기 때문에 '束帛戔戔'의 象이 있는 것이다. 束帛은 박한 물건이요 戔戔은 작다는 뜻이니, 사람으로서 이와 같으면 비록 부끄러울 만하나 禮는 사치하기보다는 차라리 검소해야 하므로 끝내 길함을 얻는 것이다.〔六五柔中 爲賁之主 敦本尙實 得賁之道 故有丘園之象 然陰性吝嗇 故有束帛戔戔之象 束帛 薄物 戔戔 淺小之意 人而如此 雖可羞吝 然禮奢寧儉 故得終吉〕"라고 하였다. 程伊川과 朱子의 해석에서 '吝'은 '부끄러움'의 뜻이다.

　經의〔六五賁于丘園〕에서〔終吉〕까지

　○正義曰 :〔賁于丘園〕'丘園'은 바로 질박하고 소박한 곳이다. 六五가 처함이 尊位를 얻어서 꾸밈의 주체가 되었으니, 만약 꾸밈을 베풂이 질박하고 검소한 곳에 있어서 화려하고 사치하게 허비하여 쓰지 않으면 묶어놓은 비단이 戔戔하여 많은 것이다.

　〔吝終吉〕처음의 때에 검약하기 때문에 이것이 바로 인색한 것이요, 반드시 검약하여 인색하여야 비로소 끝내 길함을 얻어 기쁨이 있는 것이다. 그러므로〈象傳〉에 "六五의 길함은 기쁨이 있는 것이다."라고 한 것이다.

【疏】○注'處得尊位'至'乃得終吉也'○正義曰 : '爲飾之主 飾之盛'者, 若宮室興服之屬, 五爲飾主. 若施設華飾在於興服宮館之物, 則大道損害也. '施飾丘園 盛莫大焉'者, 丘謂丘墟, 園謂園圃, 唯草木所生, 是質素之處, 非華美之所. 若能施飾, 每事質素, 與丘園相似, 盛莫大焉.

　○注의〔處得尊位〕에서〔乃得終吉也〕까지

　○正義曰 :〔爲飾之主 飾之盛〕궁실과 수레와 의복 같은 등속이니, 六五가 꾸밈의 주체가 된다. 만약 화려하게 꾸밈을 베풂이 수레와 의복과 궁관의 물건에 있으면 大道가 손상된다.

〔施飾丘園 盛莫大焉〕'丘'는 丘墟를 이르고 '園'은 園圃를 이르니, 오직 초목이 자라는 곳으로, 이는 질박하고 검소한 곳이요, 화려하고 아름다운 곳이 아니다. 만약 능히 꾸밈을 베풀 적에 매사를 질박하고 검소하게 하여 丘園과 서로 같게 하면 성함이 이보다 더 클 수 없다.

【疏】'故賁于束帛 丘園乃落'者, 束帛, 財物也, 擧束帛言之, 則金銀珠玉之等, 皆是也. 若賁飾於此束帛珍寶, 則素質之道乃隕落, 故云"丘園乃落"也. '賁于丘園 帛乃戔戔'者, 設飾在於丘園質素之所, (用不士)〔則不靡〕[1]費財物, 束帛乃戔戔衆多也. 諸儒以爲"若賁飾束帛, 不(困)〔用〕[2]聘(上)〔士〕[3], 則丘園之(上)〔士〕乃落也, 若賁飾丘園之士與之, 故束帛乃戔戔也." 諸家注易, 多爲此解. 但今案輔嗣之注, 全无聘賢之意, 且爻之與象, 亦无待士之文. 輔嗣云"用莫過儉, 泰而能約, 故必吝焉, 乃得終吉." 此則普論爲國之道, 不尙華侈, 而貴儉約也. 若從先師, 唯用束帛招聘丘園, 以儉約待賢, 豈其義也. 所以漢聘隱士, 或乃用羔·鴈·玄纁·蒲輪[4]·駟馬, 豈止束帛之間, 而云儉約之事. 今觀注意, 故爲此解耳.

1) (用不士)〔則不靡〕: 저본에는 '用不士'로 되어 있으나, 宋本에 의거하여 '則不靡'로 바로 잡았다.〔阮刻本 참조〕
2) (困)〔用〕: 저본에는 '困'으로 되어 있으나, 毛本에 의거하여 '用'으로 바로잡았다.〔阮刻本 참조〕
3) (上)〔士〕: 저본에는 '上'으로 되어 있으나, 毛本에 의거하여 '士'로 바로잡았다. 아래의 '上'도 같다.〔阮刻本 참조〕
4) 玄纁蒲輪: 玄纁은 검은 비단과 붉은 비단인데, 후대에는 푸른 비단과 붉은 비단을 사용한다. 蒲輪은 부들풀을 수레바퀴에 싸서 진동을 적게 한 것으로, 封禪이나 어진 선비를 초빙할 때에 사용하였다.

〔故賁于束帛 丘園乃落〕'束帛'은 재물이니, 束帛을 들어 말했으면 金銀과 珠玉 등도 다 이것이다. 만약 이러한 束帛과 진귀한 보물의 꾸밈을 하면 소박하고 질박한 道가 마침내 떨어진다. 그러므로 "丘園이 마침내 떨어진다."라고 말한 것이다.

〔賁于丘園 帛乃戔戔〕꾸밈을 베풂이 丘園처럼 질박하고 검소한 곳에 있으면 재물을 함부로 허비하지 아니하여 束帛이 마침내 戔戔하여 많은 것이다.

여러 학자들은 "만약 束帛을 꾸며서 선비를 초빙하는 데에 사용하지 않으면 丘園의 선비가 마침내 떨어지니, 丘園의 선비를 꾸며서 주는 것과 같기 때문에 束帛이 마침내 많고 많은 것이다."라고 하였으니, 諸家들은 ≪周易≫을 注解할 적에 대체로 이렇게 해석하였다.

다만 지금 살펴보건대, 王輔嗣(王弼)의 注에 어진 이를 초빙하는 뜻이 전혀 없고, 또 爻辭와 〈象傳〉에 또한 선비들을 대우하는 글이 없다. 王輔嗣가 이르기를 "꾸밈은 검소함보다 더한 것이 없으니, 많은데도 능히 검소하기 때문에 반드시 인색하여야 비로소 끝내 길함을 얻는다."라고 하였으니, 이는 나라를 다스리는 道가 화려함과 사치함을 숭상하지 않고 검약함을 귀하게 여김을 널리 논한 것이다. 만약 先師를 따를 적에 오직 束帛을 사용하여 丘園에 있는 선비를 초빙한다면, 검약함으로써 賢者를 대우하는 것이니, 어찌 옳은 의리이겠는가. 이 때문에 漢나라가 隱士를 초빙할 적에 혹 염소와 기러기와 玄纁과 蒲輪과 駟馬를 사용하였으니, 어찌 束帛의 사이에 그치고는 검약한 일이라고 말하겠는가. 지금 注의 뜻을 살펴보았으므로 이러한 해석을 한 것이다.

象曰 六五之吉은 有喜也라

〈象傳〉에 말하였다. "六五의 길함은 기쁨이 있는 것이다."

上九는 白賁니 无咎니라

上九는 白色으로 꾸밈이니 허물이 없다.

【注】處飾之終하여 飾終反素라 故로 在其質素하고 不勞文飾而无咎也라 以白爲飾하여 而无患憂하여 得志者也라

꾸밈의 끝에 처하여 꾸밈이 끝나면 소박함으로 돌아오므로 質素함에 맡기고 수고롭게 문식하지 아니하여 허물이 없는 것이다. 백색으로 꾸밈을 하여 근심이 없어서 뜻을 얻은 자이다.

【疏】正義曰 : '白賁 无咎'者, 處飾之終, 飾終則反素, 故(在)〔任〕[1] 其質素, 不勞文飾, 故曰"白賁, 无咎"也. 守志任眞, 得其本性, 故象云"上得志也", 言居上得志也.

1) (在)〔任〕: 저본에는 '在'로 되어 있으나, 岳本 · 宋本 · 古本 · 足利本에 의거하여 '任'으로 바로잡았다.〔阮刻本 참조〕

正義曰 : 〔白賁 无咎〕 꾸밈의 끝에 처하였으니, 꾸밈이 끝나면 소박함으로 돌아오므로

質素함에 맡기고 수고롭게 문식하지 않는 것이다. 그러므로 "백색으로 꾸밈이니 허물이
없다."라고 하였다.

뜻을 지키고 진솔함에 맡겨서 본성을 얻었다. 그러므로 〈象傳〉에 "上이 뜻을 얻었다."
라고 하였으니, 上位에 거하면서 뜻을 얻음을 말한 것이다.

象曰 白賁无咎는 上得志也라

〈象傳〉에 말하였다. "'백색으로 꾸밈이니 허물이 없음'은 上이 뜻을 얻은 것이다."

23. 剝☷☶ 坤下艮上

剝은 不利有攸往하니라

剝은 가는 바를 둠이 이롭지 않다.

【疏】正義曰 : ‘剝’者, 剝落也. 今陰長變剛, 剛陽剝落, 故稱剝也. 小人旣長, 故不利有
攸往也.

正義曰 : 〔剝〕 깎이고 떨어짐이다. 지금 陰이 자라 剛을 변화시켜 剛陽이 剝落되었다.
그러므로 ‘剝’이라 칭한 것이다.

小人이 이미 자라나므로 가는 바를 둠이 이롭지 않은 것이다.

彖曰 剝은 剝也라 柔變剛也니 不利有攸往은 小人長也라 順而止之는 觀象也니
君子尙消息盈虛 天行也라

〈彖傳〉에 말하였다. “剝은 깎임이다. 柔가 剛을 변화시킨 것이니, 가는 바를 둠이
이롭지 않음은 小人이 자라기 때문이다. 순히 하고 그침은 形象을 관찰하는 것이
니, 君子가 사라지고 불어나며 가득하고 빔을 숭상함은 하늘의 행함이다.

【注】坤順而艮止也니 所以順而止之하여 不敢以剛止者는 以觀其形象也라 强亢激拂하면
觸忤以隕身하니 身旣傾焉하고 功又不就는 非君子之所尙也라

坤은 순하고 艮은 그치니, 순하고 그쳐서 감히 剛함으로써 그치지 않는 이유는 그 형
상을 관찰하기 때문이다. 강하고 높으며 부딪치고 어기면 저촉하고 거슬러서 몸을 기울
게 하니, 몸이 이미 기울고 功을 또 이루지 못함은 君子가 숭상하는 바가 아니다.

【疏】‘彖曰’至‘天行也’ ○ 正義曰 : ‘剝 剝也’者, 釋剝卦名爲剝, 不知何以稱剝, 故釋云
“剝者解剝之義”, 是陰長解剝於陽也. ‘柔變剛’者, 釋所以此卦名剝之意也. ‘不利有攸往

小人道長'者, 此釋不利有攸往之義, 小人道長, 世旣闇亂, 何由可進, 往則遇災, 故不利有攸往也.

經의〔象曰〕에서〔天行也〕까지

○ 正義曰:〔剝 剝也〕剝卦의 이름이 剝이 됨을 해석한 것이니, 왜 '剝'이라고 칭했는지 알지 못하므로 해석하기를 "剝이라는 것은 解剝의 뜻이다."라고 한 것이다. 이는 陰이 자라 陽을 풀고〔解〕깎은 것이다.

〔柔變剛〕이 卦를 '剝'이라고 이름하게 된 뜻을 해석한 것이다.

〔不利有攸往 小人道長〕이는 '가는 바를 둠이 이롭지 않음'의 뜻을 해석한 것이다. 小人의 道가 자라서 세상이 이미 어둡고 혼란하니 어떻게 나아갈 수 있겠는가. 가면 재앙을 만난다. 그러므로 가는 바를 둠이 이롭지 않은 것이다.

【疏】'順而止之 觀象'者, 明在剝之時, 世旣无道, 君子行之, 不敢顯其剛直, 但以柔順止約其上, 唯望君上形象, 量其顔色而止也. '君子尙消息盈虛 天行'者, 解所以在剝之時, 順而止之. 觀其顔色形象者, 須量時制變, 隨物而動. 君子通達物理, 貴尙消息盈虛, 道消之時, 行消道也, 道息之時,〈行息道也, 在盈之時〉[1], 行盈道也, 在虛之時, 行虛道也. 若値消虛之時, 存身避害, 危行言遜[2]也, 若値盈息之時, 極言正諫, 建事立功也. 天行, 謂逐時消息盈虛, 乃天道之所行也. 春夏始生之時, 天氣盛大, 秋冬嚴殺之時, 天氣消滅, 故云"天行也."

1)〈行息道也 在盈之時〉: 저본에는 '行息道也 在盈之時'가 없으나, 監本·毛本에 의거하여 보충하였다.〔阮刻本 참조〕

2) 危行言遜 : 행실은 준엄하고 고결하게 하되 말은 공손하게 한다는 말로, 《論語》〈憲問〉에 "나라에 道가 있을 때에는 말을 높게 하고 행실을 높게 하며, 나라에 道가 없을 때에는 행실은 높게 하되 말은 공손하게 하여야 한다.〔邦有道 危言危行 邦無道 危行言孫〕"라고 보인다.

〔順而止之 觀象〕剝의 때에 있어서 세상에 이미 道가 없으면 君子가 행함에 감히 강직함을 드러내지 못하고 다만 유순함으로써 윗사람을 그치게 하고 묶으니, 오직 君上의 형상을 관망하여 그 얼굴빛을 헤아려서 그침을 밝힌 것이다.

〔君子尙消息盈虛 天行〕剝의 때에 있어서 순히 하고 그치는 이유를 해석한 것이니, 그 안색과 형상을 관찰하는 것은 모름지기 때를 헤아려 변화에 대응해서 물건을 따라 동

해야 하기 때문이다. 君子가 사물의 이치에 통달하여 사라지고 불어나며 가득하고 빔을 귀하게 여기고 숭상하니, 道가 사라질 때에는 사라지는 道를 행하고 道가 불어날 때에는 불어나는 道를 행하며, 가득할 때에 있어서는 가득한 道를 행하고 빌 때에 있어서는 빈 道를 행하는 것이다. 만일 사라지고 빌 때를 만나면 몸을 보존하고 害를 멀리하여 행실을 높이 하되 말은 공손하게 하며, 만약 가득하고 불어날 때를 만나면 지극히 말하고 바르게 諫해서 일을 세우고 功을 세우는 것이다. '天行'은 때에 따라 사라지고 불어나며 가득하고 비우게 함이 바로 天道가 행하는 바임을 말한 것이다. 봄과 여름의 처음 낳는 때에는 하늘의 기운이 성대하고, 가을과 겨울의 매섭게 죽일 때에는 하늘의 기운이 소멸된다. 그러므로 "하늘의 행함이다."라고 말한 것이다.

【疏】○注'坤順而艮止也'至'君子之所尙也' ○正義曰 : '非君子之所尙'者, 不逐時消息盈虛, 於无道之時, 剛亢激拂, 觸忤以隕身, 身旣傾隕, 功又不就, 非君子之所尙也.

○注의〔坤順而艮止也〕에서〔君子之所尙也〕까지

○正義曰 :〔非君子之所尙〕때를 따라 사라지고 불어나며 가득하고 비게 하지 않고, 无道할 때에 강하고 높으며 부딪치고 어기면 저촉하고 거슬려서 몸을 기울게 하니, 몸이 이미 기울고 功을 또 이루지 못하는 것은 君子가 숭상하는 바가 아니다.

象曰 山附於地 剝이니 上以厚下安宅하나라

〈象傳〉에 말하였다. "산이 땅에 붙은 것이 剝卦이니, 윗사람이 보고서 아래를 두텁게 하고 집을 편안히 한다."

【注】厚下者는 牀不見剝也요 安宅者는 物不失處也니 厚下安宅은 治剝之道也라

'아래를 두텁게 한다.'는 것은 牀이 깎임을 당하지 않는 것이요, '집을 편하게 한다.'는 것은 물건이 처소를 잃지 않는 것이니, 아래를 두텁게 하고 집을 편안히 함은 剝을 다스리는 방도이다.

【疏】正義曰 :'山附於地 剝'者, 山本高峻, 今附於地, 卽是剝落之象, 故云"山附於地, 剝"也. '上以厚下安宅'者, 剝之爲義, 從下而起, 故在上之人, 當須豐厚於下, 安物之居, 以防於剝也.

正義曰：〔山附於地 剝〕산은 본래 높은데 이제 땅에 붙어 있으니, 바로 剝落의 象이다. 그러므로 "산이 땅에 붙어 있는 것이 剝卦이다."라고 말한 것이다.

〔上以厚下安宅〕剝(깎이고 무너짐)의 뜻이 아래로부터 일어난다. 그러므로 위에 있는 사람은 마땅히 아래를 두텁게 하여 물건의 거처를 편안히 해서 깎임을 방비하는 것이다.

初六은 剝牀以足이니 蔑貞하여 凶하니라

初六은 牀(침상이나 걸상)을 깎되 상의 발을 함이니, 바름을 깎아 흉하다.

【注】牀者는 人之所以安也니 剝牀以足은 猶云剝牀之足也라 蔑은 猶削也니 剝牀之足은 滅下之道也라 下道始滅하여 剛隕柔長하면 則正削而凶來也라

牀은 사람이 편안히 여기는 것이니, '剝牀以足'은 '牀의 발을 깎는다'고 말한 것과 같다. '蔑'은 깎임과 같으니, 牀의 발을 깎음은 아래의 道를 멸하는 것이다. 아래의 道가 처음 멸하여 剛이 기울고 柔가 자라면 바른 것이 깎이고 흉한 것이 오는 것이다.

【疏】正義曰：'剝牀以足'者, 牀者, 人之所以安處也. 在剝之初, 剝道從下而起, 剝牀之足, 言牀足已剝也, 下道始滅也. '蔑貞 凶'者, 蔑, 削也, 貞, 正也. 下道既蔑, 則以侵削其貞正, 所以凶也.

正義曰：〔剝牀以足〕'牀'은 사람이 편안히 거처하는 것이다. 剝의 초기에 있어서 剝의 道가 아래로부터 시작되어 牀의 발을 깎으니, 牀의 발이 이미 깎여서 아래의 道가 처음 멸함을 말한 것이다.

〔蔑貞 凶〕'蔑'은 깎임이요, '貞'은 바름이다. 아래의 道가 이미 깎이면 점점 貞正함을 侵削하니, 이 때문에 흉한 것이다.

象曰 剝牀以足은 以滅下也라

〈象傳〉에 말하였다. "'牀을 깎되 상의 발을 함'은 아래를 멸하는 것이다."

【疏】正義曰：釋剝牀以足之義. 牀在人下, 足又在牀下, 今剝牀之足, 是盡滅於下也.

正義曰：'牀을 깎되 상의 발을 함'의 뜻을 해석하였다. 牀은 사람의 아래에 있고 발은 또 상의 아래에 있는데 이제 상의 발을 깎으니, 이는 아래를 모두 멸하는 것이다.

六二는 剝牀以辨이니 蔑貞하여 凶하니라

六二는 牀을 깎되 辨에 이름이니, 바름을 깎아 흉하다.

【注】蔑은 猶甚極之辭也라 辨者는 足之上也니 剝道浸長이라 故로 剝其辨也라 稍近於牀하여 轉欲減物之所處하여 長柔而削正하니 以斯爲德이면 物所棄也라

'蔑'은 심하고 지극하다는 말과 같다. '辨'은 牀 발의 위이니, 剝의 道가 점점 자라므로 그 辨을 깎은 것이다. 점점 牀에 가까워서 물건(사람)이 거처하는 바를 더욱 멸하고자 하여 柔가 자라 바름을 깎으니, 이를 德으로 삼으면 사람(物)이 버리는 바이다.

【疏】'六二'至'蔑貞凶' ○ 正義曰 : '剝牀以辨'者, 辨, 謂牀身之下牀足之上, 足與牀身分辨之處也. 今剝落侵上, 乃至於辨, 是漸近人身, 故云"剝牀以辨"也. '蔑貞 凶'者, 蔑, 削也, 削除中正之道, 故凶也. 初六蔑貞, 但小削而已, 六二蔑貞, 是削之甚極, 故更云"蔑貞凶"也. 長此陰柔, 削其正道, 以此爲德, 則物之所棄, 故象云"未有與也", 言无人與助之也.[1]

1) 長此陰柔……言无人與助之也 : 〈象傳〉의 '未有與也'를 孔穎達은 六二가 바름을 깎으므로 아무도 그와 함께하지 않는다는 의미로 해석하였다.
   반면 程伊川은 正道가 침삭을 당하는 이유가 함께하는 이가 없기 때문이라는 의미로 해석하여, "小人이 君子를 侵剝함에 만약 君子가 應與가 있다면 小人을 이겨서 해칠 수가 없는데, 오직 應與가 없기 때문에 멸함을 당하여 흉한 것이다.[小人侵剝君子 若君子有與 則可以勝小人 不能爲害矣 唯其无與 所以被蔑而凶]"라고 하였다.

經의 [六二]에서 [蔑貞凶]까지

○ 正義曰 : [剝牀以辨] '辨'은 牀 몸통의 아래와 牀 발의 위를 이르니, 牀의 발과 牀의 몸이 나뉘고 분변되는 곳이다. 지금 剝落하여 위를 침범해서 마침내 辨에 이르니, 이는 점점 사람의 몸에 가까워진 것이다. 그러므로 "牀을 깎되 辨에 이른다."라고 말한 것이다.

[蔑貞 凶] '蔑'은 깎임이니, 中正한 道를 깎고 제거하므로 흉한 것이다. 初六의 蔑貞은 다만 조금 깎였을 뿐이요, 六二의 蔑貞은 깎임이 심하고 지극하다. 그러므로 다시 "바름을 깎아 흉하다."라고 말한 것이다.

이 陰爻가 자라서 正道를 깎으니 이를 德으로 삼으면 사람이 버리는 바이다. 그러므로 〈象傳〉에 "더불어 함께하는 이가 있지 않다."라고 하였으니, 함께하고 도와주는 사람이

없음을 말한 것이다.

【疏】○ 注'蔑猶甚極'至'物所棄也' ○ 正義曰 : '蔑猶甚極之辭'者, 初旣稱蔑, 二又稱
蔑, 蔑上復蔑, 此爲蔑甚極, 故云"蔑猶甚極之辭"也. 蔑謂微蔑, 物之見削, 則微蔑也,
故以蔑爲削. 稍近於牀, '轉欲(蔑)〔滅〕¹⁾物之〈所〉²⁾處'者, 物之所處, 謂牀也, 今剝道旣
至於辨, 在牀體下畔之間, 是將欲滅牀, 故云"轉欲滅物之所處"也.

1) (蔑)〔滅〕: 저본에는 '蔑'로 되어 있으나, 注와 宋本에 의거하여 '滅'로 바로잡았다.〔阮刻
本 참조〕
2) 〈所〉: 저본에는 '所'가 없으나, 注와 宋本에 의거하여 보충하였다.〔阮刻本 참조〕

○ 注의 〔蔑猶甚極〕에서 〔物所棄也〕까지

○ 正義曰 : 〔蔑猶甚極之辭〕初六에 이미 蔑이라고 칭하였는데, 六二에 또다시 蔑이라
고 칭했으니, 蔑 위에 다시 蔑을 더함은 이는 蔑이 심하고 지극함이 된다. 그러므로 "蔑
은 심하고 지극한 말과 같다."라고 한 것이다. 蔑은 작아지고 없어짐을 이르니, 물건이
깎임을 당하면 작아지고 없어진다. 그러므로 蔑을 削이라 한 것이다.

〔轉欲滅物之所處〕물건이 거처하는 바는 牀을 이른다. 지금 剝의 道가 이미 辨에 이
르러서 牀의 몸통 아래 가장자리의 사이에 있으니, 이는 장차 牀을 멸하고자 하는 것이
다. 그러므로 "물건이 거처하는 바를 더욱 멸하고자 한다."라고 한 것이다.

象曰 剝牀以辨은 未有與也라

〈象傳〉에 말하였다. "'牀을 깎되 辨에 이름'은 더불어 함께하는 이가 있지 않은
것이다."

六三은 剝之라도 无咎하니라

六三은 깎이는 때에 있더라도 허물이 없다.

【注】與上爲應하여 群陰剝陽이어늘 我獨協焉하니 雖處於剝이나 可以无咎라

上九와 應이 되어서 여러 陰이 陽을 깎는데 六三 자신은 홀로 陽과 화합하니, 비록 剝
에 처하였으나 허물이 없을 수 있다.

【疏】正義曰：六三與上九爲應, 雖在剝陽之時, 獨能與陽相應, 雖失位處剝, 而无咎也.

正義曰：六三이 上九와 應이 되어서 비록 陽을 깎는 때에 있으나 홀로 陽과 더불어 서로 應하므로, 비록 正位를 잃고 剝에 처하였으나 허물이 없는 것이다.

象曰 剝之无咎는 失上下也일새라

〈象傳〉에 말하였다. "'깎이는 때에 있더라도 허물이 없음'은 위아래를 잃기 때문이다."

【注】(主)〔三〕[1] 上下各有二陰이어늘 而(二)〔三〕[2] 獨應於陽하니 則失上下也라

1) (主)〔三〕: 저본에는 '主'로 되어 있으나, 글 뜻에 의거하여 '三'으로 바로잡았다.
2) (二)〔三〕: 저본에는 '二'로 되어 있으나, 글 뜻에 의거하여 '三'으로 바로잡았다.

六三의 위아래에 각각 두 陰이 있는데 六三이 홀로 陽에 응하니, 이는 위와 아래를 잃은 것이다.

【疏】正義曰：釋所以无咎之義. 上下群陰, 皆悉剝陽也, 己獨能違失上下之情而往應之, 所以无咎也.

正義曰：허물이 없게 되는 뜻을 해석하였다. 위아래의 여러 陰이 모두 다 陽을 깎는데 六三 자기만 홀로 위아래의 情을 어기고 잃은 채 가서 陽에 응하니, 이 때문에 허물이 없는 것이다.

六四는 剝牀以膚니 凶하니라

六四는 牀을 깎아 살갗에 이름이니, 흉하다.

【注】初·二剝牀이나 民所以安은 未剝其身也요 至四하여는 剝道浸長하여 牀旣剝盡하여 以及人身이라 小人遂盛하여 物將失身하니 豈唯削正이리오 靡所不凶이라

初六과 六二는 牀을 깎지만 백성(사람)이 편안한 이유는 아직 그 몸을 깎지 않기 때문이요, 六四에 이르면 剝의 道가 점점 자라서 牀이 이미 깎여 다해서 사람의 몸에 이른다. 小人이 마침내 성하여 사람이 장차 몸을 잃게 되었으니, 어찌 다만 바름을 깎을 뿐이겠

는가. 흉하지 않는 바가 없는 것이다.

【疏】正義曰:四道浸長, 剝牀已盡, 乃至人之膚體, 物皆失身, 所以凶也.

正義曰:六四는 道가 점점 자라 牀을 깎아 이미 다해서 마침내 사람의 살갗과 몸에 이르러 물건이 모두 몸을 잃으니, 이 때문에 흉한 것이다.

象曰 剝牀以膚는 切近災也라

〈象傳〉에 말하였다. "'牀을 깎아 살갗에 이름'은 재앙이 매우 가까운 것이다."

【疏】正義曰:'切近災'者, 其災已至, 故云"切近災也."

正義曰:〔切近災〕 재앙이 이미 이르렀으므로 "재앙이 매우 가깝다."라고 말한 것이다.

六五는 貫魚하여 以宮人寵하면 无不利하리라

六五는 물고기를 꿰어서 宮人을 총애하듯이 하면 이롭지 않음이 없으리라.

【注】處剝之時하여 居得尊位하니 爲剝之主者也라 剝之爲害는 小人得寵하여 以消君子者也니 若能施寵小人호되 於宮人而已하여 不害於正이면 則所寵雖衆이나 終无尤也라 貫魚는 謂此衆陰也니 騈頭相次 似貫魚也라

剝의 때에 처하여 거함이 尊位를 얻었으니, 剝의 주체가 된 자이다. 剝의 害는 小人이 총애를 얻어서 君子를 사라지게 하는 것이니, 만약 능히 小人에게 은총을 베풀되 宮人에게 할 뿐인 것처럼 하여 바름을 해치지 않으면, 총애하는 바가 비록 많으나 끝내 허물이 없는 것이다. '貫魚'는 이 여러 陰을 이른 것이니, 머리를 나란히 하여 서로 차례함이 물고기를 꿴 것과 같은 것이다.

【疏】正義曰:'貫魚以宮人寵'者, 處得尊位, 爲剝之主, 剝之爲害, 小人得寵, 以消君子. 貫魚者, 謂衆陰也, 騈頭相次, 似若貫穿之魚. 此六五若能處待衆陰, 但以宮人之寵相似, 宮人被寵, 不害正事, 則終无尤過, 无所不利, 故云"无不利", 故象云"終无尤也."[1]

1) 此六五若能處待衆陰……故象云終无尤也:'貫魚以宮人寵'을 王弼과 孔穎達은 "六五가 여러 陰들을 총애하되 다만 宮人에게 하는 것처럼만 함"의 의미로 해석하였다.

　반면 程伊川은 "깎임이 君主의 자리에 미치면 剝이 지극한 것이니, 그 흉함을 알 수 있다. 그러므로 다시 깎임을 말하지 않고 별도로 뜻을 내세워서 소인에게 改過遷善하는 문을 열어준 것이다. 五는 여러 陰의 주체이며 魚는 陰物이므로 象을 삼은 것이다. 五가 여러 陰으로 하여금 순서를 따르기를 물고기를 꿰듯이 하여, 도리어 위에 있는 陽에게 총애를 얻기를 宮人처럼 하게 한다면 이롭지 않음이 없는 것이다. 宮人은 궁중의 사람이니, 妻妾과 모시고 심부름하는 자이다. 陰으로 말하였고 또 총애를 얻는 뜻을 취하였으니, 한 陽이 위에 있어 여러 陰이 순종하는 道가 있으므로 이 뜻을 말한 것이다.〔剝及君位 剝之極也 其凶可知 故更不言剝而別設義 以開小人遷善之門 五 群陰之主也 魚 陰物 故以爲象 五能使群陰順序 如貫魚然 反獲寵愛於在上之陽 如宮人 則无所不利也 宮人 宮中之人 妻妾侍使也 以陰言 且取獲寵愛之義 以一陽在上 衆陰有順從之道 故發此義〕"라고 하였다.

　朱子는 "魚는 陰物이며, 宮人은 陰의 아름다운 것으로 陽에게 제재를 받는 자이다. 五가 여러 陰의 우두머리가 되었으니, 마땅히 그 同類들을 거느리고 陽에게 제재를 받아야 한다. 그러므로 이러한 象이 있으니, 점치는 자가 이렇게 하면 이롭지 않음이 없을 것이다.〔魚 陰物 宮人 陰之美而受制於陽者也 五爲衆陰之長 當率其類 受制於陽 故有此象 而占者如是 則无不利也〕"라고 하였다.

　程伊川과 朱子는 經文을 "六五가 여러 陰의 우두머리로서 여러 陰을 거느리고 上九에게 총애를 받게 하되 宮人이 받는 것과 같은 총애를 받게 함"의 의미로 해석한 것이니, 즉 王弼과 孔穎達의 해석에서 총애하는 주체는 六五이고, 程伊川과 朱子의 해석에서 총애하는 주체는 上九이다.

　正義曰:〔貫魚以宮人寵〕처함이 尊位를 얻어서 剝의 주체가 되었으니, 剝의 害는 小人이 총애를 얻어서 君子를 사라지게 하는 것이다. '貫魚'는 여러 陰을 이르니, 머리를 나란히 하고 서로 차례하여 꿰미에 꿴 물고기와 같은 것이다.

　이 六五가 만약 능히 여러 陰을 대처하기를 다만 宮人을 총애하는 것과 같이 하여, 宮人들이 총애를 입되 바른 일을 해치지 않게 하면 끝내 허물이 없어서 이롭지 않은 바가 없다. 그러므로 "이롭지 않음이 없다."라고 말한 것이다. 그러므로 〈象傳〉에 "끝내 허물이 없다."라고 한 것이다.

象曰 以宮人寵이면 終无尤也라

　〈象傳〉에 말하였다. "宮人을 총애하듯이 하면 끝내 허물이 없으리라."

上九는 碩果不食이니 君子得輿하고 小人剝廬니라

上九는 큰 과일이 먹히지 않은 것이니, 君子는 수레를 얻고 小人은 집을 허문다.

【注】處卦之終하여 獨全不落이라 故로 果至于碩而不見食也라 君子居之하면 則爲民覆蔭하고 小人用之하면 則剝下所庇也라

卦의 끝에 처하여 홀로 온전하고 떨어지지 않았다. 그러므로 과일이 큼에 이르러도 먹힘을 당하지 않은 것이다. 君子가 거하면 백성들을 비호하는 그늘이 되고, 小人이 사용하면 아래에 비호하는 바를 깎는다.

【疏】正義曰: '碩果不食'者, 處卦之終, 獨得完全, 不被剝落, 猶如碩大之果不爲人食也. '君子得輿'者, 若君子而居此位, 能覆蔭於下, 使得全安, 是君子居之, 則得車輿也. 若小人居之, 下无庇蔭, 在下之人, 被剝徹廬舍也.

正義曰:〔碩果不食〕卦의 끝에 처하여 홀로 완전함을 얻어서 剝落을 당하지 않았으니, 마치 큰 과일이 사람에게 먹히지 않은 것과 같은 것이다.

〔君子得輿〕만약 君子가 이 자리(지위)에 거하면 능히 아랫사람들을 비호하여 그들로 하여금 온전하고 편안하게 하니, 이는 君子가 거하면 수레를 얻는 것이다. 만약 小人이 이 자리에 거하면 아래에 비호함이 없어서 아래에 있는 사람들이 집을 철거당하는 것이다.

象曰 君子得輿는 民所載也요 小人剝廬는 終不可用也라

〈象傳〉에 말하였다. "君子가 수레를 얻음은 백성이 우러러 실어주는 것이요, 小人이 집을 허묾은 끝내 쓸 수 없는 것이다."

【疏】正義曰: '君子得輿 民所載'者, 釋得輿之義, 若君子居處此位, 養育其民, 民所仰載也. '小人剝廬 終不可用'者, 言小人處此位爲君, 剝徹民之廬舍, 此小人終不可用爲君也.

正義曰:〔君子得輿 民所載〕'수레를 얻음'의 뜻을 해석한 것이니, 만약 君子가 이 자리에 거처하여 백성을 길러주면 백성들이 우러러 싣는 바이다.

〔小人剝廬 終不可用〕小人이 이 자리에 처하여 군주가 되면 백성들의 집을 허물고 철거하니, 이 小人은 끝내 등용하여 군주로 삼아서는 안 됨을 말한 것이다.

24. 復䷗ 震下坤上

復은 亨하니 **出入无疾**하고 **朋來**면 **无咎**리라 **反復其道**하여 **七日來復**이니 **利有攸往**하니라

復은 형통하니, 나가고 들어옴에 병이 없고, 벗이 오면 허물이 없으리라. 그 道를 반복하여 7일에 와서 회복하니, 가는 바를 둠이 이롭다.

【疏】正義曰：'復 亨'者, 陽氣反復而得亨通, 故云"復亨"也. '出入无疾'者, 出則剛長, 入則陽反, 理會其時, 故无疾病也. '朋來 无咎'者, 朋謂陽也, 反復衆陽, 朋聚而來, 則无咎也. 若非陽衆來, 則有咎, 以其衆陽之來, 故无咎也. '反復其道 七日來復'者, 欲速反之與復而得其道, 不可過遠, 唯七日則來復, 乃合於道也. '利有攸往'者, 以陽氣方長, 往則小人道消, 故利有攸往也.

正義曰：〔復 亨〕陽氣가 반복하여 형통함을 얻었다. 그러므로 "復은 형통하다."라고 한 것이다.

〔出入无疾〕나가면 剛이 자라고 들어오면 陽이 돌아와서 이치가 그 때에 맞는다. 그러므로 질병이 없는 것이다.

〔朋來 无咎〕'朋'은 陽을 이르니, 여러 陽이 반복하여 벗이 모여 오면 허물이 없는 것이다. 만약 陽의 무리가 오지 않으면 허물이 있을 것이나 여러 陽이 오기 때문에 허물이 없는 것이다.

〔反復其道 七日來復〕속히 反하고 復함에 그 道를 얻고자 하면 지나치게 멀리해서는 안 되고, 오직 7일에 와서 회복하여야 비로소 道에 부합하는 것이다.

〔利有攸往〕陽氣가 막 자라나서 가면 小人의 道가 사라지기 때문에 가는 바를 둠이 이로운 것이다.

象曰 復亨은 **剛反動而以順行**이라 **是以出入无疾**이요

〈象傳〉에 말하였다.

"復이 형통함은 剛이 돌아와 동하되 순함으로써 행한다. 이 때문에 나가고 들어
옴에 병이 없는 것이요,

【注】 入則爲反이요 出則剛長이라 故로 无疾이니 疾은 猶病也라

들어오면 돌아옴이 되고 나가면 剛이 자란다. 그러므로 疾이 없으니, 疾은 病과 같다.

朋來면 无咎리라

벗이 오면 허물이 없으리라.

【注】 朋은 謂陽也라

朋은 陽을 이른다.

【疏】 '象曰'至'无咎' ○ 正義曰：'復亨'者, 以陽復則亨, 故以亨連復而釋之也. '剛反動
而以順行'者, 旣上釋復亨之義, 又下釋出入无疾·朋來无咎之理, 故云"是以出入无疾,
朋來无咎"也.

經의 〔象曰〕에서 〔无咎〕까지

○ 正義曰：〔復亨〕 陽이 회복하면 형통한다. 그러므로 亨을 復과 연결하여 해석한 것
이다.

〔剛反動而以順行〕 이미 위에서 '復은 형통함'의 뜻을 해석하고, 또 아래에서 '나가고
들어옴에 병이 없고 벗이 오면 허물이 없음'의 이치를 해석하였다. 그러므로 "이 때문에
나가고 들어옴에 병이 없고 벗이 오면 허물이 없다."고 말한 것이다.

反復其道하여 七日來復하니

그 道를 반복하여 7일에 와서 회복하니,

【注】 陽氣始剝盡하여 至來復時 凡七日이라

陽氣가 처음 깎여 다하였다가 와서 회복할 때까지가 모두 7일이다.

【疏】〈注‘陽氣’至‘凡七日’○〉[1]正義曰:陽氣始剝盡, 謂陽氣始於剝盡之後, 至陽氣來復時, 凡經七日. 觀注之意, 陽氣從剝盡之後, 至於反復, 凡經七日, 其注分明. 如褚氏·莊氏竝云“五月一陰生, 至十一月一陽生, 凡七月, 而云七日, 不云月者, 欲見陽長須速, 故變月言日.” 今輔嗣云“剝盡至來復”, 是從盡至來復, 經七日也. 若從五月言之, 何得云始盡也. 又臨卦亦是陽長而言八月,[2] 今復卦亦是陽長, 何以獨變月而稱七日. 觀注之意, 必謂不然, 亦用易緯六日七分之義, 同鄭康成之說. 但於文省略, 不復具言. 案易緯稽覽圖云“卦氣起中孚”, 故離·坎·震·兌各主其一方, 其餘六十卦, 卦有六爻, 爻別主一日, 凡主三百六十. 餘有五日四分日之一者, 每日分爲八十分, 五日分爲四百分, 四分日之一又爲二十分, 是四百二十分. 六十卦分之, 六七四十二, 卦別各得七分, 是每卦得六日七分也. 剝卦陽氣之盡, 在於九月之末, 十月當純坤用事, 坤卦有六日七分. 坤卦之盡, 則復卦陽來, 是從剝盡至陽氣來復, 隔坤之一卦六日七分, 舉成數言之, 故輔嗣言“凡七日”也.[3] ‘反復’者, 則出入之義, 反謂入而倒反, 復謂旣反之後, 復而向上也.

1) 〈注陽氣至凡七日○〉: 저본에는 ‘注陽氣至凡七日○’이 없으나, 錢本에 의거하여 보충하였다.〔阮刻本 참조〕

2) 臨卦亦是陽長而言八月: 臨卦의 卦辭에 “至于八月 有凶”이라 하였는데, 이에 대하여 孔穎達은 “물건이 盛하면 반드시 衰하여 陰이 자라면 陽이 물러간다. 臨卦는 建丑의 달이 되니, 建丑月로부터 시작하여 7월의 建申의 때에 이르면 세 陰이 이미 성하고 세 陽이 막 물러가서 小人의 道가 자라고 君子의 道가 사라진다. 그러므로 8개월이면 흉함이 있는 것이다. 성함을 끝까지 보존할 수 없기 때문에 聖人이 ≪周易≫을 지어 경계하신 것이다.〔以物盛必衰 陰長陽退 臨爲建丑之月 從建丑至于七月建申之時 三陰旣盛 三陽方退 小人道長 君子道消 故八月有凶也 以盛不可終保 聖人作易以戒之也〕”라고 하였다. 즉 8개월을 建丑月(12월, 臨卦䷒)에서 建申月(7월, 否卦䷋)까지로 본 것인바, 이는 王弼이 注에서 “小人의 道가 자라고 君子의 道가 사라진다.”라고 한 것에 의거하여 否卦를 기준으로 계산한 것이다.

3) 陽氣始剝盡……故輔嗣言凡七日也: 復卦의 ‘七日來復’에 대한 해석은 크게 두 가지로 나눌 수 있다. 하나는 여기에서 소개한 褚氏와 張氏의 說로, 12辟卦說에 의거하여 ‘七日’을 陰氣가 처음 생긴 姤卦䷫(5월)로부터 陽氣가 처음 생긴 復卦䷗(11월)까지의 기간인 7개월을 말하는 것으로 보는 해석이니, 程伊川과 朱子는 모두 이 說을 따랐다. 또 하나는 王弼과 孔穎達이 따랐던 6일 7푼의 說인바, 이는 剝卦와 復卦 사이에 坤卦 하나가 끼어 있는데 한 卦는 총 6일 7푼을 점유하므로 큰 수를 들어 7일이라고 말했다고 보는 해석이다.

"5월부터 말하면 '始盡'이라고 말할 수 없다."는 것은, 姤卦䷫는 겨우 陽爻 하나가 사라진 것이기 때문에 '盡'이라는 말을 쓸 수 없다는 의미이다.

注의 〔陽氣〕에서 〔凡七日〕까지

○ 正義曰 : '陽氣가 처음 깎여 다함'은 陽氣가 깎여 다한 뒤에 시작하여 陽氣가 와서 회복할 때에 이르기까지 모두 7일이 걸림을 말한 것이다. 注의 뜻을 살펴보면, 陽氣가 깎여 다한 뒤로부터 반복함에 이르기까지 모두 7일이 걸리니, 注가 분명하다.

褚氏(褚仲都)와 莊氏 같은 이는 모두 "5월에 한 陰이 생겨서 11월에 한 陽이 생길 때에 이르기까지 모두 7개월이다. 7日이라고 말하고 月이라고 말하지 않은 것은 陽의 자람이 신속해야 함을 나타내고자 하였으므로 月을 바꾸어 日로 말한 것이다."라고 하였다.

그런데 지금 王輔嗣(王弼)는 "剝盡으로부터 來復에 이르기까지"라고 말하였으니, 이는 剝盡으로부터 來復에 이르기까지 7일이 걸리는 것이다. 만약 5월로부터 말하면 어찌 剝盡하기 시작했다고 말할 수 있겠는가. 또 臨卦 역시 陽이 자라는 것인데 8월이라고 말하였으니, 지금 復卦 역시 陽이 자라는데 어찌하여 유독 月을 바꾸어 7일이라고 칭하였겠는가. 注의 뜻을 살펴보면 반드시 그렇지 않다고 여긴 것이요, 이는 또한 易緯의 6일 7푼의 뜻을 사용한 것이니, 鄭康成(鄭玄)의 말과 같다. 다만 글을 생략하여, 다시 자세히 말하지 않았을 뿐이다.

살펴보건대, ≪易緯稽覽圖≫에 "卦의 기운이 中孚卦에서 시작한다."라고 하였다. 그러므로 離卦·坎卦·震卦·兌卦가 각각 한 방위를 주장하고, 그 나머지는 60卦인데 卦에 여섯 爻가 있어서 爻마다 별도로 하루를 주장하니, 모두 360일을 주장한다. 나머지 5와 4분의 1일이 있는 것을 매일 나누어 80푼으로 만들면 5일이 400푼이 되고 4분의 1일이 또 20푼이 되니, 총 420푼이다. 이를 60卦로 나누면 6×7=42여서 卦마다 별도로 각각 7푼을 얻으니, 이는 매 卦가 6일 7푼을 얻는 것이다. 剝卦의 陽氣의 다함이 9월의 끝에 있으니, 10월에는 純坤이 用事를 하는바 坤卦가 6일 7푼을 가지고 있다. 坤卦가 다하면 復卦의 陽이 오니, 이는 剝盡으로부터 陽氣가 와서 회복될 때에 이르기까지 坤의 한 卦의 6일 7푼이 떨어져 있는데, 成數를 들어 말하였으므로 王輔嗣가 "모두 7일이다."라고 말한 것이다.

〔反復〕 나가고 들어오는 뜻이니, '反'은 들어가서 돌아옴을 이르고, '復'은 이미 돌아온 뒤에 회복하여 위로 향함을 이른다.

天行也라

하늘의 운행이다.

【注】 以天之行反覆이 不過七日하니 復之不可遠也라

하늘의 운행의 반복이 7일에 지나지 않으니, 회복함을 멀리해서는 안 되는 것이다.

【疏】 正義曰: '反復其道 七日來復 天行'者, 以天行釋反復其道七日來復之義, 言反之
與復, 得合其道. 唯七日而來復, 不可久遠也, 此是天之所行也. 天之陽氣絶滅之後, 不
過七日, 陽氣復生, 此乃天之自然之理, 故曰"天行"也.

正義曰: 〔反復其道 七日來復 天行〕 하늘의 운행을 가지고 '그 道를 반복하여 7일에
와서 회복함'의 뜻을 해석하였으니, 反과 復이 그 道에 부합하게 됨을 말한 것이다. 오직
7일에 와서 회복하여야 하고, 오래하고 멀리해서는 안 되니, 이는 하늘이 운행하는 것이
다. 하늘의 陽氣가 멸하고 끊긴 뒤에 7일을 지나지 아니하여 陽氣가 다시 생기니, 이는
바로 하늘의 자연한 이치이다. 그러므로 "하늘의 운행이다."라고 말한 것이다.

利有攸往은 剛長也라

가는 바를 둠이 이로움은 剛이 자라기 때문이다.

【注】 往則小人道消也라

가면 小人의 道가 사라진다.

【疏】 正義曰: 以剛長釋利有攸往之義也.

正義曰: 剛이 자라는 것을 가지고 '가는 바를 둠이 이로움'의 뜻을 해석한 것이다.

復에 其見天地之心乎인저

復에서 天地의 마음을 볼 수 있다."

【注】 復者는 反本之謂也니 天地以本爲心者也라 凡動息則靜하니 靜非對動者也요 語息

則默하니 默非對語者也라 然則天地雖大하여 富有萬物하고 雷動風行하여 運化萬變이나 寂然至无 是其本矣라 故로 動息地中에 乃天地之心見也니 若其以有爲心하면 則異類未獲具存矣리라

復은 근본으로 돌아감을 이르니, 天地는 근본을 마음으로 삼는 자이다. 무릇 動이 그치면 靜하니 靜은 動과 상대되는 것이 아니요, 말이 그치면 침묵하니 침묵은 말과 상대되는 것이 아니다. 그렇다면 天地가 비록 커서 만물을 많이 소유하고, 우레가 동하고 바람이 다녀서 運化가 만 가지로 변하나, 寂然하여 지극히 없음(至无)이 바로 그 근본인 것이다. 그러므로 動이 땅 가운데에서 그칠 적에 비로소 天地의 마음을 볼 수 있는 것이니, 만약 有를 마음으로 삼는다면 다른 類가 모두 함께 생존할 수 없을 것이다.

【疏】'復〈其〉[1]見天地之心乎' ○ 正義曰 : '復 其見天地之心乎'者, 此贊明復卦之義. 天地養萬物, 以靜爲心, 不爲而物自爲, 不生而物自生, 寂然不動, 此天地之心也. 此復卦之象, 動息地中, 雷在地下, 息而不動, 靜寂之義, 與天地之心相似, 觀此復象, 乃見天地之心也.[2] 天地非有主宰, 何得有心. 以人事之心, 託天地以示法爾.

1) 〈其〉: 저본에는 '其'가 없으나, 監本·毛本에 의거하여 보충하였다.〔阮刻本 참조〕

2) 復……乃見天地之心也 : 王弼은 萬有의 근본을 至无로 보는 玄學을 주장하여, 天地의 마음 역시 靜이고 寂然至无라 하였고, 孔穎達도 이를 따랐다. 그러므로 "復에서 天地의 마음을 볼 수 있음"을 "우레가 땅속에서 그치는 것이 復卦의 象이니, 이 그치고 고요한 데에서 비로소 天地의 마음을 볼 수 있다."는 뜻으로 해석한 것이다.

　　이에 대하여 程伊川은 "한 陽이 아래에서 회복함은 바로 天地가 만물을 낳는 마음이다. 先儒들은 모두 이르기를 '靜에서 天地의 마음을 볼 수 있다.' 하였으니, 動의 단서가 바로 天地의 마음임을 알지 못한 것이다.〔一陽復於下 乃天地生物之心也 先儒皆以靜爲見天地之心 蓋不知動之端 乃天地之心也〕"라고 하였으며, 朱子는 "쌓인 陰의 아래에 한 陽이 다시 생기니, 天地가 만물을 낳는 마음이 거의 滅息되었다가 이에 이르러 다시 회복됨을 볼 수 있다.〔積陰之下 一陽復生 天地生物之心 幾於滅息 而至此乃復 可見〕"라고 하였다. 程伊川과 朱子에게 天地의 마음은 만물을 낳는 마음〔生物之心〕인바, 이 生物之心이 純陰卦(坤卦)에서 마치 陽爻가 모두 사라진 것처럼 보이다가 復卦에서 다시 드러나므로 復卦에서 이 마음을 본다고 한 것이라고 해석한 것이다. 沙溪(金長生)는 "≪程傳≫에서 말한 先儒는 바로 王弼 등을 이른다."라고 하였다. ≪沙溪全書 經書辨疑 권15 周易≫

經의 〔復其見天地之心乎〕

○ 正義曰 : 〔復 其見天地之心乎〕 이는 復卦의 뜻을 찬양하여 밝힌 것이다. 天地가 만

물을 기를 적에 고요함을 마음으로 삼아 하지 않아도 물건이 저절로 하고 낳지 않아도 물건이 저절로 생겨서 寂然하여 동하지 않으니, 이것이 天地의 마음이다. 이는 復卦의 象이니, 동함이 땅 가운데에서 그치고 우레가 땅 아래에 있어서 그치고 동하지 아니하여 靜寂한 뜻이 天地의 마음과 서로 유사하니, 이 復卦의 象을 보면 바로 天地의 마음을 볼 수 있는 것이다. 天地는 主宰가 있는 것이 아니니, 어찌 마음이 있을 수 있겠는가. 人事의 마음을 가지고 天地에 가탁하여 法을 보였을 뿐이다.

【疏】 ○ 注'復者反本之謂也'至'未獲具存矣' ○ 正義曰 : '復者反本之謂也'者, 往前離本處而去, 今更反於本處, 是反本之謂也. '天地以本爲心'者, 本謂靜也. 言天地寂然不動, 是以本爲心者也. '凡動息則靜 靜非對動'者也, 天地之動, 靜爲其本, 動爲其末, 言靜時多也, 動時少也. 若暫時而動, 止息則歸靜, 是靜非對動, 言靜之爲本, 自然而有, 非對動而生靜, 故曰"靜非對動者也." '語息則默 默非對語'者, 語則聲之動, 默則口之靜, 是不語之時, 恒常默也, 非是對語有默. 以動靜語默而无別體, 故云"非對"也.

○ 注의 〔復者反本之謂也〕에서 〔未獲具存矣〕까지

○ 正義曰 : 〔復者反本之謂也〕 앞으로 갈 때에는 본래의 곳을 떠나서 갔었는데 지금 다시 본래의 곳으로 돌아오니, 이는 '근본으로 돌아옴'을 말한 것이다.

〔天地以本爲心〕 '本'은 靜을 이른다. 하늘과 땅이 寂然하여 동하지 않으니, 이는 근본을 마음으로 삼는 것임을 말한 것이다.

〔凡動息則靜 靜非對動〕 天地의 動함은 靜이 本이 되고 動이 末이 되니, 靜할 때가 많고 動할 때가 적음을 말한 것이다. 잠시 動하다가 그치고 쉬면 靜으로 돌아가는 것과 같으니, 이것이 '靜이 動을 상대하는 것이 아님'이니, 靜이 근본이 됨이 자연스레 있어서 動을 상대하여 靜이 생긴 것이 아님을 말하였다. 그러므로 "靜은 動을 상대하는 것이 아니다."라고 말한 것이다.

〔語息則默 默非對語〕 말하면 소리가 動하고 침묵하면 입이 고요하니, 이는 말하지 않을 때에 항상 침묵하는 것이요, 말을 상대하여 침묵함이 있는 것이 아니다. 動과 靜, 말함과 침묵함이 별도의 體가 없으므로 "상대가 아니다."라고 말한 것이다.

【疏】 云'天地雖大 富有萬物 雷動風行 運化萬變'者, 此言天地之動也. 言'寂然至无 是其本矣'者, 凡有二義. 一者, 萬物雖運動於外, 而天地寂然至无於其內也, 外是其末,內是其本, 言天地无心也. 二者, 雖雷動風行, 千化萬變, 若其雷風止息, 運化停住之後, 亦寂然至无也. '若其以有爲心 則異類未獲具存'者, 凡以无爲心, 則物我齊致, 親疎一等, 則不害異類, 彼此獲寧, 若其以有爲心, 則我之自我, 不能普及於物, 物之自物, 不能普賴於我, 物則被害, 故未獲具存也.

〔天地雖大 富有萬物 雷動風行 運化萬變〕이는 하늘과 땅의 動함을 말한 것이다.

〔寂然至无 是其本矣〕무릇 두 가지 뜻이 있다. 첫 번째는 만물이 비록 밖에서 운동하나 天地가 寂然하여 그 안에 지극히 없으니, 밖은 바로 末이고 안은 바로 本인바, 天地가 无心임을 말한 것이다. 두 번째는 비록 우레가 동하고 바람이 다녀서 천 가지로 化하고 만 가지로 변하나 만약 그 우레와 바람이 그치고 멈추어서 運化가 정지한 뒤에는 또한 조용하여 지극히 없는 것이다.

〔若其以有爲心 則異類未獲具存〕무릇 无를 마음으로 삼는다면 물건(남)과 내가 가지런해지고 친한 것과 소원한 것이 한 등급이 되어서 다른 종류를 해치지 아니하여 彼此가 편안함을 얻지만, 만약 有를 마음으로 삼으면 나는 따로 내가 되어서 물건에 널리 미치지 못하고, 물건은 따로 물건이 되어서 나에게 널리 의뢰하지 못하니, 물건이 피해를 본다. 그러므로 함께 생존할 수 없는 것이다.

象曰 雷在地中이 復이니 先王以至日閉關하여 商旅不行하며 后不省方하니라

〈象傳〉에 말하였다. "우레가 땅 가운데에 있는 것이 復卦이니, 先王이 이를 보고서 至日에 관문을 닫아서 장사꾼과 여행자가 다니지 않게 하며 임금이 일을 살펴보지 않는다."

【注】方은 事也라 冬至는 陰之復也요 夏至는 陽之復也라 故로 爲復則至於寂然大靜하니 先王은 則(칙)天地而行者也라 動復則靜하고 行復則止하고 事復則无事也라

'方'은 일이다. 冬至는 陰이 근본으로 돌아가는 것이고, 夏至는 陽이 근본으로 돌아가는 것이다. 그러므로 復이 되면 寂然하여 크게 靜함에 이르니, 先王은 하늘과 땅을 본받아 행하는 자이다. 動이 근본으로 돌아가면 靜하고, 行이 근본으로 돌아가면 그치고, 일이 근본으로 돌아가면 일이 없어진다.

【疏】'象曰'至'后不省方' ○ 正義曰 : '雷在地中 復'者, 雷是動物, 復卦以動息爲主, 故

曰"雷在地中." '先王以至日閉關'者, 先王象此復卦, 以二至之日, 閉塞其關, (也)〔使〕[1]
商旅不行於道路也. '后不省方'者, 方, 事也, 后不省視其方事也. 以地掩閉於雷, 故關
門掩閉, 商旅不行, 君后掩閉於事, 皆取動息之義.

1) (也)〔使〕: 저본에는 '也'로 되어 있으나, 盧文弨의 "위의 也자는 마땅히 使가 되어 아래
에 소속되어야 한다."는 說에 의거하여 '使'로 바로잡았다.〔阮刻本 참조〕

經의 〔象曰〕에서 〔后不省方〕까지

○ 正義曰:〔雷在地中 復〕우레는 바로 동하는 물건이니, 復卦는 동함이 그치는 것을
위주로 한다. 그러므로 "우레가 땅 가운데에 있다."라고 한 것이다.

〔先王以至日閉關〕先王이 이 復卦를 형상하여(본받아) 冬至와 夏至에 관문을 폐쇄해
서 장사꾼과 여행자들로 하여금 도로에 다니지 않게 하는 것이다.

〔后不省方〕'方'은 일이니, 임금이 그 일을 살펴보지 않는 것이다. 땅이 우레에 가려져
닫혔기 때문에 관문을 가리고 닫아서 장사꾼과 여행자들이 다니지 않게 하고, 군주가 일
을 가리고 닫으니, 모두 동함이 그치는 뜻을 취한 것이다.

【疏】○ 注'方事也'至'事復則无事也' ○ 正義曰: '方 事'者, 恐方是(因)〔四〕[1]方境域,
故以方爲事也. 言至日不但不可出行, 亦不可省視事也.[2] '冬至陰之復 夏至陽之復'者,
復謂反本, 靜爲動本. 冬至一陽生, 是陽動用而陰復於靜也, 夏至一陰生, 是陰動用而
陽復於靜也.[3] '動復則靜 行復則止 事復則无事'者, 動而反復, 則歸靜, 行而反復, 則歸
止, 事而反復, 則歸于无事也.

1) (因)〔四〕: 저본에는 '因'으로 되어 있으나, 글 뜻에 의거하여 '四'로 바로잡았다.

2) 方……亦不可省視事也 : 王弼과 孔穎達은 '方'을 일로 보아, '后不省方'을 至日에는 임
금이 일을 살펴서는 안 됨'의 뜻으로 해석하였다. 반면 程伊川과 朱子는 '方'을 四方의
뜻으로 보아, '后不省方'을 '陽이 미미할 때에 安靜해야 하므로 사방을 시찰하지 않는
것'으로 해석하였다.

3) 冬至陰之復……是陰動用而陽復於靜也 : 復卦는 一陽이 始生하는 卦이기 때문에 經文
의 '至日'을 보통 동짓날로 해석하는데, 王弼과 孔穎達은 至日이 兩至日, 즉 冬至와 夏
至를 모두 가리키는 것으로 보았는바, 이는 復을 '근본으로 돌아감'으로, 근본을 '靜'으
로, 復卦의 象을 '우레가 땅 속에서 그침'으로 해석하는 것과 상통한다. 王弼에 의하면
冬至는 陰이 근본으로 復하는 것이고 夏至는 陽이 근본으로 復하는 것이어서 동지와
하지가 모두 復卦와 관련이 있으며, 근본은 靜이므로 근본으로 돌아가는 至日에는 장사

꾼과 여행자는 물론이고 임금도 일을 보지 않아야 한다. 이때 근본으로서의 靜은 動과 상대하는 靜이 아닌 至无의 의미이다. 그래서 陰이 근본으로 復하는 것이 靜일 뿐만 아니라, 陽이 근본으로 復하는 것도 靜이라고 한 것이다.

반면 程伊川과 朱子는 '至日'을 동짓날로 보아, 經文을 '이때는 陽이 미미할 때여서 먼저 安靜해야 하므로 관문을 닫아 장사꾼과 여행자가 다니지 못하게 하고 인군은 사방을 시찰하지 않는 것'의 의미로 해석하였다.

○ 注의 〔方事也〕에서 〔事復則无事也〕까지

○ 正義曰 : 〔方 事〕方이 바로 四方의 경계라고 생각할까 염려하였으므로 方을 일이라 한 것이다. 至日에는 出行해서는 안 될 뿐만 아니라 일을 살펴보아서도 안 됨을 말한 것이다.

〔冬至陰之復 夏至陽之復〕'復'은 근본으로 돌아감을 이르니, 靜은 動의 근본이 된다. 동지에 한 陽이 생기니 이는 陽이 동하고 用事하여 陰이 靜으로 돌아가는 것이요, 하지에 한 陰이 생기니 이는 陰이 동하고 用事하여 陽이 靜으로 돌아가는 것이다.

〔動復則靜 行復則止 事復則无事〕動하다가 반복하면 靜으로 돌아가고, 行하다가 반복하면 그침으로 돌아가고, 일하다가 반복하면 일이 없는 데로 돌아가는 것이다.

初九는 不遠復이라 无祇悔니 元吉하리라

初九는 멀리 가지 않고 회복하였다. 큰 후회가 없으니 크게 길하리라.

【注】最處復初하니 始復者也라 復之不速이면 遂至迷凶이어늘 不遠而復하여 幾悔而反하니 以此修身하면 患難遠矣라 錯之於事하면 其殆庶幾乎인저 故로 元吉也라

復의 始初에 처하였으니, 처음 회복하는 자이다. 회복하기를 신속히 하지 않으면 마침내 '혼미하게 회복함〔迷復〕'에 이르러 흉한데, 멀리 가지 않고 회복하여 거의 후회하다가 돌아오니, 이로써 몸을 닦으면 환란이 멀어진다. 이것을 일에 조처하면 거의 道에 가까울 것이다. 그러므로 크게 길한 것이다.

【疏】正義曰 : '不遠復'者, 最處復初, 是始復者也. 既在陽復, 即能從而復之, 是迷而不遠, 即能復也. '无祇悔 元吉'者, 韓氏云"祇, 大也",[1] 既能速復, 是无大悔, 所以大吉.

1) 无祇悔……大也 : '无祇悔'에 대하여 王弼은 '幾悔而反'이라 하였고, 孔穎達은 韓康伯의 말을 인용하여 '큰 후회가 없음'으로 해석하였다.

　　반면 程伊川과 朱子는 '祗'를 '이름'으로 보았는데, 특히 程伊川은 "祗는 마땅히 音이 柢(저)여야 하니, 이름〔抵〕이다. ≪玉篇≫에는 '適(감)'이라 하였는데 뜻이 또한 같으니, '无祗悔'는 뉘우침에 이르지 않는 것이다. 坎卦에 이르기를 '祗旣平无咎'라 하였으니, 이미 平함에 이름을 말한 것이다. 顔子는 드러난 과실이 없으므로 夫子가 '道에 가깝다.' 고 이르셨으니, 바로 뉘우침에 이름이 없는 것이다. 과실이 이미 드러나기 전에 고치면 무슨 뉘우침이 있겠는가. 이미 힘쓰지 않고서 道에 맞지 못하고 하고자 하는 바가 법도를 넘지 않게 하지 못한다면 이는 허물이 있는 것이나, 밝고 剛하기 때문에 한 번이라도 不善이 있으면 일찍이 알지 못함이 없고, 이미 알면 일찍이 급히 고치지 않음이 없었다. 그러므로 뉘우침에 이르지 않은 것이니, 바로 멀리 가지 않고 돌아온 것이다. 祗는 陸德明(陸元朗)은 音이 支(지)라 하였고, ≪玉篇≫과 ≪五經文字≫와 ≪群經音辨≫에는 모두 衣部에 보인다.〔祗 宜音柢 抵也 玉篇云適也 義亦同 无祗悔 不至於悔也 坎卦曰 祗旣平无咎 謂至旣平也 顔子无形顯之過 夫子謂其庶幾 乃无祗悔也 過旣未形而改 何悔之有 旣未能不勉而中 所欲不踰矩 是有過也 然其明而剛 故一有不善 未嘗不知 旣知 未嘗不遽改 故不至於悔 乃不遠復也 祗 陸德明音支 玉篇五經文字群經音辨 並見衣部〕"라고 하였다.

　　이에 대하여 沙溪(金長生)는 "祗는 音이 祇(지)니, 下文에 '衣部'라는 말과 다른바, 필시 祇字의 誤字일 것이다. 祇字는 또 習坎卦에 보이니, 마땅히 상고해야 한다."라고 하였으며, 習坎卦 九五 爻辭의 '祗旣平'에서도 이것을 거론하고 "祗는 平聲이다."라고 하였다.(≪沙溪全書 經書辨疑 권15 周易≫)

　　그러나 古代의 筆寫本은 祇·祗·祇 등을 혼동하여 써서 部首가 정확하지 않고 氏·氐 또한 제대로 구분되지 않으며, 뜻 또한 '공경함·큼·마침·다만'으로 풀이하고 底와도 통용되는바, 이 경우 '이를 지'로 읽는다. 그리고 衣部의 祇는 승려들의 法服으로 음이 '기'이나 또한 '다만 지'로도 통용됨을 밝혀둔다.

　正義曰 : 〔不遠復〕復의 시초에 처하였으니, 이는 처음 회복하는 자이다. 이미 陽이 회복되는 때에 있으면 즉시 따라 회복할 수 있으니, 이는 혼미하되 멀리 가지 않고서 바로 능히 돌아온 것이다.

　〔无祗悔 元吉〕韓氏(韓伯)가 이르기를 "祗는 큼이다."라고 하였으니, 이미 속히 회복하면 이는 큰 후회가 없는 것이니, 이 때문에 크게 길한 것이다.

象曰 不遠之復은 以脩身也라

　〈象傳〉에 말하였다. "멀리 가지 않고 회복함은 몸을 닦기 때문이다."

【疏】正義曰 : 釋不遠之復也, 所以不遠速復者, 以能脩正其身, 有過則改故也.

正義曰 : '멀리 가지 않고 회복함'을 해석한 것이니, 멀리 가지 않고 속히 회복한 까닭은 능히 그 몸을 닦고 바루어서 허물이 있으면 고치기 때문이다.

六二는 休復이니 吉하니라

六二는 아름답게 회복함이니, 길하다.

【注】得位處中하여 最比於初하고 上无陽爻以疑其親하고 陽爲仁行이어늘 在初之上하여 而附順之하니 下仁之謂也라 旣處中位하고 親仁善隣은 復之休也라

正位를 얻고 中에 처하여 初九와 가장 가까우며 위에 그 친함을 의심하는 다른 陽爻가 없고, 陽은 仁의 행실이 되는데 初九의 위에 있으면서 初九를 따르고 순종하니, 仁에게 낮춤을 이른다. 이미 中位에 처하고서 仁한 자를 가까이하고 이웃과 잘 지냄은 회복함이 아름다운 것이다.

【疏】正義曰 : 得位處中, 最比於初, 陽爲仁行, 已在其上, 附而順之, 是降下於仁, 是休美之復, 故云 "休復吉"也. 以其下仁, 所以吉也, 故象云 "休復之吉, 以下仁也."

正義曰 : 正位를 얻고 中에 처하여 初九와 가장 가깝고, 陽은 仁의 행실이 되는데 자기가 그 위에 있으면서 陽을 따르고 순종하니, 이는 仁者에게 낮추는 것이니, 바로 아름다운 회복이다. 그러므로 "아름답게 회복함이니, 길하다."라고 말한 것이다. 仁者에게 낮추니, 이 때문에 길하다. 그러므로 〈象傳〉에 "아름답게 회복함의 길함은 仁者에게 낮추기 때문이다."라고 한 것이다.

象曰 休復之吉은 以下仁也라

〈象傳〉에 말하였다. "아름답게 회복함의 길함은 仁者에게 낮추기 때문이다."

六三은 頻復하니 厲하나 无咎리라

六三은 頻蹙하고서 돌아오니, 위태로우나 허물이 없으리라.

【注】頻은 頻蹙之貌也라 處下體之終하여 雖愈於上六之迷나 已失復遠矣니 是以蹙也라 蹙而求復하여 未至於迷라 故로 雖危나 无咎也라 復道宜速이어늘 蹙而乃復하니 義雖无咎나

它來難保라

'頻'은 빈축하는 모양이다. 下體의 끝에 처하여 비록 上六의 '혼미하게 회복함[迷復]'보다는 나으나 이미 復을 잃음이 머니, 이 때문에 빈축하는 것이다. 빈축하고서 돌아옴을 구하여 아직 혼미함에는 이르지 않았다. 그러므로 비록 위태로우나 허물이 없는 것이다. 회복하는 道는 마땅히 신속해야 하는데 빈축하고서 비로소 회복하였으니, 義에는 비록 허물이 없으나 다른 것이 올 때에는 허물이 없음을 보장하기 어렵다.

【疏】'象曰休復之吉'至'无咎' ○ 正義曰 : '頻復'者, 頻謂頻蹙. 六三處下體之上, 去復稍遠, 雖勝於上六迷復, 猶頻蹙而復. 復道宜速, 謂蹙而求復也.[1] 去復猶近, 雖有危厲, 於義无咎, 故象云"義无咎也."

> 1) 頻復者……謂蹙而求復也 : 王弼과 孔穎達은 '頻復'의 '頻'을 '嚬'으로 보아 '빈축하고서 돌아옴'으로 해석하고, '无咎'를 '그래도 復과의 거리가 가까우므로 義에 허물이 없는 것'의 의미로 해석하였다.
>
> 반면 程伊川과 朱子는 '頻'을 '자주 함'으로 보아, '頻復'을 '돌아오기를 자주 함'으로 해석하였으며, '无咎'를 '자주 돌아오고 자주 잃지만 다시 돌아오므로 허물이 없는 것'의 의미로 해석하였다. 특히 程伊川은 〈象傳〉에서 말한 義를 '善으로 돌아오는 義'라 하고, "善으로 돌아왔다가 자주 잃음은 위태로운 방도이니, 聖人이 遷善의 길을 열어놓아 돌아옴을 許與하고 자주 잃음을 위태롭게 여겼다. 그러므로 '위태로우나 허물이 없다.'라고 말씀하였으니, 자주 잃는다 하여 그 돌아옴을 경계할 수는 없는 것이다. 자주 잃음은 위태로움이 되나, 자주 돌아옴이 무슨 허물이 되겠는가. 허물은 잃음에 있고 돌아옴에 있지 않다.[復善而屢失 危之道也 聖人開遷善之道 與其復而危其屢失 故云厲无咎 不可以頻失而戒其復也 頻失則爲危 屢復 何咎 過在失而不在復也]"라고 하였다.

經의 〔象曰休復之吉〕에서 〔无咎〕까지

○ 正義曰 : 〔頻復〕 '頻'은 빈축함을 이른다. 六三이 下體의 위에 처하여 復과 거리가 약간 머니, 비록 上六의 '혼미하게 회복함[迷復]'보다는 나으나 오히려 빈축하고 돌아온다. 회복하는 道는 마땅히 신속해야 하니, '빈축하고서 회복함을 구함'을 말한 것이다. 復과의 거리가 그래도 가까워서 비록 위태로움이 있으나 義에는 허물이 없다. 그러므로 〈象傳〉에 "義에 허물이 없다."라고 한 것이다.

【疏】○ 注'頻蹙之貌'至'它來難保' ○ 正義曰 : '義雖无咎 它來難保'者, 去復未甚大遠,

於義雖復无咎, 謂以道自守, 得无咎也. 若自守之外, 更有他事而來, 則難可保此无咎
之吉也, 所以象云"義无咎", 守常之義, 得无咎也.

○ 注의〔頻蹙之貌〕에서〔它來難保〕까지

○ 正義曰:〔義雖无咎 它來難保〕復과의 거리가 그다지 크게 멀지 않으니, 義에는 비
록 회복하나 허물이 없다. 이는 道로써 스스로 지켜서 허물이 없을 수 있음을 말한 것이
다. 만약 스스로 지키는 외에 다시 다른 일이 오게 되면, 이 无咎의 길함을 보장하기 어
렵다. 이 때문에〈象傳〉에 "義에 허물이 없다."라고 하였으니, 떳떳함을 지키는 뜻에 허
물이 없을 수 있는 것이다.

象曰 頻復之厲는 義无咎也라

〈象傳〉에 말하였다. "頻復의 위태로움은 義에 허물이 없는 것이다."

六四는 中行하며 獨復이로다

六四는 가운데에 행하며 홀로 회복하도다.

【注】四上下各有二陰而處厥中하고 履得其位하고 而應於初하여 獨得所復하고 順道而反하여
物莫之犯이라 故로 曰 中行獨復也라하니라

六四의 위아래에 각각 두 陰이 있는데 그 가운데에 처하였고, 밝음이 正位를 얻고 初
九에 응하여, 홀로 회복하는 바를 얻고 道를 순히 하여 돌아와서 남이 범하지 못한다. 그
러므로 "가운데에 행하며 홀로 회복한다."라고 한 것이다.

【疏】'象曰'至'中行獨復' ○ 正義曰:'中行 獨復'者, 處於上卦之下, 上下各有二陰, 己獨
應初. 居在衆陰之中, 故云"中行." 獨自應初, 故云"獨復." 從道而歸, 故象云"以從道也."

經의〔象曰〕에서〔中行獨復〕까지

○ 正義曰:〔中行 獨復〕上卦의 아래에 처하여 위아래에 각각 두 陰이 있는데 자기만
홀로 初九에 응하니, 거함이 여러 陰 가운데에 있으므로 "가운데에 행한다."라고 하였고,
獨自로 初九에 응하므로 "홀로 회복한다."라고 하였다. 道를 따라 돌아오므로〈象傳〉에
"道를 따르기 때문이다."라고 한 것이다.

象曰 中行獨復은 以從道也라

〈象傳〉에 말하였다. "'가운데에 행하며 홀로 회복함'은 道를 따르기 때문이다."

六五는 敦復이니 无悔리라

六五는 도타이 회복함이니, 후회가 없으리라.

【注】居厚而履中하니 居厚則无怨하고 履中則可以自考하여 雖不足以及休復之吉이나 守厚以復하니 悔可免也라

돈후함에 거하고 中을 밟았으니, 돈후함에 거하면 원망이 없고 中을 밟으면 스스로 이룰 수가 있다. 그래서 비록 '아름답게 회복함〔休復〕'의 길함에는 미치지 못하나 돈후함을 지키면서 회복하니, 후회를 면할 수 있는 것이다.

【疏】正義曰 : '敦復 无悔'者, 處坤之中, 是敦厚於復, 故云 "敦復." 旣能履中, 又能自考成其行, 旣居敦厚, 物无所怨, 雖不及六二之休復, 猶得免於悔吝, 故云 "无悔"也.

正義曰 : 〔敦復 无悔〕 坤卦의 中에 처하였으니 이는 회복함에 돈후한 것이다. 그러므로 "도타이 회복함이다."라고 말한 것이다. 이미 中을 밟고 또 스스로 그 행실을 이루며, 이미 돈후함에 거하여 물건(사람)이 원망하는 바가 없으니, 비록 六二의 '아름답게 회복함〔休復〕'에는 미치지 못하나 오히려 후회와 부끄러움을 면할 수 있다. 그러므로 "후회가 없다."라고 한 것이다.

象曰 敦復无悔는 中以自考也라

〈象傳〉에 말하였다. "'도타이 회복함이니, 후회가 없음'은 中하여 스스로 이룬 것이다."

【疏】正義曰 : 釋无悔之義, 以其處中, 能自考其身, 故无悔也.

正義曰 : '후회가 없음'의 뜻을 해석하였으니, 中에 처하여 능히 스스로 자기 몸을 이룬다. 그러므로 후회가 없는 것이다.

上六는 迷復이니 凶하니 有災眚하리라 用行師면 終有大敗하고 以其國하면 君凶하여 至于十年토록 不克征하리라

上六은 혼미하게 회복함이니, 흉하니 재앙이 있으리라. 군대를 출동함에 사용하면 끝내 大敗함이 있고, 그 나라에 사용하면 군주의 道에 위반되어서 흉하여, 십 년에 이르도록 능히 정벌하지 못하리라.

【注】最處復後하니 是迷者也라 以迷求復이라 故로 曰 迷復也라 用之行師하면 難用有克也하여 終必大敗하고 用之於國하면 則反乎君道也라 大敗에 乃復量斯勢也하여 雖復十年修之라도 猶未能征也라

復의 최후에 처하였으니, 이는 혼미한 자이다. 혼미함으로써 회복함을 구하기 때문에 "혼미하게 회복함이다."라고 말한 것이다. 이것을 군대를 출동함에 사용하면 승리하기가 어려워서 끝내 반드시 大敗할 것이요, 이것을 나라에 사용하면 군주의 道에 위반된다. 대패한 뒤에 비로소 다시 이 형세를 헤아리므로 비록 다시 10년 동안 닦더라도 오히려 능히 정벌하지 못하는 것이다.

【疏】'上六迷復凶'至'不克征' ○ 正義曰 : '迷復 凶'者, 最處復後, 是迷闇於復. 以迷求復, 所以凶也. '有災眚'者, 闇於復道, 必无福慶, 唯有災眚也. '用行師 終有大敗'者, 所爲旣凶, 故用之行師, 必无克勝, 唯終有大敗也. '以其國君 凶'者, 以, 用也,[1] 用此迷復於其國內, 則反違君道, 所以凶也. '至于十年 不克征'者, 師敗國凶, 量斯形勢, 雖至十年, 猶不能征伐. 以其迷闇不復, 而反違於君道, 故象云"迷復之凶, 反君道也."

1) 以 用也 : 王弼과 孔穎達은 '以其國'의 '以'를 '用'으로 보아, '以其國'을 '나라에 사용함'으로 해석하였는바, 程伊川 역시 "이로써 나라를 다스리면 君主가 흉하다.〔以之爲國則君之凶也〕"라고 하였다. 반면 朱子는 "以는 及(더붊)과 같다."라고 하였는바, 이에 따르면 經文은 '國君과 더불어 흉하다.'의 뜻이 된다.

經의 〔上六迷復凶〕에서 〔不克征〕까지

○ 正義曰 :〔迷復 凶〕復의 최후에 처하였으니, 이는 회복함에 혼미하고 어두운 것이다. 혼미함으로써 회복함을 구하기 때문에 흉한 것이다.

〔有災眚〕회복하는 道에 어두우니, 반드시 福慶이 없을 것이요, 오직 재앙이 있는 것

이다.

〔用行師 終有大敗〕행하는 바가 이미 흉하기 때문에 군대를 출동함에 사용하면 반드시 승리하지 못하고 오직 끝내 大敗가 있을 뿐이다.

〔以其國君 凶〕'以'는 사용함이니, 이 迷復을 국내에 사용하면 군주의 道에 위반되니, 이 때문에 흉한 것이다.

〔至于十年 不克征〕군대가 패하고 나라가 흉하면 이 형세를 헤아려서 비록 10년에 이르더라도 오히려 능히 정벌하지 못하는 것이다.

혼미하고 어두워 회복하지 않아서 군주의 道를 위반하기 때문에 〈象傳〉에 "혼미하게 회복함의 흉함은 군주의 道에 위반되는 것이다."라고 말한 것이다.

象曰 迷復之凶은 反君道也라

〈象傳〉에 말하였다. "혼미하게 회복함의 흉함은 군주의 道에 위반되는 것이다."

25. 无妄䷘䷗震下乾上

无妄은 元亨하고 **利貞**하니 **其匪正**이면 **有眚**하여 **不利有攸往**하니라

　无妄은 크게 형통하고 貞함이 이로우니, 바르지 않으면 재앙이 있어서 가는 바를 둠이 이롭지 않다.

【疏】正義曰 : '无妄'者, 以剛爲內主, 動而能健, 以此臨下, 物皆无敢詐僞虛妄, 俱行實理, 所以大得亨通, 利於貞正, 故曰"元亨利貞"也. '其匪正 有眚 不利有攸往'者, 物旣无妄, 當以正道行之, 若其匪依正道, 則有眚災, 不利有所往也.

　正義曰 :〔无妄〕剛으로 안의 주체가 되어 동하고 능히 굳세니, 이로써 아래에 임하면 물건이 모두 감히 詐僞하고 허망한 짓을 하지 못하여 모두 진실한 이치를 행한다. 이 때문에 크게 형통함을 얻고 貞正함이 이로운 것이다. 그러므로 "크게 형통하고 貞함이 이롭다."라고 말한 것이다.

　〔其匪正 有眚 不利有攸往〕물건이 이미 망령됨이 없으면 마땅히 正道로써 행해야 하니, 만약 正道를 따르지 않으면 재앙이 있어서 가는 바를 둠이 이롭지 않은 것이다.

彖曰 无妄은 剛自外來而爲主於內하여

　〈彖傳〉에 말하였다.

　"无妄은 剛이 밖에서 와서 안의 주체가 되어

【注】謂震也라

　震을 말한 것이다.

動而健하며

　동하고 굳세며

【注】 震動而乾健也라

震은 동하고 乾은 굳세다.

【疏】 正義曰 : 以此卦象, 釋能致无妄之義. 以震之剛從外而來, 爲主於內,[1] 震動而乾健, 故能使物无妄也.

1) 以震之剛從外而來 爲主於內 : 經文의 '剛自外來而爲主於內'를 王弼이 无妄卦☳의 內卦인 震卦☳를 가리키는 것이라고 注를 내었으므로 孔穎達이 이를 따라 이렇게 疏를 낸 것이다.

　　반면 程伊川과 朱子는 卦變說을 사용하여 해석하였는데, 그 내용은 양자가 다르다. 程伊川은 "初九를 이른다. 坤의 初爻가 변하여 震이 되었으니, 剛이 밖에서 온 것이다. 震은 初爻를 주체로 삼으니, 卦를 이룸이 이로 말미암았다. 그러므로 初九는 无妄의 주체가 된다.〔謂初九也 坤初爻變而爲震 剛自外而來也 震 以初爻爲主 成卦由之 故初爲无妄之主〕"라고 하였다.

　　朱子는 "이 卦는 訟卦☵로부터 변하여 初九가 訟卦의 九二에서 와서 初에 거하고, 또 震의 主가 되었으니, 동하되 망령되지 않은 자이므로 无妄이라 한 것이다.〔爲卦自訟而變 九自二來而居於初 又爲震主 動而不妄者也 故爲无妄〕"라고 하여, 程伊川과 달리 '剛自外來而爲主於內'가 初九를 가리킨 것으로 보았다. 程伊川의 卦變說은 모든 卦가 乾卦와 坤卦 두 卦가 변하여 이루어진 것이라고 설명하나, 朱子는 이를 따르지 않고 〈卦變圖〉를 지었는바, ≪周易本義≫에 실려 있다.

正義曰 : 이 卦象을 가지고 능히 无妄을 이룬 뜻을 해석하였다. 震의 剛이 밖으로부터 와서 안의 주체가 되어 震이 동하고 乾이 굳세다. 그러므로 능히 물건으로 하여금 망령됨이 없게 하는 것이다.

剛中而應하니

剛이 中에 있고 응하니,

【注】 謂五也라

九五를 이른 것이다.

【疏】 正義曰 : 明爻義能致无妄. 九五以剛處中, 六二應之, 是剛中而應. 剛中則能制斷虛實, 有應則物所順從, 不敢虛妄也.

正義曰 : 爻의 뜻이 능히 无妄을 이룸을 밝혔다. 九五가 剛으로서 中에 처하고 六二가 여기에 응하니, 이것이 '剛이 中에 있고 응함'이다. 剛이 中에 있으면 능히 虛實을 제재하여 斷定하고, 應이 있으면 물건이 순히 따라서 감히 허망함을 하지 못한다.

大亨以正은 天之命也라

크게 형통하고 바름은 하늘의 命이다.

【注】剛自外來하여 而爲主於內하여 動而愈健하고 剛中而應하여 威剛方正하여 私欲不行하니 何可以妄이리오 使有妄之道滅하고 无妄之道成하니 非大亨利貞而何오 剛自外來而爲主於內하면 則柔邪之道消矣요 動而愈健하면 則剛直之道通矣요 剛中而應하면 則齊明之德著矣라 故로 大亨以正也라 天之敎命을 何可犯乎며 何可妄乎아 是以로 匪正則有眚하여 而不利有攸往也라

剛이 밖에서 와서 안의 주체가 되어 동하되 더욱 굳세며 剛이 中에 있고 응하여 위엄이 있고 剛하고 方正해서 私欲이 행해지지 않으니, 어찌 망령될 수 있겠는가. 有妄의 道가 소멸하게 하고 无妄의 道가 이뤄지게 하니, 크게 형통하고 貞함이 이로운 것이 아니고 무엇이겠는가.

剛이 밖에서 와서 안의 주체가 되면 유약하고 간사한 道가 소멸하고, 동하되 더욱 굳세면 剛直한 道가 통하고, 剛이 中에 있고 응하면 깨끗하고 밝은 德이 드러난다. 그러므로 크게 형통하고 바른 것이다.

하늘의 가르침과 명령을 어찌 범할 수 있으며 어찌 망령되게 할 수 있겠는가. 이 때문에 바르지 않으면 재앙이 있어서 가는 바를 둠이 이롭지 않은 것이다.

【疏】'大亨以正天之命也' ○ 正義曰 : 釋元亨利貞之義. 威剛方正, 私欲不行, 何可以妄. 此天之敎命也. 天道純陽, 剛而能健, 是乾德相似, 故云 "天之命也." 旣是天命, 豈可犯乎.

經의 〔大亨以正天之命也〕

○ 正義曰 : '元亨利貞'의 뜻을 해석한 것이다. 위엄이 있고 剛하고 方正하여 私欲이 행해지지 않으니, 어찌 망령될 수 있겠는가. 이는 하늘의 가르침과 명령이다. 天道가 純陽

인데 剛하고 능히 굳세니, 이는 乾의 德과 서로 유사하다. 그러므로 "하늘의 命이다."라고 말하였으니, 이미 하늘의 命이면 어찌 범할 수 있겠는가.

【疏】○注'剛自外來'至'不利有攸往也'○正義曰：云'使有妄之道滅 无妄之道成'者, 妄, 謂虛妄矯詐, 不循正理. 若无剛中之主, 柔弱邪僻, 則物皆詐妄, 是有妄之道興也, 今遇剛中之主, 威嚴剛正, 在下畏威, 不敢詐妄, 是有妄之道滅, 无妄之道成.

○ 注의 〔剛自外來〕에서 〔不利有攸往也〕까지

○ 正義曰：〔使有妄之道滅 无妄之道成〕 '妄'은 허망하고 속여서 正理를 따르지 않음을 이른다. 만약 剛中의 주체가 없어서 유약하고 邪僻하면 물건이 다 속이고 망령되니, 이는 有妄의 道가 일어나는 것인데, 지금 剛中의 주체를 만나 위엄이 있고 剛하고 方正하여 아래에 있는 자들이 위엄을 두려워해서 감히 속이고 망령되지 않으니, 이는 有妄의 道가 소멸하고 无妄의 道가 이루어진 것이다.

其匪正하면 有眚하여 不利有攸往하니 无妄之往이 何之矣리오 天命不祐를 行矣哉아

바르지 않으면 재앙이 있어서 가는 바를 둠이 이롭지 않으니, 无妄의 감이 어디로 가겠는가. 天命이 돕지 않는 일을 행한단 말인가."

【注】匪正하면 有眚이어늘 不求改以從正하고 而欲有所往하니 居不可以妄之時하여 而欲以不正有所往이면 將欲何之리오 天命之所不祐를 竟矣哉아

바르지 않으면 재앙이 있는데, 고쳐서 바름을 따를 것을 구하지 않고 가는 바를 두고자 하니, 망령되어서는 안 되는 때에 거하여 不正함으로써 가는 바를 두고자 하면 장차 어디로 가고자 하겠는가. 天命이 돕지 않는 바를 끝내 행한단 말인가.

【疏】'其匪正有眚'至'天命不祐行矣哉'○正義曰：'其匪正 有眚 不利有攸往 无妄之往 何之矣'者, 此釋匪正有眚不利有攸往之義也. 无妄之往, 何之矣, 上之是語辭, 下之是適也. 身旣非正, 在无妄之世, 欲有所往, 何所之適矣, 故云"无妄之往, 何之矣." '天命不祐 行矣哉'者, 身旣非正, 欲有所往, 犯違天命, 則天命不祐助也, 必竟行矣哉, 言終竟行此不祐之事也.

經의 〔其匪正有眚〕에서 〔天命不祐行矣哉〕까지

○ 正義曰:〔其匪正 有眚 不利有攸往 无妄之往 何之矣〕 이는 '바르지 않으면 재앙이 있어서 가는 바를 둠이 이롭지 않음'의 뜻을 해석한 것이다. '无妄之往 何之矣'에서 앞의 之는 어조사이고 뒤의 之는 감이다. 몸이 이미 바르지 않은데 无妄의 세상에 있으면서 가는 바를 두고자 하면 어느 곳으로 가겠는가. 그러므로 "无妄의 감이 어디로 가겠는가."라고 말한 것이다.

〔天命不祐 行矣哉〕 몸이 이미 바르지 않은데 가는 바를 두고자 하여 天命을 범하고 어기면 天命이 도와주지 않으니, 끝내 갈 수 있겠는가. 끝내 이 하늘이 돕지 않는 일을 행한다는 말이다.

【疏】○ 注'匪正有眚'至'不祐竟矣哉' ○ 正義曰 : '竟矣哉'者, 竟謂終竟, 言天所不祐, 終竟行矣哉.

○ 注의 〔匪正有眚〕에서 〔不祐竟矣哉〕까지

○ 正義曰:〔竟矣哉〕 '竟'은 終竟을 이르니, '하늘이 돕지 않는 바를 끝내 행한단 말인가.'라고 말한 것이다.

象曰 天下雷行에 物與无妄이라

〈象傳〉에 말하였다.

"하늘 아래 우레가 다님에 물건마다 모두 망령됨이 없다.

【注】 與는 辭也니 猶皆也라 天下雷行하면 物皆不可以妄也라

'與'는 어조사이니 '皆'와 같다. 하늘 아래 우레가 다니면 물건이 다 망령될 수가 없는 것이다.

【疏】 正義曰 : '天下雷行'者, 雷是威恐之聲, 今天下雷行, 震動萬物, 物皆驚肅, 无敢虛妄, 故云"天下雷行, 物皆无妄也."[1]

1) 故云天下雷行 物皆无妄也 : 經文의 '與'를 王弼과 孔穎達은 '皆'로 보았으나, 程伊川과 朱子는 '賦與'의 뜻으로 보고 經文을 "하늘 아래에 우레가 다녀서 물건마다 无妄을 준다."라고 해석하였다. 이에 대한 程伊川의 傳은 다음과 같다. "우레가 하늘 아래에 다녀

서 陰・陽이 서로 和하여 서로 부딪쳐 소리를 이루니, 이에 숨고 감춰져 있는 것들을 놀라게 하고 싹을 진동시켜 萬物을 발생해서 부여하는 바가 크고 작은 것과 높고 낮은 것이 각기 性命을 바루어(언어) 어그러지고 망령됨이 없으니, 이는 물건마다 无妄을 준 것이다.〔雷行於天下 陰陽交和 相薄而成聲 於是 驚蟄藏 振萌芽 發生萬物 其所賦與 洪纖高下 各正其性命 无有差妄 物與无妄也〕"

正義曰:〔天下雷行〕우레는 위엄이 있고 두려운 소리이다. 지금 하늘 아래 우레가 다녀서 만물을 진동하니, 물건들이 다 놀라고 두려워하여 감히 허망한 짓을 하지 못한다. 그러므로 "하늘 아래 우레가 다님에 물건이 모두 망령됨이 없다."고 말한 것이다.

先王以茂對時하여 育萬物하니라

先王이 无妄의 성대한 일을 가지고 无妄의 때를 당하여 만물을 기른다."

【注】茂는 盛也라 物皆不敢妄然後에 萬物乃得各全其性하니 對時育物은 莫盛於斯也라

'茂'는 성함이다. 물건이 모두 감히 망령되지 못한 뒤에야 만물이 비로소 각각 그 性을 온전히 하니, 无妄의 때를 당하여 물건을 기름이 이보다 더 성함이 없는 것이다.

【疏】正義曰:茂, 盛也. 對, 當也. 言先王以此无妄盛事, 當其无妄之時, 育養萬物也.[1] 此唯王者, 其德乃(耳)〔爾〕[2], 非諸侯已下所能, 故不云君子而言先王也. 案諸卦之象, 直言兩象, 卽以卦名結之, 若"雷在地中, 復." 今无妄應云"天下雷行, 无妄", 今云"物與无妄"者, 欲見萬物皆无妄, 故加物與二字也. 其餘諸卦, 未必萬物皆與卦名同義, 故直顯象以卦結之. 至如復卦, 唯陽氣復, 非是萬物皆復, 擧復一卦, 餘可知矣.

1) 對……育養萬物也 : 經文의 '先王以茂對時'는 王弼의 注만으로는 해석하기 어려우므로 孔穎達의 疏에 의거하여 해석하였다. 疏에 의하면 '以茂對時'는 '无妄의 성대한 일을 가지고 无妄의 때에 당함'이 되는바, 여타 〈象傳〉과 다르게 '以'를 뒤로 붙여 해석한 것이다. 〈大象傳〉은 대부분 '君子以', '先王以' 등으로 되어 있는데, 이때의 '以'는 '卦의 象을 보다' 혹은 '卦의 象을 보고 응용하다' 등의 의미로서, 단독으로 해석된다. 예컨대 復卦의 〈象傳〉은 "先王以至日閉關 商旅不行 后不省方"인데, 疏에서 "先王이 이 復卦를 형상하여 冬至와 夏至에 관문을 폐쇄해서 장사꾼과 여행자들로 하여금 도로에 다니지 않게 하는 것이다.〔先王象此復卦 以二至之日 閉塞其關 使商旅不行於道路也〕"라고 하였는바, 이때는 '以'를 '復卦를 형상함'의 의미로 해석한 것이다. 그런데 지금 이 无妄卦〈象傳〉

의 疏는 '以'를 '以此无妄盛事'라고 해석하여, 기존의 체제와는 다르다.

한편 程伊川은 '對時'를 '天時에 합함'로 보아, "先王은 하늘 아래에 우레가 다녀서 발생하고 賦與하는 象을 관찰하고서 天時에 성대하게 합하여 萬物을 양육해서 각기 마땅함을 얻게 하니, 마치 하늘이 无妄을 주는 것과 같다. 茂는 성함이니, '茂對'란 말은 盛行, 永言이란 따위와 같은 것이다. '對時'는 天時에 순히 합함을 말한다. 天道가 萬物을 낳아 각기 그 性命을 바루어 망령되지 않으니, 王者가 하늘의 道를 體行하여 人民을 양육해서 곤충과 초목에 이르기까지 각기 마땅함을 얻게 함은 바로 天時에 합하여 물건을 기르는 道이다.〔先王觀天下雷行發生賦與之象 而以茂對天時 養育萬物 使各得其宜 如天與之无妄也 茂 盛也 茂對之爲言 猶盛行永言之比 對時 謂順合天時 天道生萬物 各正其性命而不妄 王者體天之道 養育人民 以至昆蟲草木 使各得其宜 乃對時育物之道也〕"라고 하였다.

朱子 역시 이와 유사하게 "先王이 이것을 법받아 때에 맞추어 만물을 길러서 만물의 본성을 따르고 사사롭게 하지 않는다.〔先王法此 以對時育物 因其所性而不爲私焉〕"라고 하였다.

2) (耳)〔爾〕: 저본에는 '耳'로 되어 있으나, 監本·毛本에 의거하여 '爾'로 바로잡았다.〔阮刻本 참조〕

正義曰 : '茂'는 성함이다. '對'는 當함이다. 先王이 이 无妄의 성대한 일을 가지고 无妄의 때를 당하여 만물을 길러줌을 말한 것이다. 이는 오직 王者여야 그 德이 마침내 이와 같을 수 있고 제후 이하가 능한 바가 아니다. 그러므로 '君子'라고 말하지 않고 '先王'이라고 말한 것이다.

살펴보건대, 여러 卦의 〈象傳〉에 곧바로 두 象을 말했으면 즉시 卦의 이름을 가지고 맺었으니, 예컨대 "우레가 땅 가운데 있는 것이 復卦이다."와 같은 것이다. 지금 无妄卦에는 응당 "하늘 아래에 우레가 다니는 것이 无妄卦이다."라고 하여야 할 터인데, 이제 "물건이 다 망령됨이 없다."라고 말한 것은, 만물이 다 망령됨이 없음을 드러내고자 한 것이므로 '物與' 두 글자를 더한 것이다. 그 나머지 여러 卦는 반드시 만물이 모두 卦名과 뜻이 같은 것은 아니기 때문에 다만 象을 드러내고서 卦名으로써 맺은 것이다. 復卦 같은 경우는 오직 陽氣가 회복하는 것이요 만물이 다 회복하는 것이 아니니, 復卦 하나를 들면 나머지는 알 수 있다.

初九는 无妄往하면 吉하리라

初九는 无妄으로 가면 길하리라.

【注】體剛處下하여 以貴下賤하고 行不犯妄이라 故로 往得其志라

體가 剛하고 아래에 처하여 귀함으로써 천한 이에게 낮추고, 행함에 망령됨을 범하지 않는다. 그러므로 가면 그 뜻을 얻는 것이다.

【疏】正義曰 : 體剛居下, 以貴下賤, 所行敎化, 不爲妄動, 故往吉而得志也.

正義曰 : 體가 剛하고 아래에 거하여 귀함으로써 천한 이에게 낮추고, 행하는 바가 교화되어서 妄動을 하지 않는다. 그러므로 가면 길하여 뜻을 얻는 것이다.

象曰 无妄之往은 得志也라

〈象傳〉에 말하였다. "无妄의 감은 뜻을 얻는 것이다."

六二는 不耕하고 穫하며 不菑하고 畬하니 則利有攸往하니라

六二는 밭 갈지 않고 수확하며 개간하지 않고 묵은(비옥한) 밭이 되니, 가는 바를 둠이 이롭다.

【注】不耕而穫하고 不菑而畬하니 代終已成하여 而不造也라 不擅其美하고 乃盡臣道라 故로 利有攸往이라

밭 갈지 않고서 수확하고 개간하지 않고서 묵은 밭이 되니, 대신하여 끝마침이 이미 이루어져 자기가 만들지 않는 것이다. 그 아름다움을 독차지하지 않고 마침내 신하의 도리를 다하였다. 그러므로 가는 바를 둠이 이로운 것이다.

【疏】'象曰'至'利有攸往' ○ 正義曰 : '不耕穫 不菑畬'者, 六二處中得位, 盡於臣道, 不敢創首, 唯守其終, 猶若田農不敢發首而耕, 唯在後穫刈而已, 不敢(菑)〔首〕[1]發新田, 唯治其菑熟之地. 皆是不爲其始而成其末, 猶若爲臣之道, 不爲事始而代君有終也.[2] '則利有攸往'者, 爲臣如此, 則利有攸往, 若不如此, 則往而无利也.

1) (菑)〔首〕: 저본에는 '菑'로 되어 있으나, 錢本・監本・毛本에 의거하여 '首'로 바로잡았다.
2) 不耕穫……而代君有終也 : 經文의 "不耕穫 不菑畬"를 王弼과 孔穎達은 "밭 갈지 않고서 수확하고 개간하지 않고서 묵은 밭이 됨〔不耕而穫 不菑而畬〕"으로 해석하였는바, 六二가 신하 된 도리로서 감히 먼저 일을 만들어 하지 않고 다만 뒤에서 종결을 돕는다는 의미로 본 것이다.

程伊川 역시 '不耕而穫 不菑而畬'로 해석하여, "밭이 1년 된 것을 菑라 하고, 3년 된 것을 畬라 한다. 밭 갈지 않고서도 수확하고 1년 된 밭을 만들지 않고서도 3년 된 밭이 된다는 것은 앞장서서 일을 만들지 않고 사리의 당연한 바를 따름을 말한 것이다. 앞장서서 일을 만든다면 이는 人心으로 作爲한 것이므로 바로 妄이요, 일의 당연한 바를 따른다면 이는 이치와 사물에 順應하는 것이므로 妄이 아니니, 穫과 畬가 이것이다. 밭을 갈면 반드시 수확이 있고, 1년 된 밭을 만들면 반드시 3년 된 밭이 있으니, 이는 事理에 當然함이요 마음과 뜻으로 조작한 바가 아니다. 이와 같이 하면 无妄이 되니, 망령되지 않으면 가는 바가 이로워 해가 없다.〔田一歲曰菑 三歲曰畬 不耕而穫 不菑而畬 謂不首造其事 因其事理所當然也 首造其事 則是人心所作爲 乃妄也 因事之當然 則是順理應物 非妄也 穫與畬是也 蓋耕則必有穫 菑則必有畬 是事理之固然 非心意之所造作也 如是則爲无妄 不妄則所往利而无害也〕"라고 하였다. 다만 程伊川은 신하 된 도리와 연결시키지 않고, 人爲(作爲)와 사리에 순응함이라는 기준으로 妄(耕·菑)과 无妄(穫·畬)을 구분하였다.

반면 朱子는 耕과 穫, 菑와 畬를 모두 '私心으로 기대하는 것'으로 보아, "柔順하고 中正하여 때에 따르고 이치에 순응해서 私心으로 기대하고 바라는 마음이 없다. 그러므로 밭 갈거나 수확하지 않으며 1년 된 밭과 3년 된 밭을 만들지 않는 象이 있다.〔柔順中正 因時順理 而无私意期望之心 故有不耕穫不菑畬之象〕"라고 해석하였다.

經의 〔象曰〕에서 〔利有攸往〕까지

○ 正義曰 :〔不耕穫 不菑畬〕 六二가 中에 처하고 正位를 얻어서 신하의 도리를 다하여 감히 앞장서서 창조하지 않고 오직 그 終을 지키니, 마치 농사를 지을 적에 감히 앞장서서 밭 갈지 않고 오직 뒤에 있으면서 수확하고 벨 뿐이며, 감히 앞장서서 새 밭을 개간하지 않고 오직 그 묵은 땅을 다스리는 것과 같다. 이는 모두 시작을 하지 않고 끝만 이루는 것이니, 신하 된 도리에 일의 시작이 되지 않고 군주를 대신하여 끝마침이 있는 것과 같은 것이다.

〔則利有攸往〕 신하 됨이 이와 같으면 가는 바를 둠이 이롭고, 만약 이와 같이 하지 않으면 가도 이로움이 없는 것이다.

象曰 不耕穫은 未富也라

〈象傳〉에 말하였다. "'밭 갈지 않고 수확함'은 부유하지 않은 것이다."

【疏】正義曰 : 釋不耕而穫之義. 不敢前耕, 但守後穫者, 未敢以耕(耕)[1]之與穫, 俱爲己事, 唯爲後穫, 不敢先耕, 事旣闕初, 不擅其美, 故云"未富也."[2]

1) (耕) : 저본에는 '耕'이 있으나, 阮刻本〈校勘記〉에 "두 '耕'자는 잘못 중복된 것이니, 한 글자는 衍文임이 마땅하다."라고 한 것에 의거하여 衍文으로 처리하였다.

2) 不敢前耕……故云未富也 : '未富也'를 孔穎達은 '六二가 耕과 穫을 모두 자기의 일로 삼지 못하므로 부유하지 않다고 말한 것'으로 보았다.

　　반면 程伊川과 朱子는 '六二가 不耕穫하는 것이 穫과 畬를 탐해서 그런 것이 아님'으로 보았는바, 程伊川은 "未는 '반드시'가 아니란 말이니, 臨卦에 '명령에 순종하려 해서가 아니다.〔未順命〕'라고 한 것이 그것이다. 밭 갈지 않고서도 수확하며 1년 된 밭을 만들지 않고서도 3년 된 밭이 되어 일의 당연함을 따르니, 이미 밭을 갈면 반드시 수확이 있고, 이미 1년 된 밭을 만들면 반드시 3년 된 밭이 되게 마련이니, 반드시 수확하고 3년 된 밭이 되는 것을 富하게 여겨서 貪하여 하는 것이 아니다. 처음 밭을 갈고 1년 된 밭을 만들 때에 마음을 둠이 수확과 3년 된 밭을 구함에 있었다면 이는 탐하는 것이니, 마음에 욕심이 있어서 하는 것은 妄이다.〔未者 非必之辭 臨卦曰未順命 是也 不耕而穫 不菑而畬 因其事之當然 旣耕則必有穫 旣菑則必成畬 非必以穫畬之富而爲也 其始耕菑 乃設心在於求穫畬 是以其富也 心有欲而爲者 則妄也〕"라고 하였으며, 朱子는 '富'자가 이와 같이 쓰이는 例로 ≪孟子≫〈滕文公 下〉의 "湯王의 마음이 天下를 富하다고 여겨서 얻고자 한 것이 아니다.〔湯之心 非以天下爲富而欲得之也〕"라고 한 것을 제시하였다.

　　正義曰 : '밭 갈지 않고 수확함'의 뜻을 해석하였다. 감히 앞에서 밭 갈지 않고 뒤에서 수확함을 지키는 것은, 감히 밭 가는 것과 수확하는 것을 모두 자기의 일로 삼지 못하고 오직 뒤에서 수확하여 감히 먼저 밭 갈지 못하는 것이니, 일을 이미 초기에 하지 못하여 그 아름다움을 독차지하지 않는다. 그러므로 "부유하지 않다."라고 말한 것이다.

六三은 无妄之災니 或繫之牛하니 行人之得이요 邑人之災라

　　六三은 无妄의 재앙이니, 혹 소를 매어놓으니 行人의 얻음이요 고을 사람의 재앙이다.

【注】以陰居陽하여 行違謙順하니 是无妄之所以爲災也라 牛者는 稼穡之資也라 二以不耕而穫으로 利有攸往이어늘 而三爲不順之行이라 故로 或繫之牛니 是有司之所以爲獲이요 彼人之所以爲災也라 故로 曰 行人之得이요 邑人之災也라하니라

　　陰으로서 陽의 자리에 거하여 행실이 겸손함과 유순함에 위배되니, 이는 无妄이 재앙이 되는 이유이다. 소는 농사짓는 밑천이다. 六二가 '밭 갈지 않고 수확함'으로써 가는 바를 둠이 이로웠는데, 六三은 순하지 않은 행실을 한다. 그러므로 혹 소를 매어놓는 것이

니, 이는 有司에게 얻음이 되는 것이요 저 사람(농부)에게 재앙이 되는 것이다. 그러므로 "行人의 얻음이요 고을 사람의 재앙이다."라고 한 것이다.

【疏】'六三'至'人之災' ○正義曰 : 无妄之世, 邪道不行, 六(二)〔三〕[1]陰居陽位, 失其正道, 行違謙順, 而乖臣範, 故无妄之所以爲災矣. '牛'者, 稼穡之資. 六三僭爲耕事, 行唱始之道, 而爲不順王事之行, 故有司或繫其牛, 制之使不妄造, 故曰"或繫之牛"也. '行人'者, 有司之義也. 有司繫得其牛, 是行人制之得功, 故曰"行人之得." 彼居三者, 是處邑之人, 僭爲耕事, 受其災罰, 故曰"行人之得, 邑人之災"也.[2]

1) (二)〔三〕: 저본에는 '二'로 되어 있으나, 錢本・宋本에 의거하여 '三'으로 바로잡았다. 〔阮刻本 참조〕

2) 牛者……邑人之災也 : '或繫之牛 行人之得 邑人之災'를 王弼과 孔穎達은 "六三이 신하의 도리를 위반하고서 밭 가는 일을 하면서 소를 쓰므로 有司(行人)가 소를 묶어서 六三(邑人)의 참람함을 제재하는 것이니, 이는 行人이 功을 얻는 것이고 六三이 재앙을 받는 것이다."의 의미로 해석하였다. 이 해석에서 소를 매어놓는 주체는 行人이고, 邑人은 六三을 가리킨다.

반면 程伊川은 行人과 邑人이 특별히 가리키는 바가 있는 것이 아니고 한쪽이 잃으면 한쪽이 얻고 한쪽이 얻으면 한쪽이 잃어서 진실로 얻음이 될 수 없음을 나타낸 것으로 보아, "설혹 소를 매어놓아 얻었다 하더라도, 행인이 얻고서 얻음이 있는 것으로 여김은 邑人이 소를 잃은 것이 되니, 이것이 바로 재앙이다. 가령 邑人이 말을 매어놓아 얻으면 행인이 말을 잃음이 되니, 이것이 바로 재앙이다. 얻음이 있으면 잃음이 있으니, 얻음이 될 수 없음을 말한 것이다. 行人과 邑人은 다만 얻음이 있으면 잃음이 있음을 말한 것이요, 저와 자기라고 상대하여 말한 것은 아니다. 망령되이 얻은 福은 재앙이 또한 뒤따르고, 망령되이 얻은 얻음은 잃음이 또한 상응하니, 진실로 얻음이 될 수 없는 것이다. 사람이 이것을 알면 妄動을 하지 않을 것이다.〔或繫得牛 行人得之 以爲有得 邑人失牛 乃是災也 借使邑人 繫得馬 則行人失馬 乃是災也 言有得則有失 不足以爲得也 行人邑人 但言有得則有失 非以爲彼己也 妄得之福 災亦隨之 妄得之得 失亦稱之 固不足以爲得也 人能知此 則不爲妄動矣〕"라고 하였다.

朱子는 "卦의 여섯 爻가 모두 无妄이나 六三은 처함이 正을 얻지 못했으므로 이 占을 만난 자는 연고 없이 재앙이 있으니, 마치 行人이 소를 끌고 갔는데 거주하는 자가 도리어 詰問을 당하고 逮捕되는 騷擾를 당하는 것과 같은 것이다.〔卦之六爻 皆无妄者也 六三處不得正 故遇其占者无故而有災 如行人牽牛以去 而居者反遭詰捕之擾也〕"라고 하였는바, 이 해석에 따르면 經文은 "혹 소를 끌고 가니 행인이 얻고 읍인이 재앙을 받는다."라고 번역해야 할 것이다.

經의 〔六三〕에서 〔人之災〕까지

正義曰 : 无妄의 세상에는 간사한 道가 행해지지 않는데, 六三이 陰으로서 陽의 자리에 거하여 正道를 잃고 행실이 겸손함과 유순함을 어겨 신하의 법에 위배된다. 그러므로 无妄이 재앙이 되는 것이다.

〔牛〕 농사짓는 밑천이다.

六三이 참람하게 밭 가는 일을 하여 唱導하여 시작하는 道를 행해서 王事에 순종하지 않는 행실을 하였다. 그러므로 有司가 혹 소를 매어놓아서, 六三으로 하여금 망령되이 만들지 못하게 제재하였다. 그러므로 "혹 소를 매어놓았다."라고 말한 것이다.

〔行人〕 有司의 뜻이다.

有司가 그 소를 매어놓으니 이는 행인이 제재하여 功을 얻은 것이다. 그러므로 "행인의 얻음"이라 하였고, 저 三位에 거한 자는 바로 고을에 거주하는 사람이니 참람하게 밭 가는 일을 하였다가 재앙과 벌을 받았다. 그러므로 "행인의 얻음이요 고을 사람의 재앙이다."라고 말한 것이다.

象曰 行人得牛는 邑人災也라

〈象傳〉에 말하였다. "行人이 소를 얻음은 고을 사람의 재앙이다."

【疏】正義曰 : 釋行人之得義也, 以行人所得, 謂得牛也. 此則得牛, 彼則爲災, 故云邑人災也.

正義曰 : '행인의 얻음'의 뜻을 해석하였으니, 행인으로서 얻은 것은 소를 얻음을 이른다. 여기서는 소를 얻고 저기서는 재앙이 되었다. 그러므로 "고을 사람의 재앙이다."라고 말한 것이다.

九四는 可貞이니 无咎리라

九四는 貞固할 수 있으니, 허물이 없으리라.

【注】 處无妄之時하여 以陽居陰하고 以剛乘柔하여 履於謙順하여 比近至尊이라 故로 可以任正이니 固有所守而无咎也라

无妄의 때에 처하여 陽으로서 陰의 자리에 거하고 剛으로서 柔를 타고 있어서 겸손함과 유순함을 밟고서 至尊과 매우 가깝다. 그러므로 正道를 맡을 수 있으니 굳게 지키는 바가 있어 허물이 없는 것이다.

【疏】正義曰 : 以陽居陰, 以剛乘柔, 履於謙順, 上近至尊, 可以任正, 固有所守而无咎, 故曰"可貞, 无咎"也.

正義曰 : 陽으로서 陰의 자리에 거하고 剛으로서 柔를 타서 겸손함과 유순함을 밟고서 위로 至尊과 가깝다. 그래서 正道를 맡을 수 있으니 굳게 지키는 바가 있어 허물이 없다. 그러므로 "貞固할 수 있으니, 허물이 없다."라고 한 것이다.

象曰 可貞无咎는 固有之也라

〈象傳〉에 말하였다. "'貞固할 수 있으니 허물이 없음'은 굳게 소유한 것이다."

【疏】正義曰 : 釋可貞无咎之義, 所以可執貞正, 言堅固有所執守, 故曰"无咎"也.

正義曰 : '貞固할 수 있으니 허물이 없음'의 뜻을 해석하였으니, 貞正함을 지킬 수 있는 까닭은 견고하게 잡아 지키는 바가 있으므로 "허물이 없다."라고 한 것임을 말한 것이다.

九五는 无妄之疾이니 勿藥이면 有喜리라

九五는 无妄의 병이니, 약을 쓰지 않으면 기쁨이 있으리라.

【注】居得尊位하니 爲无妄之主者也라 下皆无妄하여 害非所致어늘 而取藥焉은 疾之甚也라 非妄之災는 勿治自復이니 非妄而藥之하면 則凶이라 故로 曰 勿藥이면 有喜라하니라

거함이 尊位를 얻었으니, 无妄의 주체가 된 자이다. 아래가 모두 망령됨이 없어서 害를 불러온 바가 없는데, 약을 취함은 병이 심한 것이다. 망령되지 않은 재앙은 다스리지 않아도 스스로 회복되니, 망령되지 않는데 약을 쓰면 흉하다. 그러므로 "약을 쓰지 않으면 기쁨이 있다."라고 말한 것이다.

【疏】正義曰 : '无妄之疾'者, 凡禍疾所起, 由有妄而來, 今九五居得尊位, 爲无妄之主, 下皆无妄, 而偶然有此疾害, 故云"无妄之疾"也. '勿藥 有喜'者, 若疾自己招, 或寒暑飮食所致, 當須治療, 若其自然之疾, 非己所致, 疾當自損, 勿須藥療而有喜也. 此假病象, 以喩人事, 猶若人主而剛正自修, 身无虛妄, 下亦无虛妄, 而遇逢凶禍. 若堯湯之厄,[1] 災非己招, 但順時修德, 勿須治理, 必欲除去, 不勞煩天下, 是有喜也. 然堯遭洪水, 使鯀禹治之者, 雖知災未可息, 必須順民之心. 鯀之不成, 以災未息也, 禹能治救, 災欲盡也, 是亦自然之災, 勿藥有喜之義也.

1) 若堯湯之厄 : 堯임금 때에 있었던 9년의 큰 홍수와 湯임금 때에 있었던 7년의 큰 가뭄을 이른다.

正義曰 : 〔无妄之疾〕 무릇 禍와 病이 시작되는 것은 망령됨이 있음으로 말미암아 오니, 지금 九五가 거함이 尊位를 얻어서 无妄의 주체가 되었고 아래가 모두 망령됨이 없는데 우연히 이 병과 害가 있다. 그러므로 "无妄의 병"이라 한 것이다.

〔勿藥 有喜〕 만약 병을 자기가 불러왔거나 혹은 추위와 더위, 마시고 먹는 것에서 오는 것으로 이룬 것이면 모름지기 치료해야 하지만, 만약 자연의 병으로 자기가 이룬 바가 아니면 병이 마땅히 저절로 덜어지니, 굳이 약으로 치료하지 않아도 기쁨이 있는 것이다.

이는 병의 象을 빌려서 사람의 일을 비유한 것이니, 人主가 剛함과 바름으로 스스로 닦아서 몸이 허망함이 없고 아래도 허망함이 없는데, 우연히 흉한 일과 禍를 만난 것과 같다. 예컨대 堯임금과 湯임금의 곤액은 재앙을 자기가 부른 것이 아니니, 다만 때를 순히 따르고 德을 닦을 것이요, 굳이 다스려서 반드시 제거하려고 하지 말아서 천하를 수고롭고 번거롭지 않게 해야 하니, 이것이 '기쁨이 있음'이다. 그러나 堯임금이 홍수를 만나서 鯀과 禹로 하여금 다스리게 했던 것은, 비록 재앙이 그칠 수 없음을 알았으나 반드시 백성들의 마음에 순응해야 했기 때문이다. 鯀이 성공하지 못한 것은 재앙이 아직 그치지 않았기 때문이요, 禹임금이 능히 다스리고 구원한 것은 재앙이 다하려고 한 것이니, 이 또한 자연의 재앙인바, '약을 쓰지 않으면 기쁨이 있음'의 뜻이다.

象曰 无妄之藥은 不可試也라

〈象傳〉에 말하였다. "无妄의 약은 써서는 안 된다."

【注】藥은 攻有妄者也어늘 而反攻无妄이라 故로 不可試也라

약은 有妄을 다스리는 것인데 도리어 无妄을 다스린다. 그러므로 써서는 안 되는 것이다.

【疏】正義曰：解勿藥有喜之義. 若有妄致疾, 其藥可用, 若身旣无妄, 自然致疾, 其藥不可試也, 若其試之, 恐更益疾也. 言非妄有災, 不可治也, 若必欲治之, 則勞煩於下, 害更甚也. 此非直施於人主, 至於凡人之事, 亦皆然也. 若己之无罪, 忽逢禍患, 此乃自然之理, 不須憂勞救護, 亦恐反傷其性.

正義曰 : '약을 쓰지 않으면 기쁨이 있음'의 뜻을 해석하였다. 만약 망령됨이 있어 병을 이루면 그 약을 쓸 수 있지만, 만약 자신이 망령됨이 없는데 자연히 병을 이루었으면 약을 쓰지 않아야 하니, 만약 약을 쓰다가 다시 병을 더할까 두려워서이다. 이는 망령되지 않았는데 재앙이 있으면 다스려서는 안 됨을 말한 것이니, 만약 반드시 다스리고자 한다면 아랫사람들을 수고롭고 번거롭게 하여 害가 더욱 더 심하게 된다. 이것은 비단 군주에게 베풀 뿐만이 아니요, 모든 사람의 일에 이르러도 다 그러하다. 만약 자기가 죄가 없는데 갑자기 禍患을 만났으면 이는 바로 자연스러운 이치이니, 굳이 근심하고 수고롭게 하여 구호할 것이 없으니, 또한 도리어 性(생명)을 해칠까 두려워서이다.

上九는 无妄行하면 有眚하여 无攸利하니라

上九는 无妄에 가면 재앙이 있어서 이로운 바가 없다.

【注】處不可妄之極하여 唯宜靜保其身而已라 故로 不可以行也라

망령되어서는 안 되는 極에 처하여 오직 마땅히 그 몸을 고요히 보존할 뿐이다. 그러므로 가서는 안 되는 것이다.

【疏】正義曰：處不可妄之極, 唯宜靜保其身, 若動行, 必有災眚, 无所利也. 位處窮極, 動則致災, 故象云"无妄之行, 窮之災也."

正義曰 : 망령되어서는 안 되는 極에 처하여 오직 그 몸을 고요히 보존해야 하니, 만약 동하고 가면 반드시 재앙이 있어서 이로운 바가 없는 것이다. 지위가 궁극함에 처하여 동하면 재앙을 불러일으킨다. 그러므로 〈象傳〉에 "无妄의 감은 궁극함의 재앙이다."라고 한 것이다.

象曰 无妄之行은 窮之災也라

〈象傳〉에 말하였다. "无妄의 감은 궁극함의 재앙이다."

26. 大畜☰☶ 乾下艮上

大畜은 利貞하니 **不家食**하면 **吉**하고 **利涉大川**하니라

大畜은 貞함이 이로우니, 집에서 밥을 먹지 않으면 길하고, 大川을 건넘이 이롭다.

【疏】正義曰 : 謂之‘大畜’者, 乾健上進, 艮止在上, 止而畜之, 能畜止剛健, 故曰“大畜.” 彖云“能止健, 大正也.” 是能止健, 故爲大畜也. 小畜則巽在乾上, 以其巽順, 不能畜止乾之剛, 故云小畜也. 此則艮能止之, 故爲大畜也. ‘利貞’者, 人能止健, 非正不可, 故利貞也. ‘不家食吉’者, 已有大畜之資, 當須養(順)〔贍〕[1] 賢人, 不使賢人在家自食, 如此乃吉也.[2] ‘利涉大川’者, 豐則養賢, 應於天道, 不憂險難, 故利涉大川.

1) (順)〔贍〕: 저본에는 ‘順’으로 되어 있으나, 錢本・宋本에 의거하여 ‘贍’으로 바로잡았다.〔阮刻本 참조〕

2) 不家食吉者……如此乃吉也 : 王弼과 孔穎達은 아래 〈彖傳〉에서 “不家食吉 養賢也”라고 한 것에 의거하여 인군이 賢者를 길러 현자로 하여금 ‘不家食’하게 하도록 하는 것으로 보았다. 반면 程伊川은 “이미 도덕이 안에 充積되었으면 마땅히 높은 지위에 있으면서 天祿을 누려 天下에 베풀어야 하니, 이렇게 하면 다만 한 몸이 길할 뿐만이 아니요, 천하가 길하다. 만약 곤궁하게 살아 스스로 집에서 밥을 먹으면 道가 비색하다. 그러므로 집에서 밥을 먹지 않으면 길한 것이다.〔旣道德充積於內 宜上在位 以享天祿 施爲於天下 則不獨於一身之吉 天下之吉也 若窮處而自食於家 道之否也 故不家食則吉〕”라고 하여, ‘不家食’을 학술과 도덕을 크게 온축한 자가 天子가 되어 天祿을 먹는 것으로 해석하였다.

正義曰 : 〔大畜〕 乾의 굳셈이 위로 나아가고 艮의 그침이 위에 있어서 그쳐 저지하여 능히 강건함을 저지한다. 그러므로 “大畜”이라 한 것이다. 〈彖傳〉에 “능히 굳셈을 저지함은 크게 바르기 때문이다.”라고 하였으니, 이는 능히 강건함을 저지하기 때문에 大畜이 된 것이다. 小畜은 巽이 乾 위에 있으니 巽順하여 乾의 剛함을 저지하지 못한다. 그러므로 ‘小畜’이라 이름한 것이고, 이것은 艮이 능히 乾을 저지하므로 ‘大畜’이라 한 것이다.

〔利貞〕 사람이 능히 굳셈을 저지함은 바름이 아니면 불가하다. 그러므로 貞함이 이로운 것이다.

〔不家食吉〕 자기에게 大畜의 물자가 있으면 마땅히 賢人을 길러주고 넉넉히 하여 賢人으로 하여금 집에 있으면서 스스로 밥을 먹지 않게 하여야 하니, 이와 같이 하여야 비로소 길하다.

〔利涉大川〕 풍성하면 賢人을 길러서 天道에 응하여 험난함을 근심하지 않는다. 그러므로 大川을 건넘이 이로운 것이다.

象曰 大畜은 剛健篤實하니 輝光하여 日新其德하나니라

〈象傳〉에 말하였다.

"大畜은 강건하고 독실하니, 빛나서 날로 그 德을 새롭게 한다.

【注】凡物旣厭而退者는 弱也요 旣榮而隕者는 薄也니 夫能輝光하여 日新其德者는 唯剛健篤實也라

모든 물건이 이미 만족하고서 물러가는 것은 약한 것이요, 이미 꽃이 피고서 떨어지는 것은 얇은 것이니, 능히 빛나서 날로 德을 새롭게 하는 것은 강건함과 독실함일 뿐이다.

【疏】正義曰：言'大畜剛健篤實'者, 此釋大畜之義. 剛健, 謂乾也, 乾體剛性健, 故言剛健也. 篤實, 謂艮也, 艮體靜止, 故稱篤實也. '輝光 日新其德'者, 以其剛健篤實之故, 故能輝耀光榮, 日日增新其德. 若无剛健, 則劣弱也, 必旣厭而退, 若无篤實, 則虛薄也, 必旣榮而隕. 何能久有輝光, 日新其德乎.

正義曰：〔大畜剛健篤實〕 이는 大畜의 뜻을 해석한 것이다. '剛健'은 乾을 이르니, 乾은 體가 강하고 성질이 굳세므로 '剛健'이라 말하였다. '篤實'은 艮을 이르니, 艮은 體가 고요하고 그치므로 '篤實'이라 말하였다.

〔輝光 日新其德〕 剛健하고 篤實하기 때문에 진실로 능히 빛나고 영광스러워서 날마다 德을 더하고 새롭게 하는 것이다. 만약 강건함이 없으면 용렬하고 약하니 반드시 이미 만족하면 물러가고, 만약 독실함이 없으면 허약하고 얇으니 반드시 이미 꽃을 피우면 떨어진다. 어찌 능히 오랫동안 빛나는 광채를 소유하여 날로 德을 새롭게 할 수 있겠는가.

【疏】○注'凡物旣厭'至'剛健篤實也' ○正義曰：'凡物旣厭而退者 弱也'者, 釋經剛健也. 若不剛健, 則見厭被退, 能剛健, 則所爲日進, 不被厭退也. '旣榮而隕者 薄也'者,釋經篤實也. 凡物暫時榮華而卽(損)〔隕〕[1]落者, 由體質虛薄也. 若能篤厚充實, 則恒保榮美, 不有(損)〔隕〕落也.

1) (損)〔隕〕: 저본에는 '損'으로 되어 있으나, 阮刻本 〈校勘記〉에 "損은 隕이 되어야 하니, 위의 '旣榮而隕'에서 증명할 수 있다. 아래의 '不有損落'도 같다."라고 한 것에 의거하여 '隕'으로 바로잡았다. 아래도 같다.

○ 注의 〔凡物旣厭〕에서 〔剛健篤實也〕까지

○ 正義曰 : 〔凡物旣厭而退者 弱也〕 經文의 '剛健'을 해석한 것이다. 만약 강건하지 못하면 만족함을 보고 물러감을 당하나, 능히 강건하면 하는 바가 날로 나아가서 만족하여 물러감을 당하지 않는다.

〔旣榮而隕者 薄也〕 經文의 '篤實'을 해석한 것이다. 모든 물건이 잠시 꽃이 피었다가 즉시 떨어지는 것은 체질이 허약하고 薄하기 때문이다. 만약 篤厚하고 충실하면 항상 영화와 아름다움을 보존하여 떨어짐이 있지 않은 것이다.

剛上而尙賢하고

剛이 위에 있으면서 賢人을 높이고,

【注】 謂上九也니 處上而大通하고 剛來而不距는 尙賢之謂也라

上九를 말한 것이니, 上에 처하여 크게 통하고, 剛이 와도 막지 않음은 賢者를 높임을 이른다.

【疏】 '剛上而尙賢' ○ 正義曰 : 剛上, 謂上九也, 乾剛向上, 上九不距, 是貴尙賢也.

經의 〔剛上而尙賢〕

○ 正義曰 : '剛上'은 上九를 이른다. 乾의 剛함이 위로 향하는데 上九가 막지 않으니, 이는 賢者를 귀하게 여기고 높이는 것이다.

【疏】 ○ 注'謂上九'至'尙賢之謂也' ○ 正義曰 : '謂上九也'者, 言上九之德, 見乾之上進, 而不距逆, 是貴尙賢也.[1] '處上而大通'者, 釋上九何天之衢亨, 是處上通也. 旣處於上, 下應於天, 有大通之德也. '剛來而不距'者, 以有大通, 旣見乾來而不距逆, 是尙賢之義也.

1) 謂上九也者……是貴尙賢也 : '剛上而尙賢'을 王弼과 孔穎達은 "陽爻가 上位에 있으면서
   內卦인 乾卦가 위로 올라옴을 막지 않는 것"을 말한 것으로 보았는바, 이때 '剛'은 上九
   이고 '賢'은 乾卦이며 尙賢하는 주체는 上九이다. 반면 程伊川은 "'剛上'은 陽이 위에 거
   한 것이다. 陽剛(上九)이 尊位의 위에 거하였으니, 賢人을 높이는 뜻이 된다.〔剛上 陽居
   上也 陽剛 居尊位之上 爲尙賢之義〕"라 하여, 上九가 六五의 위에 있는 것이 六五가 上九
   를 높이는 것이 된다고 보았다. 이때 '賢'은 上九이고, 尙賢하는 주체는 六五이다.

○ 注의 〔謂上九〕에서 〔尙賢之謂也〕까지

○ 正義曰 : 〔謂上九也〕上九의 德이 乾이 위로 나오는 것을 보고서 막거나 거스르지
않으니, 이는 賢人을 귀하게 여기고 높임을 말한 것이다.

〔處上而大通〕上九의 "어찌 막겠는가. 하늘의 길거리가 형통하다.〔何 天之衢亨〕"를 해
석한 것이니, 이는 上에 처하여 통한 것이다. 이미 上에 처하여 아래로 하늘에 응함은 大
通의 德이 있는 것이다.

〔剛來而不距〕크게 통함이 있어서 이미 乾이 오는 것을 보고도 막거나 거스르지 않으
니, 이는 賢人을 높이는 뜻이다.

能止健은 大正也라

능히 굳셈을 저지함은 크게 바르기 때문이다.

【注】健莫過乾이어늘 而能止之하니 非夫大正이면 未之能也라

굳셈은 乾보다 더한 것이 없는데 능히 이를 저지하니, 크게 바름이 아니면 능하지 못
하다.

【疏】正義曰 : 釋利貞義, 所以艮能止乾之健者, 德能大正, 故能止健也.

正義曰 : '貞함이 이로움'의 뜻을 해석하였으니, 艮이 乾의 굳셈을 능히 저지하는 까닭
은 德이 크게 바르기 때문에 능히 굳셈을 저지하는 것이다.

不家食吉은 養賢也요 利涉大川은 應乎天也라

'집에서 밥을 먹지 않으면 길함'은 賢者를 기르는 것이요, '大川을 건넘이 이로움'
은 하늘에 응하는 것이다."

【注】有大畜之實하고 以之養賢하여 令賢者로 不家食이라야 乃吉也라 尙賢制健하며 大正應天하여 不憂險難이라 故로 利涉大川也라

大畜의 실제가 있고 이로써 賢者를 길러서 현자로 하여금 집에서 밥을 먹지 않게 하여야 비로소 길한 것이다. 현자를 높이고 굳셈을 저지하며 크게 바름으로 하늘에 응하여 험난함을 근심하지 않는다. 그러므로 大川을 건넘이 이로운 것이다.

【疏】'不家食吉'至'應乎天也' ○ 正義曰 : '不家食吉 養賢'者, 釋不家食吉, 所以不使賢者在家自食而獲吉也. 以在上, 有大畜之實, 養此賢人, 故不使賢者在家自食也. '利涉大川 應乎天'者, 以貴尙賢人, 大正應天, 可踰越險難, 故利涉大川也.

經의 〔不家食吉〕에서 〔應乎天也〕까지

○ 正義曰 : 〔不家食吉 養賢〕 '집에서 밥을 먹지 아니하여 길함'을 해석한 것이니, 賢者로 하여금 집에 있으면서 스스로 밥을 먹지 않게 하므로 길함을 얻는 것이다. 위에 있으면서 大畜의 실제가 있어서 이 賢人을 기른다. 그러므로 賢者로 하여금 집에 있으면서 스스로 밥을 먹지 않게 하는 것이다.

〔利涉大川 應乎天〕 현인을 귀하게 여기고 높이며 크게 바름으로 하늘에 응하면 험난함을 넘어갈 수 있다. 그러므로 大川을 건넘이 이로운 것이다.

【疏】 ○ 注'有大畜之實'至'利涉大川也' ○ 正義曰 : '尙賢制健'者, 謂上九剛來不距, 尙賢之謂也. 艮能畜剛, 制健之謂也. 故上經云"剛(主)〔上〕[1]而尙賢", 王注云"謂上九也", 又云"能止健, 大正也", 王注云"健莫過乾而能止之, 非夫大正, 未之能也", 則是全論艮體. 明知尙賢謂上九也, 制健謂艮體也. '大正應天'者, 謂艮也, 故前文云"能止健, 大正也", 止健是艮也, 應天者, 上體之艮, 應下體之乾, 故稱應天也. 此取上卦下卦而相應, 非謂一陰一陽而相應也.

1) (主)〔上〕: 저본에는 '主'로 되어 있으나, 經文에 의거하여 '上'으로 바로잡았다.

○ 注의 〔有大畜之實〕에서 〔利涉大川也〕까지

○ 正義曰 : 〔尙賢制健〕 上九가 剛이 와도 막지 않음은 賢者를 높임을 이름이요, 艮이 능히 剛을 저지함은 굳셈을 저지함을 이름을 말한 것이다. 그러므로 위의 經文에 이르기를 "剛이 위에 있으면서 賢者를 높인다."라고 하였는데, 王輔嗣(王弼)의 注에 이르기를 "上九를 이른다."라고 하였고, 또 "능히 굳셈을 저지함은 크게 바르기 때문이다."라고 하

였는데, 王輔嗣의 注에 "굳셈은 乾보다 더한 것이 없는데 능히 이를 저지하니 크게 바름
이 아니면 능하지 못하다."라고 하였으니, 이는 艮의 體를 全的으로 논한 것이다. 그러니
'賢者를 높임'은 上九를 이른 것이고, '굳셈을 제재함'은 艮의 體를 이른 것임을 분명히
알 수 있다.

〔大正應天〕 艮을 말한 것이다. 그러므로 앞글에 이르기를 "능히 굳셈을 저지함은 크게
바르기 때문이다."라고 하였으니, '굳셈을 저지함'은 바로 艮이고, '하늘에 응함'은 上體의
艮이 下體의 乾에 응하므로 "하늘에 응한다."고 말한 것이다. 이는 上卦와 下卦가 서로
응함을 취한 것이요, 한 陰과 한 陽이 서로 응함을 말한 것이 아니다.

象曰 天在山中이 大畜이니 君子以多識(지)前言往行하여 以畜其德하니라

〈象傳〉에 말하였다. "하늘이 산 가운데 있는 것이 大畜卦이니, 君子가 보고서 前
代의 말씀과 지나간 행실을 많이 기억하여 그 德을 쌓는다."

【注】 物之可畜於懷하여 令德不散이 盡於此也라

물건을 가슴속에 쌓아서 德으로 하여금 흩어지지 않게 하는 것이 여기에서 다하였다.

【疏】'象曰'至'以畜其德' ○ 正義曰:'天在山中'者, 欲取德積於身中, 故云"天在山中
也." '君子以多識前言往行 以畜其德'者, 君子則(칙)此大畜, 物旣大畜, 德亦大畜, 故多
記識前代之言·往賢之行, 使多聞多見, 以畜積己德, 故云"以畜其德"也.

經의 〔象曰〕에서 〔以畜其德〕까지

○ 正義曰:〔天在山中〕 德이 몸 가운데에 쌓임을 취하고자 하였다. 그러므로 "하늘이
산 가운데에 있다."라고 말한 것이다.

〔君子以多識前言往行 以畜其德〕 君子가 이 大畜卦를 본받으니, 물건이 이미 크게 쌓
이면 德 또한 크게 쌓인다. 그러므로 前代의 말씀과 지나간 先賢의 행실을 많이 기억하
여 많이 듣고 많이 보아서 자기의 德을 축적한다. 그러므로 "그 德을 쌓는다."라고 말한
것이다.

【疏】 ○ 注'物之可畜'至'盡於此也' ○ 正義曰:物之可畜於懷, 令其道德不有棄散者,
唯貯藏前言往行於懷, 可以令德不散也, 唯此而已, 故云"盡於此也."

○ 注의 〔物之可畜〕에서 〔盡於此也〕까지

○ 正義曰 : 물건을 가슴속에 쌓아서 도덕으로 하여금 버려지고 흩어짐이 있지 않게 하
는 것은, 오직 前代의 말씀과 지나간 행실을 가슴속에 저장하여 德으로 하여금 흩어지지
않게 하는 것이니, 오직 이것뿐이다. 그러므로 "여기에서 다한다."라고 말한 것이다.

初九는 有厲나 利已하니라

初九는 위태로움이 있으나 그침이 이롭다.

【注】四乃畜已하여 未可犯也라 故로 進則有厲나 已則利也라

六四가 마침내 자기(初九)를 저지하여 범할 수가 없다. 그러므로 나아가면 위태로움이
있으나 그만두면 이로운 것이다.

【疏】正義曰 : 初九雖有應於四, 四乃抑畜於已, 已今若往, 則有危厲, 唯利休已, 不須
前進, 則不犯禍凶也, 故象云"不犯災也."

正義曰 : 初九가 비록 六四에 응하나 六四는 도리어 자기를 억제하고 저지하니, 자기
가 지금 만약 가면 위태로움이 있을 것이요, 오직 그만두는 것이 이로우니, 굳이 전진하
지 않으면 禍와 흉함을 범하지 않는다. 그러므로 〈象傳〉에 "재앙을 범하지 않는다."라고
한 것이다.

象曰 有厲利已는 不犯災也라

〈象傳〉에 말하였다. "'위태로움이 있으나 그만둠이 이로움'은 재앙을 범하지 않는
것이다."

【注】處健之始하여 未果其健者라 故로 能利已라

健의 始初에 처하여 그 강건함을 결행하지 않는 자이다. 그러므로 그침이 이로울 수
있는 것이다.

九二는 輿說(탈)輹이로다

九二는 수레바퀴 통이 빠졌도다.

【注】五處畜盛하여 未可犯也니 遇斯而進이라 故로 輿說輹也라 居得其中하여 能以其中으로 不爲馮河死而无悔[1]하고 遇難能止라 故로 无尤也라

1) 不爲馮河死而无悔 : '馮河'는 맨몸으로 江河를 건넘이니, 미련하고 무모한 행위를 의미한다. ≪論語≫〈述而〉에 "孔子께서 말씀하셨다. '맨손으로 범을 잡으려 하고 맨몸으로 江河를 건너려 하여 죽어도 후회함이 없는 자를 나는 함께하지 않을 것이니, 반드시 일에 임하여 두려워하며 도모하기를 좋아하여 成功하는 자와 함께할 것이다.'〔子曰 暴虎馮河 死而無悔者 吾不與也 必也臨事而懼 好謀而成者也〕"라고 보인다.

六五가 저지함의 성함에 처하여 범할 수가 없으니, 이를 만나고도 나아가기 때문에 수레바퀴 통이 빠진 것이다. 거함이 中을 얻어서 능히 中道로써 '江河를 맨몸으로 건너서 죽어도 후회하지 않음'을 하지 않고, 難을 만나면 능히 그치므로 허물이 없는 것이다.

【疏】正義曰 : 九二雖與六五相應, 五處畜盛, 未可犯也, 若遇斯而進, 則輿說其輹, 車破敗也. 以其居中, 能遇難而止, 則无尤過. 故象云"中, 无尤也." 以其居中, 能自止息, 故无尤也. 此輿說輹, 亦假象以明人事也.

正義曰 : 九二가 비록 六五와 서로 응하나 九五가 저지함의 성함에 처하여 범할 수가 없으니, 만약 이를 만나고도 나아가면 수레바퀴 통이 빠져서 수레가 부서진다. 그러나 中에 거하여 능히 難을 만나 그치면 허물이 없다. 그러므로〈象傳〉에 "中에 있어 허물이 없다."라고 하였으니, 이는 中에 거하여 능히 스스로 그치기 때문에 허물이 없는 것이다. 여기에 수레바퀴 통이 빠졌다는 것은 또한 象을 빌려서 사람의 일을 밝힌 것이다.

象曰 輿說輹은 中하여 无尤也라

〈象傳〉에 말하였다. "'수레바퀴 통이 빠짐'은 中에 있어 허물이 없는 것이다."

九三은 良馬逐하고 利艱貞하니 曰閑輿衛하여 利有攸往하니라

九三은 좋은 말로 달려가며, 어렵게 여기고 바름이 이로우니, 수레를 가로막는다 해도 호위하여 가는 바를 둠이 이롭다.

【注】凡物極則反이라 故로 畜極則通이라 初二之進은 値於畜盛이라 故로 不可以升이요 至於九三하여는 升于上九로되 而上九處天衢之亨하여 塗徑大通하여 進无違距하여 可以馳騁이라

故로 曰 良馬逐也라 履當其位하고 進得其時하여 在乎通路하여 不憂險厄이라 故로 利艱貞也라
閑은 閡也요 衛는 護也니 進得其時면 雖涉艱難이나 而无患也라 輿雖遇閑이나 而故衛也요 與
上合志라 故로 利有攸往也라

　모든 물건은 極에 이르면 뒤집어진다. 그러므로 저지함이 지극하면 통하는 것이다. 初九
와 九二의 나아감은 저지함이 성함을 만났기 때문에 올라갈 수가 없고, 九三에 이르러서는
上九로 올라가는데 上九가 天衢의 형통함에 처하여 길이 크게 통해서 나아감에 어기거나
막는 것이 없으므로 달려갈 수가 있다. 그러므로 "좋은 말로 달려간다."라고 한 것이다.

　밟은 것이 제자리에 합당하고 나아감이 제때를 얻어서 통한 길에 있어 험함과 막힘을
근심하지 않는다. 그러므로(放心하기 쉬우므로) 어렵게 여기고 바름이 이로운 것이다.

　'閑'은 막음이요 '衛'는 호위이니, 나아감에 제때를 얻으면 비록 험난함을 건너가나 근
심이 없고, 수레가 비록 가로막음을 만나나 진실로 호위가 되며, 上과 뜻이 합하기 때문
에 가는 바를 둠이 이로운 것이다.

【疏】正義曰：'九三良馬逐'者, 初·二之進, 値於畜盛, 不可以升, 至於九三, 升于上
九, 而上九處天衢之亨, 塗徑大通, 進无違距, 故九三可以良馬馳逐也. '利艱貞'者, 履
當其位, 進得其時, 在乎通路, 不憂險厄, 故宜利艱難而貞正也. 若不値此時, 雖平易守
正, 而尙不可, 況艱難而欲行正乎. 曰閑輿衛者, 進得其時, 涉難无患, 雖曰"有人欲閑
閡車輿", 乃是防衛, 見護也. 故云"曰閑輿衛"也.[1] '利有攸往'者, 與上合志, 利有所往,
故象曰"上合志也."

1) 日閑輿衛者……故云曰閑輿衛也：'曰閑輿衛'의 '曰'을 王弼은 注에서 언급하지 않았으
　나, 孔穎達은 '曰'을 살려 疏를 내었으므로 이를 따라 經文을 번역하였다. 程伊川과 朱
　子는 모두 '日'로 바꾸어 해석하였다.
　　'曰閑輿衛'의 '閑'을 王弼과 孔穎達은 '막음'으로 보아, 經文을 "비록 수레를 막는다고
　하나 진실로 호위가 된다."로 해석하였다. 반면 程伊川과 朱子는 閑을 '익힘〔閑習〕'으로
　보아, 經文을 "날마다 수레 타는 것과 호위하는 것을 익힌다."로 해석하였다. 이에 대한
　程伊川의 傳은 다음과 같다. "비록 나아가는 형세가 빠르나 재주의 剛健함과 윗사람의
　응함을 믿고서 대비와 삼감을 잃어서는 안 된다. 그러므로 마땅히 그 일을 어렵게 여기
　고 貞正한 道를 따라야 하는 것이다. 수레는 길을 갈 때에 쓰는 물건이요 '衛'는 스스로
　防衛하는 것이니, 스스로 날마다 항상 수레 타는 것과 防衛하는 것을 익히면 가는 바를
　둠이 이로운 것이다.〔雖其進之勢速 不可恃其才之健 與上之應 而忘備與愼也 故宜艱難其事而

由貞正之道 興者 用行之物 衛者 所以自防 當自日常閑習其車興與其防衛 則利有攸往矣〕"

正義曰:〔九三良馬逐〕初九와 九二의 나아감은 저지함이 성한 때를 만나서 올라갈 수가 없고, 九三에 이르러서는 上九로 올라가는데 上九가 天衢의 형통함에 처하여 길이 크게 통해서 나아감에 어기거나 막는 것이 없다. 그러므로 九三이 좋은 말로 달려갈 수 있는 것이다.

〔利艱貞〕밝음이 제자리에 합당하고 나아감이 제때를 얻어서 통한 길에 있어 험함과 막힘을 근심하지 않는다. 그러므로 어렵게 여기고 貞正함이 이로운 것이다. 만약 이 때를 만나지 못하면 비록 평이한 곳에서 바름을 지키더라도 오히려 불가한데, 하물며 어려우면서 바름을 행하고자 함이랴.

〔曰閑興衛〕나아감이 제때를 얻어서 어려움을 건너감에 근심함이 없으니, 비록 "어떤 사람이 수레를 가로막고자 한다."라고 하나 마침내 막고 호위하여 보호해준다. 그러므로 "수레를 가로막는다 해도 호위한다."라고 말한 것이다.

〔利有攸往〕上과 뜻이 합하여 가는 바를 둠이 이롭다. 그러므로 〈象傳〉에 "上과 뜻이 합하였다."라고 말한 것이다.

象曰 利有攸往은 上合志也라

〈象傳〉에 말하였다. "'가는 바를 둠이 이로움'은 上과 뜻이 합하기 때문이다."

六四는 童牛之牿이니 元吉하니라

六四는 어린 소의 뿔에 가로로 나무를 댄 것이니, 크게 길하다.

【注】處艮之始하고 履得其位하여 能止健初하여 距不以角하고 柔以止剛하여 剛不敢犯하고 抑銳之始하여 以息强爭하니 豈唯獨利리오 乃將有喜也라

艮의 始初에 처하고 밟은 것이 正位를 얻어서, 능히 강건함의 처음을 저지하여 막음을 뿔로써 하지 않고 유순함으로써 剛을 저지하므로 剛이 감히 범하지 못하며, 예리함의 처음을 억제하여 강한 다툼을 그치니, 어찌 혼자만 이로울 뿐이겠는가. 마침내 장차 기쁜 일이 있을 것이다.

【疏】正義曰:'童牛之牿'者, 處艮之始, 履得其位, 能抑止剛健之初, 距此初九, 不須用角, 故用童牛牿, 止其初也.[1] '元吉'者, 柔以止剛, 剛不敢犯, 以息彊爭, 所以大吉而有喜也, 故象云"元吉, 有喜也."

1) 童牛之牿者……止其初也 : '童牛之牿'을 王弼과 孔穎達은 "六四가 初九를 저지함에 굳이 뿔을 쓰지 않고 어린 소의 뿔에 가로 댄 나무를 사용하는 것"의 의미로 보았다.
　　반면 程伊川과 朱子는 "六四가 아직 미약한 初九를 저지하는 것이 소가 어려서 뿔이 자라기 전에 가로 댄 나무를 가하여 쉽게 저지함과 같음"의 의미로 보았다.

正義曰 : 〔童牛之牿〕艮의 始初에 처하고 밝은 것이 正位를 얻어서 능히 강건함의 처음을 억제하니, 이 初九를 막음에 굳이 뿔을 쓸 필요가 없다. 그러므로 어린 소의 뿔에 가로 댄 나무를 사용하여 그 처음을 저지하는 것이다.

〔元吉〕柔로써 剛을 저지하는데 剛이 감히 범하지 못해서 강한 다툼을 그치니, 이 때문에 크게 길하여 기쁜 일이 있는 것이다. 그러므로 〈象傳〉에 "元吉은 기쁜 일이 있는 것이다."라고 한 것이다.

象曰 六四元吉은 有喜也라

〈象傳〉에 말하였다. "六四의 元吉은 기쁜 일이 있는 것이다."

六五는 豶豕之牙하니 吉하니라

六五는 멧돼지의 이빨을 제거하니, 길하다.

【注】豕牙는 橫猾剛暴하여 難制之物이니 謂二也라 五處得尊位하여 爲畜之主하니 二剛而進에 能豶其牙하여 柔能制健하여 禁暴抑盛하니 豈唯能固其位리오 乃將有慶也라

멧돼지의 이빨은 제멋대로 행동하고 剛暴해서 제재하기 어려운 물건이니, 九二를 이른다. 六五가 처함이 尊位를 얻어서 畜의 주체가 되었다. 九二가 강하게 나오는데 능히 그 이빨을 제거하여 柔가 능히 굳셈을 제재해서 포악함을 금하고 성함을 억제하니, 어찌 다만 그 지위를 굳게 지킬 뿐이겠는가. 마침내 장차 福慶이 있을 것이다.

【疏】'象曰'至'豶豕之牙吉' ○ 正義曰 : '豶豕之牙'者, 豕牙, 謂九二也, 二旣剛陽, 似豕牙之橫猾. 九二欲進, 此六五處得尊位, 能豶損其牙, 故云"豶豕之牙." 柔能制剛, 禁暴抑盛, 所以吉也. 非唯獨吉, 乃終久有慶, 故象云"六五之吉, 有慶也."

經의 〔象曰〕에서 〔豶豕之牙吉〕까지

○ 正義曰 :〔豶豕之牙〕 '豕牙'는 九二를 이르니, 九二가 이미 剛陽이어서 멧돼지의 이빨이 멋대로 날뛰는 것과 같다. 九二가 나오고자 하는데 이 六五가 처함이 尊位를 얻어서 능히 그 이빨을 제거하고 던다. 그러므로 "멧돼지의 이빨을 제거한다."라고 말한 것이다.

柔가 능히 剛을 제재하여 포악함을 금하고 성함을 억제하니, 이 때문에 길한 것이다. 비단 자기 혼자만 길한 것이 아니요 마침내 오랫동안 福慶이 있다. 그러므로 〈象傳〉에 "六五의 길함은 福慶이 있다."라고 한 것이다.

【疏】○ 注'豕牙橫猾'至'將有慶' ○ 正義曰 :'能豶其牙'者, 觀注意, 則豶是禁制損去之名. 褚氏云"豶, 除也, 除其牙也." 然豶之爲除, 爾雅无訓. 案爾雅云"(豶)〔墳〕[1], 大防", 則(豶)〔墳〕是隄防之義, 此豶其牙, 謂防止其牙. 古字假借, 雖豕傍土邊之異, 其義亦通, 豶其牙, 謂止其牙也.[2]

1) (豶)〔墳〕 : 저본에는 '豶'으로 되어 있으나, 阮刻本 〈校勘記〉에 "여기의 두 '豶'자는 마땅히 ≪爾雅≫에 의거하여 '墳'이 되어야 하니, 아래의 이른바 '豕의 傍과 土의 邊이 다르다.'라는 것이다."라고 한 것에 의거하여 '墳'으로 바로잡았다. 아래도 같다.

2) 能豶其牙者……謂止其牙也 : '豶'은 본래 '돼지를 거세함'의 訓이어서 注에 '豶其牙'라고 한 것이 의미가 통하지 않으므로 이러한 疏를 낸 것이다.

程伊川은 '豶'을 본래의 訓(돼지를 거세함)대로 보고 "멧돼지는 강하고 조급한 물건이며 이빨은 사납고 날카로우니, 만약 그 이빨을 억지로 제지하면 힘을 씀이 수고로우나 그 조급하고 사나움을 저지하지 못하니, 비록 묶고 동여매더라도 변하게 할 수 없다. 그러나 만약 그 勢(고환)를 제거하면 이빨이 비록 있어도 강함과 조급함이 저절로 그쳐지니, 그 쓰임이 이와 같기 때문에 길한 것이다.〔豕 剛躁之物 而牙爲猛利 若强制其牙 則用力勞而不能止其躁猛 雖繫之維之 不能使之變也 若豶去其勢 則牙雖存 而剛躁自止 其用如此 所以吉也〕"라고 하였다.

○ 注의 〔豕牙橫猾〕에서 〔將有慶〕까지

○ 正義曰 :〔能豶其牙〕 注의 뜻을 살펴보면 '豶'은 바로 금하여 억제하고 덜어 제거하는 명칭이다. 褚氏(褚仲都)가 이르기를 "豶은 제거함이니, 그 이빨을 제거하는 것이다."라고 하였다. 그러나 豶이 제거함의 뜻이 됨은 ≪爾雅≫에 訓이 없다. 살펴보건대, ≪爾雅≫에 이르기를 "墳은 큰 제방이다."라고 하였으니, 墳은 제방의 뜻인바, 여기의 '豶其牙'는 이빨을 막아 저지함을 이른다. 古字에는 假借하였으니, 비록 豕의 傍과 土의 邊이 다르나 그 뜻이 또한 통하는바, '豶其牙'는 그 이빨을 저지함을 이른다.

象曰 六五之吉은 有慶也라

〈象傳〉에 말하였다. "六五의 길함은 福慶이 있는 것이다."

上九는 何리오 天之衢亨하니라

上九는 어찌 막겠는가. 하늘의 길거리가 형통하다.

【注】處畜之極하여 畜極則通하니 大畜以至於大亨之時라 何는 辭也니 猶云何畜이니 乃天之衢亨也라

저지함의 極에 처하여 저지함이 지극하면 통하니, 大畜하여 크게 형통할 때에 이른 것이다. '何'는 조사이니, "어찌 저지하겠는가."라고 말한 것과 같은바, 바로 하늘의 길거리가 형통한 것이다.

【疏】正義曰 : '何 天之衢亨'者, 何, 謂語辭, 猶云何畜也.[1] 處畜極之時, 更何所畜. 乃天之衢亨, 无所不通也, 故象云 "何天之衢, 道大行也", 何氏云 "天衢旣通, 道乃大亨."

1) 何 天之衢亨者……猶云何畜也 : '何'를 王弼과 孔穎達은 어조사로 보고 "어찌 저지하겠는가."의 뜻이라 하였다. 반면 程伊川은 "내가 胡先生(胡瑗)에게 들으니 '天之衢亨에 何 자가 잘못 더해졌다.'라고 말씀하였다.〔予聞之胡先生 曰 天之衢亨 誤加何字〕"라고 하여 何 자를 衍文으로 처리하였으며, 朱子는 "何天之衢는 어쩌면 그리도 통달함이 심하냐고 말한 것이다.〔何天之衢 言何其通達之甚也〕"라고 하였다.

正義曰 :〔何 天之衢亨〕'何'는 어조사를 이르니, "어찌 저지하겠는가."라고 말하는 것과 같다. 저지함이 지극한 때에 처하여 다시 어떻게 저지하겠는가. 이는 바로 하늘의 길거리가 형통한 것이니, 통하지 않는 바가 없다. 그러므로 〈象傳〉에 이르기를 "'어찌 저지하겠는가. 하늘의 길거리가 형통하다.'는 道가 크게 행해지는 것이다."라고 하였는데, 何氏(何妥)가 이르기를 "하늘의 길거리가 이미 통하여 道가 마침내 크게 형통한 것이다."라고 하였다.

象曰 何天之衢는 道大行也라

〈象傳〉에 말하였다. "'어찌 저지하겠는가. 하늘의 길거리가 형통하다.'는 道가 크게 행해지는 것이다."

27. 頤䷚ 震下艮上

頤는 貞하면 吉하니 觀頤하고 自求口實하나니라

頤는 바르면 길하니, 길러줌을 보고 스스로 입에 담겨 있는 물건을 구한다.

【疏】正義曰:‘頤 貞吉’者, 於頤養之世, 養此貞正, 則得吉也. ‘觀頤’者, 頤, 養也, 觀此聖人所養物也. ‘自求口實’者, 觀其自養, 求其口中之實也.

正義曰:〔頤 貞吉〕頤養의 세상에서 이 貞正함을 기르면 길함을 얻는 것이다.

〔觀頤〕‘頤’는 길러줌이니, 이 聖人이 기르는 바의 물건을 보는 것이다.

〔自求口實〕스스로 기르는 것을 살펴보아 입안에 담긴 물건을 구하는 것이다.

彖曰 頤貞吉은 養正則吉也니 觀頤는 觀其所養也요 自求口實은 觀其自養也라 天地養萬物하고 聖人養賢하여 以及萬民하니 頤之時 大矣哉로다

〈彖傳〉에 말하였다. "‘頤는 바르면 길함’은 바름을 기르면 길한 것이니, ‘길러줌을 봄’은 그 기르는 바를 보는 것이요, ‘스스로 입안에 담긴 물건을 구함’은 자기가 스스로 길러줌을 살펴보는 것이다. 天地가 만물을 기르고 聖人이 賢者를 길러서 萬民에게 미치니, 頤의 때가 크다."

【疏】‘彖曰’至‘大矣哉’ ○正義曰:‘頤貞吉 養正則吉’者, 釋頤貞吉之義. 頤, 養也, 貞, 正也, 所養得正, 則有吉也. 其養正之言, 乃兼二義. 一者, 養此賢人, 是其養正, 故下云“聖人養賢以及萬民.” 二者, 謂養身得正, 故象云“愼言語, 節飮食.” 以此言之, 則養正之文, 兼養賢及自養之義也. ‘觀頤 觀其所養也’者, 釋觀頤之義. 言在下觀視在上頤養所養何人, 故云“觀頤, 觀其所養也.” ‘自求口實 觀其自養’者, 釋自求口實之義也. 謂在下之人, 觀此在上自求口中之實, 是觀其自養, 則是在下觀上, 乃有二義. 若所養是賢, 及自養有節, 則是其德盛也, 若所養非賢, 及自養乖度, 則其德惡也. 此卦之意,欲使所養得也, 不欲所養失也.

　經의 〔象曰〕에서 〔大矣哉〕까지

　○ 正義曰 : 〔頤貞吉 養正則吉〕 '頤는 바르면 길함'의 뜻을 해석한 것이다. '頤'는 기름이요, '貞'은 바름이니, 기르는 바가 바름을 얻으면 길함이 있는 것이다. '바름을 기른다'는 말은 두 뜻을 겸하고 있다. 첫 번째는 이 賢者를 기름이 바로 바름을 기르는 것이므로 아래에 "聖人이 賢者를 길러서 萬民에게 미친다."라고 한 것이다. 두 번째는 몸을 기름에 바름을 얻음을 말하였으므로 〈象傳〉에 "언어를 삼가고 음식을 절제한다."라고 한 것이다. 이것을 가지고 말하면 바름을 기른다는 글은 현자를 기름과 스스로 기른다는 뜻을 겸한 것이다.

　〔觀頤 觀其所養也〕 '길러줌을 봄'의 뜻을 해석한 것이다. 아래에 있는 자들이 위에서 기르는 바가 어떤 사람을 기르는가를 봄을 말하였다. 그러므로 "'길러줌을 봄'은 그 기르는 바를 봄이다."라고 말한 것이다.

　〔自求口實 觀其自養〕 '입안에 담긴 물건을 구함'의 뜻을 해석한 것이다. 아래에 있는 사람이 이 윗사람이 스스로 입안에 담긴 것을 구함을 봄은 바로 스스로 기르는 것을 관찰하는 것이니, 이는 아래에 있는 자가 위를 관찰함이 마침내 두 뜻이 있는 것이다. 만약 기르는 바가 현자이고 스스로 기름에 절제가 있으면 이는 그 德이 성한 것이요, 만약 기르는 바가 현자가 아니고 또 스스로 기름에 법도에 어긋나면 그 德이 악한 것이다. 이 卦의 뜻은 기르는 바가 알맞게 하려는 것이지 기르는 바가 잘못되게 하려는 것이 아니다.

【疏】'天地養萬物'者, 自此已下, 廣言頤卦所養事大, 故云"天地養萬物"也. '聖人養賢以及萬民'者, 先須養賢, 乃得養民, 故云"養賢以及萬民"也. 聖人但養賢人, 使治衆, 衆皆獲安, 有如虞舜五人[1]·周武十人[2]·漢帝張良[3]·齊君管仲,[4] 此皆養得賢人, 以爲輔佐, 政治世康, 兆庶咸說, 此則聖人養賢以及萬民之養也. '頤之時 大矣哉'者, 以象釋頤義, 於理既盡, 更无餘意, 故不云義, 所以直言"頤之時大矣哉", 以所養得廣, 故云"大矣哉."

　1) 虞舜五人 : 五人은 禹·稷·契(설)·皐陶(고요)·伯益으로, 《論語》〈泰伯〉에 "舜임금이 어진 신하 다섯 사람을 두심에 天下가 다스려졌다.〔舜有臣五人而天下治〕"라고 보인다.

　2) 周武十人 : 《書經》〈泰書〉에 "나는 다스리는 신하 열 사람을 두었노라.〔予有亂臣十人〕"라는 武王의 말이 보이는데, 馬融이 "열 사람은 周公旦·召公奭·太公望·畢公·榮公·太顚·閎夭·散宜生·南宮适이요, 한 사람은 文母(文王의 妃)이다."라고 하였다.

　3) 漢帝張良 : 張良은 字가 子房, 시호가 文成으로, 漢 高祖 劉邦의 功臣이다.

4) 齊君管仲 : 管仲은 이름이 夷吾로, 齊 桓公을 도와 富國强兵을 꾀하였으며, 桓公을 春秋五霸의 한 사람으로 만드는 데에 크게 기여하였다.

〔天地養萬物〕 이로부터 이하는 頤卦의 기르는 바의 일이 큼을 널리 말하였다. 그러므로 "天地가 만물을 기른다."라고 말한 것이다.

〔聖人養賢以及萬民〕 먼저 모름지기 賢者를 길러야 비로소 백성을 기를 수 있다. 그러므로 "賢者를 길러 萬民에게 미친다."라고 말한 것이다. 聖人이 다만 賢人을 길러 그로 하여금 무리(백성)를 다스리게 해서 무리가 다 편안함을 얻으니, 예컨대 虞나라 舜임금의 다섯 사람과 周나라 武王의 열 사람과 漢나라 高帝의 張良과 齊나라 군주의 管仲 같은 경우이니, 이는 모두 賢人을 길러서 보좌로 삼아 政事가 다스려지고 세상이 편안해서 억조 백성들이 모두 기뻐한 것인바, 이는 聖人이 현자를 길러서 만민을 기름에 미친 것이다.

〔頤之時 大矣哉〕 〈象傳〉을 가지고 頤의 뜻을 해석하였는데, 이치에 이미 다하여 다시 남은 뜻이 없으므로 '義'라고 말하지 않은 것이니, 이 때문에 다만 "頤의 때가 크다."라고 말한 것이다. 기르는 바가 넓음을 얻었기 때문에 "크다.〔大矣哉〕"라고 말한 것이다.

象曰 山下有雷 頤니 君子以愼言語하고 節飮食하니라

〈象傳〉에 말하였다. "산 아래에 우레가 있는 것이 頤卦이니, 君子가 보고서 언어를 삼가고 음식을 절제한다."

【注】言〈語〉[1]飮食도 猶愼而節之어든 而況其餘乎아

1) 〈語〉: 저본에는 '語'가 없으나, 阮刻本 〈校勘記〉에 "'言' 아래에 마땅히 '語'자가 있어야 한다."라고 한 것에 의거하여 보충하였다.

言語와 飮食도 오히려 삼가고 절제하는데 하물며 그 나머지 일에 있어서랴.

【疏】正義曰 : 山止於上, 雷動於下, 頤之爲用, 下動上止, 故曰"山下有雷頤." 人之開發言語, 咀嚼(저작)飮食, 皆動頤之事, 故君子觀此頤象, 以謹愼言語, 裁節飮食. 先儒云"禍從口出, 患從口入." 故於頤養而愼節也.

正義曰 : 산이 위에서 그치고 우레가 아래에서 동하니, 턱〔頤〕의 쓰임이 아래가 동하고 위가 그친다. 그러므로 "산 아래에 우레가 있는 것이 頤卦이다."라고 한 것이다.

사람이 언어를 개발하고(입을 열어 말하고) 음식을 咀嚼하는 것이 모두 턱을 통한 일이다. 그러므로 君子가 이 頤의 象을 보고서 언어를 삼가고 음식을 절제하는 것이다. 先儒가 이르기를 "禍는 입에서 나오고 근심은 입으로 들어간다."라고 하였다. 그러므로 기름에 삼가고 절제하는 것이다.

初九는 舍爾靈龜하고 觀我朶頤하니 凶하니라

初九는 너의 신령스러운 거북을 버리고 내가 턱을 움직이는 것을 보니, 凶하다.

【注】朶頤者는 嚼也라 以陽處下하여 而爲動始하여 不能令物由己養하고 動而求養者也라 夫安身은 莫若不競이요 修己는 莫若自保니 守道則福至하고 求祿則辱來라 居養賢之世하여 不能貞其所履以全其德하여 而舍其靈龜之明兆하고 羨我朶頤而躁求하여 離其致養之至道하고 闚我寵祿而競進하니 凶莫甚焉이라

턱을 움직이는 것은 물건을 씹는 것이다. 陽으로서 아래에 처하여 動의 처음이 되어서 물건으로 하여금 자기를 말미암아 길러지게 하지 못하고 동하여 기름을 구하는 자이다. 몸을 편안히 함은 남과 다투지 않는 것보다 더한 것이 없고, 자기 몸을 닦음은 스스로 보존하는 것보다 더한 것이 없으니, 道를 지키면 福이 이르고 祿을 구하면 辱이 이른다. 賢者를 기르는 세상에 거하여 행하는 바를 바르게 하여 德을 온전히 하지 못해서, 신령스러운 거북의 밝은 조짐을 버리고 내가 턱을 움직이는 것을 부러워하여 조급히 구한다. 그리하여 길러줌을 이르게 하는 지극한 道를 버리고 나의 영광과 祿을 엿보면서 다투어 나아가니, 凶함이 이보다 더 심함이 없는 것이다.

【疏】'初九'至'觀我朶頤凶' ○正義曰 : 靈龜, 謂神靈明鑒之龜. 兆, 以喩己之明德也. 朶頤, 謂朶動之頤以嚼物, 喩貪惏以求食也. 初九以陽處下而爲動始, 不能使物賴己而養, 而更自動求養, 是舍其靈龜之明兆, 觀我朶頤而躁求. 是損己廉靜之德, 行其貪竊之情, 所以凶也, 不足可貴, 故象云"亦不足貴也."

經의 〔初九〕에서 〔觀我朶頤凶〕까지

○正義曰 : '靈龜'는 신령스러워서 밝게 보는 거북을 이른다. '兆'는 자기의 밝은 德을 비유하였다. '朶頤'는 움직이는 턱으로 물건을 씹음을 이르니, 탐하여 음식을 구함을 비유한 것이다.

初九가 陽으로서 아래에 처하여 動의 처음이 되어서 물건으로 하여금 자기를 의뢰해서 길러지게 하지 못하고 다시 스스로 동하여 길러주기를 구하니, 이는 신령스러운 거북의 밝은 조짐을 버리고 내가 턱을 움직이는 것을 보고서 조급히 구하는 것이다. 이는 자기의 청렴하고 고요한 德을 덜고서 탐하고 도둑질하는 情을 행하는 것이니, 이 때문에 흉한 바, 귀하게 여길 것이 못 된다. 그러므로 〈象傳〉에 "또한 족히 귀하게 여길 것이 못 된다."라고 한 것이다.

【疏】 ○ 注 '朵頤者嚼也'至 '凶莫甚焉' ○ 正義曰 : '朵頤者 嚼也'者, 朵是動義, 如手之捉物, 謂之朵也. 今動其頤, 故知嚼也. '不能令物(猶)〔由〕[1]己養'者, 若道德弘大, 則己能養物, 是物由己養, 今身處无位之地, 又居震動之始, 是動而自求養也. '離其致養之至道 闚我寵祿而競進'者, 若能自守廉靜, 保其明德, 則能致君上所養, 今不能守廉靜, 是離其致養之至道, 反以求其寵祿而競進也.

1) (猶)〔由〕: 저본에는 '猶'로 되어 있으나, 위의 注에 '不能令物由己養'이라고 한 것에 의거하여 '由'로 바로잡았다.

○ 注의 〔注朵頤者嚼也〕에서 〔凶莫甚焉〕까지

○ 正義曰 : 〔朵頤者 嚼也〕 '朵'는 바로 동하는 뜻이니, 손에 물건을 쥐는 것을 朵라고 하는 것과 같다. 이제 그 턱을 움직이므로 물건을 씹음을 아는 것이다.

〔不能令物由己養〕 만약 도덕이 넓고 크면 자기가 능히 물건을 길러줄 수 있으니, 이는 물건이 자기로 말미암아 길러지는 것인데, 지금 자기 몸이 지위가 없는 자리에 처하였고 또 震이 動하는 시초에 거하였으니, 이는 동하여 스스로 길러주기를 구하는 것이다.

〔離其致養之至道 闚我寵祿而競進〕 만약 스스로 청렴함과 고요함을 지켜서 자기의 明德을 보존하면 능히 君上이 길러주는 바를 이르게 할 수 있는데 지금 청렴함과 고요함을 지키지 못하니, 이는 길러줌을 이르게 하는 지극한 道를 버리고 도리어 그 영광과 祿을 구하여 다투어 나아가는 것이다.

象曰 觀我朵頤는 亦不足貴也라

〈象傳〉에 말하였다. "'내가 턱을 움직이는 것을 봄'은 또한 귀하게 여길 것이 못 되는 것이다."

六二는 顚頤라 拂經于丘하니 頤征凶하니라

六二는 거꾸로 길러주어 언덕(떳떳한 곳)에서 의리를 거스르니, 길러주면 감에 흉하다.

【注】養下曰顚이라 拂은 違也요 經은 猶義也요 丘는 所履之常也라 處下體之中하고 无應於上하여 反而養初居下하여 不奉上而反養下라 故로 曰 顚頤하여 拂經于丘也라 以此而養이면 未見其福也요 以此而行이면 未見有與라 故로 曰 頤征凶이라하니라

아래를 길러주는 것을 '顚'이라 한다. '拂'은 어김이요, '經'은 義와 같고, '丘'는 밟고 있는 바의 떳떳한 곳이다. 下體의 中에 처하고 위에 應이 없어서 도리어 아래에 있는 初九를 길러주어, 위를 받들지 않고 도리어 아래를 길러준다. 그러므로 "거꾸로 길러주어 언덕에서 의리를 거스른다."라고 말한 것이다. 이런 방식으로 길러주면 그 福을 받지 못하고, 이런 방법으로 행하면 함께하는(친한) 사람이 있음을 보지 못한다. 그러므로 "길러주면 감에 흉하다."라고 한 것이다.

【疏】正義曰 : 顚, 倒也. 拂, 違也. 經, 義也. 丘, 所履之常處也. 六二處下體之中, 无應於上, 反倒下養初, 故曰"顚頤." 下當奉上, 是義之常處也, 今不奉於上, 而反養於下, 是違此經義於常之處, 故云"拂經于丘"也. '頤征凶'者, 征, 行也, 若以此而養, 所行皆凶, 故曰"頤征凶"也.[1]

1) 六二處下體之中……故曰頤征凶也 : '拂經于丘'를 王弼과 孔穎達은 '六二가 中에 거하면서 初九를 길러 위를 받드는 의리를 거스르는 것'으로 해석하였는바, 丘를 밟고 있는 떳떳한 곳, 즉 中에 거하는 것으로 본 것이다.

반면 程伊川과 朱子는 經文을 "顚頤 拂經 于丘頤 征凶"으로 句를 나누고 '顚頤 拂經'과 '于丘頤 征凶'의 두 가지 일로 보았는데, '丘'를 上九를 가리키는 것으로 보았기 때문이다. 程伊川은 "六二는 스스로 기르지 못하니, 반드시 剛陽에게 길러지기를 구해야 할 것이나, 만약 도리어 아래로 初九에게 구하면 顚倒되므로 '顚頤'라 이른 것이니, 顚倒되면 經常의 道에 위배되어 행할 수가 없다. 만약 언덕에게 길러지기를 구한다면 감에 반드시 흉함이 있을 것이니, 丘는 밖에 있으면서 높은 물건인바, 上九를 이른다. 이 卦는 다만 두 陽爻뿐이니, 이미 顚倒되어 初九에게 길러지기를 바라서도 안 되며, 만약 上九에게 길러지기를 구하여 가면 흉함이 있는 것이다.〔二旣不能自養 必求養於剛陽 若反下求於初 則爲顚倒 故云顚頤 顚則拂違經常 不可行也 若求養於丘 則往必有凶 丘 在外而高之物 謂

上九也 卦止二陽 旣不可顚頤于初 若求頤于上九 往則有凶"라고 하였고, 朱子는 "初九에게 길러지기를 구하면 顚倒되어 常理에 위배되고, 上九에게 길러지기를 구하면 가서 흉함을 얻는다. 丘는 흙이 높은 것이니, 上九의 象이다.〔求養於初 則顚倒而違於常理 求養於上 則往而得凶 丘 土之高者 上之象也〕"라고 하였다.

正義曰 : '顚'은 거꾸로이다. '拂'은 어김이다. '經'은 義이다. '丘'는 밟고 있는 바의 떳떳한 곳이다.

六二가 下體의 中에 처하고 위에 應이 없어서 도리어 거꾸로 아래로 初九를 길러준다. 그러므로 "거꾸로 기른다."라고 말한 것이다.

아랫사람이 마땅히 윗사람을 받들어야 하니 이는 義의 떳떳한 곳인데, 지금 위를 받들지 않고 도리어 아래를 길러주니, 이는 이 經義를 떳떳한 곳에서 위반하는 것이다. 그러므로 "언덕에서 의리를 거스른다."라고 말한 것이다.

〔頤征凶〕'征'은 감이니, 만약 이런 방식으로 길러주면 가는 바가 모두 흉하다. 그러므로 "길러주면 감에 흉하다."라고 한 것이다.

象曰 六二征凶은 行失類也라

〈象傳〉에 말하였다. "六二가 감에 흉함은 행함에 무리를 잃은 것이다."

【注】 類皆上養이어늘 而二處下養初라

무리가 다 위를 길러주는데, 六二가 아래에 처하여 初九를 길러준다.

【疏】 正義曰 : 頤養之體, 類皆養上也, 今此獨養下, 是所行失類也.[1]

1) 頤養之體……是所行失類也 : '行失類'를 王弼과 孔穎達은 六二가 홀로 아래를 길러주는데 무리들은 모두 위를 길러주므로 六二가 무리를 잃는 것으로 해석하였다.
   반면 程伊川과 朱子는 '行失類'를 '初九나 上九는 陽爻여서 陰爻인 六二의 무리가 아니므로 그들에게 가면 族類를 잃게 됨'의 뜻으로 보았다.

正義曰 : 길러주는 體는 무리가 다 윗사람을 길러주는데, 지금 이 六二만이 홀로 아래를 길러주니, 이는 행하는 바가 무리를 잃은 것이다.

六三은 拂頤貞하니 凶이라 十年勿用하여 无攸利하니라

六三은 바름을 길러줌에 어긋나니, 흉하다. 10년 동안 쓰이지 못하여 이로운 바
가 없다.

【注】履夫不正하여 以養於上하니 納上以諂者也니 拂養正之義라 故로 曰 拂頤貞하니 凶
也라하니라 處頤而爲此行이면 十年見棄者也니 立行於斯하면 无施而利라

不正함을 밟고서 윗사람을 기르니 윗사람에게 아첨을 바치는 자이니, 바름을 길러주는
義에 어긋난다. 그러므로 "바름을 길러줌에 어긋나니, 흉하다."라고 한 것이다. 頤에 처
하여 이러한 행실을 하면 10년 동안 버림을 당하는 자이니, 행실을 이렇게 세우면 베푸
는 곳마다 이로움이 없다.

【疏】正義曰 : '拂頤貞 凶'者, 拂, 違也. 履夫不正, 以養上九, 是自納於上以諂媚者也,
違養正之義, 故曰"拂頤貞而有凶也."[1] 爲行如此, 雖至十年, 猶勿用而見棄也, 故曰"十
年勿用." 立行於此, 故无所利也.

> 1) 拂頤貞……故曰拂頤貞而有凶也 : '拂頤貞'을 王弼과 孔穎達은 '바름을 길러주는 義에
> 어긋남'으로 보았는데, 程伊川은 "기름의 正道에 어긋남[拂違於頤之正道]"으로 해석하였
> 는바, 의미는 크게 다르지 않다. 반면 朱子는 "陰柔로 中正하지 못하면서 動의 極에 처
> 하였으니, 기름에 위배된다. 이미 기름에 위배되었으면 비록 바르더라도 흉하다.[陰柔不
> 中正 以處動極 拂於頤矣 旣拂於頤 雖正 亦凶]"라고 하였는데, 이를 따르면 經文은 "拂頤면
> 貞이라도 凶이라"로 懸吐해야 한다.

正義曰 :〔拂頤貞 凶〕'拂'은 어김이다. 不正한 것을 밟고서 上九를 길러주니 이는 스
스로 위에게 아첨을 바치는 자이니, 바름을 길러주는 義에 어긋난다. 그러므로 "바름을
길러줌에 어긋나니, 흉함이 있다."라고 한 것이다.

행실을 이와 같이 하면 비록 10년에 이르더라도 여전히 쓰이지 못하고 버림을 당한다.
그러므로 "10년 동안 쓰이지 못한다."라고 하였다. 행실을 이렇게 세우기 때문에 이로운
바가 없는 것이다.

象曰 十年勿用은 道大悖也라

〈象傳〉에 말하였다. "10년 동안 쓰이지 못함은 道가 크게 어긋났기 때문이다."

【疏】正義曰 : 釋十年勿用之義. 以其養上以諂媚, 則於正道大悖亂, 解十年勿用見棄也.

正義曰 : '10년 동안 쓰이지 못함'의 뜻을 해석하였다. 윗사람을 아첨으로써 기르면 正道에 크게 어긋나고 어지러우니, '10년 동안 쓰이지 못하여 버림받음'을 해석한 것이다.

六四는 顚頤나 吉하니 虎視耽耽하고 其欲逐逐하면 无咎리라

六四는 거꾸로 길러주나 길하니, 범이 耽耽히 노려보듯 하고, 하고자 함을 쫓아내면 허물이 없으리라.

【注】體屬上體하고 居得其位而應於初하여 以上養下하여 得頤之義라 故로 曰 顚頤나 吉也라하니라 下交엔 不可以瀆이라 故로 虎視耽耽하니 威而不猛하고 不惡而嚴이라 養德施賢에 何可有利리오 故로 其欲逐逐하여 尙敦實也라 修此二者然後에 乃得全其吉而无咎라 觀其自養이면 則履正하고 察其所養이면 則養陽하니 頤爻之貴 斯爲盛矣라

體가 上體에 속하고 거함이 正位를 얻고서 初九에 응하여 위로서 아래를 길러주어서 길러줌의 의리를 얻었다. 그러므로 "거꾸로 길러주나 길하다."라고 한 것이다.

아랫사람과 사귈 때에는 煩瀆해서는 안 된다. 그러므로 범이 耽耽히 노려보듯 하니, 위엄이 있으면서도 사납지 않고 험악하지 않으면서도 엄한 것이다. 德을 기르고 賢者에게 베풂에 어찌 이익을 바랄 수 있겠는가. 그러므로 하고자 함을 쫓아내서 도탑고 진실함을 숭상하는 것이다.

이 두 가지를 닦은 뒤에야 비로소 그 길함을 온전히 하여 허물이 없을 수 있다. 스스로 길러줌을 살펴보면 바름을 행하고, 길러주는 바를 살펴보면 陽을 길러주니, 頤卦 여섯 爻의 귀한 것이 여기에서 가장 성하다.

【疏】'六四顚頤吉'至'无咎' ○ 正義曰 : '顚頤 吉'者, 體屬上體, 居得其位, 而應於初, 以上養下, 得養之宜, 所以吉也. '虎視耽耽'者, 以上養下, 不可褻瀆, 恒如虎視耽耽然, 威而不猛也. '其欲逐逐'者, 旣養於下, 不可有求, 其情之所欲, 逐逐然尙於敦實也.[1] '无咎'者, 若能虎視耽耽, 其欲逐逐, 雖復顚頤養下, 則得吉而无咎也.

1) 其欲逐逐者……逐逐然尙於敦實也 : '其欲逐逐'의 '逐逐'에 대한 자세한 訓이 없고, 다만 "逐逐하여 敦實을 숭상한다."라고 하였다. 王弼과 孔穎達은 經文의 '顚頤'를 六四가 初九를 길러주는 것으로 해석하여, '虎視耽耽'은 六四가 初九를 길러줄 적에 위엄이 있으

면서도 사납지 않게 하는 것으로, '其欲逐逐'은 六四가 初九를 길러줄 적에 바라는 것 없이 욕심을 줄여서 敦實함을 숭상하는 것으로 본 것이다. 즉 逐逐을 '적게 하고 줄인다'의 의미로 본 것인데, 逐을 '쫓아낸다[放逐]'의 訓으로 해석한 듯하다. 陸德明은 ≪周易音義≫에서 "逐逐은 本字와 같으니, 敦實한 것이다.[逐逐 如字 敦實也]"라고 하였는바, 逐을 '쫓아내다'의 뜻으로 보면 그 욕심이 덜어져서 敦實함이 된다는 의미일 것이다.

≪漢語大辭典≫에는 ≪周易≫의 이 經文을 인용하고 '逐逐'을 '욕심내며 노려보는 모양[覬覦貌]'으로 풀이하였으나, 王弼과 孔穎達의 설명과는 부합하지 않으므로 따르지 않았다.

한편 程伊川과 朱子는 經文의 '顚頤'를 六四가 初九에게 길러줌을 받는 것으로 해석하여, '其欲逐逐'을 六四가 初九에게 길러지고자 하는 마음을 끊임없이 갖는 것, 즉 '길러줌을 구하기를 계속함[求而繼也]'의 뜻으로 보았는데, 이때의 '其欲'은 부정적인 의미가 아니라 반드시 가져야 할 마음이 된다.

이에 대한 程伊川의 傳은 다음과 같다. "六四가 비록 剛陽에게 순종하여 그 직책을 폐하지 않으나 자질이 본래 陰柔여서 사람에게 의뢰하여 이루니, 사람들이 경멸하는 바이다. 그러므로 반드시 위엄을 길러서 耽耽히 범이 노려보듯이 한다면 그 體貌를 중히 하여 아랫사람들이 감히 함부로 대하지 못할 것이다. 또 남을 따르는 자는 반드시 항상함이 있어야 하니, 만약 혹 계속하지 못하면 政事가 무너진다. '其欲'은 필요하여 쓰는 것이니, 반드시 쫓고 쫓아 서로 계속되고 다하지 않으면 일이 이루어질 것이요, 만약 남에게 취하되 계속되지 못하면 곤궁해질 것이다. 이미 위엄이 있고 또 베푸는 바가 다하지 않으므로 허물이 없는 것이다.〔六四雖能順從剛陽 不廢厥職 然質本陰柔 賴人以濟 人之所輕 故必養其威嚴 耽耽然如虎視 則能重其體貌 下不敢易 又從於人者 必有常 若間或无繼 則其政敗矣 其欲 謂所須用者 必逐逐相繼而不乏 則其事可濟 若取於人而无繼 則困窮矣 既有威嚴 又所施不窮 故能无咎也〕"

經의 〔六四顚頤吉〕에서 〔无咎〕까지

○ 正義曰 : 〔顚頤 吉〕體가 上體에 속하고 거함이 正位를 얻고서 初九에 응하여 위로서 아래를 길러주어 기름의 마땅함을 얻었으니, 이 때문에 길한 것이다.

〔虎視耽耽〕윗사람으로서 아랫사람을 길러줄 적에 함부로 하고 煩瀆해서는 안 되니, 항상 범이 탐탐하게 노려보듯이 하여 위엄이 있으면서도 사납지 않아야 한다.

〔其欲逐逐〕이미 아랫사람을 길러줄 적에 구함이 있어서는 안 되니, 그 情에 하고자 하는 바를 쫓아내서 도탑고 진실함을 숭상해야 한다.

〔无咎〕만약 범이 탐탐하게 노려보듯이 하고 그 하고자 함을 쫓아내면 비록 다시 거꾸로 길러주어 아래를 기르나 길함을 얻고 허물이 없는 것이다.

【疏】○注'體屬上體'至'斯爲盛矣' ○正義曰:'觀其自養 則履正'者, 以陰處陰, 四自處
其身, 是觀其自養, 則能履正道也. '察其所養 則養陽'者, 六四下養於初, 是觀其所養,
初是陽爻, 則能養陽也.

○注의〔體屬上體〕에서〔斯爲盛矣〕까지

○正義曰:〔觀其自養 則履正〕陰으로서 陰의 자리에 처하여 六四가 스스로 잘 處身
하니, 이것이 '스스로 길러줌을 살펴보면 능히 正道를 행함'인 것이다.

〔察其所養 則養陽〕六四가 아래로 初九를 길러주니, 이것이 '그 길러주는 바를 살펴
봄'인바, 初爻가 陽爻여서 능히 陽을 길러주는 것이다.

象曰 顚頤之吉은 上施光也라

〈象傳〉에 말하였다. "顚頤의 길함은 위에서 베풂이 광명한 것이다."

【疏】正義曰:釋顚頤吉之義. 上謂四也, 下養於初, 是上施也. 能威而不猛, 如虎視耽
耽, 又寡欲少求, 其欲逐逐, 能爲此二者, 是上之所施, 有光明也. 然六二顚頤, 則爲凶,
六四顚頤, 得爲吉者, 六二身處下體, 而又下養, 所以凶也, 六四身處上體, 又應於初,
陰而應陽, 又能威嚴寡欲, 所以吉也.

正義曰:'거꾸로 길러주나 길함'의 뜻을 해석하였다. '上'은 六四를 이르니 아래로 初九
를 길러줌은 이는 위에서 베푸는 것이다. 능히 위엄이 있으나 사납지 않아서 범이 탐탐히
보듯이 하고, 또 욕심을 적게 하고 구하는 것을 적게 해서 그 하고자 함을 쫓아내니, 능
히 이 두 가지를 하면 이는 위에서 베푸는 바가 광명함이 있는 것이다.

그러나 六二는 거꾸로 길러주면 흉함이 되는데 六四는 거꾸로 길러줌이 길함이 될 수
있는 것은, 六二는 자신이 下體에 처하고 또 아래로 길러주니 이 때문에 흉한 것이요, 六
四는 자신이 上體에 처하고 또 初九에 응하여 陰으로서 陽에 응하고 또 능히 위엄이 있
고 욕망이 적으니, 이 때문에 길한 것이다.

六五는 拂經이니 居貞이 吉하나 不可涉大川이라

六五는 의리에 위배되니 貞에 거함이 길하나, 大川을 건너서는 안 된다.

【注】以陰居陽은 拂頤之義也니 行則失類라 故로 宜居貞也라 无應於下而比於上이라 故로

可守貞從上하여 得頤之吉이라 雖得居貞之吉이나 處頤違謙하여 難未可涉也라

　　陰으로서 陽의 자리에 거함은 길러줌의 의리에 위배되는 것이니, 행하면 무리를 잃기 때문에 마땅히 貞에 거해야 하는 것이다. 아래에 應이 없어 위와 친하므로 貞을 지켜 위를 따라서 頤의 길함을 얻은 것이다. 비록 貞에 거하는 길함을 얻었으나 頤에 처하여 겸손함을 어기므로 難을 건널 수 없는 것이다.

【疏】正義曰 : 拂, 違也. 經, 義也. 以陰居陽, 不有謙退, 乖違於頤養之義, 故言"拂經"也. '居貞 吉'者, 行則失類, 居貞, 吉也. '不可涉大川'者, 處頤違謙, 患難未解, 故不可涉大川, 故居貞吉也.

　　正義曰 : '拂'은 어김이다. '經'은 義이다. 陰으로서 陽의 자리에 거하여 겸손한 마음이 있지 않아서 길러주는 의리에 어긋난다. 그러므로 "의리에 위배된다.〔拂經〕"고 말한 것이다.

　　〔居貞 吉〕 행하면(가면) 무리를 잃으니, 貞에 거함(머묾)이 길한 것이다.

　　〔不可涉大川〕 頤에 처하여 겸손함을 어겨서 환란을 아직 풀지 못하였다. 그러므로 大川을 건너서는 안 되니, 이 때문에 貞에 거함이 길한 것이다.

象曰 居貞之吉은 順以從上也라

　　〈象傳〉에 말하였다. "貞에 거함이 길함은 순함으로써 위를 따르는 것이다."

【疏】正義曰 : 釋居貞之義. 以五近上九, 以陰順陽, 親從於上, 故得居貞吉也.

　　正義曰 : '貞에 거함'의 뜻을 해석하였다. 六五가 上九에 가까워서 陰으로서 陽을 순종하여 위를 친근히 하고 따른다. 그러므로 '貞에 거함이 길함'을 얻는 것이다.

上九는 由頤니 厲吉하니 利涉大川하니라

　　上九는 자기로 말미암아 길러지니 위엄이 있어야 길하니, 大川을 건넘이 이롭다.

【注】以陽處上而履四陰하니 陰不能獨爲主하여 必宗於陽也라 故로 莫不由之以得其養이라 故로 曰 由頤라 爲衆陰之主하니 不可瀆也라 故로 厲乃吉하니 有似家人悔厲之義1)라 貴而无位하니 是以厲也요 高而有民하니 是以吉也라 爲養之主하여 物莫之違라 故로 利涉大川也라

　　1) 家人悔厲之義 : 家人卦 九三 爻辭에 "家人이 엄하고 혹독하니, 엄함을 뉘우치나 길하

다.〔家人嗃嗃 悔厲 吉〕"라고 하였는데, 孔穎達의 疏에 "九三이 下體의 위에 처하여 한 집안의 주체가 되어서 陽爻로서 陽의 자리에 처하여 剛하고 嚴한 정사를 행한다. 그러므로 家人이 엄하고 혹독한 것이다. 비록 다시 嗃嗃하여 사나움에 傷하여 혹독하고 엄함〔酷厲〕을 후회하나 그래도 그 吉함을 보존할 수 있다. 그러므로 '엄함을 뉘우치나 길하다.'라고 한 것이다.〔九三處下體之上 爲一家之主 以陽處陽 行剛嚴之政 故家人嗃嗃 雖復嗃嗃 傷猛 悔其酷厲 猶保其吉 故曰悔厲吉〕"라고 하였다.

陽으로서 위에 처하고 네 陰을 밟고 있으니, 陰은 홀로 주체가 되지 못하여 반드시 陽을 높인다. 그러므로 자기로 말미암아 기름을 얻지 않음이 없는 것이다. 이 때문에 "자기로 말미암아 길러진다."라고 말한 것이다.

여러 陰의 주체가 되었으니 煩瀆해서는 안 된다. 그러므로 엄하여야 비로소 길하니, 家人卦의 '엄함을 뉘우침〔悔厲〕'의 뜻과 유사하다. 귀하나 지위가 없으니 이 때문에 엄한 것이요, 높으면서 백성을 소유하니 이 때문에 길한 것이다. 기르는 주체가 되어서 남이 어기지 못한다. 그러므로 大川을 건넘이 이로운 것이다.

【疏】正義曰:'由頤'者, 以陽處上, 而履四陰, 陰不能獨爲其主, 必宗事於陽也. 衆陰莫不由之以得其養, 故曰"由頤"也. '厲吉'者, 爲衆陰之主, 不可褻瀆, 嚴厲乃吉, 故曰"厲吉"也.[1] '利涉大川'者, 爲養之主, 无所不爲, 故利涉大川而有慶也, 故象云"大有慶也."

1) 厲吉者……故曰厲吉也:王弼과 孔穎達은 '厲吉'의 '厲'를 嚴厲의 뜻으로 보았는데, 程伊川과 朱子는 '위태롭게 여김'의 뜻으로 보았다. 즉 上九가 天下를 기르는 막중한 임무를 맡았으므로 항상 위태롭게 여겨야 길함을 얻는다고 본 것이다. 특히 程伊川은 爻位의 정치적 상징에 따라 六五를 군주로, 上九를 人臣으로 보고, "上九는 剛陽의 德으로 師傅의 직무에 거하고 六五의 군주가 柔順하여 자신을 따라 자신의 길러줌에 의뢰하니, 이는 天下의 임무를 담당한 것이니, 天下가 자기로 말미암아 길러지는 것이다. 人臣으로서 이 임무를 담당하였으면 반드시 항상 위태로운 마음을 품으면 吉하니, 伊尹과 周公과 같은 분이 어찌 일찍이 근심하고 수고로우며 조심하고 두려워하지 않았겠는가. 그러므로 끝내 吉함을 얻은 것이다.〔上九以剛陽之德 居師傅之任 六五之君 柔順而從於己 賴己之養 是當天下之任 天下由之以養也 以人臣而當是任 必常懷危厲則吉也 如伊尹周公 何嘗不憂勤兢畏 故得終吉〕"라고 하였다.

正義曰:〔由頤〕陽으로서 위에 처하고 네 陰을 밟고 있으니, 陰은 홀로 주체가 되지 못하여 반드시 陽을 높이고 섬긴다. 여러 陰이 자기로 말미암아 기름을 얻지 않음이 없으므로 "자기로 말미암아 길러진다."라고 한 것이다.

〔厲吉〕여러 陰의 주체가 되어서 褻慢하고 煩瀆해서는 안 되고, 엄숙하여야 비로소 길하다. 그러므로 "엄숙하면 길하다."라고 한 것이다.

〔利涉大川〕기르는 주체가 되어서 하지 않는 바가 없다. 그러므로 大川을 건넘이 이로워 福慶이 있는 것이다. 이 때문에 〈象傳〉에 "크게 福慶이 있다."라고 한 것이다.

象曰 由頤厲吉은 大有慶也라

〈象傳〉에 말하였다. "'자기를 말미암아 길러지니 위엄이 있어야 길함'은 크게 福慶이 있는 것이다."

159

28. 大過䷛ 巽下兌上

大過는

大過는

【注】〈音 相過之過라〉[1]

> 1)〈音 相過之過〉: 저본에는 '音相過之過'가 없으나, 아래의 疏와 岳本·錢本·宋本·足利本에 의거하여 보충하였다.〔阮刻本 참조〕

音이 相過의 過이다.

【疏】'大過' ○ 正義曰: 過, 謂過越之過, 非經過之過. 此衰難之世, 唯陽爻乃大能過越常理, 以拯患難也, 故曰"大過." 以人事言之, 猶若聖人過越常理, 以拯患難也.

經의〔大過〕

○ 正義曰: '過'는 過越(뛰어넘음)의 '過'를 이르니, 經過(지나감)의 過가 아니다. 이는 쇠하고 환란이 있는 세상에 오직 陽爻여야 떳떳한 이치를 크게 過越하여 환란을 구제할 수 있으므로 "大過"라 한 것이다. 사람의 일을 가지고 말하면 聖人이 떳떳한 이치를 過越하여 환란을 구제하는 것과 같다.

【疏】 ○ 注'音相過之過' ○ 正義曰: '相過'者, 謂相過越之甚也, 非謂相過從之過, 故象云"澤滅木", 是過越之甚也. 四陽在中, 二陰在外, 以陽之過越之甚也.

○ 注의〔音相過之過〕

○ 正義曰:〔相過〕서로 過越함이 심함을 말한 것이요, 서로 過從함(방문하고 따름)의 過가 아니다. 그러므로 〈象傳〉에 "못이 나무를 없앤다."라고 하였으니, 이는 過越함이 심한 것이다. 네 陽은 가운데 있고 두 陰은 밖에 있으니, 陽이 過越함이 심한 것이다.

棟(撓)〔橈〕[1]하니 **利有攸往**하여 **亨**하니라

1) (撓)〔橈〕: 저본에는 '撓'로 되어 있으나, 阮刻本 〈校勘記〉에 "'撓'는 各本에 모두 '橈'로 되어 있으니 옳다. '撓'자는 잘못된 것이니, 正義도 같다. 살펴보건대, 九三 爻辭 이하는 經文과 正義가 모두 '橈'로 되어 있으니, 여기는 다만 轉寫者의 오류일 뿐이다."라고 한 것에 의거하여 '橈'로 바로잡았다. 아래도 같다.

들보 기둥이 휘어지니, 가는 바를 둠이 이로워서 형통하다.

【疏】正義曰: '棟(撓)〔橈〕'者, 謂屋棟也. 本之與末, 俱(撓)〔橈〕弱, 以言衰亂之世, 始終皆弱也. '利有攸往 亨'者, 旣遭衰難, 聖人利有攸往, 以拯患難, 乃得亨通, 故云'利有攸往, 亨'也.

正義曰:〔棟橈〕지붕의 기둥을 이른다. 本과 末이 모두 휘어지고 약하니, 쇠하고 흔들리는 세상에 始와 終이 모두 약함을 말한 것이다.

〔利有攸往 亨〕이미 쇠하고 어지러운 세상을 만났으니, 聖人이 갈 바를 두어서 환란을 구제하여야 비로소 형통함을 얻는다. 그러므로 "갈 바를 둠이 이로워서 형통하다."라고 한 것이다.

彖曰 大過는 大者過也요

〈彖傳〉에 말하였다.

"大過는 큰 것이 과함이요,

【注】大者 乃能過也라

큰 것이 마침내 능히 過越한 것이다.

【疏】正義曰: 釋大過之義也. 大者過, 謂盛大者, 乃能過其分理, 以拯難也. 故於二爻, 陽處陰位,[1] 乃能拯難也, 亦是過甚之義.

1) 於二爻 陽處陰位 : 九二와 九四가 陰의 자리에 있음을 말한다.

正義曰: '大過'의 뜻을 해석하였다. '큰 것이 과함'은 성대한 것이 마침내 그 분수의 이치를 넘어 환란을 구제함을 말한 것이다. 그러므로 陽이 陰의 자리에 처한 두 爻에서 마침내 환란을 구제하니, 이 또한 과월함이 심한 뜻이다.

棟(撓)〔橈〕는 本末弱也라

들보 기둥이 휘어짐은 本과 末이 약하기 때문이다.

【注】初爲本而上爲末也라

初六이 本이 되고, 上六이 末이 된다.

【疏】正義曰 : 釋棟(撓)〔橈〕義, 以大過本末俱弱, 故屋棟(撓)〔橈〕弱也, 似若衰難之時, 始終弱.

正義曰 : '들보 기둥이 휘어짐'의 뜻을 해석하였다. 大過는 本과 末이 모두 약하기 때문에 지붕의 기둥이 휘어지고 약한 것이니, 마치 쇠하고 어지러운 때에 始와 終이 약한 것과 같은 것이다.

剛過而中하고

剛이 過越하고 中하며

【注】謂二也니 居陰은 過也요 處二는 中也라 拯弱興衰에 不失其中也라

九二를 말한 것이니, 陰의 자리에 거함은 과월함이요 二位에 처함은 中이다. 약함을 구제하고 쇠함을 일으킴에 그 中道를 잃지 않은 것이다.

巽而說(열)行하니

공손하면서 기쁨으로 행하니,

【注】巽而說行하니 以此救難이면 難乃濟也라

공손하면서 기쁨으로 행하니, 이러한 방식으로 환란을 구제하면 환란이 마침내 구제된다.

利有攸往하여 乃亨하니

가는 바를 둠이 이로워서 마침내 형통하니,

【注】危而弗持면 則將安用이리오 故로 往乃亨이라

위태로울 때에 잡아주지 않으면 장차 어디에 쓰겠는가. 그러므로 가서 마침내 형통한 것이다.

【疏】正義曰:'剛過而中 巽而說行 利有攸往 乃亨'者, 此釋利有攸往乃亨義. 剛過而中, 謂二也, 以陽處陰, 是剛之過極之甚, 則陽來拯此陰難, 是過極之甚也.[1] 巽而說行者, 旣以巽順和說而行, 難乃得濟, 故利有攸往, 得亨也, 故云"乃亨."

> 1) 剛過而中……是過極之甚也 : '剛過而中'을 王弼과 孔穎達은 九二를 가리킨 것으로 보았는바, '剛過'는 陽爻가 陰位에 거한 것을, '中'은 二位에 거한 것을 의미한다고 본 것이다. 반면 程伊川은 '剛過'를 大過卦 전체를 가지고 말한 것으로 보고, '中'을 九二와 九五 모두를 가리킨 것으로 보았다.

正義曰:〔剛過而中 巽而說行 利有攸往 乃亨〕이는 '가는 바를 둠이 이로워서 마침내 형통함'의 뜻을 해석한 것이다. '剛過而中'은 九二를 이르니, 陽으로서 陰의 자리에 처한 것은 剛이 過極함의 심함이니, 陽이 와서 이 陰의 환란을 구제함은 바로 過極함의 심한 것이다. '巽而說行'은 이미 巽順하면서 和說함으로써 행하면 難을 마침내 구제할 수 있다. 그러므로 가는 바를 둠이 이로워서 형통한 것이니, 이 때문에 "마침내 형통하다."라고 말한 것이다.

大過之時 大矣哉로다

大過의 때가 크다."

【注】是君子有爲之時也라

이는 君子가 훌륭한 일을 할 수 있는 때이다.

【疏】正義曰:此廣說大過之美, 言當此大過之時, 唯君子有爲拯難, 其功甚大, 故曰大矣哉也.

正義曰:이는 大過의 아름다움을 널리 말한 것이니, 이 大過의 때를 당하여 오직 군자만이 훌륭한 일을 하여 환란을 구제해서 그 功이 매우 크다는 말이다. 그러므로 "크다."라고 한 것이다.

象曰 澤滅木이 大過니 君子以獨立不懼하며 遯世无悶하나니라

〈象傳〉에 말하였다. "못이 나무를 없애는 것이 大過卦이니, 君子가 보고서 홀로 서서 두려워하지 않으며 세상에 은둔하여도 근심하지 않는다."

【注】此所以爲大過니 非凡所及也라

이것이 大過가 된 까닭이니, 범상한 것(보통 사람)이 미칠 바가 아니다.

【疏】正義曰 : '澤滅木'者, 澤體處下, 木體處上, 澤无滅木之理, 今云"澤滅木"者, 乃是 澤之甚極而至滅木, 是極大過越之義. 其大過之卦, 有二義也. 一者, 物之自然大相過 越常分, 卽此澤滅木是也, 二者, 大人大過越常分, 以拯患難, 則九二枯楊生稊, 老夫得 其女妻, 是也. '君子以獨立不懼 遯世无悶'者, 明君子於衰難之時, 卓爾獨立, 不有畏 懼, 隱遯於世, 而无憂悶, 欲有遯難之心, 其操不改. 凡人遇此, 則不能然, 唯君子獨能 如此, 是其過越之義.

正義曰 : 〔澤滅木〕澤의 體가 아래에 처하고 木의 體가 위에 처하였으니, 못이 나무를 없앨 리가 없는데 지금 "못이 나무를 없앤다."라고 말한 것은, 바로 못이 심하고 지극하여 나무를 없앰에 이른 것이니, 이는 極大하게 過越한 뜻이다.

이 大過卦에는 두 가지 뜻이 있다. 첫 번째는 물건이 자연스레 서로 떳떳한 분수를 크 게 過越함이니 바로 이 '못이 나무를 없앰'이 이것이요, 두 번째는 大人이 떳떳한 분수를 크게 過越하여 환란을 구제하는 것이니 九二의 '마른 버드나무가 순이 생기고 늙은 지아 비가 젊은 아내를 얻음'이 이것이다.

〔君子以獨立不懼 遯世无悶〕군자가 쇠하고 어지러운 때에 우뚝이 홀로 서서 두려워 하는 마음이 있지 않고 세상에 은둔하여도 근심과 고민함이 없어서, 환란에 은둔하는 마음을 두고자 하여 이 지조를 지켜 바꾸지 않음을 말한 것이다. 보통 사람이 이것을 만 나면 이렇게 하지 못하고 오직 군자만이 홀로 능히 이와 같이 하니, 이것이 바로 過越의 뜻이다.

初六은 藉用白茅니 无咎하니라

初六은 물건을 깔 적에 흰 띠풀을 사용함이니, 허물이 없다.

【注】 以柔處下하여 過而可以无咎는 其唯愼乎인저

柔로서 아래에 처하여 過하나 허물이 없을 수 있는 것은 오직 삼감일 것이다.

【疏】 正義曰：以柔處下, 心能謹愼, 薦藉於物, 用絜白之茅, 言以絜素之道, 奉事於上也.[1] '无咎'者, 旣能謹愼如此, 雖遇大過之難, 而无咎也. 以柔道在下, 所以免害, 故象云"柔在下也."

1) 以柔處下……奉事於上也 : 이 初六 爻辭에 대한 설명이 〈繫辭傳〉에 다음과 같이 보인다. "'初六은 깔 적에 흰 띠풀을 사용함이니 허물이 없다.'라고 하니, 孔子께서 다음과 같이 말씀하였다. '그대로 땅에 놓더라도 괜찮은데 깔 적에 띠풀을 사용하니 무슨 허물이 있겠는가. 삼감이 지극한 것이다. 띠풀이란 물건은 하찮으나 쓰임은 소중히 여길 만하니, 이 방법을 삼가서 가면 잘못되는 바가 없으리라.'〔初六 藉用白茅 无咎 子曰 苟錯諸地 而可矣 藉之用茅 何咎之有 愼之至也 夫茅之爲物薄 而用可重也 愼斯術也 以往 其无所失矣〕"

正義曰 : 柔로서 아래에 처하여 마음이 능히 삼가니, 물건을 깔 적에 깨끗하고 흰 띠풀을 사용함은 깨끗하고 소박한 道로써 윗사람을 받들어 섬김을 말한 것이다.

〔无咎〕 이미 능히 삼감이 이와 같으면 비록 大過의 환란을 당하더라도 허물이 없는 것이다. 柔의 道로 아래에 있으니, 이 때문에 害를 면하였다. 그러므로 〈象傳〉에 "柔가 아래에 있다."라고 한 것이다.

象曰 藉用白茅는 柔在下也라

〈象傳〉에 말하였다. "'물건을 깔 적에 흰 띠풀을 사용함'은 柔가 아래에 있는 것이다."

九二는 枯楊生稊하고 老夫得其女妻하니 无不利하니라

九二는 마른 버드나무가 순이 생기며 늙은 지아비가 젊은 아내를 얻었으니, 이롭지 않음이 없다.

【注】 稊者는 楊之秀也[1]라 以陽處陰하니 能過其本而救其弱者也라 上无其應하여 心无持[2]吝하니 處過以此하면 无衰不濟也라 故로 能令枯楊更生稊하고 老夫更得少妻하니 拯弱興衰莫盛斯爻라 故로 无不利也라 老過則枯하고 少過則稚하니 以老分少하면 則稚者長하고 以稚分

老하면 則枯者榮하니 過以相與之謂也라 大過至衰而己至壯하니 以至壯輔至衰 應斯義也라

1) 稊者 楊之秀也 : '稊'는 虞翻의 註에 "稊는 穉이니, 버들잎이 아직 피지 못한 것을 '稊'라 한다.〔稊 穉也 楊葉未舒 稱稊〕"라고 하였다.(《周易集解 권6》) 그러나 程伊川과 朱子는 '稊'를 뿌리로 보았다.

2) 持 : 저본에는 '持'로 되어 있고, 岳本·閩本·監本·毛本에는 '特'으로 되어 있는데, '持'로 읽는 것이 낫다고 생각되어 그대로 두었고, 아래 疏의 '心无特吝'은 여기에 의거하여 '心无持吝'으로 바로잡았다.〔阮刻本 참조〕

'稊'는 버드나무의 빼어난 순이다. 陽으로서 陰의 자리에 처하였으니, 능히 그 本分을 넘어 약함을 구제하는 자이다. 위에 應이 없어서 마음이 버티거나(망설이거나) 인색함이 없으니, 이로써 大過에 처하면 어떤 쇠함도 구제되지 못함이 없다. 그러므로 능히 마른 버드나무에 다시 순이 생기게 하고 늙은 지아비가 젊은 아내를 얻게 하는 것이니, 약함을 구제하고 쇠함을 일으키는 것이 이 爻보다 더 성한 것이 없다. 그러므로 이롭지 않음이 없는 것이다.

늙음이 과하면 마르고 젊음이 과하면 어리니, 늙음을 가지고 젊은이에게 나누어주면 어린 자가 자라고, 어림을 가지고 늙은이에게 나누어주면 마른 것이 꽃피니, 과하게 서로 줌을 말한 것이다. 大過가 지극히 쇠한데 자기가 지극히 건장하니, 지극히 건장함으로써 지극히 쇠함을 보조하는 것이 이 뜻에 응한다.

【疏】'象曰藉用白茅'至'无不利' ○ 正義曰 : '枯楊生稊'者, 枯謂枯稿, 稊謂楊之秀者. 九二以陽處陰, 能過其本分, 而救其衰弱. 上无其應, 心无(特)〔持〕吝, 處大過之時, 能行此道, 无有衰者不被拯濟, 故衰者更盛, 猶若枯槁之楊, 更生少壯之稊, 枯老之夫, 得其少女爲妻也. '无不利'者, 謂拯弱興衰, 莫盛於此, 以斯而行, 无有不利也.

經의 〔象曰藉用白茅〕에서 〔无不利〕까지

○ 正義曰 : 〔枯楊生稊〕'枯'는 마름을 이르고, '稊'는 버드나무의 빼어난 순을 이른다. 九二가 陽으로서 陰의 자리에 처하여 능히 본래의 분수를 넘어 쇠약함을 구제한다. 위에 應이 없어서 마음이 버티거나 인색함이 없으니, 大過의 때에 처하여 능히 이런 방도를 행하면 어떤 쇠함도 구제함을 입지 못함이 없다. 그러므로 쇠한 자가 다시 성해지니, 마치 마른 버드나무에 다시 젊고 건장한 순이 생기고, 마르고 늙은 지아비가 젊은 여자를 얻어 아내로 삼는 것과 같다.

〔无不利〕약함을 구제하고 쇠함을 일으킴이 이보다 더 성함이 없으니, 이런 방식으로

행하면 이롭지 않음이 없음을 말한 것이다.

【疏】○ 注'稊者楊之秀也'至'應斯義也'○ 正義曰 : 稊者, 楊柳之穗, 故云"楊之秀也." '以陽處陰 能過其本而救其弱'者, 若以陽處陽, 是依其本分, 今以陽處陰, 是過越本分, 拯救陰弱也. '老過則枯 少過則稚'者, 老之太過, 則枯槁, 少之太過, 則幼稚也. '以老分少 則稚者長'(也)〔者〕[1], 謂老夫減老而與女妻, 女妻得之而更益長, 故云"以老分少, 則稚者長"也. '以稚分老 則枯者榮'者, 謂女妻減少而與老夫, 老夫得之, 似若槁者而更得生稊, 故云則枯者榮也. 云'大過至衰而已至壯 以至壯輔至衰 應斯義'者, 此大過之卦, 本明至壯輔至衰, 不論至衰減至壯, 故輔嗣此注特云"以至壯輔至衰也." 象曰"過以相與"者, 因至壯而輔至衰, 似女妻而助老夫, 遂因云"老夫減老而與少, 猶若至衰減衰而與壯也", 其實不然也.

1) (也)〔者〕: 저본에는 '也'로 되어 있으나, 注에 '也'자가 없으므로 疏의 체제에 의거하여 '者'로 바로잡았다.

○ 注의 〔稊者楊之秀也〕에서 〔應斯義也〕까지

○ 正義曰 : 〔稊〕 버드나무의 순이다. 그러므로 "버드나무의 빼어난 순이다."라고 말한 것이다.

〔以陽處陰 能過其本而救其弱〕 만약 陽으로서 陽의 자리에 처했으면 이는 본분에 따르는 것인데, 지금 陽으로서 陰의 자리에 처하였으니 이는 본분을 過越하여 약한 陰을 구원하는 것이다.

〔老過則枯 少過則稚〕 늙음이 너무 과하면 마르고, 젊음이 너무 과하면 어리다.

〔以老分少 則稚者長〕 늙은 지아비가 늙음을 덜어서 젊은 아내에게 주자 젊은 아내가 이를 얻어 다시 더욱 자람을 말한 것이다. 그러므로 "늙음을 가지고 젊은이에게 나누어주면 어린 자가 자란다."라고 말한 것이다.

〔以稚分老 則枯者榮〕 젊은 아내가 젊음을 덜어서 늙은 지아비에게 주자 늙은 지아비가 이를 얻음이 마치 마른 나무가 다시 순이 생기는 것과 같음을 말한 것이다. 그러므로 "〈어림을 가지고 늙은이에게 나누어주면〉 마른 것이 꽃편다."라고 한 것이다.

〔大過至衰而已至壯 以至壯輔至衰 應斯義也〕 이는 大過卦는 본래 지극히 건장함이 지극히 쇠함을 보좌함을 밝힌 것이요, 지극히 쇠함이 지극히 건장함을 줄임을 논한 것은 아니다. 그러므로 王輔嗣(王弼)의 이 注에 특별히 "지극히 건장함으로써 지극히 쇠함을 보

좌한다."라고 말한 것이다. 〈象傳〉에 "過越하여 서로 더분다."고 말한 것은 지극히 건장함을 인하여 지극히 쇠함을 보좌하는 것이 젊은 아내로서 늙은 지아비를 돕는 것과 같으므로, 마침내 인하여 "늙은 지아비가 늙음을 덜어 젊은이에게 줌은 마치 지극히 쇠한 자가 쇠함을 덜어 건장한 이에게 준 것과 같다."라고 한 것인데, 그 실제는 그렇지 않다.

象曰 老夫女妻는 過以相與也라

〈象傳〉에 말하였다. "늙은 지아비와 젊은 아내는 過越하여 서로 더부는 것이다."

【疏】正義曰 : 釋老夫女妻之義. 若老夫而有老妻, 是依分相對, 今老夫而得女妻, 是過分相與也. 老夫得女妻, 是女妻以少而與老夫, 老夫得少而更壯, 是女妻過分而與夫也. 女妻而得少夫, 是依分相對, 今女妻得老夫, 是老夫減老而與少. 女妻既得其老, 則益長, 是老夫過分而與妻也, 故云"過以相與." 象直云"老夫女妻", 不云"枯楊生稊"者, 枯楊則是老夫也, 生稊則女妻也, 其意相似, 故象略而不言.

正義曰 : '늙은 지아비와 젊은 아내'의 뜻을 해석하였다. 만약 늙은 지아비로서 늙은 아내를 두었으면 이는 본분에 따라 상대하는 것인데, 지금 늙은 지아비로서 젊은 아내를 얻었으니, 이는 본분을 넘어 서로 더부는 것이다. 늙은 지아비가 젊은 아내를 얻은 것은, 이는 젊은 아내가 젊음을 가지고 늙은 지아비에게 준 것이니, 늙은 지아비가 젊음을 얻어 다시 건장해진 것으로, 이는 젊은 아내가 본분을 넘어 지아비에게 준 것이다. 젊은 아내로서 젊은 지아비를 얻었으면 이는 본분에 따라 상대하는 것인데, 지금 젊은 아내로서 늙은 지아비를 얻었으니, 이는 늙은 지아비가 늙음을 덜어 젊은이에게 준 것이다. 젊은 아내가 이미 그 늙음을 얻었으면 더욱 자라니, 이는 늙은 지아비가 본분을 넘어 아내에게 준 것이다. 그러므로 "과월하여 서로 더분다."고 말한 것이다.

〈象傳〉에 단지 "늙은 지아비와 젊은 아내"만 말하고, "마른 버드나무에 순이 났다"고 말하지 않은 것은, 마른 버드나무는 바로 늙은 지아비이고 순이 난 것은 젊은 아내이니, 그 뜻이 서로 비슷하므로 〈象傳〉에 생략하고 말하지 않은 것이다.

九三은 棟橈하니 凶하니라

九三은 들보 기둥이 휘어지니, 흉하다.

【注】居大過之時하고 處下體之極하여 不能救危拯弱하여 以隆其棟하고 而以陽處陽하여 自守所居하고 又應於上하여 係心在一하니 宜其淹(弱)〔溺〕[1]而凶衰也라

1) (弱)〔溺〕: 저본에는 '弱'으로 되어 있으나, 岳本·宋本·古本·足利本에 의거하여 '溺'으로 바로잡았다.〔阮刻本 참조〕

大過의 때에 거하고 下體의 極에 처해서 위태로움과 약함을 구원하지 못하여 들보를 높이 하지 못하고, 陽으로서 陽의 자리에 처하여 스스로 거처하는 곳을 지키며 또 上六에 응하여 매어 있는 마음이 한 곳에 있으니, 빠져서 흉하고 쇠함이 마땅하다.

【疏】正義曰 : 居大過之時, 處下體之極, 以陽居陽, 不能救危拯弱, 唯自守而已. 獨應於上, 係心在一, 所以凶也. 心旣褊狹, 不可以輔救衰難, 故象云 "不可以有輔也."

正義曰 : 大過의 때에 거하고 下體의 極에 처하며, 陽으로서 陽의 자리에 처하여 위태로움과 약함을 구원하지 못하고 오직 스스로 지킬 뿐이다. 홀로 上六에 응하여 매어 있는 마음이 한 곳에 있으니, 이 때문에 흉한 것이다. 마음이 이미 편협하면 쇠함을 보조하고 환란을 구제하지 못한다. 그러므로 〈象傳〉에 "도움이 있을 수 없다."라고 한 것이다.

象曰 棟橈之凶은 不可以有輔也라

〈象傳〉에 말하였다. "들보 기둥이 휘어져 흉함은 도움이 있을 수 없는 것이다."

九四는 棟隆하여 吉하나 有它吝하니라

九四는 들보 기둥이 높이 솟아 길하나, 남에게 인색함이 있다.

【注】體屬上體하고 以陽處陰하여 能拯其弱하여 不爲下所橈者也라 故로 棟隆하여 吉也로되 而應在初하여 用心不弘이라 故로 有它吝也라

體가 上體에 속하고 陽으로서 陰의 자리에 처하여 능히 약함을 구제해서 아래에게 휘어짐을 당하지 않는 자이다. 그러므로 들보 기둥이 높이 솟아 길한 것이다. 그러나 應이 初六에 있어서 마음 씀이 넓지 못하다. 그러므로 남에게 인색함이 있는 것이다.

【疏】正義曰 : '棟隆 吉'者, 體居上體, 以陽處陰, 能拯救其弱, 不爲下所橈. 故得棟隆起而獲吉也. '有它吝'者, 以有應在初, 心不弘闊, 故有它吝也.[1]

1) 有它吝者……故有它吝也 : '有它吝'을 王弼과 孔穎達은 九四가 初六에 응하여 마음 씀이 넓지 못하므로 남에게 인색한 것으로 해석하였다.

　　반면 程伊川은 '有它'를 '다른 뜻이 있음'으로, '吝'을 '부족하여 하찮게 여길 만함'으로 보아, "大過의 때에는 陽剛이 아니면 구제할 수 없고, 剛으로 柔位에 처함은 마땅함을 얻음이 되니, 만약 또 初六의 陰과 서로 응하면 지나침이 된다. 이미 剛柔가 마땅함을 얻었는데, 뜻이 다시 陰에 응하면 이는 다른 마음이 있는 것이다. 다른 마음이 있으면 剛에 누가 되니, 비록 크게 해로움에는 이르지 않으나 또한 하찮게 여길 만한 것이다. 大過의 때에는 동하면 過함이 된다.〔大過之時 非陽剛 不能濟 以剛處柔 爲得宜矣 若又與初六之陰相應 則過也 旣剛柔得宜 而志復應陰 是有它也 有它 則有累於剛 雖未至於大害 亦可吝也 蓋大過之時 動則過也〕"라고 하였다. 朱子도 이를 따랐는바, 즉 九四가 初六에 응하는 것을 '다른 마음이 있음〔有它〕'으로 본 것이다.

　　正義曰 :〔棟隆 吉〕體가 上體에 거하고 陽으로서 陰의 자리에 처하여 능히 약함을 구제해서 아래에게 흔들림을 당하지 않는다. 그러므로 들보 기둥이 높이 솟아서 길함을 얻는 것이다.

　　〔有它吝〕應이 初六에 있어서 마음이 넓고 크지 못하다. 그러므로 남에게 인색함이 있는 것이다.

象曰 棟隆之吉은 不橈乎下也라

〈象傳〉에 말하였다. "들보 기둥이 높이 솟아 길함은 아래에게 휘어짐을 당하지 않는 것이다."

【疏】正義曰 : 釋棟隆之吉, 以其能拯於難, 不被橈乎在下, 故得棟隆吉. 九四應初, 行又謙順, 能拯於難. 然唯只拯初, 初謂下也. 下得其拯, 猶若所居屋棟隆起, 下必不橈, 若何得之, 不被橈乎在下. 但經文云"棟橈", 象釋棟橈者, 本末弱也, 以屋棟橈弱而偏, 則屋下榱柱亦先弱. (柱)〔棟〕1)爲本, (棟)〔榱〕2)爲末, 觀此象辭, 是足見其義. 故子産云"棟折榱崩, 僑將壓焉",3) 以屋棟橈折, 則榱柱亦同崩, 此則義也.

1) (柱)〔棟〕 : 저본에는 '柱'로 되어 있으나, 阮刻本〈校勘記〉에 "盧文弨가 말하기를 '마땅히 「棟爲本」이 되어야 한다.' 하였다."라고 한 것에 의거하여 '棟'으로 바로잡았다.

2) (棟)〔榱〕 : 저본에는 '棟'으로 되어 있으나, 錢本·宋本에 의거하여 '榱'로 바로잡았다.〔阮刻本 참조〕

3) 故子産云……僑將壓焉 : 子産은 春秋시대 鄭나라의 명재상인 公孫僑의 字인바, 이 내
용은 ≪春秋左氏傳≫ 襄公 31년조에 보인다.

正義曰 : '들보 기둥이 높이 솟아 길함'을 해석하였으니, 능히 환란을 구제하여 아래에
있는 자에게 휘어짐을 당하지 않는다. 그러므로 들보 기둥이 높이 솟아 길함을 얻은 것이
다. 九四는 初六에 응하고 행실이 또 겸손하고 순하여 능히 환란을 구제한다. 그러나 오
직 初六만을 구원하니, 初六은 아래를 이른다.

아래가 구원함을 얻음은, 마치 거하는 바의 지붕의 들보가 높이 솟아서 아래가 반드시
휘어지지지 않는 것과 같으니, 어찌하여 이것을 얻었는가. 아랫자리에 있는 자에게 휘어
짐을 당하지 않기 때문이다.

다만 經文에는 "들보 기둥이 휘어진다." 하였는데, 〈象傳〉에 "들보 기둥이 휘어짐은 本
과 末이 약하기 때문이다."라고 하였으니, 지붕의 들보가 휘어지고 약하여 기울면 지붕
아래의 서까래와 기둥이 또한 먼저 약해진다. 들보 기둥이 本이 되고 서까래가 末이 되
니, 이 〈象傳〉의 말을 보면 여기에서 충분히 그 뜻을 알 수 있다. 그러므로 子産이 말하
기를 "들보 기둥이 부러지고 서까래가 무너지면 내 장차 압사할 것이다."라고 하여, 지붕
의 들보 기둥이 휘어지고 꺾이면 서까래와 기둥 또한 함께 무너진다고 하였으니, 이것이
바로 그 뜻이다.

九五는 枯楊生華하고 老婦得其士夫하니 无咎无譽하니라

九五는 마른 버드나무가 꽃이 피며 늙은 지어미가 젊은 남편을 얻었으니, 허물도
없고 명예도 없다.

【注】處得尊位나 而以陽處陽하여 未能拯危라 處得尊位하여 亦未有橈라 故로 能生華나 不
能生稊하고 能得夫나 不能得妻라 處棟橈之世하여 而爲无咎无譽하니 何可長哉리오 故로 生
華不可久며 士夫誠可醜也라

처함이 尊位를 얻었으나 陽으로서 陽의 자리에 처하여 위태로움을 구원하지 못한다.
처함이 尊位를 얻어 또한 휘어짐이 없으므로 능히 꽃이 피나 순이 생기지 못하고, 능히
남편을 얻으나 젊은 아내를 얻지 못하는 것이다. 기둥이 휘어지는 세상에 처하여 허물도
없고 명예도 없으니, 어찌 장구하겠는가. 그러므로 꽃이 피었으나 오래갈 수 없고, 젊은
남자를 얻은 것이 진실로 추악할 만한 것이다.

【疏】'九五枯楊生華'至'无咎无譽' ○ 正義曰 : '枯楊生華'者, 處得尊位, 而以陽居陽, 未能拯危, 不如九二枯楊生稊. 但以處在尊位, 唯得枯楊生華而已. 言其衰老, 雖被拯救, 其益少也. 又似年老之婦, 得其彊壯士夫, 婦已衰老, 夫又彊大, 亦是其益少也. 所拯難處少, 纔得无咎而已, 何有聲譽之美, 故无咎无譽也.

經의 〔九五枯楊生華〕에서 〔无咎无譽〕까지

○ 正義曰 : 〔枯楊生華〕 처함이 尊位를 얻었으나 陽으로서 陽의 자리에 처하여 위태로움을 구원하지 못하니, 九二의 '마른 버드나무가 순이 생김'만 못한 것이다. 다만 처함이 尊位에 있어서 오직 마른 버드나무가 꽃이 핌을 얻었을 뿐이다. 이는 노쇠하여 비록 구원을 받지만 그 유익함이 적음을 말한 것이다.

또 나이 많은 늙은 부인이 강하고 건장한 士夫를 얻은 것과 같으니, 부인이 이미 노쇠하였는데 남편이 또 강하고 크면 또한 유익함이 적은 것이다. 환란을 구제하는 곳이 적어서 겨우 허물이 없음을 얻었을 뿐이니, 무슨 명예의 아름다움이 있겠는가. 그러므로 허물도 없고 명예도 없는 것이다.

【疏】 ○ 注'處得尊位'至'誠可醜也' ○ 正義曰 : '處得尊位 亦未有橈'者, 以九三不得尊位, 故有棟橈, 今九五雖與九三同以陽居陽, 但九五處得尊位, 功雖未廣, 亦未有橈弱, 若其橈弱, 不能拯難, 不能使枯楊生華也. 以在尊位, 微有拯難, 但其功狹少, 但使枯楊生華而已, 不能生稊也. '能得夫 不能得妻'者, 若拯難功闊, 則老夫得其女妻, 是得少之甚也. 今旣拯難功狹, 但能使老婦得士夫而已, 不能(使)〔得〕¹⁾女妻, 言老婦所得利益薄少, 皆爲拯難功薄, 故所益少也.

1) (使)〔得〕: 저본에는 '使'로 되어 있으나, 宋本에 의거하여 '得'으로 바로잡았다.〔阮刻本 참조〕

○ 注의 〔處得尊位〕에서 〔誠可醜也〕까지

○ 正義曰 : 〔處得尊位 亦未有橈〕 九三은 尊位를 얻지 못했기 때문에 기둥이 휘어졌는데, 지금 九五는 비록 九三과 함께 똑같이 陽으로서 陽의 자리에 거하였으나, 다만 九五는 처함이 尊位를 얻어서 功이 비록 넓지 못하지만 또한 휘어지고 약함이 있지 않은 것이니, 만약 휘어지고 약하여 환란을 구제하지 못하면 마른 버드나무로 하여금 꽃이 피게 하지 못한다. 尊位에 있으면서 약간 환란을 구제함이 있으나 그 功이 협소하니, 다만 마른 버드나무로 하여금 꽃이 피게 할 뿐이요 순이 생기게 하지는 못한다.

〔能得夫 不能得妻〕만약 환란을 구제한 功이 크면 늙은 지아비가 젊은 아내를 얻은 것이니, 이는 젊음을 얻음이 심한 것이다. 그런데 이제 이미 환란을 구제한 功이 좁아서 다만 늙은 지어미로 하여금 士夫를 얻게 할 뿐이요 젊은 아내를 얻지 못했으니, 늙은 지어미가 얻은 이익이 薄하고 적음을 말한 것인바, 모두 환란을 구원한 功이 적기 때문에 유익한 바가 적은 것이다.

象曰 枯楊生華하니 何可久也리오 老婦士夫는 亦可醜也라

〈象傳〉에 말하였다. "마른 버드나무가 꽃이 피니, 어찌 장구할 수 있겠는가. 늙은 지어미가 士夫를 얻은 것은 또한 추악할 만하다."

【疏】正義曰 : '枯楊生華 何可久'者, 枯槁之楊被拯, 纔得生華, 何可長久, 尋當衰落也. '老婦士夫 亦可醜也'者, 婦當少稚於夫, 今年老之婦而得彊壯士夫, 亦可醜辱也. 此言九五不能廣拯衰難, 但使枯楊生華而已, 但使老婦得其士夫而已, 拯難狹劣, 故不得長久, 誠可醜辱, 言不如九二也.

正義曰 : 〔枯楊生華 何可久〕마른 버드나무가 구원을 받아 겨우 꽃이 핌을 얻었으니, 어찌 장구하겠는가. 얼마 있으면 마땅히 쇠하여 떨어질 것이다.

〔老婦士夫 亦可醜也〕지어미는 마땅히 남편보다 다소 어려야(젊어야) 하는데 이제 나이 많은 늙은 부인이 강하고 건장한 士夫를 얻었으니, 또한 추악하고 욕될 만한 것이다. 이는 九五가 쇠함과 혼란함을 널리 구제하지 못하여 다만 마른 버드나무로 하여금 꽃이 피게 할 뿐이고 다만 늙은 지어미로 하여금 士夫를 얻게 할 뿐이니, 환란을 구제한 것이 협소하므로 장구하지 못하여 진실로 추악하고 욕될 만한 것인바, 九二만 못함을 말한 것이다.

上六은 過涉滅頂이라 凶하나 无咎로다

上六은 과하게 건너서 이마를 없앤 것이다. 흉하나 허물할 수가 없다.

【注】處太過之極하니 過之甚也라 涉難過甚이라 故로 至于滅頂凶이요 志在救時라 故로 不可咎也라

大過의 極에 처하였으니, 과함이 심한 것이다. 難을 건넘에 과함이 심하였으므로 이마

를 없애는 흉함에 이른 것이요, 뜻이 때를 구원함에 있으므로 허물할 수가 없는 것이다.

【疏】正義曰 : 處大過之極, 是過越之甚也. 以此涉危難, 乃至於滅頂, 言涉難深也. 旣滅其頂, 所以凶也. '无咎'者, 所以涉難滅頂, 至于凶亡, 本欲濟時拯難, 意善功惡, 无可咎責. 此猶龍逢·比干,[1] 憂時危亂, 不懼誅殺, 直言深諫, 以忤无道之主, 遂至滅亡. 其意則善, 而功不成, 復有何咎責. 此亦過涉滅頂凶无咎之象, 故象云"不可咎", 言不可害於義理也.[2]

1) 龍逢比干 : 모두 忠臣으로, 龍逢은 夏나라 桀王에게 忠諫을 하다가 죽임을 당하고, 比干은 殷나라 紂王에게 죽임을 당하였다.

2) 无咎者……言不可害於義理也 : '无咎'를 王弼과 孔穎達은 '上六이 환란을 건넘은 세상을 구제하고자 한 것이었으므로 의리상 해롭지 않아 허물할 수 없음'의 의미로 보았는데, 朱子 역시 "過極한 자리에 처하여 재주가 약하여 건널 수 없으나, 의리에는 无咎가 되니, 殺身成仁의 일이다.〔處過極之地 才弱不足以濟 然於義爲无咎矣 蓋殺身成仁之事〕"라고 하였다.

반면 程伊川은 '无咎'를 '上六이 원망할 데가 없음'의 의미로 보아, "上六은 陰柔로 過極에 처하였으니, 이는 小人으로서 보통보다 過함이 지극한 자이다. 小人의 이른바 '大過'라는 것은 크게 남보다 뛰어난 일을 할 수 있는 것이 아니요, 다만 常道를 지나고 이치를 넘어 위태로움과 망함을 근심하지 않고, 험함을 밟고 禍患을 밟을 뿐이다. 마치 물을 지나치게 건너서 그 이마까지 빠지는 것과 같으니, 그 흉함을 알 수 있다. 小人이 미친 짓을 하고 조급하여 스스로 화를 받음은 당연하니, 다시 장차 누구를 원망하겠는가. 그러므로 '탓할 데가 없다'고 말하였으니, 스스로 한 것이어서 원망하고 탓할 데가 없음을 말한 것이다.〔六以陰柔 處過極 是小人過常之極者也 小人之所謂大過 非能爲大過人之事也 直過常越理 不恤危亡 履險蹈禍而已 如過涉於水 至滅沒其頂 其凶可知 小人狂躁以自禍 蓋其宜也 復將何尤 故曰无咎 言自爲之 无所怨咎也〕"라고 하였다.

正義曰 : 大過의 極에 처하였으니, 이는 過越함이 심한 것이다. 이로써 위태로움과 難을 건너면 마침내 이마를 없앰에 이르니, 難을 건넘이 깊음을 말한 것이다. 이미 그 이마를 없앴으니, 이 때문에 흉한 것이다.

〔无咎〕患亂을 건너다가 이마를 없애서 흉하고 망함에 이르렀으니, 본래 세상을 구제하고 환란을 구제하고자 하여 뜻이 좋으나 功은 나쁘니, 허물하고 책망할 만한 것이 없다. 이는 마치 龍逢과 比干이 세상의 위태로움과 혼란을 근심하여 誅殺을 두려워하지 않고, 곧은 말을 하고 깊이 諫하여 无道한 군주를 거슬러서 마침내 멸망에 이른 것과 같다.

그 뜻은 좋으나 功이 이루어지지 못한 것이니, 다시 무슨 허물과 책망이 있겠는가. 이 또한 과하게 건너 이마를 없애서 흉하나 허물할 수가 없는 象이다. 그러므로 〈象傳〉에 "허물할 수 없다."라고 하였으니, 의리에 해롭지 않음을 말한 것이다.

象曰 過涉之凶은 不可咎也라

〈象傳〉에 말하였다. "지나치게 건너 흉함은 허물할 수가 없는 것이다."

【注】雖凶이나 无咎는 不害義也라

비록 흉하나 허물할 수가 없음은 의리에 해롭지 않은 것이다.

29. 坎☵ 坎下坎上

習坎이니

坎을 익힘이니,

【注】坎은 險陷之名也요 習은 謂便習之라

坎은 험하고 빠짐의 이름이고, 習은 익숙히 익힘[便習]을 이른다.

【疏】正義曰：坎, 是險陷之名. 習者, 便習之義. 險難之事, 非經便習, 不可以行, 故須便習於坎, 事乃得用, 故云"習坎"也. 案諸卦之名, 皆於卦上不加其字, 此坎卦之名, 特加習者, 以坎爲險難, 故特加習名. 習有二義. 一者, 習重也, 謂上下俱坎. 是重疊有險, 險之重疊, 乃成險之用也.[1] (一)〔二〕[2]者, 人之行險, 先須使習其事, 乃可得通, 故云"習"也.

1) 一者……乃成險之用也 : 程伊川과 朱子는 모두 이 뜻을 따라 '習坎'을 '거듭된 坎'으로 해석하였다.
2) (一)〔二〕 : 저본에는 '一'로 되어 있으나, 錢本·宋本에 의거하여 '二'로 바로잡았다.〔阮刻本 참조〕

正義曰：'坎'은 바로 험하고 빠짐의 이름이다. '習'은 익숙히 익힘[便習]의 뜻이다. 험난한 일은 便習을 거치지 않으면 행할 수 없다. 그러므로 모름지기 坎을 便習하여야 일이 비로소 쓰일 수 있으므로 "坎을 익힌다."라고 한 것이다.

살펴보건대, 여러 卦의 이름이 모두 卦 위에 글자를 더하지 않았는데, 이 坎卦의 이름에 특별히 '習'字를 가한 것은, 坎이 험난함이 되기 때문에 특별히 '習'의 이름을 가한 것이다.

習은 두 가지 뜻이 있다. 첫 번째는 '거듭한다'는 뜻이니, 위아래가 모두 坎임을 이른다. 이는 重疊으로 험함이 있는 것이니, 험함이 중첩되면 바로 험함의 쓰임을 이루는 것이다. 두 번째는 사람이 험한 곳을 행할 때에는 먼저 모름지기 그 일을 便習하여야 비로소 통할 수 있으므로 "習"이라 한 것이다.

有孚하여 維心亨하니

성실함이 있어서 마음이 형통하니,

【注】剛正在內는 有孚者也요 陽不外發而在乎內는 心亨者也라

剛과 正이 안에 있음은 성실함이 있는 것이요, 陽이 밖으로 나오지 않고 안에 있음은 마음이 형통한 것이다.

【疏】'有孚維心亨' ○ 正義曰 : '有孚'者, 亨, 信也, 由剛正在內, 故有信也. '維心亨'者, 陽不發外而在於內, 是維心亨, 言心得通也.

經의 〔有孚維心亨〕

○ 正義曰 :〔有孚〕 형통함은 성실하기 때문이니, 剛과 正이 안에 있으므로 성실함이 있는 것이다.

〔維心亨〕 陽이 밖으로 나오지 않고 안에 있으니, 이는 마음이 형통한 것인바, 마음이 형통함을 얻음을 말한 것이다.

【疏】○ 注'剛正在內'至'心亨者也' ○ 正義曰 : '剛正在內'者, 謂陽在中也, (因)〔內〕[1]心剛正, 則能有誠信, 故云"剛正在內, 有孚者也." '陽不外發而在乎內 心亨者也', 若外陽內陰, 則內心柔弱, 故不得亨通, 今以陽在於內, 陽能開通, 故維其在心之亨也.

1) (因)〔內〕: 저본에는 '因'으로 되어 있으나, 錢本·宋本에 의거하여 '內'로 바로잡았다.〔阮刻本 참조〕

○ 注의 〔剛正在內〕에서 〔心亨者也〕까지

○ 正義曰 :〔剛正在內〕 陽이 中에 있음을 이르니, 안에 마음이 剛하고 바르면 능히 誠信을 소유하므로 "剛과 正이 안에 있음은 성실함이 있는 것이다."라고 말한 것이다.

〔陽不外發而在乎內 心亨者也〕 만약 밖이 陽이고 안이 陰이면 안의 마음이 유약하기 때문에 형통함을 얻지 못하는데, 지금 陽이 안에 있어서 陽이 통함을 열 수 있기 때문에 마음에 있는 형통함인 것이다.

行有尙이라

행함에 높일 만한 것이 있다.

【注】內亨外闇하고 內剛外順하니 以此行險이면 行有尙也라

안은 형통하고 밖은 어두우며 안은 剛하고 밖은 順하니, 이로써 험함을 행하면 행함에 높임이 있는 것이다.

【疏】'行有尙' ○ 正義曰 : 內亨外闇, 內剛外柔, 以此行險, 事可尊尙, 故云"行有尙"也.

經의 〔行有尙〕

○ 正義曰 : 안은 형통하고 밖은 어두우며 안은 剛하고 밖은 柔順하니, 이로써 험함을 행하면 일이 높일 만하기 때문에 "행함에 높일 만한 것이 있다."라고 말한 것이다.

【疏】○ 注'內亨外闇'至'行有尙也' ○ 正義曰 : 內亨外闇者, 內陽故內亨, 外陰故外闇, 以亨通之性而往(謂)〔詣〕[1]陰闇之所, 能通於險, 故行可貴尙也.

1) (謂)〔詣〕: 저본에는 '謂'로 되어 있으나, 毛本에 의거하여 '詣'로 바로잡았다.〔阮刻本 참조〕

○ 注의 〔內亨外闇〕에서 〔行有尙也〕까지

○ 正義曰 : 〔內亨外闇〕 陽이 안에 있기 때문에 안이 형통하고, 陰이 밖에 있기 때문에 밖이 어두운 것이니, 형통한 성질로 陰闇의 장소에 가서 능히 험함을 통할 수 있다. 그러므로 행함이 귀할 만하고 높일 만한 것이다.

象曰 習坎은 重險也니

〈象傳〉에 말하였다.

"習坎은 거듭된 험함이니,

【注】坎은 以險爲用이라 故로 特名曰 重險이라 言習坎者는 習(重乎)〔乎重〕[1]險也라

1) (重乎)〔乎重〕: 저본에는 '重乎'로 되어 있으나, 아래의 疏와 岳本・宋本・古本・足利本에 의거하여 '乎重'으로 바로잡았다.〔阮刻本 참조〕

坎은 험함을 쓰임으로 삼는다. 그러므로 특별히 이름하기를 "重險"이라 한 것이다. 習

坎이라고 말한 것은 '거듭된 험함[重險]'을 익히는 것이다.

【疏】'象曰習坎重險也' ○ 正義曰 : 釋習坎之義. 言習坎者, 習行重險, 險, 難也. 若險難不重, 不爲至險, 不須便習, 亦可濟也, 今險難旣重, 是險之甚者, 若不便習, 不可濟也, 故注云"習坎者, 習重險也."

經의 〔象曰習坎重險也〕

○ 正義曰 : '習坎'의 뜻을 해석하였다. '習坎'이라고 말한 것은 '거듭된 험함[重險]'을 익혀 행하는 것이니, 險은 어려움이다. 만일 험난함이 거듭되지 않으면 지극히 험함이 되지 않으니, 굳이 便習하지 않더라도 구제할 수 있지만, 지금 험난함이 이미 거듭되니 이는 험난함이 심한 것이므로 만약 便習하지 않으면 건널 수 없다. 그러므로 注에 "習坎은 거듭된 험함을 익히는 것이다."라고 한 것이다.

【疏】注'坎以險爲用'至'習乎重險也' ○ 正義曰 : '言習坎者 習乎重險也'者, 言人便習於坎, 止是便習重險, 便習之語, 以釋習名. 兩坎相重, 謂之重險, 又當習義, 是一習之名, 有此兩義.

注의 〔坎以險爲用〕에서 〔習乎重險也〕까지

○ 正義曰 : 〔言習坎者 習乎重險也〕 사람이 坎을 便習한다고 말한 것은 다만 거듭된 험함을 便習하는 것이니, 便習이란 말로 習의 이름을 해석한 것이다. 두 坎이 서로 거듭함을 '重險'이라 이르고, 또 익힘의 뜻에 해당하니, 이는 한 '習'의 이름에 이 두 가지 뜻이 있는 것이다.

水流而不盈하며 行險而不失其信하나니라

물이 흘러가도 차지 않으며 험함을 행하면서도 그 성실함을 잃지 않는다.

【注】險陷之(釋)〔極〕[1]이라 故로 水流而不能盈也라 處至險而不失剛中하고 行險而不失其信者는 習坎之謂也라

1) (釋)〔極〕: 저본에는 '釋'으로 되어 있으나, 岳本·閩本·監本·毛本에 의거하여 '極'으로 바로잡았다.〔阮刻本 참조〕

험하고 높음이 지극하기 때문에 물이 흘러도 능히 채우지 못한다. 지극히 험함에 처하

여 剛中을 잃지 않고 험함을 행하면서도 그 성실함을 잃지 않는 것은 習坎임을 이른 것이다.

【疏】'水流而不盈'至'不失其信' ○ 正義曰：此釋重險·習坎之義. 水流而不盈, 謂險陷旣極, 坑穽特深, 水雖流注, 不能盈滿, 言險之甚也. 釋重險之義也. 行險而不失其信, 謂行此至險, 能守其剛中, 不失其信也, 此釋習坎及有孚之義也. 以能便習於險, 故守剛中, 不失其信也.

經의 〔水流而不盈〕에서 〔不失其信〕까지

○ 正義曰：이는 重險과 習坎의 뜻을 해석한 것이다.

'水流而不盈'은 험함과 빠짐이 이미 지극함에 구덩이와 함정이 특별히 깊어서 물이 비록 흘러가고 주입하나 능히 가득 차지 못함을 이르니, 이는 험함이 심함을 말한 것인바, 重險의 뜻을 해석한 것이다.

'行險而不失其信'은 이 지극히 험함을 행함에 능히 剛中을 지켜서 그 성실함을 잃지 않음을 이르니, 이는 習坎과 有孚의 뜻을 해석한 것이다. 능히 험함을 便習하기 때문에 剛中을 지켜서 그 성실함을 잃지 않는 것이다.

【疏】○ 注'險陷之極'至'習坎之謂也' ○ 正義曰：'險陷之極 故水流而不能盈'者, 若淺岸平谷, 則水流有可盈滿, 若其崖岸險峻, 澗谷泄漏, 是水流不可盈滿, 是險難之極也.

○ 注의 〔險陷之極〕에서 〔習坎之謂也〕까지

○ 正義曰：〔險陷之極 故水流而不能盈〕만약 얕은 언덕과 평평한 골짜기이면 물이 흘러가 가득 채울 수 있지만, 만약 그 언덕이 험하고 높으며 시내와 골짜기로 물이 새면 이는 물이 흘러도 가득 채울 수가 없으니, 이는 험난함이 지극한 것이다.

維心亨은 乃以剛中也요 行有尙은 往有功也라

마음이 형통함은 바로 剛中하기 때문이요, 행함에 높일 만함이 있는 것은 가면 功이 있는 것이다.

【注】便習於坎하여 而之坎地에 盡坎之宜라 故로 往必有功也라

坎을 便習하여 坎의 땅으로 감에 坎의 마땅함을 다하였다. 그러므로 가면 반드시 功이

있는 것이다.

【疏】正義曰：'維心亨 乃以剛中也'者, 釋維心亨義也, 以剛在於中, 故維得心亨也. '行有尙 往有功'者, 此釋行有尙也, 旣便習於坎, 而往之險地, 必有其功, 故云"行有尙, 往有功也."

正義曰：〔維心亨 乃以剛中也〕'마음이 형통함'의 뜻을 해석한 것이니, 剛이 中에 있기 때문에 마음이 형통함을 얻는 것이다.

〔行有尙 往有功〕이는 '행함에 높일 만함'을 해석한 것이니, 이미 坎을 便習하여 험한 땅으로 가면 반드시 功이 있다. 그러므로 "행함에 높일 만함이 있음은 가면 功이 있는 것이다."라고 한 것이다.

天險은 不可升也요

하늘의 험함은 올라갈 수 없고,

【注】不可得升이라 故로 得保其威尊이라

올라갈 수가 없기 때문에 그 위엄과 높음을 보존할 수 있는 것이다.

【疏】正義曰：此已下, 廣明險之用也. 言天之爲險, 懸邈高遠, 不可升上, 此天之險也. 若其可升, 不得保其威尊, 故以不可升爲險也.

正義曰：이 이하는 險의 쓰임을 넓혀 밝힌 것이다. 하늘의 험함은 높고 멀리 매달려 있어서 올라갈 수가 없으니, 이것이 하늘의 험함임을 말한 것이다. 만약 올라갈 수가 있으면 그 위엄과 높음을 보장할 수가 없다. 그러므로 올라갈 수 없는 것을 험함으로 삼는 것이다.

地險은 山川丘陵也요

땅의 험함은 山川과 구릉이요,

【注】有山川丘陵이라 故로 物得以保全也라

산천과 구릉이 있기 때문에 물건이 保全될 수 있는 것이다.

【疏】正義曰：言地以山川丘陵而爲險也, 故使地之所載之物, 保守其全. 若无山川丘陵, 則地之所載之物, 失其性也, 故地以山川丘陵而爲險也.

正義曰：땅이 산천과 구릉을 험함으로 삼기 때문에 땅에 실려 있는 물건들로 하여금 그 온전함을 보존하여 지키게 함을 말한 것이다. 만약 산천과 구릉이 없으면 땅에 실려 있는 물건들이 그 본성을 잃게 된다. 그러므로 땅은 산천과 구릉을 험함으로 삼는 것이다.

王公이 設險以守其國하나니

王公이 험함을 만들어서 그 나라를 지키니,

【注】國之爲衛는 恃於險也니 言自天地以下로 莫不須險也라

나라를 보위함은 험한 지형을 믿는 것이니, 하늘과 땅 이하로 험함을 필요로 하지 않음이 없음을 말한 것이다.

【疏】正義曰：言王公法象天地, 固其城池, 嚴其法令, 以保其國也.

正義曰：王公이 하늘과 땅을 본받고 형상하여 城과 해자를 견고히 하고 법령을 엄격히 시행해서 그 나라를 보존함을 말한 것이다.

險之時用이 大矣哉라

險을 때로 씀이 盛大하다."

【注】非用之常이니 用有時也라

늘 쓰는 것이 아니니, 씀에 때가 있는 것이다.

【疏】正義曰：言天地已下, 莫不須險, 險(雖)〔難〕[1]有時而用, 故其功盛大矣哉.

1) (雖)〔難〕: 저본에는 '雖'로 되어 있으나, 宋本에 의거하여 '難'으로 바로잡았다.〔阮刻本 참조〕

正義曰：하늘과 땅 이하로 험함을 필요로 하지 않음이 없어서 험난함을 쓸 때가 있다. 그러므로 그 功이 성대한 것이다.

【疏】 ○ 注'非(國)〔用〕¹⁾之常用有時也' ○ 正義曰：若天險地險, 不可暫无, 此謂人之設險, 用有時也. 若化洽平治, 內外輯睦, 非用險也, 若家國有虞, 須設險防難, 是用有時也.

1) (國)〔用〕：저본에는 '國'으로 되어 있으나, 注에 의거하여 '用'으로 바로잡았다.

○ 注의 〔非用之常用有時也〕

○ 正義曰：하늘의 험함과 땅의 험함으로 말하면 잠시도 없어서는 안 되고, 이것은 사람이 험함을 만드는 것이 씀에 때가 있음을 말한 것이다. 만약 교화가 흡족하여 나라가 편안하게 다스려져서 안과 밖이 화목하면 험함을 쓸 때가 아니요. 만약 나라와 집안에 근심할 만한 일이 있으면 모름지기 험함을 만들어 難을 방지하여야 하니, 이것이 '씀에 때가 있는 것'이다.

象曰 水洊至 習坎이니

〈象傳〉에 말하였다.

"물이 거듭 이르는 것이 習坎卦이니,

【注】 重險懸絶이라 故로 水洊至也라 不以坎爲隔絶이요 相仍而至니 習乎坎也라

거듭된 험함이 멀리 떨어져 있으므로 물이 거듭 이르는 것이다. 坎을 멀리 떨어져 있다고 한 것이 아니요 서로 이어서 오니, 이것이 坎을 거듭〔習〕한 것이다.

【疏】 正義曰：重險懸絶, 其水不以險之懸絶, 水亦相仿而至, 故謂爲習坎也. 以人之便習于坎, 猶若水之洊至, 水不以險爲難也.

正義曰：거듭된 험함이 멀리 떨어져 있으나 물은 험함이 멀리 떨어져 있다고 여기지 않고 물이 또한 서로 계속하여 이르므로 習坎이라 한 것이다. 사람이 坎을 便習함은 물이 거듭 이르는 것과 같으니, 물은 험함을 어려움으로 삼지 않는다.

君子以常德行하고 習敎事하니라

君子가 보고서 德行을 항상하고 가르치는 일을 익힌다."

【注】 至險未夷하니 敎不可廢라 故로 以常德行而習敎事也라 習於坎然後에 乃能不以險

難爲困하여 而德行不失常也라 故로 則(칙)夫習坎하여 以常德行하고 而習敎事也라

지극히 험하여 아직 평탄하지 못하니 가르침을 폐할 수 없다. 그러므로 德行을 항상하고 가르치는 일을 익히는 것이다. 坎을 익힌 연후에 비로소 능히 험난함을 곤궁함으로 삼지 않아서 德行이 떳떳함을 잃지 않는다. 그러므로 習坎을 본받아서 德行을 항상하고 가르치는 일을 익히는 것이다.

【疏】正義曰:言君子當法此, 便習於坎, 不以險難爲困, 當守德行, 而習其政敎之事, 若能習其敎事, 則可便習於險也.

正義曰:君子가 마땅히 이것을 본받아서 坎을 便習하여 험난함을 곤궁으로 여기지 않고, 마땅히 德行을 지키며 그 政事와 가르치는 일을 익힘을 말한 것이니, 만약 가르치는 일을 익히면 험함을 便習할 수 있다.

初六은 習坎하되 入于坎窞(담)하니 凶하니라

初六은 坎을 익히되 구덩이 속으로 들어가니, 흉하다.

【注】習坎者는 習爲險難之事也라 最處坎底하여 入坎窞者也라 處重險而復入坎底하니 其道凶也라 行險而不能自濟하고 習坎而入坎窞하여 失道而窮在坎底어늘 上无應援可以自濟하니 是以凶也라

習坎은 험난한 일을 익히는 것이다. 初六은 坎의 가장 밑바닥에 처하여 구덩이 속으로 들어가는 것이다. 거듭된 險에 처하여 다시 坎의 밑바닥으로 들어가니, 그 道가 흉하다. 험함을 행하면서 스스로 구제하지 못하고, 坎을 익히되 구덩이 속으로 들어가서 道를 잃고 곤궁하게 구덩이 밑바닥에 있는데, 위에 자신을 구제해줄 응원이 없다. 이 때문에 흉한 것이다.

【疏】正義曰:旣處坎底, 上无應援, 是習爲險難之事. 无人應援, 故入於坎窞, 而至凶也. 以其失道, 不能自濟, 故象云"失道凶也."

正義曰:이미 坎의 밑바닥에 처하여 위에 응원이 없으니, 이는 험난한 일을 익히는 것이다. 응원해주는 사람이 없기 때문에 구덩이 속으로 들어가서 흉함에 이른 것이다. 그 道를 잃어서 스스로 구제하지 못하기 때문에 〈象傳〉에 "道를 잃어 흉하다."라고 한 것이다.

象曰 習坎入坎은 失道하여 凶也라

〈象傳〉에 말하였다. "'坎을 익히되 구덩이 속으로 들어감'은 道를 잃어 흉한 것이다."

九二는 坎有險이나 求小得하리라

九二는 坎이면서 험함이 있으나 구하는 것을 조금 얻으리라.

【注】 履失其位라 故로 曰坎이요 上无應援이라 故로 曰有險하니 坎而有險하여 未能出險之中也라 處中而與初三相得이라 故로 可以求小得也나 初三이 未足以爲援이라 故로 曰小得也라

밝은 자리가 正位를 잃었기 때문에 "坎"이라 하였고, 위에 응원이 없기 때문에 "험함이 있다."라고 하였으니, 坎이면서 험함이 있어 험한 가운데를 탈출하지 못하였다. 中에 처하여 初六·六三과 서로 맞기 때문에 구함을 다소 얻을 수 있으나, 初六·六三이 응원이 될 수 없기 때문에 "조금 얻는다."라고 말한 것이다.

【疏】 正義曰 : '坎有險'者, 履失其位, 故曰"坎"也, 上无應援, 故曰"有險."[1] 旣在坎難, 而又遇險, 未得出險之中, 故象云"未出中也." '求小得'者, 以陽處中, 初·三來附, 故可以求小得也. 初·三柔弱, 未足以爲大援, 故云"求小得"也.[2]

1) 坎有險者……故曰有險 : '坎有險'을 王弼과 孔穎達은 '坎'과 '有險'으로 나누어, '坎'은 九二가 陽爻로 陰位에 거한 것을, '有險'은 위에 應이 없는 것을 의미하는 것으로 보았다. 반면 程伊川은 '坎有險'을 둘로 나누지 않고, "九二가 坎險의 때를 당하여 위아래 두 陰의 가운데에 빠져 있으니, 지극히 험한 자리인바, 이것이 험함이 있는 것이다.〔二當坎險之時 陷上下二陰之中 乃至險之地 是有險也〕"라고 하였다.

2) 求小得者……故云求小得也 : '求小得'을 王弼과 孔穎達은 初六·六三과 관련시켜 이해하여, 이를 '初六·六三이 九二에게 붙으므로 九二가 구함을 얻지만, 初六과 六二가 陰爻라서 큰 응원이 될 수 없으므로 조금 얻음이 되는 것'으로 해석하였다. 반면 程伊川은 이를 '九二가 剛中의 재질이기 때문에 험한 가운데에서 탈출하지는 못하지만 다소 스스로 구제할 수 있으므로 구하는 바를 약간 얻는 것'으로 해석하였다.

이러한 해석의 차이로 인해 〈象傳〉에 대한 해석도 달라지게 되는데, 孔穎達의 해석에 따르면 〈象傳〉의 "求小得 未出中也"는 '九二가 初六·六三을 얻는데 그것으로는 험한 가운데를 탈출하지 못한다.'는 의미가 되고, 程伊川의 해석에 따르면 〈象傳〉은 '九二가

剛中하여 약간 얻음이 있지만 험한 가운데에서 탈출하지는 못한다.'는 의미가 된다.

正義曰 : 〔坎有險〕밟은 자리가 正位를 잃었기 때문에 "坎"이라 하였고, 위에 응원이 없기 때문에 "험함이 있다."라고 한 것이다. 이미 坎의 어려움에 있는데 또다시 험함을 만나서 험한 가운데를 탈출하지 못하였다. 그러므로 〈象傳〉에 "험한 가운데를 탈출하지 못했다."라고 한 것이다.

〔求小得〕陽으로서 中에 처하여 初六과 六三이 와서 붙기 때문에 구함을 조금 얻을 수 있는 것이요, 初六과 六三이 柔弱하여 큰 응원이 되지 못하기 때문에 "구함을 조금 얻는다."라고 말한 것이다.

象曰 求小得은 未出中也라

〈象傳〉에 말하였다. "'구함을 조금 얻음'은 험한 가운데를 탈출하지 못했기 때문이다."

六三은 來之坎坎이며 險且枕하여 入于坎窞하니 勿用이니라

六三은 오고 감이 坎이고 坎이며, 험하고 또 위태로워서 구덩이 속으로 들어가니, 쓰지 말아야 한다.

【注】既履非其位요 而又處兩坎之間하여 出則之坎하고 居則亦坎이라 故로 曰來之坎坎也라 枕者는 (枕)[1] 枝而不安之謂也[2]라 出則无之하고 處則无安이라 故로 曰險且枕也라 來之皆坎이라 无所用之하니 徒勞而已라

1) (枕) : 저본에는 '枕'이 있으나, 岳本·宋本·古本·足利本에 의거하여 衍文으로 처리하였다.〔阮刻本 참조〕

2) 枝而不安之謂也 : 枝에는 '위태롭다'는 뜻이 없고, '枝梧'라 하여 '저촉'의 뜻이 있을 뿐인데, 아래의 '不安'에 따라 위태로움으로 해석하였다. 枝에 '枝梧'의 뜻이 있어 '기대는' 것으로, '枕'과 연관이 되니 아래의 '不安'과는 부합하지 않는다.

이미 밟은 것이 正位가 아니고 또 두 坎의 사이에 처하여, 나가면 坎으로 가고 거하면 또한 坎이므로 "오고 감이 坎이고 坎이다."라고 한 것이다.

枕은 위태로워 편안하지 못함을 이르니, 나가면 갈 곳이 없고 머물면 편안하지 못하다. 그러므로 "험하고 또 위태롭다."라고 한 것이다. 오고 감이 모두 坎이어서 쓸 바가 없

으니, 한갓 수고로울 뿐이다.

【疏】正義曰：來之坎坎者, 履非其位, 而處兩坎之間, 出之與居, 皆在於坎, 故云"來
之坎坎"也. '險且枕'者, 枕, 枝而不安之謂也.[1] 出則无應, 所以險處則不安, 故且枕也.
'入于坎窞'者, 出入皆難, 故入於坎窞也. '勿用'者, 不〈可〉[2]出行, 若其出行, 終必无功,
徒勞而已, 故象云"終无功也."

> 1) 枕 枝而不安之謂也 : 王弼과 孔穎達은 '枕'을 위태로워 편안하지 못함으로 해석하였고,
> 程伊川은 '枕'을 '의지하고 기댐〔支倚〕'이라 하였는데, 朱子는 "陰柔로 中正하지 못하면
> 서 重險의 사이를 밟고 있어서 오고 감이 모두 험하여 앞에 險이 있고 뒤에 베고 있어서
> 〔枕〕 그 빠짐이 더욱 깊으니, 쓸 수 없다. 그러므로 그 象과 占이 이와 같은 것이다. '枕'
> 은 의지하여 붙음이 편안하지 못한 뜻이다.〔以陰柔不中正而履重險之間 來往皆險 前險而後
> 枕 其陷益深 不可用也 故其象占如此 枕 倚著未安之意〕"라고 하여 두 가지 해석을 모두 취하
> 였다.
>
> 2) 〈可〉 : 저본에는 '可'가 없으나, 錢本·宋本에 의거하여 보충하였다.〔阮刻本 참조〕

正義曰：〔來之坎坎〕 밟고 있는 것이 正位가 아니고 두 坎의 사이에 처하여, 나가고
거함(머묾)이 모두 坎에 있다. 그러므로 "오고 감이 坎이고 坎이다."라고 말한 것이다.

〔險且枕〕 '枕'은 위태로워 편안하지 못함을 이른다. 나가면 응원이 없으니, 이 때문에
험함에 처하면 편안하지 못하다. 그러므로 또 위태로운 것이다.

〔入于坎窞〕 나가고 들어옴이 모두 어렵기 때문에 구덩이 속으로 들어가는 것이다.

〔勿用〕 出行해서는 안 되는 것이니, 만약 출행하면 끝내 功이 없어서 한갓 수고로울
뿐이다. 그러므로 〈象傳〉에 "끝내 功이 없다."라고 한 것이다.

象曰 來之坎坎은 終无功也라

〈象傳〉에 말하였다. "'오고 감이 坎이고 坎임'은 끝내 功이 없는 것이다."

六四는 樽酒簋貳를 用缶하여 納約自牖면 終无咎리라

六四는 한 동이의 술과 두 그릇의 음식을, 질그릇을 사용하여 약소한 물건을 바
치되 창문으로부터 하면 끝내 허물이 없으리라.

【注】處重險而履正하고 以柔居柔하여 履得其位하여 以承於五하고 五亦得位하여 剛柔各得

其所_{하여} 不相犯位_{하며} 皆无餘應_{하여} 以相承比_{하여} 明信顯著_{하여} 不存外飾_{하니} 處坎以斯_{하면} 雖復一樽之酒_와 二簋之食_을 瓦缶之器_로 納此至約_{호되} 自進於牖_{하면} 乃可羞之於王公_{하고} 薦之於宗廟_라 故_로 終无咎也_라

거듭된 험함에 처하여 正位를 밟고 柔로서 柔의 자리에 거하여 밝은 것이 正位를 얻어 九五를 받들고, 九五 또한 正位를 얻어서 剛과 柔가 각각 제자리를 얻어 서로 자리를 침범하지 않으며, 〈六四와 九五가〉 모두 다른 應이 없어서 서로 받들고 친하여 밝은 信이 드러나서 밖에 꾸밈을 두지 않는다. 坎에 대처하기를 이로써 하면 비록 다시 한 동이의 술과 두 그릇의 음식을, 질그릇으로 이 지극히 약소한 것을 바치되 창문으로 올리면 마침내 이것을 王公에게 바칠 수 있고 종묘에 올릴 수 있다. 그러므로 끝내 허물이 없는 것이다.

【疏】'象曰'至'自牖終无咎' ○ 正義曰 : '樽酒簋貳'者, 處重險而履得其位, 以承於五, 五亦得位, 剛柔各得其所, 皆无餘應, 以相承比, 明信顯著, 不假外飾. 處坎以此, 雖復一樽之酒, 二簋之食, 故云"樽酒簋二"也. '用缶'者, 旣有樽酒簋二, 又用瓦缶之器, 故云"用缶"也. '納約自牖 終无咎'者, 納此儉約之物, 從牖而薦之, 可羞於王公, 可薦於宗廟, 故云"終无咎也."[1]

1) 樽酒簋貳者……故云終无咎也 : 이 六四 爻辭에 대한 해석은 王弼·孔穎達과 程伊川의 해석이 대체로 같다. 다만 '納約'을 程伊川은 '人臣이 군주에게 나아가 맺는 道로서, 忠信과 善한 방도로 군주의 마음을 맺음'의 의미로 보았다.

朱子는 經文의 句讀가 이 세 사람의 해석과 다른바, 經文을 "樽酒簋 貳用缶"로 끊고 '貳'를 '더하다'의 뜻으로 보았다. 이 부분의 《本義》는 다음과 같다. "晁氏(晁以道)는 이르기를 '先儒가 樽酒簋를 한 句로 읽고 貳用缶를 한 句로 읽었다.'라고 하였으니, 지금 이 말을 따른다. '貳'는 더함이다. 《周禮》에 '큰 제사에 세 번 더한다.' 하고, 〈弟子職〉에 '왼쪽으로는 빈 그릇을 잡고 오른쪽으로는 挾匕(숟가락)를 잡아 周旋하여 더한다.' 한 것이 이것이다. 九五는 尊位인데 六四가 가까이 있으니, 험한 때에 있어서 剛·柔가 서로 교제하므로 다만 박한 禮를 쓰고, 더욱 誠心으로 나아가 맺되 牖로부터 하는 象이 있는 것이다.〔晁氏云 先儒讀樽酒簋爲一句 貳用缶爲一句 今從之 貳 益之也 周禮 大祭三貳 弟子職 左執虛豆 右執挾匕 周旋而貳 是也 九五尊位 六四近之 在險之時 剛柔相際 故有但用薄禮 益以誠心進結自牖之象〕"

한편 아래 〈象傳〉의 '樽酒簋貳'는 "陸德明의 《經典釋文》 本에 貳字가 없으니, 지금 이를 따른다."라고 한 晁氏의 說을 취하였다.

經의 〔象曰〕에서 〔自牖終无咎〕까지

○ 正義曰 : 〔樽酒簋貳〕 거듭된 험함에 처하여 밝은 것이 正位를 얻어서 九五를 받들고 九五 또한 正位를 얻어서 剛과 柔가 각각 제자리를 얻었으며 모두 다른 應이 없어서 받들고 친하여 밝은 信이 드러나서 밖의 꾸밈을 빌리지 않는다. 坎에 대처하기를 이로써 하면 비록 다시 한 동이의 술과 두 그릇의 음식이라도 괜찮다. 그러므로 "한 동이의 술과 두 그릇의 음식"이라 한 것이다.

〔用缶〕 이미 한 동이의 술과 두 그릇의 밥이 있고 또 질그릇을 사용한다. 그러므로 "질그릇을 사용한다."라고 말한 것이다.

〔納約自牖 終无咎〕 이 검소하고 약소한 물건을 바치되 창문을 통하여 올리면 王公에게 바칠 수 있고 종묘에 올릴 수 있다. 그러므로 "끝내 허물이 없다."라고 한 것이다.

象曰 樽酒簋貳는 剛柔際也라

〈象傳〉에 말하였다. "한 동이의 술과 두 그릇의 음식은 剛과 柔가 교제하기 때문이다."

【注】剛柔相比而相親焉은 際之謂也라

剛과 柔가 서로 가까이 있어 서로 친함은 교제함을 이른다.

【疏】正義曰 : 釋樽酒簋二義. 所以一樽之酒, 二簋之食, 得進獻者, 以六四之柔, 與九五之剛, 兩相交際而相親, 故得以此儉約而爲禮也.

正義曰 : '한 동이의 술과 두 그릇의 음식'의 뜻을 해석한 것이다. 한 동이의 술과 두 그릇의 음식을 올려 바칠 수 있는 까닭은 六四의 柔와 九五의 剛이 둘이 서로 교제하여 서로 친하기 때문이다. 그러므로 이 검소하고 약소한 것을 禮로 삼을 수 있는 것이다.

九五는 坎不盈하니 祗旣平이라야 无咎니라

九五는 구덩이가 차지 않았으니, 이미 평평해져야 허물이 없다.

【注】爲坎之主하여 而无應輔可以自佐하여 未能盈坎者也라 坎之不盈이면 則險不盡矣라 祗는 辭也라 爲坎之主하여 盡平이라야 乃无咎라 故로 曰 祗旣平이라야 无咎也라 說旣平이라야 乃无咎는 明九五未免於咎也라

〈九五는〉坎의 주체가 되어서 자신을 도와줄 만한 응원과 보좌가 없어서 능히 구덩이를 채우지 못하는 자이다. 구덩이가 차지 않으면 험함이 다하지 않는다. '祇'는 어조사이다. 坎의 주체가 되어서 평평함을 다하여야 비로소 허물이 없다. 그러므로 "이미 평평해져야 허물이 없다."라고 한 것이다. 이미 평평해져야 비로소 허물이 없다고 말한 것은 九五가 허물을 면치 못함을 밝힌 것이다.

【疏】正義曰 : '坎不盈'者, 爲坎之主, 而无應輔可以自佐, 險難未能盈坎, 猶險難未盡也, 故云"坎不盈"也. '祇旣平 无咎'者, 祇, 辭也.[1] 謂險難旣得盈滿而平, 乃得无咎, 若坎未盈平, 仍有咎也.

> 1) 祇 辭也 : 王弼과 孔穎達은 '祇'를 어조사로 보았는데, 앞의 復卦 初九 爻辭에서는 '无祇悔'의 '祇'를 韓康伯의 말에 따라 '큼'의 뜻으로 본 것과는 일치하지 않는다. 반면 程伊川은 復卦 初九 爻辭에서 '祇'를 '이름〔抵〕'으로 보았는데, 여기에서도 마찬가지로 '이름'으로 보아, "반드시 이미 평평함에 이르면 허물이 없을 수 있지만 이미 가득 차지 않았다고 말했으면 이는 평평하지 못하여 아직도 험한 가운데에 있는 것이니, 无咎일 수 없다.〔必抵於已平則无咎 旣曰不盈 則是未平而尙在險中 未得无咎也〕"라고 하였다.

正義曰 : 〔坎不盈〕 坎의 주체가 되어서 자신을 도와줄 만한 응원과 보좌가 없어서 험난함이 구덩이를 가득 채우지 못하니, 아직도 험난함이 다하지 않은 것이다. 그러므로 "구덩이가 차지 않았다."라고 말한 것이다.

〔祇旣平 无咎〕 '祇'는 어조사이다. 험난함이 이미 가득 차서 평평함을 얻어야 비로소 허물이 없을 수 있으니, 만약 구덩이가 가득 차서 평평하지 못하면 그대로 허물이 있는 것이다.

象曰 坎不盈은 中未大也라

〈象傳〉에 말하였다. "'구덩이가 차지 않았음'은 中이 크지 못하기 때문이다."

【疏】正義曰 : 釋坎不盈之義, 雖復居中, 而无其應, 未得光大, 所以坎不盈滿也.

正義曰 : '구덩이가 차지 않았음'의 뜻을 해석한 것이니, 비록 다시 中에 거하였으나 그 응원이 없어서 光大하지 못하다. 이 때문에 구덩이가 가득 차지 않은 것이다.

上六은 係用徽纆하여 寘于叢棘하여 三歲不得하니 凶하니라

上六은 포승줄을 사용하여 묶어서 가시덤불 속에 두어 3년 동안 얻지 못하여 흉하다.

【注】險陗之極하여 不可升也요 嚴法峻整하여 難可犯也하니 宜其囚執實于思過之地라 三歲는 險道之夷也니 險終乃反이라 故로 三歲不得自脩라가 三歲에 乃可以求復이라 故로 曰 三歲不得하여 凶也라하니라

험하고 높음이 지극하여 올라갈 수가 없고, 엄한 법으로 준엄하게 정돈하여 범하기가 어려우니, 마땅히 그 죄수를 잡아 허물을 생각하는 자리에 둬야 하는 것이다.

3년은 험한 道가 평탄해지는 것이니, 험함이 끝나면 비로소 평탄함으로 돌아온다. 그러므로 3년 동안 스스로 닦지 못하다가 3년이 지나서야 비로소 돌아오기를 구하는 것이다. 그러므로 "3년 동안 얻지 못하여 흉하다."라고 한 것이다.

【疏】正義曰 : '係用徽纆 寘于叢棘'者, 險陗之極, 不可升上, 嚴法峻整, 難可犯觸, 上六居此險陗之處, 犯其峻整之威, 所以被繫, 用其徽纆之繩. 置於叢棘, 謂囚執之處, 以棘叢而禁之也. '三歲不得 凶'者, 謂險道未終, 三歲已來, 不得其吉而有凶也. 險終乃反, 若能自脩, 三歲後, 可以求復自新, 故象云"上六失道凶, 三歲也", 言失道之凶, 唯三歲之後, 可以免也.

正義曰 : 〔係用徽纆 寘于叢棘〕험하고 높음이 지극하여 올라갈 수가 없고, 엄한 법으로 준엄하게 정돈해서 범하기가 어려우니, 上六이 이 험하고 높은 곳에 처하여 그 준엄하고 정돈된 위엄을 범하였다. 이 때문에 구속을 당하여 포승줄을 사용한 것이다. '가시덤불에 둔다'는 것은 죄수를 잡아두는 곳을 가시덤불로써 금함을 이른다.

〔三歲不得 凶〕험한 道가 아직 끝나지 않아서 3년 이래로 길함을 얻지 못하여 흉함이 있음을 말한 것이다. 험함이 끝나야 비로소 평탄함으로 돌아오니, 만약 스스로 닦는다면 3년이 지난 뒤에는 돌아옴을 구하여 스스로 새로워진다. 그러므로 〈象傳〉에 "上六이 道를 잃어 흉함은 3년 동안이다."라고 하였으니, 道를 잃어 흉함을 오직 3년이 지난 뒤에야 면할 수 있음을 말한 것이다.

象曰 上六失道凶은 三歲也라

〈象傳〉에 말하였다. "上六이 道를 잃어 흉함은 3년 동안인 것이다."

30. 離☲ 離下離上

離는 利貞이라야 亨하니

離는 이로움이 貞하여야 형통하니,

【注】離之爲卦 以柔爲正이라 故로 必貞而後에 乃亨이라 故로 曰 利貞亨也라하니라

離卦는 유순함을 바름으로 삼는다. 그러므로 반드시 貞한 뒤에야 비로소 형통하므로 '이로움이 貞하여야 형통하다.'라고 한 것이다.

【疏】'離利貞亨' ○ 正義曰：離, 麗(리)也, 麗, 謂附著也, 言萬物各得其所附著處, 故謂之離也. '利貞亨'者, 離卦之體, 陰柔爲主, 柔則近於不正, 不正則不亨通, 故利在行正, 乃得亨通, 以此故, 亨在利貞之下, 故云"利貞亨."

經의 〔離利貞亨〕

○ 正義曰 : '離'는 麗이니, 麗는 붙음을 이른다. 만물이 각각 붙을 바의 곳을 얻기 때문에 '離'라고 이른 것이다.

〔利貞亨〕離卦의 體는 陰柔가 주장이 되니, 유순하면 바르지 못함에 가깝고 바르지 못하면 형통하지 못하다. 그러므로 이로움이 바름을 행함에 있어야 비로소 형통함을 얻는 것이니, 이 때문에 亨이 利貞의 아래에 있다. 그러므로 '이로움이 貞하여야 형통하다.'라고 한 것이다.

【疏】 ○ 注'離之爲卦'至'利貞亨也' ○ 正義曰 : '離之爲卦 以柔爲正'者, 二與五, 俱是陰爻, 處於上下兩卦之中, 是以柔爲正.

○ 注의 〔離之爲卦〕에서 〔利貞亨也〕까지

○ 正義曰 :〔離之爲卦 以柔爲正〕六二와 六五가 모두 陰爻로서 위아래 두 卦의 가운데에 처하였으니, 이는 유순함을 바름으로 삼는 것이다.

畜牝牛하면 吉하리라

암소를 기르면 길하리라.

【注】柔處于內하여 而履正中하니 牝之善也요 外强而內順하니 牛之善也라 離之爲體 以柔順爲主者也라 故로 不可以畜剛猛之物이요 而吉於畜牝牛也라

柔가 안에 처하여 正中을 밟고 있으니 암컷의 善함이요, 밖은 强하고 안은 順하니 소의 善함이다. 離卦의 體는 유순함을 주장으로 삼는 자이다. 그러므로 강하고 사나운 물건을 길러서는 안 되고 암소를 기르는 것이 길한 것이다.

【疏】'畜牝牛吉' ○ 正義曰：柔處於內, 而履正中, 是牝之善者, 外强內順, 是牛之善者也. 離之爲體, 以柔順爲主, 故畜養牝牛, 乃得其吉, 若畜養剛健, 則不可也. 此云"畜牝牛", 假象以明人事也, 言離之爲德, 須內順外强, 而行此德, 則得吉也. 若內剛外順, 則反離之道也.

經의 〔畜牝牛吉〕

○ 正義曰：柔가 안에 처하여 正中함을 밟고 있으니 이는 암컷의 善함이요, 밖은 强하고 안은 順하니 이는 소의 善함이다. 離卦의 體는 유순함을 주장으로 삼기 때문에 암소를 길러야 비로소 그 길함을 얻으니, 만약 강건한 물건을 기르면 불가하다. 여기에 "암소를 기른다."라고 말한 것은 象을 빌려서 사람의 일을 밝힌 것이니, 離의 德은 모름지기 안이 順하고 밖이 强하여야 하는바, 이러한 德을 행하면 길함을 얻음을 말한 것이다. 만약 안이 剛하고 밖이 順하면 離의 道와 반대가 된다.

【疏】○ 注'柔處于內'至'畜牝牛也' ○ 正義曰：'柔處於內 而履正中 牝之善也'者, 若柔不處於內, 似婦人而預外事, 若柔而不履正中, 則邪僻之行, 皆非牝之善也. 若柔能處中, 行能履正, 是爲牝之善也. 云'外强而內順 牛之善'者, 若內外俱强, 則失於猛害, 若外內俱順, 則失於劣弱, 唯外强內順, 於用爲善, 故云"外强內順, 牛之善也." '離之爲體 以柔順爲主 故不可以畜剛猛之物'者, 旣以柔順爲主, 若畜剛猛之物, 則反其德, 故不可畜剛猛, 而畜牝牛也.

○ 注의 〔柔處于內〕에서 〔畜牝牛也〕까지

○ 正義曰：〔柔處於內 而履正中 牝之善也〕만약 柔가 안에 처하지 않으면 이는 부인

이 바깥일에 관여하는 것과 같고, 만약 柔가 正中함을 밟지 않으면 이는 邪僻한 행실이니, 모두 암컷의 善함이 아니다. 만약 柔가 능히 中에 처하고 행함이 正을 밟고 있으면 이는 암컷의 善함이 되는 것이다.

〔外强而內順 牛之善〕만약 안과 밖이 모두 强하면 사나운 해로움에 잘못되고, 만약 밖과 안이 모두 순하면 용렬하고 약함에 잘못되는데, 오직 밖이 강하고 안이 순하면 쓰임에 있어 善함이 된다. 그러므로 "밖이 강하고 안이 순함은 소의 善함이다."라고 한 것이다.

〔離之爲體 以柔順爲主 故不可以畜剛猛之物〕이미 유순함을 주장으로 삼으니, 만약 강하고 사나운 물건을 기르면 그 德에 위반된다. 그러므로 강하고 사나운 물건을 길러서는 안 되고 암소를 기르는 것이다.

彖曰 離는 麗也니

〈彖傳〉에 말하였다.

"離는 붙음이니,

【注】麗는 猶著(착)也니 各得所著之宜라

麗는 著(붙음)과 같으니, 각각 붙는 바의 마땅함을 얻는 것이다.

【疏】正義曰:釋離卦之名. 麗, 謂附著也, 以陰柔之質, 附著中正之位, 得所著之宜, 故云"麗也."

正義曰:離卦의 이름을 해석하였다. '麗'는 붙음을 이르니, 陰柔의 자질로서 中正한 자리에 붙어서 붙는 바의 마땅함을 얻었으므로 "붙음이다."라고 한 것이다.

日月麗乎天하고 百穀草木麗乎土요 重明以麗乎正하여 乃化成天下라 柔麗乎中正이라 故로 亨하니 是以로 畜牝牛하면 吉也라

해와 달이 하늘에 붙어 있고 百穀과 草木이 땅에 붙어 있으며, 거듭 밝음으로써 바름에 붙어서 마침내 天下를 교화하여 이룬다. 柔가 中正함에 붙어 있기 때문에 형통하니, 이러므로 암소를 기르면 길한 것이다."

【注】柔著于中正이라야 乃得通也라 柔通之吉이 極於畜牝牛하니 不能及剛猛也라

柔가 中正함에 붙어 있어야 비로소 형통함을 얻는다. 柔가 형통한 길함이 암소를 기름에서 지극하니, 강하고 사나움에는 미치지 못한다.

【疏】'日月麗乎天'至'是以畜牝牛吉也' ○ 正義曰:'日月麗乎天 百穀草木麗乎土'者, 此廣明附著之義. 以柔附著中正, 是附得宜, 故廣言所附得宜之事也. '重明以麗乎正 乃化成天下'者, 此以卦象說離之功德也, 并明利貞之義也. 重明, 謂上下俱離. '麗乎正'(也)¹⁾者, 謂兩陰在內, 既有重明之德, 又附於正道, 所以化成天下也. 然陰居二位, 可謂爲正, 若陰居五位, 非其正位, 而云"重明麗乎正"者, 以五處於中正, 又居尊位, 雖非陰陽之正, 乃是事理之正, 故總云"麗於正"也. '柔麗乎中正 故亨 是以牝牛 吉'者, 釋經亨義也, 又總釋畜牝牛吉也. 柔麗於中正, 謂六五·六二之柔, 皆麗於中, 中則不偏, 故云中正, 以中正爲德, 故(云柔麗乎)〔萬事亨. 以〕²⁾中正得通, 故畜養牝牛而得吉也, 以牝牛有中正(而柔順故離)〔故也. 案諸卦〕³⁾之象, 釋卦名之下, 乃釋卦下之義, 於後乃歎而美之, 此象既釋卦名, 即廣歎爲卦之美, 乃釋卦下之義, 與諸卦不例者, 此乃夫子隨義則言, 因文之便也. (比)〔此〕⁴⁾既釋離名麗, 因廣說日月草木所麗之事, 然後却明卦下之義, 更無義例.

1) (也) : 저본에는 '也'가 있으나, 阮刻本〈校勘記〉에 "浦鏜이 말하기를 「也」는 마땅히 衍字가 되어야 한다.' 하였다."라고 한 것에 의거하여 衍文으로 처리하였다.

2) (云柔麗乎)〔萬事亨 以〕 : 저본에는 '云柔麗乎'로 되어 있으나, 毛本에 의거하여 '萬事亨 以'로 바로잡았다.〔阮刻本 참조〕

3) (而柔順故離)〔故也 案諸卦〕 : 저본에는 '而柔順故離'로 되어 있으나, 毛本에 의거하여 '故也 案諸卦'로 바로잡았다.〔阮刻本 참조〕

4) (比)〔此〕 : 저본에는 '比'로 되어 있으나, 글 뜻에 의거하여 '此'로 바로잡았다.

經의〔日月麗乎天〕에서〔是以畜牝牛吉也〕까지

○ 正義曰:〔日月麗乎天 百穀草木麗乎土〕이는 붙어 있는 뜻을 넓혀 밝힌 것이다. 柔로서 中正함에 붙어 있음은 붙음이 마땅함을 얻은 것이다. 그러므로 붙은 바가 마땅함을 얻는 일을 넓게 말한 것이다.

〔重明以麗乎正 乃化成天下〕이는 卦象을 가지고 離의 功德을 말하고, 利貞의 뜻을 함께 밝힌 것이다. '重明'은 위아래가 모두 離卦임을 이른다.

〔麗乎正〕두 陰이 안에 있어서 이미 거듭 밝은 德이 있고 또 正道에 붙어 있으니, 이

때문에 天下를 교화하여 이룸을 말한 것이다. 그러나 陰이 二位에 있음은 正이라고 할 수 있으나 陰이 五位에 있는 것은 正位가 아닌데, "거듭 밝음으로써 바름에 붙어 있다." 고 말한 것은, 六五가 中正에 처하였고 또 尊位에 거하였으니, 비록 陰·陽의 正位가 아니나 바로 事理에 바른 것이다. 그러므로 모두 "바름에 붙어 있다."라고 말한 것이다.

〔柔麗乎中正 故亨 是以牝牛 吉〕經文의 '亨'의 뜻을 해석하고 또 암소를 기르면 길하다는 것을 총괄하여 해석한 것이다. '柔가 中正에 붙어 있다.'는 것은 六五와 六二의 柔가 모두 中에 붙어 있음을 이르니, 中道에 맞으면 편벽되지 않으므로 中正이라 한 것이요, 中正을 德으로 삼기 때문에 萬事가 형통한 것이다. 中正으로써 형통함을 얻었기 때문에 암소를 기르면 길함을 얻는 것이니, 암소는 中正함이 있기 때문이다.

살펴보건대 여러 卦의 〈象傳〉에 卦의 이름을 해석한 아래에 비로소 卦 아래의 뜻을 해석하고 그런 뒤에 비로소 탄미하였는데, 이 〈象傳〉은 이미 卦의 이름을 해석하고 즉시 卦의 아름다움을 널리 찬탄하고 마침내 卦 아래의 뜻을 해석하여 여러 卦와 준례가 똑같지 않으니, 이것은 바로 夫子가 뜻에 따라 말씀한 것인바, 문장의 편리함을 따른 것이다. 이는 이미 離가 麗로 이름함을 해석하고 인하여 해와 달과 초목이 붙어 있는 일을 넓게 말한 뒤에 다시 卦 아래의 뜻을 밝혔으니, 다시 다른 義例가 없다.

象曰 明兩作이 離니 大人以繼明照于四方하나니라

〈象傳〉에 말하였다. "밝음이 두 개가 일어남이 離卦이니, 大人이 이를 보고서 밝음을 계속하여 사방을 비춘다."

【注】繼는 謂不絶也니 明照相繼하여 不絶曠也라

'繼'는 끊이지 않음을 이르니, 밝게 비춤이 서로 계속되어서 끊이지 않는 것이다.

【疏】正義曰 : '明兩作 離'者, 離爲日, 日爲明, 今有上下二體, 故云"明兩作, 離"也. 案八純之卦, 論象不同, 各因卦體事義, 隨文而發. 乾·坤不論上下之體, 直總云"天行健"· "地勢坤", 以天地之大, 故總稱上下二體也. 雷是連續之至, 水爲流注不已, 義皆取連續相因, 故震云"洊雷", 坎云"洊至"也. 風是搖動相隨之物, 故云"隨風巽"也. 山澤各自爲體, 非相入之物, 故云"兼山艮"·"麗澤兌", 是兩物各行也. 今明之爲體, 前後各照, 故云明兩作離, 是積聚兩明, 乃作於離. 若一明暫絶, 其離未久, 必取兩明前後相續, 乃得作離卦之美, 故云"大人以繼明照於四方", 是繼續其明, 乃照於四方. 若明不繼續, 則不得久爲照臨, 所以特云"明兩作離", 取不絶之義也.

正義曰 : 〔明兩作 離〕離는 해가 되고 해는 밝음이 되니, 지금 위아래의 두 體가 있기 때문에 "밝음이 두 개가 일어남이 離卦이다."라고 말한 것이다.

살펴보건대 여덟 純卦(三畫卦)에 象을 논한 것이 똑같지 않아서 각기 卦의 體와 일의 뜻을 인하여 글에 따라 말하였다. 乾卦와 坤卦는 위아래의 體를 논하지 않고 단지 모두 "하늘의 운행이 굳세다." "地勢가 坤이다."라고 말하였으니, 하늘과 땅이 크기 때문에 위아래의 두 體를 總稱한 것이다. 우레는 바로 연속하여 이르고 물은 흘러 주입하기를 그치지 않으니, 뜻이 모두 연속하여 서로 이어짐을 취하였으므로 震卦에서는 "거듭 우레이다."라고 말하고, 坎卦에서는 "거듭 이른다."라고 말한 것이다. 바람은 바로 요동하여 서로 따르는 물건이므로 "바람을 따름이 巽卦이다."라 하였고, 산과 못은 각각 體가 되어서 서로 들어가는 물건이 아니므로 "산을 겸한 것이 艮卦이다."라고 하고, "澤이 붙어 있는 것이 兌卦이다."라고 말하였으니, 이는 두 물건이 각기 행하는 것이다.

지금 밝음의 體는 앞과 뒤가 각각 비추기 때문에 "밝음이 두 개가 일어남이 離卦이다."라고 말한 것이니, 이는 두 밝음을 쌓고 모아야 비로소 離卦가 되는 것이다. 만약 한 밝음이 잠시라도 끊어지면 離가 오래가지 못하니, 반드시 두 밝음이 앞뒤에서 서로 계속함을 취하여야 비로소 離卦가 되는 아름다움을 얻을 수 있다. 그러므로 "大人이 보고서 밝음을 계속하여 사방에 비춘다."라고 하였으니, 이는 그 밝음을 계속하여 마침내 사방에 비추는 것이다. 만약 밝음이 계속되지 않으면 오랫동안 비추어 임할 수가 없으니, 이 때문에 특별히 "밝음이 두 개가 일어남이 離卦이다."라고 말한 것이니, 끊이지 않는 뜻을 취한 것이다.

初九는 履錯然하여 敬之면 无咎리라

初九는 밟음이 조심하여 공경하면 허물이 없으리라.

【注】錯然은 警愼之貌也라 處離之始하여 將進而盛이나 未在旣濟라 故로 宜愼其所履하여 以敬爲務하면 辟(피)其咎也라

'錯然'은 경계하고 삼가는 모양이다. 離의 시초에 처하여 장차 나아가 성하게 되었으나 旣濟에 있지 못하다. 그러므로 마땅히 밟는 바를 삼가서 공경함을 힘쓰면 허물을 피할

수 있는 것이다.

【疏】'初九履錯然敬之无咎' ○ 正義曰：'履錯然'者, 身處離初, 將欲前進, 其道未濟, 故其所履踐, 恒錯然敬愼, 不敢自寧, 故云"履錯然, 敬之, 无咎", 若能如此恭敬, 則得 避其禍而无咎, 故象云"履錯之敬, 以避咎也."

　經의 〔初九履錯然敬之无咎〕

　○ 正義曰：〔履錯然〕몸이 離의 시초에 처하여 장차 전진하고자 하나 그 道가 아직 이 뤄지지 못했으므로 그 밟는 바가 항상 두려워하여 공경하고 삼가서 감히 스스로 편안하 지 못하다. 그러므로 "밟음이 조심하여 공경하면 허물이 없다."라고 말한 것이다. 만약 능 히 이와 같이 공경하면 禍를 피하여 허물이 없을 수 있다. 그러므로 〈象傳〉에 "밟음이 조 심함의 공경은 이로써 허물을 피하는 것이다."라고 한 것이다.

【疏】 ○ 注'錯然者警愼之貌也'至'辟其咎也' ○ 正義曰：'錯然者 警愼之貌'者, 是警懼 之狀, 其心未寧, 故錯然也.[1] 言'處離之始 將進而盛 未在旣濟'者, 將進而盛, 謂將欲前 進, 而向盛也. 若位在於三, 則得旣濟, 今位在於初, 是未在旣濟. 謂功業未大, 故宜愼 其所履, 恒須錯然, 避咎也.

　1) 錯然者……故錯然也：'錯然'을 王弼과 孔穎達은 '경계하고 두려워하는 모양'으로 해석 하였는데, 程伊川과 朱子는 '交錯'함으로 해석하였는바, 交錯이란 初九가 明體에 거하 여 뜻이 위로 나아가고자 하기 때문에 자취가 동함을 말한 것이다. 이 해석에 따르면, 經文은 "발자국이 交錯하니, 공경하면 허물이 없으리라."로 해석된다.

　○ 注의 〔錯然者警愼之貌也〕에서 〔辟其咎也〕까지

　○ 正義曰：〔錯然者 警愼之貌〕이는 경계하고 두려워하는 모양이니, 그 마음이 편안 하지 못하기 때문에 錯然하는 것이다.

　〔處離之始 將進而盛 未在旣濟〕'장차 나아가 성함'은 장차 전진하여 성함으로 향하고 자 함을 이른다. 만약 자리가 三位에 있으면 旣濟를 얻을 수 있는데 지금 자리가 初位에 있으니, 이는 아직 旣濟에 있지 못한 것이다. 이는 功業이 아직 크지 못하기 때문에 마땅 히 그 밟는 바를 삼가서 항상 모름지기 조심하여 허물을 피해야 함을 말한 것이다.

象曰 履錯之敬은 以辟咎也라

〈象傳〉에 말하였다. "밝음이 조심함의 공경함은 이로써 허물을 피하는 것이다."

六二는 黃離니 元吉하니라

六二는 黃色이고 文明이니, 크게 길하다.

【注】居中得位하고 以柔處柔하여 履文明之盛하고 而得其中이라 故로 曰 黃離元吉也라

中에 거하고 正位를 얻고 陰柔로서 柔의 자리에 처하여 文明의 성함을 밟고 그 中을 얻었다. 그러므로 "황색이고 문명이니, 크게 길하다."라고 한 것이다.

【疏】正義曰 : '黃'者, 中色. '離'者, 文明. 居中得位, 而處於文明, 故元吉也.[1] 故象云 "得中道", 以其得中央黃色之道也.

> 1) 黃者……故元吉也 : 王弼과 孔穎達은 離를 '文明'으로 보았으나, 程伊川과 朱子는 모두 붙음[麗]으로 보아 '黃離'를 '黃色에 붙음이니'로 해석하였다.
> '元吉'에 대하여는 王弼과 孔穎達은 특별한 해석이 없으므로 '크게 길하다'로 번역하였다. 程伊川은 元을 善의 뜻으로 보아, "붙은 바가 이와 같다면 大善의 吉함이다.〔所麗 如是 大善之吉也〕"라 하였다.

正義曰 : 〔黃〕 중앙의 색이다.

〔離〕 文明함이다.

中에 거하고 正位를 얻고 文明에 처하였다. 그러므로 크게 길한 것이다. 그러므로 〈象傳〉에 "中道를 얻었다."라고 하였으니, 그 중앙 黃色의 道를 얻었기 때문이다.

象曰 黃離元吉은 得中道也라

〈象傳〉에 말하였다. "'黃色이고 文明하여 크게 길함'은 中道를 얻은 것이다."

九三은 日昃之離니 不鼓缶而歌하면 則大耋之嗟하니 凶하니라

九三은 해가 기우는 밝음이니, 질장구를 치면서 노래 부르지 않으면 크게 늙음을 한탄하니 흉하다.

【注】嗟는 憂歎之辭也라 處下離之終하여 明在將沒이라 故로 曰 日昃之離也라 明在將終하니

若不委之於人하여 養志无爲하면 則至於耋老有嗟하니 凶矣라 故로 曰 不鼓缶而歌하면 則大
耋之嗟하니 凶也라

'嗟'는 근심하고 한탄하는 말이다. 아래 離의 끝에 처하여 밝음이 장차 없어질 때에 있
다. 그러므로 "해가 기우는 밝음"이라고 말한 것이다.

밝음이 장차 끝날 때에 있으니, 만약 남에게 맡겨서 뜻을 기르고 无爲하지 못하면 늙
어서 한탄함이 있음에 이르니 흉하다. 그러므로 "질장구를 두드리며 노래 부르지 않으면
크게 늙음을 한탄하니 흉하다."라고 한 것이다.

【疏】正義曰 : '日昃之離'者, 處下離之終, 其明將沒, 故云"日昃之離"也. '不鼓缶而歌
〈則〉[1]大耋之嗟 凶'者, 時旣老耄, 當須委事任人, 自取逸樂, 若不委之於人, 則是不鼓
擊其缶而爲歌, 則至於大耋老耄而咨嗟, 何可久長, 所以凶也.[2] 故象云"日昃之離, 何
可久也."

1) 〈則〉: 저본에는 '則'이 없으나, 經文과 閩本·監本·毛本에 의거하여 보충하였다.〔阮刻
本 참조〕
2) 日昃之離者……所以凶也 : '鼓缶而歌'를 王弼과 孔穎達은 '편안히 즐김'의 뜻으로 해석
하였는바, 九三이 下卦의 끝에 처하였으므로 일은 남에게 맡기고 자신은 편안히 즐겨야
한다고 본 것이다. 반면 程伊川과 朱子는 '鼓缶而歌'를 '떳떳함을 편안히 여겨 즐거워
함'으로 보았는바, 九三이 밝음이 다하는 때에 거하였지만 盛衰의 이치에 통달한 자는
이러한 쇠함 역시 常理로 여겨 이에 순종하고 기뻐해야 한다고 본 것이다.

正義曰 :〔日昃之離〕아래 離의 끝에 처하여 그 밝음이 장차 없어지려 한다. 그러므로
"해가 기우는 밝음"이라고 말한 것이다.

〔不鼓缶而歌 則大耋之嗟 凶〕때가 이미 늙었으면 모름지기 남에게 일을 맡기고 다른
사람을 임용하여 자신은 편안하고 즐거움을 취해야 하니, 만약 남에게 맡기지 않으면 질
장구를 두들기면서 노래 부르지 않는 것이다. 이렇게 하면 크게 늙고 노망하여 한탄함에
이르니, 어찌 장구할 수 있겠는가. 이 때문에 흉한 것이다. 그러므로 〈象傳〉에 "해가 기
우는 밝음이니, 어찌 오래갈 수 있겠는가."라고 한 것이다.

象曰 日昃之離니 何可久也리오

〈象傳〉에 말하였다. "해가 기우는 밝음이니, 어찌 오래갈 수 있겠는가."

九四는 突如其來如라 焚如며 死如며 棄如리라

九四는 갑자기 온다. 불태우고 죽으며 버림받으리라.

【注】處於明道始變之際하여 昏而始曉하고 沒而始出이라 故로 曰 突如其來如라 其明始進하여 其炎始盛이라 故로 曰 焚如요 逼近至尊하고 履非其位하여 欲進其盛하여 以炎其上하면 命必不終이라 故로 曰 死如요 違離之義하여 无應无承하여 衆所不容이라 故로 曰 棄如也라

밝은 道가 처음 변하는 즈음에 처하여 어두웠다가 처음 새벽이 되고 해가 졌다가 처음 나온다. 그러므로 "갑자기 온다."라고 한 것이다.

밝음이 처음 나아가서 불꽃이 처음 성하므로 "불탄다."라고 하였고, 至尊에 매우 가깝고 밝은 것이 正位가 아니면서 성함에로 나아가 윗사람을 태우고자 하면 목숨을 반드시 제대로 끝마치지 못한다. 그러므로 "죽는다."라고 하였다. 離의 뜻을 위반하여 應이 없고 받드는 이가 없어서 무리가 용납하지 않는 바이다. 그러므로 "버림받는다."라고 한 것이다.

【疏】'九四突如其來如焚如死如棄如' ○ 正義曰 : '突如其來如'者, 四處始變之際, 三爲始昏, 四爲始曉, 三爲已沒, 四爲始出, 突然而至, 忽然而來, 故曰"突如其來如"也. '焚如'者, 逼近至尊, 履非其位, 欲進其盛, 以焚炎其上, 故云"焚如"也. '死如'者, 旣焚其上, 命必不全, 故云"死如"也. '棄如'者, 違於離道, 无應无承, 衆所不容, 故云"棄如", 是以象云"无所容也."

經의 〔九四突如其來如焚如死如棄如〕

○ 正義曰 :〔突如其來如〕九四가 처음 변하는 즈음에 처하여 九三은 처음 어둠이 되고 九四는 처음 새벽이 되며 九三은 해가 이미 짐이 되고 九四는 해가 처음 나옴이 되어서 돌연 이르고 갑자기 온다. 그러므로 "갑자기 온다."라고 한 것이다.

〔焚如〕至尊에 매우 가깝고 밝은 것이 正位가 아니면서 성함에로 나아가 윗사람을 태우고자 한다. 그러므로 "태운다."라고 한 것이다.

〔死如〕이미 윗사람을 태우면 목숨을 반드시 보존하지 못한다. 그러므로 "죽는다."라고 한 것이다.

〔棄如〕離의 뜻을 위반하여 應이 없고 받드는 이가 없어서 무리가 용납하지 않는 바이다. 그러므로 "버림받는다."라고 한 것이다. 이 때문에 〈象傳〉에 "용납하는 바가 없다."라

고 한 것이다.

象曰 突如其來如는 无所容也라

〈象傳〉에 말하였다. "'갑자기 옴'은 용납하는 바가 없는 것이다."

六五는 出涕沱若하여 戚嗟若하여 吉하니라

六五는 눈물을 줄줄 흘리며 슬퍼하여 한탄해서 길하다.

【注】履非其位하여 不勝所履하고 以柔乘剛하여 不能制下하며 下剛而進하여 將來害己하니 憂傷之深하여 至于沱嗟也라 然所麗(리)在尊하고 四爲逆首하여 憂傷至深하여 衆之所助라 故로 乃沱嗟而獲吉也라

밝은 것이 正位가 아니어서 밝은 바를 이겨내지 못하고, 柔로서 剛을 타고 있어서 아랫사람을 제재하지 못하며, 아래가 剛으로 나와서 장차 와서 자기를 해치려 하니, 근심하고 서글퍼함이 깊어서 눈물을 흘리고 한탄함에 이른 것이다. 그러나 붙어 있는 곳이 尊位에 있고 九四가 반역의 괴수가 되어서 근심과 서글퍼함이 지극히 깊어 여러 사람들이 도와주는 바이다. 그러므로 마침내 눈물 흘리고 한탄하여 길함을 얻는 것이다.

【疏】正義曰 : '出涕沱若'者, 履非其位, 不勝其任, 以柔乘剛, 不能制下, 下剛而進, 將來害己, 憂傷之深, 所以出涕滂沱, 憂戚而咨嗟也. 若, 是語辭也. '吉'者, 以所居在尊位, 四爲逆首, 己能憂傷悲嗟, 衆之所助, 所以吉也.

正義曰 : 〔出涕沱若〕 밝은 것이 正位가 아니어서 그 임무를 감당하지 못하고, 柔로서 剛을 타고 있어서 아랫사람들을 제재하지 못하며, 아래가 剛으로 나와서 장차 와서 자기를 해치려 하니, 근심과 서글퍼함이 깊다. 이 때문에 눈물을 줄줄 흘리고 근심하여 한탄하는 것이다. '若'은 어조사이다.

〔吉〕 거한 바가 尊位에 있고 九四가 반역의 괴수가 되어서 자기가 근심하고 서글퍼하고 한탄하여 여러 사람들이 도와주니, 이 때문에 길한 것이다.

象曰 六五之吉은 離王公也일새라

〈象傳〉에 말하였다. "六五가 길함은 王公의 자리에 붙어 있기 때문이다."

【疏】正義曰：此釋六五吉義也. 所以終得吉者, 以其所居在五, 離附於王公之位, 被衆所助, 得吉也. 五爲王位而言公者, 此連王而言公, 取其便文, 以會韻也.

正義曰：이는 六五가 길한 뜻을 해석한 것이다. 끝내 길함을 얻는 까닭은 거한 바가 五位에 있어서 王公의 지위에 붙어 있어 여러 사람의 도움을 받기 때문이다. 그러므로 길함을 얻는 것이다. 五位는 王의 자리가 되는데 公을 말한 것은, 이는 王을 이어서 公을 말하였으니, 문장을 편리하게 하고 韻에 맞춤을 취한 것이다.

上九는 王用出征하여 有嘉하여 折首하고 獲匪其醜면 无咎리라

上九는 왕이 出征하여 아름다운 功을 두어 적의 머리를 자르고 그 무리가 아닌 자를 사로잡으면 허물이 없으리라.

【注】離는 麗(리)也니 各得安其所麗를 謂之離라 處離之極하여 離道已成이면 則除其非類하여 以去民害하니 王用出征之時也라 故로 必有嘉하여 折首하고 獲匪其醜라야 乃得无咎也라

'離'는 붙음[麗]이니, 각각 붙는 바의 편안함을 얻음을 離라 이른다. 離의 極에 처하여 離의 道가 이미 이루어지면 자기 무리가 아닌 자를 제거하여 백성들의 해로움을 제거해야 하니, 왕이 출정하는 때이다. 그러므로 반드시 아름다운 功이 있어서 적의 머리를 자르고 그 무리가 아닌 자를 사로잡아야 비로소 허물이 없을 수 있는 것이다.

【疏】正義曰：'王用出征'者, 處離之極, 離道既成, 物皆親附, 當除去其非類, 以去民害, 故王用出征也. '有嘉 折首 獲匪其醜'者, 以出征罪人, 事必剋獲, 故有嘉美之功, (所)〔折〕[1]斷罪人之首, 獲得匪其醜類, 乃得无咎也. 若不出征除害, 居在終極之地, 則有咎也.

1) (所)〔折〕：저본에는 '所'로 되어 있으나, 錢本·宋本에 의거하여 '折'로 바로잡았다.〔阮刻本 참조〕

正義曰：〔王用出征〕 離의 極에 처하여 離의 道가 이미 이루어져서 물건(사람들)이 모두 친히 따르니, 마땅히 자기 무리가 아닌 자를 제거하여 백성들의 해로움을 제거하여야 한다. 그러므로 왕이 出征하는 것이다.

〔有嘉 折首 獲匪其醜〕 출동하여 죄인을 정벌하면 일이 반드시 이기고 적을 사로잡게 된다. 그러므로 아름다운 功이 있어서 죄인의 머리를 절단하고 그 무리가 아닌 자를 사

로잡아야 비로소 허물이 없을 수 있는 것이다. 만약 출정하여 해로움을 제거하지 않고 끝내 궁극한 자리에 있으면 허물이 있을 것이다.

象曰 王用出征은 以正邦也라

〈象傳〉에 말하였다. "왕이 出征함은 나라를 바로잡는 것이다."

【疏】正義曰 : 釋出征之義, 言所出征者, 除去民害, 以正邦國故也.

正義曰 : 出征하는 뜻을 해석하였으니, 출정하는 이유는 백성들의 해로움을 제거하여 나라를 바로잡으려 하기 때문임을 말한 것이다.

周易兼義 下經 咸傳 卷第四

31. 咸䷞ 艮下兌上

咸은 **亨**하니 **利貞**하니 **取女吉**하니라

咸은 형통하니 貞함이 이로우니, 여자를 취함이 吉하다.

【疏】‘咸亨’至‘取女吉’ ○ 正義曰 : 先儒以“易之舊題, 分自此以上三十卦爲上經, 已下
三十四卦爲下經”, 序卦至此, 又別起端首,[1] 先儒皆以“上經明天道, 下經明人事.” 然韓
康伯注序卦, 破此義云“夫易六畫成卦, 三才必備, 錯綜天人以效變化, 豈有天道人事偏
於上下哉.” 案, 上經之內, 明飮食必有訟, 訟必有衆起,[2] 是兼於人事, 不專天道. 旣不
專天道, 則下經不專人事, 理則然矣.

> 1) 序卦至此 又別起端首 : 〈序卦傳〉은 卦가 나열된 차례의 의의를 밝힌 것으로, 맨 앞에
> “天地가 있은 뒤에 萬物이 생겨나니, 天地의 사이에 가득한 것이 만물이므로 屯으로 받
> 았다.〔有天地然後 萬物生焉 盈天地之間者唯萬物 故受之以屯〕”라고 하여, 하늘을 상징하는
> 乾卦와 땅을 상징하는 坤卦로 시작해서, 屯卦, 蒙卦, 需卦 등을 차례로 언급하는바, 이
> 설명은 離卦까지 그대로 이어진다. 그런데 咸卦의 앞에는 “天地가 있은 뒤에 만물이 있
> 고, 만물이 있은 뒤에 男女가 있고, 남녀가 있은 뒤에 夫婦가 있고, 부부가 있은 뒤에
> 父子가 있고, 부자가 있은 뒤에 君臣이 있고, 군신이 있은 뒤에 上下가 있고, 상하가 있
> 은 뒤에 禮義를 둘 곳이 있는 것이다.〔有天地然後 有萬物 有萬物然後 有男女 有男女然後 有
> 夫婦 有夫婦然後 有父子 有父子然後 有君臣 有君臣然後 有上下 有上下然後 禮義有所錯〕”라고
> 하여, 별도의 서두를 두었는바, 이것이 〈上經〉과 〈下經〉을 나누는 근거가 된다.
>
> 2) 明飮食必有訟 訟必有衆起 : 〈序卦傳〉에 “음식은 반드시 분쟁이 있으므로 訟으로 받았
> 고, 분쟁은 반드시 여럿이 일어남이 있으므로 師로 받았다.〔飮食必有訟 故受之以訟 訟必
> 有衆起 故受之以師〕”라고 하였는바, 음식과 분쟁은 人事에 해당하므로 이렇게 말한 것
> 이다.

經의 〔咸亨〕에서 〔取女吉〕까지

○ 正義曰 : 先儒가 “≪周易≫의 옛 제목에 이로부터 이상의 30卦를 나누어 ‘上經’이라

하고 이하의 34卦를 '下經'이라 한다."라고 하였으며, 〈序卦傳〉에도 여기에 이르러 다시 별도로 서두를 일으켰는데, 이에 대해 선유들은 모두 "上經은 天道를 밝히고 下經은 人事를 밝혔다."라고 하였다. 그러나 韓康伯(韓伯)은 〈序卦傳〉에 注하면서 이 뜻을 깨뜨려 말하기를 "≪周易≫은 六畫에 卦가 이루어져서 三才가 반드시 구비하여 하늘과 사람을 종합하여 변화를 본받았으니, 어찌 天道와 人事가 上經과 下經에 편벽되어 있을 리가 있겠는가."라고 하였다.

살펴보건대, 上經의 안에 "음식은 반드시 爭訟이 있고 爭訟은 반드시 여럿이 일어남이 있다."고 밝혔으니, 이는 人事를 겸한 것이고 오로지 天道만을 말하지 않았다. 이미 오로지 天道만을 말하지 않았으면 下經은 오로지 人事를 말하지 않은 것이 이치상 당연하다.

【疏】但孔子序卦, 不以咸繫離, 繫辭云"二篇之策",[1] 則是六十四卦舊分上下, 乾·坤象天地, 咸·恒明夫婦. 乾坤乃造化之本, 夫婦實人倫之原, 因而擬之, 何爲不可. 天地各卦, 夫婦共卦者,[2] 周氏云"尊天地之道, 略於人事, 猶如三才天地爲二, 人止爲一也", 此必不然. 竊謂乾坤明天地初闢, 至屯, 乃剛柔始交, 故以純陽象天, 純陰象地, 則咸以明人事. 人物旣生, 共相感應, 若二氣不交, 則不成於相感, 自然天地各一, 夫婦共卦. 此不言可悉, 豈宜妄爲異端.

1) 繫辭云二篇之策 : 〈繫辭傳 上〉에 "두 篇의 策數가 11,520이니, 萬物의 數에 해당한다.〔二篇之策 萬有一千五百二十 當萬物之數也〕"라고 하였는바, 두 篇은 上經과 下經을 가리키며 策數는 시초로 점을 칠 적에 4개씩 떼어낸 策數이다. 上經과 下經에 수록된 64卦에 陽爻가 192개이고 陰爻가 192개인데, 陽의 策數는 36이고, 陰의 策數는 24이므로, 陽爻에서 6,912(192×36)를 얻고 陰爻에서 4,608(192×24)을 얻어, 전체의 策數가 11,520이 되는 것이다.

2) 天地各卦 夫婦共卦者 : 하늘은 乾卦, 땅은 坤卦가 되어, 하늘과 땅이 두 개의 卦로 상징된 반면, 夫와 婦는 하나의 咸卦가 되어, 하나의 卦로 상징된 것을 말한다.

다만 孔子의 〈序卦傳〉에 咸卦를 離卦에 연계시키지 않았고, 〈繫辭傳〉에 "두 篇의 策數"라고 하였으니, 그렇다면 64卦를 예전에도 上經과 下經으로 나누어서 乾卦와 坤卦로 하늘과 땅을 형상하고 咸卦와 恒卦로 夫婦를 밝힌 것이다. 乾·坤은 바로 造化의 근본이고 夫·婦는 실로 人倫의 근원이니, 인하여 비견하는 것이 어찌 불가하겠는가. 하늘과 땅이 각각의 卦가 되고 夫·婦가 한 卦가 된 것은, 周氏(周宏正)가 말하기를 "천지의 道를 높여서 人事를 소략히 하였으니, 마치 三才에 하늘과 땅은 둘이 되고 사람은 다만 하나가 되는 것과 같다."라고 하였으니, 이 말이 반드시 옳지는 않을 것이다.

내 생각건대, 乾卦와 坤卦는 天地가 처음 開闢함을 밝혔고 屯卦에 이르러 비로소 剛
과 柔가 처음 사귀었다. 그러므로 純陽인 乾으로 하늘을 형상하고 純陰인 坤으로 땅을
형상하였으며, 咸卦로써 人事를 밝힌 것이다. 사람과 물건이 이미 태어나면 서로 감응하
니, 만약 陰·陽 두 기운이 사귀지 않으면 서로 감응함을 이루지 못해서 자연히 하늘과
땅이 각각 하나가 되고 부부가 한 卦가 되는 것이다. 이는 말하지 않아도 알 수 있으니,
어찌 망령되이 딴 말을 할 것이 있겠는가.

【疏】'咸 亨 利貞 取女吉'者, 咸, 感也. 此卦明人倫之始·夫婦之義, 必須男女共相感
應, 方成夫婦, 旣相感應, 乃得亨通. 若以邪道相通, 則凶害斯及. 故利在貞正. 旣感通
以正, 卽是婚媾之善, 故云"咸, 亨, 利貞, 取女吉"也.

〔咸 亨 利貞 取女吉〕'咸'은 감동함이다. 이 卦는 인륜의 시초와 부부의 의리를 밝혔으
니, 반드시 남자와 여자가 서로 감응하여야 비로소 부부를 이루는바, 이미 서로 감응하면
마침내 형통함을 얻는 것이다. 그러나 만약 간사한 道로 서로 통하면 凶害가 서로 미친
다. 그러므로 이로움이 貞正에 있는 것이다. 이미 감응하기를 바름으로써 하면 바로 婚
媾의 좋음이다. 그러므로 "咸은 형통하니 貞함이 이로우니, 여자를 취함이 吉하다."라고
한 것이다.

彖曰 咸은 感也니 柔上而剛下하여 二氣感應하여 以相與[1]니라

1) 相與 : 일반적으로 서로 친하고 서로 도와줌을 이르는데, 疏에 '以相授與'로 해석하였으
므로 '서로 준다'라고 해석하였다. 다만 때로는 '서로 친하다'의 뜻으로 해석하였음을 밝
혀둔다.

〈彖傳〉에 말하였다.

"咸은 감동함이니, 柔가 위에 있고 剛이 아래에 있어서 두 기운이 感應하여 서로
준다〔相與〕.

【注】是以亨也라

이 때문에 형통한 것이다.

【疏】正義曰: '柔上而剛下 二氣感應 以相與'者, 此因上下二體, 釋"咸亨"之義也. 艮
剛而兌柔, 若剛自在上, 柔自在下, 則不相交感, 无由得通, 今兌柔在上, 而艮剛在下,
是二氣感應, 以相授與, 所以爲咸亨也.

正義曰:〔柔上而剛下 二氣感應 以相與〕이것은 상하의 두 體를 인하여 '咸亨'의 뜻을
해석한 것이다. 艮은 剛하고 兌는 柔하니, 만약 剛이 본래 위에 있고 柔가 본래 아래에
있으면 서로 交感하지 못하여 통할 수가 없는데, 지금 兌의 柔가 위에 있고 艮의 剛이 아
래에 있으니, 이는 두 기운이 感應하여 서로 주는 것인바, 이 때문에 '咸亨'이 된 것이다.

止而說(열)하고

그치고 기뻐하며

【注】故利貞也라

그러므로 貞함이 이로운 것이다.

【疏】正義曰: 此因二卦之義, 釋利貞也. 艮止而兌說也. 能自靜止, 則不隨動欲, 以上
行說, 則不爲邪諂, 不失其正, 所以利貞也.

正義曰: 이는 두 卦의 뜻을 인하여 '貞함이 이로움'을 해석한 것이니, 艮은 그치고 兌
는 기뻐한다. 능히 스스로 고요하고 그치면 動하는 욕심을 따르지 않고, 윗사람이 기쁨
을 행하면 간사하고 아첨함을 하지 않으니, 바름을 잃지 않기 때문에 貞함이 이로운 것
이다.

男下女라

남자가 여자에게 몸을 낮춘다.

【注】取女吉也라

여자를 취함이 吉한 것이다.

【疏】正義曰: 此因二卦之象, 釋取女吉之義. 艮爲少男而居於下,[1] 兌爲少女而處於上,[1]
是男下於女也. 婚姻之義, 男先求女, 親迎之禮, 御輪三周, 皆男先下於女,[2] 然後女應

於男, 所以取女得吉者也.

1) 艮爲少男而居於下 兌爲少女而處於上 : 八卦 중에 乾卦와 坤卦는 가족으로 아버지와 어머니를 상징하고, 나머지 여섯 卦는 6명의 자녀를 상징하는데, 震卦 ☳ 는 장남, 坎卦 ☵ 는 차남, 艮卦 ☶ 는 소남, 巽卦 ☴ 는 장녀, 離卦 ☲ 는 차녀, 兌卦 ☱ 는 소녀에 해당한다. 卦의 主爻는 홀로 陰이거나 홀로 陽인 爻이므로 한 爻가 陰爻이면 여자, 陽爻이면 남자가 되고, 爻의 생성은 아래로부터 시작되므로 主爻가 初爻이면 長子, 中爻이면 次子, 上爻이면 少子가 되는 것이다.

2) 婚姻之義……皆男先下於女 : 親迎은 婚禮의 六禮 중 하나로, 아버지가 아들에게 가서 신부를 맞이하라고 명하면 아들이 직접 여자의 집으로 가서 신부를 맞이해 오는 것이다. 《禮記》〈昏義〉에 "아버지가 직접 자식에게 醮禮를 행하고 親迎을 명함은 남자가 여자에게 먼저 하는 것이다.……신랑이 堂에서 내려와 나와서 신부의 수레를 몰고 신랑이 신부에게 끈을 주고 수레바퀴를 몰아 세 번 돈다.〔父親醮子而命之迎 男先於女也……降出 御婦車 而壻授綏 御輪三周〕"라고 하였는데, 이에 대하여 英祖 때의 학자인 柳長源은 "신랑이 수레를 모는 것은 친히 하여 신부에게 낮추는 것이다.〔壻御者 親而下之〕"라고 하였다. 《常變通攷 권6 昏禮》

正義曰 : 이는 두 卦의 象을 인하여 '여자를 취함이 吉함'의 뜻을 해석한 것이다. 艮은 少男이 되는데 아래에 있고 兌는 少女가 되는데 위에 있으니, 이는 남자가 여자에게 낮추는 것이다. 婚姻하는 義는 남자가 먼저 여자에게 구하므로 親迎하는 禮에 남자가 수레바퀴를 몰아 세 번 도니, 이는 모두 남자가 먼저 여자에게 낮춘 뒤에 여자가 남자에게 응하는 것인바, 이 때문에 여자를 취함이 길함을 얻는 것이다.

是以亨하니 利貞하니 取女吉也라 天地感而萬物化生하고

이 때문에 형통하니 貞함이 이로우니, 여자를 취함이 吉한 것이다. 하늘과 땅이 감동하여 萬物이 化生하고,

【注】二氣相與라야 乃化生也라

두 기운이 서로 친하여야 비로소 化生한다.

【疏】'是以'至'化生' ○ 正義曰 : '是以亨 利貞 取女吉'者, 次第釋訖, 總擧繇辭以結之. '天地感而萬物化生'者, 以下廣明感之義也. 天地二氣,[1] 若不感應相與, 則萬物无由得

(應)〔變〕²⁾化而生.

1) 天地二氣 : 하늘의 陽과 땅의 陰 두 기운을 가리킨 것이다.

2) (應)〔變〕 : 저본에는 '應'으로 되어 있으나, 宋本에 의거하여 '變'으로 바로잡았다.〔阮刻本
   참조〕

經의 〔是以〕에서 〔化生〕까지

○ 正義曰 :〔是以亨 利貞 取女吉〕 차례로 해석을 마친 다음, 彖辭(卦辭)를 모두 들어
마친 것이다.

〔天地感而萬物化生〕 이하는 감동하는 뜻을 넓혀 밝힌 것이다. 하늘과 땅 두 기운이 만
약 감응하여 서로 친하지 않으면 만물이 변화하여 생길 수가 없는 것이다.

聖人이 感人心而天下和平하나니 觀其所感이면 而天地萬物之情을 可見矣라

聖人이 사람의 마음을 감동시켜 天下가 和平하니, 그 감동하는 바를 보면 天地
萬物의 實情을 볼 수 있는 것이다."

【注】 天地萬物之情이 見於所感也라 凡感之爲道 不能感非類者也라 故로 引取女以明同
類之義也라 同類而不相感應은 以其各尢所處也라 故로 女雖應男之物이나 必下之而後에
取女乃吉也라

天地 萬物의 情이 감동하는 바에서 나타난다. 무릇 감동하는 道는 同類가 아닌 것은
감동시키지 못한다. 그러므로 여자를 취함을 인용하여 同類의 뜻을 밝힌 것이다. 同類이
면서 서로 感應하지 못하는 것은 각각 자신이 처한 바를 높이기 때문이다. 그러므로 여
자가 비록 남자에 應하는 물건이나 반드시 남자가 자신을 낮춘 뒤에야 여자를 취함이 吉
한 것이다.

【疏】 '聖人'至'可見矣' ○ 正義曰 : '聖人感人心而天下和平'者, 聖人設教, 感動人心,
使變惡從善, 然後天下和平. '觀其所感 而天地萬物之情可見矣'者, 結歎咸道之廣, 大
則包天地, 小則該萬物. 感物而動, 謂之情也. 天地萬物, 皆以氣類共相感應, 故觀其所
感, 而天地萬物之情, 可見矣.

經의 〔聖人〕에서 〔可見矣〕까지

○ 正義曰 :〔聖人感人心而天下和平〕 聖人이 가르침을 베풀 적에 사람의 마음을 감동

시켜서 그로 하여금 惡을 바꾸어 善을 따르게 하니, 그런 뒤에 天下가 和平한 것이다.

〔觀其所感 而天地萬物之情可見矣〕'咸道가 넓어서 크면 天地를 포괄하고 작으면 萬物을 다함'을 맺어 감탄한 것이다. 물건에 감응하여 動함을 '情'이라 한다. 天地의 萬物이 모두 氣類로써 서로 感應한다. 그러므로 그 감응하는 바를 보면 天地 萬物의 情을 볼 수 있는 것이다.

象曰 山上有澤이 咸이니 君子以虛受人하나니라

〈象傳〉에 말하였다. "산 위에 못이 있는 것이 咸卦이니, 君子가 보고서 마음을 비워 남의 의견을 받아들인다."

【注】 以虛受人이면 物乃感應이라

마음을 비움으로써 남의 의견을 받아들이면 남이 마침내 感應한다.

【疏】 '象曰'至'虛受人' ○ 正義曰 : '山上有澤 咸', 澤性下流, 能潤於下, 山體上承, 能受其潤. 以山感澤, 所以爲咸. '君子以虛受人'者, 君子法此咸卦下山上澤, 故能空虛其懷, 不自有實, 受納於物, 无所棄遺, 以此感人, 莫不皆應.

經의 〔象曰〕에서 〔虛受人〕까지

○ 正義曰 : 〔山上有澤 咸〕 못의 성질은 아래로 흘러서 능히 아래를 윤택하게 하고, 산의 體는 위를 받들어서 능히 그 적셔줌을 받으니, 산으로서 澤에게 감동됨은 咸卦가 된 이유이다.

〔君子以虛受人〕 君子가 이 咸卦의 아래가 산이고 위가 못인 것을 본받는다. 그러므로 능히 마음을 空虛하게 비워 스스로 꽉 채움이 있지 않고 남을 받아들여서 버리는 바가 없으니, 이로써 사람을 감동시키면 응하지 않음이 없는 것이다.

初六은 咸其拇라

初六은 그 엄지발가락을 감동시키는 것이다.

【注】 處咸之初하여 爲感之始하여 所感在末이라 故로 有志而已니 如其本實이면 未至傷靜이라

咸의 처음에 처하여 感의 시초가 되어서 감동하는 바가 末에 있다. 그러므로 뜻이 있

을 뿐이니, 만약 그 근본이 충실하면 靜을 상하게 함에 이르지 않는다.

【疏】‘初六咸其拇’ ○ 正義曰 : ‘咸其拇’者, 拇是足大指也, 體之最末. 初應在四, 俱處卦始, 爲感淺末, 取譬一身, 在於足指而已. 故曰“咸其拇”也.[1]

> 1) 咸其拇者……故曰咸其拇也 : ‘咸其拇’가 ‘감동함이 엄지발가락임’인지, ‘엄지발가락을 감동시킴’인지 王弼과 孔穎達의 해석으로는 알 수 없다. 반면 程伊川은 “初六이 下卦의 아래에 있어 九四와 서로 감동하나 미천함으로 初爻에 처하여 그 감동함이 깊지 않으니, 어떻게 남을 감동시키겠는가. 그러므로 사람의 엄지발가락이 동하는 것과 같아서 나아갈 수 없는 것이다.[初六在下卦之下 與四相感 以微處初 其感未深 豈能動於人 故如人拇之動 未足以進也]”라고 하였는바, 諺解에서는 ≪程傳≫의 ‘其感未深’을 근거로 ‘咸其拇’를 ‘初六은 咸이 그 拇ㅣ라’로 해석하였다. 아래의 ‘咸其腓’ · ‘咸其股’ · ‘咸其脢’ · ‘咸其輔頰舌’도 모두 그러하다. 그러나 여기에서는 ‘咸’을 동사로 보아 ‘그 엄지발가락을 감동시킨다.’로 해석하였음을 밝혀둔다.

經의 〔初六咸其拇〕
○ 正義曰 :〔咸其拇〕‘拇’는 바로 발의 큰 발가락이니, 신체의 가장 끝이다. 初六의 應이 九四에 있는데 모두 卦의 시초에 처하여 감동함이 얕고 낮으니, 한 몸에서 비유를 취하면 발가락에 있을 뿐이다. 그러므로 “그 엄지발가락을 감동시킨다.”라고 한 것이다.

【疏】○ 注‘處咸’ 至 ‘傷靜’ ○ 正義曰 : 六二咸道轉進, 所感在腓. 腓體動躁, 則成往而行. 今初六所感淺末, 則譬如拇指, 指雖小動, 未移其足, 以喩人心初感, 始有其志, 志雖小動, 未甚躁求. 凡吉凶悔吝, 生乎動者也, 以其本實, 未傷於靜. 故无吉凶悔吝之辭.

○ 注의 〔處咸〕에서 〔傷靜〕까지
○ 正義曰 : 六二는 咸卦의 道가 더욱 진전하여 감동시키는 바가 장딴지에 있으니, 장딴지의 體가 動하여 조급하면 감〔往〕을 이루어 행한다. 그런데 지금 初六은 감동시키는 바가 얕고 낮으니, 비유하면 엄지발가락과 같아서 발가락이 비록 조금 움직이나 그 발을 옮기지는 못하는바, 이로써 ‘사람 마음이 처음 감동하여 비로소 뜻이 있으니, 뜻이 비록 조금 움직이나 심히 조급하여 구하지는 못함’을 비유한 것이다. 무릇 吉과 凶, 悔(후회)와 吝(부끄러움)은 動에서 생기니, 그 근본이 충실하여 아직 靜을 상하게 함에는 이르지 않았다. 그러므로 吉 · 凶 · 悔 · 吝의 占辭가 없는 것이다.

象曰 咸其拇는 志在外也라

〈象傳〉에 말하였다. "'그 엄지발가락을 감동시킴'은 뜻이 밖〔外〕에 있는 것이다."

【注】 四屬外也라

九四는 外에 속한다.

【疏】 正義曰:'志在外'者, 外謂四也. 與四相應, 所感在外, 處於感初, 有志而已. 故云志在外也.

正義曰:〔志在外〕'外'는 九四를 이르니, 九四와 서로 應하여 감동하는 바가 밖에 있으니, 감동하는 처음에 처하여 뜻이 있을 뿐이다. 그러므로 "뜻이 밖에 있다."라고 한 것이다.

六二는 咸其腓면 凶하니 居하면 吉하리라

六二는 그 장딴지를 감동시키면 凶하니, 가만히 있으면 吉하리라.

【注】 咸道轉進하여 離拇升腓하니 腓體動躁者也라 感物以躁는 凶之道也라 由躁라 故凶하니 居則吉矣라 處不乘剛이라 故로 可以居而獲吉이라

咸卦의 道가 더욱 진전하여 발가락을 떠나 장딴지〔腓〕로 올라오니, 장딴지의 體는 動하여 조급한 자이다. 물건을 감동시키기를 조급함으로써 함은 凶한 道이다. 조급하기 때문에 凶하니, 가만히 있으면 吉할 것이다. 처함이 剛을 타지 않았기 때문에 가만히 있으면 吉함을 얻을 수 있는 것이다.

【疏】 '六二'至'居吉' ○ 正義曰: 腓, 足之腓腸也. 六二應在九五, 咸道轉進, 離拇升腓, 腓體動躁, 躁以相感, 凶之道也. 由躁, 故凶, 靜居則吉, 故曰"咸其腓, 凶, 居吉." 以不乘剛, 故可以居而獲吉.

經의 〔六二〕에서 〔居吉〕까지

○ 正義曰:'腓'는 발의 장딴지〔腓腸〕이다. 六二는 應함이 九五에 있으니, 咸卦의 道가 더욱 진전되어서 발가락을 떠나 장딴지로 올라오니, 장딴지의 體는 動하여 조급한바, 조급함으로써 서로 감동함은 凶한 道이다. 조급하기 때문에 凶하니, 조용히 居하면 吉할

것이다. 그러므로 "그 장딴지를 감동시키면 흉하니, 가만히 있는 것이 길하다."라고 한 것이다. 剛을 타지 않았기 때문에 가만히 있으면 吉함을 얻을 수 있는 것이다.

【疏】 ○ 注'腓體動躁' ○ 正義曰 : 王廙云"動於腓腸, 斯則行矣, 故言'腓體動躁'也"

○ 注의 〔腓體動躁〕

○ 正義曰 : 王廙가 말하였다. "장딴지에서 動하면 이는 가는 것이다. 그러므로 '장딴지의 體는 動하여 조급하다.'라고 한 것이다."

象曰 雖凶居吉은 順不害也라

〈象傳〉에 말하였다. "비록 凶하나 가만히 있으면 吉함은 順히 하면 해롭지 않은 것이다."

【注】 陰而爲居는 順之道也니 不躁而居면 順不害也라

陰爻로서 가만히 있는 것은 順한 道이니, 조급하지 않고 가만히 있으면 順하여 해롭지 않은 것이다.

【疏】 正義曰 : 雖者, 與奪之辭.[1] 若旣凶矣, 何由得居而獲吉. 良由陰性本靜. 今能不躁而居, 順其本性, 則不有災害, 免凶而獲吉也.

1) 雖者 與奪之辭 : 與奪이란 褒貶·抑揚 등과 같은 말로, 與奪之辭는 긍정과 부정을 나란히 열거하는 데에 쓰이는 말이다. 雖와 연결된 句는 奪(부정)의 의미이고 바로 그 뒤의 句는 與(긍정)의 의미인바, 여기서는 '凶'이 奪에 해당하고 '居吉'이 與에 해당한다.

正義曰 : 〔雖〕 긍정과 부정을 〈열거하는〉 말이다.

이미 흉한데 어떻게 가만히 있으면 길함을 얻을 수 있는가? 진실로 陰의 성질이 본래 靜하기 때문이다. 지금 조급하지 않고 가만히 있어서 그 본성을 順히 하면 災害가 있지 않으니, 흉함을 면하고 길함을 얻는 것이다.

九三은 咸其股라 執其隨니 往吝하리라

九三은 그 다리를 감동시킨다. 그 따름을 지키니, 가면 부끄러우리라.

【注】股之爲物은 隨足者也라 進不能制動하고 退不能靜處하여 所感在股하니 志在隨人者
也라 志在隨人이면 所執亦以賤矣니 用斯以往이면 吝其宜也라

다리〔股〕란 물건은 발을 따라 움직이는 것이다. 나아감에 動함을 제재하지 못하고 물
러남에 고요히 처하지 못하여 감동시키는 바가 다리에 있으니, 뜻이 남을 따름에 있는 자
이다. 뜻이 남을 따름에 있으면 잡아 지키는 바가 또한 賤하니, 이 방법을 사용하여 가면
부끄러운 것이 당연하다.

〈【疏】正義曰 : '咸其股 執其隨 往吝'者, 九三處二之上, 轉高至股. 股之爲體, 動靜隨
足, 進不能制足之動, 退不能靜守其處. 股是可動之物, 足動則隨, 不能自處, 常執其隨
足之志,[1] 故云"咸其股, 執其隨." 施之於人, 自无操持, 志在隨人, 所執卑下, 以斯而
往, 鄙吝之道, 故言"往吝."〉[2]

> 1) 常執其隨足之志, : 王弼과 孔穎達은 '執'에 대한 특별한 해석이 없는데, 다만 이 句를
>   살펴보면 '執其隨'를 '발을 따르려는 뜻을 잡아 지킴'으로 해석하고 있음을 알 수 있다.
>   程伊川은 '隨'를 '九三이 剛陽의 재질이고 안의 주장이며 下卦의 위에 있으므로 스스
>   로 자유롭게 행동해야 하는데 그러지 못하고서 上六을 좋아하여 이를 따르는 것'으로 보
>   고, '執其隨'를 "九三이 스스로 주장하지 못하고서 남을 따라 동하기를 다리와 같이 하
>   여, 잡아 지키는 것이 남을 따름을 말한 것이다.〔言九三不能自主 隨物而動 如股然 其所執
>   守者 隨於物也〕"라고 하였는바, 諺解에서는 '其所執守者 隨於物也'라고 한 것에 의거하
>   여, '執其隨'를 '執이 그 隨홈이니'라고 해석하였다.
>   朱子의 해석 역시 程伊川과 같은데, '執'에 대하여 "執은 주장하여 담당하고 잡아 지
>   키는 뜻이다.〔執者 主當持守之意〕"라고 보충하여 풀이하였다.
> 2) 〈疏正義曰……故言往吝〉: 저본에는 '疏正義曰'부터 '故言往吝'까지 102자가 없으나, 錢
>   本·宋本에 의거하여 보충하였다.〔阮刻本 참조〕

正義曰 :〔咸其股 執其隨 往吝〕九三이 六二의 위에 처하여 더욱 높아 다리〔股〕에 이
르렀다. 다리의 體는 動과 靜이 발을 따르므로 나아감에 발의 動함을 제재하지 못하고,
물러남에 머묾을 고요히 지키지 못한다. 다리는 움직일 수 있는 물건이니, 발이 움직이면
따라 움직여서 스스로 머물지 못하여 항상 그 발을 따르려는 마음을 간직하고 있다. 그러
므로 "그 다리를 감동시킨다. 그 따름을 지킨다."라고 한 것이다.

사람에게 이것을 시행하면 스스로 잡아 지킴이 없어서 뜻이 남을 따름에 있어 잡아 지
키는 바가 卑下하니, 이런 방식으로 가면 鄙吝한 道이다. 그러므로 "가면 부끄럽다."라고

한 것이다.

象曰 咸其股는 亦不處也라 志在隨人하니 所執下也라

〈象傳〉에 말하였다. "'그 다리를 감동시킴'은 또한 머물러 있지 못하는 것이다. 뜻이 남을 따름에 있으니, 잡아 지키는 바가 낮다."

【疏】正義曰 : '咸其股 亦不處也'者, 非但進不能制動, 退亦不能靜處也.[1] '所執下'者, 旣志在隨人, 是其志意所執下賤也.

1) 退亦不能靜處也 : 經의 '亦不處也'의 '亦'을 孔穎達은 '물러가서도'의 의미로 보았다.

반면 程伊川은 "亦이라고 말한 것은 象辭가 본래 易의 經文과 서로 나란히 있지 않고 따로 한 곳에 있었다. 그러므로 여러 爻의 象辭가 뜻이 서로 이어짐이 있는 것이다. 여기에 亦이라고 말한 것은 위의 爻辭를 이어받은 것이니, 위에 이르기를 '엄지발가락을 감동시킴은 뜻이 밖에 있는 것이요, 비록 凶하나 그대로 머물러 있으면 吉함은 순히 하면 해롭지 않은 것이다.'라고 하였다. '咸其股亦不處也'는 앞에 두 陰爻가 모두 감응함이 있어 동하였는데, 九三은 비록 陽爻이나 이 또한 그러하기 때문에 '또한 그대로 머물러 있지 않다.'고 말한 것이니, 그대로 머물러 있지 않음은 동함을 이른다.〔云亦者 蓋象辭本不與易相比 自作一處 故諸爻之象辭 意有相續者 此言亦者 承上爻辭也 上云咸拇 志在外也 雖凶居吉 順不害也 咸其股亦不處也 前二陰爻 皆有感而動 三雖陽爻 亦然 故云亦不處也 不處 謂動也〕"라고 하여, '亦'을 '初六・六二와 마찬가지로 九三도'의 의미로 보았다.

朱子 역시 "亦이라고 말한 것은 앞의 두 爻가 모두 동하고자 함을 인하여 말한 것이다. 두 爻는 陰으로 조급하니 동함이 마땅하나, 九三은 陽剛으로 그침의 極에 거하였으니, 마땅히 靜하여야 하는데 動함은 심히 부끄러울 만한 것이다.〔亦者 因前二爻皆欲動而云也 二爻陰躁 其動也宜 九三陽剛 居止之極 宜靜而動 可吝之甚也〕"라고 하였다.

正義曰 : 〔咸其股 亦不處也〕 비단 나아가서 動함을 제재하지 못할 뿐만이 아니요, 물러가서도 고요히 머물러 있지 못하는 것이다.

〔所執下〕 이미 뜻이 남을 따름에 있으니, 이는 그 의지의 잡은 바가 낮아 천한 것이다.

九四는 貞吉하여 悔亡하리니 憧憧往來하면 朋從爾思하리라

九四는 貞하면 吉하여 후회가 없어지리니, 憧憧히 왕래하면 벗이 너의 생각을 따르리라.

【注】處上卦之初하여 應下卦之始하고 居體之中하여 在股之上하여 二體始相交感하여 以通其志하니 心神始感者也라 凡物始感而不以之於正이면 則至於害라 故로 必貞然後乃吉이요 吉然後乃得亡其悔也라 始在於感하여 未盡感極하여 不能至於无思以得其黨이라 故로 有憧憧往來然後에 朋從其思也라

上卦의 처음에 처하여 下卦의 시초와 應하고, 體의 가운데에 처하여 다리의 위에 있어서 두 體가 처음으로 서로 交感하여 그 뜻을 통하니, 마음과 정신이 처음 감동된 자이다. 모든 물건은 처음 감동할 적에 바름으로써 하지 않으면 해로움에 이른다. 그러므로 반드시 바른 뒤에 비로소 吉한 것이요, 吉한 뒤에 비로소 그 후회가 없어질 수 있는 것이다. 처음으로 감동함에 있어서 아직 감동함이 극진하지 못하여 '생각함이 없으면서도 그 黨을 얻음'에 이르지 못하였다. 그러므로 憧憧히 왕래한 뒤에야 벗이 그 생각을 따름이 있는 것이다.

【疏】正義曰 : '貞吉 悔亡'者, 九四居上卦之初, 應下卦之始, 居體之中, 在股之上, 二體始相交感, 以通其志, 心神始感者也. 凡物始感而不以之於正, 則害之將及矣, 故必貞然後乃吉, 吉然後乃得亡其悔也, 故曰"貞吉, 悔亡"也. '憧憧往來 朋從爾思'者, 始在於感, 未盡感極, 惟欲思運動以求相應, 未能忘懷息照, 任夫自然, 故有憧憧往來, 然後朋從爾之所思也.[1]

1) 憧憧往來……然後朋從爾之所思也 : '憧憧往來 朋從爾思'를 王弼과 孔穎達은 '九四가 아직 감동함이 극진하지 못하므로 无思하면서도 자연히 黨을 얻는 경지에는 이르지 못했으므로 부지런히 왕래한 뒤에야 벗이 九四의 생각을 따름'의 의미로 해석하였다.

程伊川과 朱子는 '憧憧往來'를 '사사롭게 감동함'으로 보았는바, 이에 대한 ≪程傳≫의 해석은 다음과 같다. "'憧憧往來 朋從爾思'는 마음이 바르고 한결같으면 감동하는 바가 통하지 않음이 없을 것이요, 만일 왕래하기를 憧憧히 하여 私心을 써서 남을 감동시키면 생각에 미치는 것은 감동시킬 수가 있으나 미치지 못하는 것은 감동시키지 못하니, 이는 朋類만이 그 생각을 따르는 것이다. 매임이 있는 私心으로 이미 한 귀퉁이와 한 가지 일을 주장하면 어찌 廓然히 통하지 않는 바가 없게 할 수 있겠는가. 〈繫辭傳〉에 이르기를 '天下에 무엇을 생각하며 무엇을 생각하겠는가. 天下가 돌아감은 같으나 길은 다르며, 이치는 하나이나 생각은 백 가지이니, 天下에 무엇을 생각하며 무엇을 생각하겠는가.'라고 하였으니, 夫子가 咸卦를 인하여 感通하는 道를 지극히 논하신 것이다. 思慮하는 私心으로 남을 감동시키면 감동시키는 바가 좁다. 天下의 이치는 하나이니, 길은 비록 다르나 돌아감은 같고 생각은 비록 백 가지이나 그 극치는 하나이니, 비

록 물건이 만 가지 다름이 있고 일이 만 가지 變이 있으나 하나로써 통일시키면 어길 수가 없는 것이다. 그러므로 그 뜻을 바르게 하면 天下를 다하여 感通하지 않음이 없는 것이다.〔憧憧往來朋從爾思 夫貞一則所感无不通 若往來憧憧然 用其私心以感物 則思之所及者 有能感而動 所不及者 不能感也 是其朋類則從其思也 以有係之私心 旣主於一隅一事 豈能廓然无所不通乎 繫辭曰 天下何思何慮 天下同歸而殊塗 一致而百慮 天下何思何慮 夫子因咸 極論感通之道 夫以思慮之私心 感物 所感狹矣 天下之理一也 塗雖殊而其歸則同 慮雖百而其致則一 雖物有萬殊 事有萬變 統之以一則无能違也 故貞其意則窮天下无不感通焉〕

正義曰:〔貞吉 悔亡〕九四가 上卦의 처음에 거하여 下卦의 시초와 應하고, 體의 가운데에 처하여 다리의 위에 있어서 두 體가 처음으로 서로 交感하여 그 뜻을 통하니, 마음과 정신이 처음으로 감동된 자이다. 모든 물건은 처음 감동할 적에 바름으로써 하지 않으면 害가 장차 미치게 된다. 그러므로 반드시 바른 뒤에 비로소 吉한 것이요, 吉한 뒤에 비로소 그 후회가 없어질 수 있는 것이다. 그러므로 "貞하면 吉하여 후회가 없어지리라."라고 한 것이다.

〔憧憧往來 朋從爾思〕처음으로 감동함에 있어서 아직 감동함이 극진하지 못하고, 오직 運動하여 서로 應을 구할 것을 생각하고자 하여 마음에 잊고 밝게 봄을 그쳐서 자연에 맡기지 못한다. 그러므로 憧憧히 往來함이 있은 뒤에 벗이 너의 생각하는 바를 따르는 것이다.

象曰 貞吉悔亡은 未感害也라

〈象傳〉에 말하였다.

"'貞하면 吉하여 후회가 없어짐'은 아직 해로움에 감동되지 않은 것이다.

【注】未感於害라 故로 可正之하여 得悔亡也라

아직 해로움에 감동되지 않았다. 그러므로 바로잡을 수가 있어서 후회가 없을 수 있는 것이다.

【疏】正義曰: '未感害'者, 心神始感, 未至於害. 故不可不正, 正而〈吉〉[1), 故得悔亡也.

1) 〈吉〉: 저본에는 '吉'이 없으나, 阮刻本〈校勘記〉에 "浦鏜이 말하기를 '「而」자 아래에 「吉」자가 탈락되었다.' 하였다."라고 한 것에 의거하여 보충하였다.

正義曰:〔未感害〕마음과 정신이 처음으로 감동되어서 아직 해로움에 이르지 않았다.

그러므로 바로잡지 않을 수가 없으니, 바루어 길하므로 후회가 없을 수 있는 것이다.

憧憧往來는 未光大也라

'憧憧히 왕래함'은 光大하지 못한 것이다."

【疏】正義曰 : '未光大'者, 非感之極, 不能无思无欲, 故未光大也.

正義曰 : 〔未光大〕 감동함이 지극한 것이 아니어서 생각함이 없고 하고자 함이 없지 못하다. 그러므로 光大하지 못한 것이다.

九五는 咸其脢(매)니 无悔리라

九五는 그 등을 감동시킴이니, 허물이 없으리라.

【注】脢者는 心之上이요 口之下니 進不能大感하고 退亦不爲无志하여 其志淺末이라 故로 无悔而已라

脢는 심장의 위이고 입의 아래이니, 나아가서 크게 감동시키지 못하고 물러나서도 뜻이 없지 못하여 그 뜻이 얕고 낮다. 그러므로 후회가 없을 뿐인 것이다.

【疏】'九五'至'无悔' ○ 正義曰 : '咸其脢 无悔'者, 脢者, 心之上, 口之下也, 四已居體之中, 爲心神所感, 五進在於四上, 故所感在脢. 脢已過心, 故進不能大感, 由在心上, 退亦不能无志, 志在淺末. 故无悔而已, 故曰"咸其脢, 无悔"也.

經의 〔九五〕에서 〔无悔〕까지

○ 正義曰 : 〔咸其脢 无悔〕'脢'는 심장의 위이고 입의 아래이니, 九四가 이미 體의 가운데에 거하여 마음과 정신이 감동하는 바가 되었고 九五가 나아가서 九四의 위에 있다. 그러므로 감동하는 바가 등에 있는 것이다. 등은 이미 심장을 지났으므로 나아감에 크게 감동시키지 못하는 것이요, 심장의 위에 있어서 물러나서도 뜻이 없지 못하여 뜻이 얕고 낮음에 있다. 그러므로 후회가 없을 뿐이니, 이 때문에 "그 등을 감동시킴이니, 허물이 없다."라고 한 것이다.

【疏】○ 注'脢者心之上口之下' ○ 正義曰 : '脢者 心之上 口之下'者, 子夏易傳曰"在脊曰脢", 馬融云"脢, 背也", 鄭玄云"脢, 脊肉也", 王肅云"脢在背而夾脊", 說文云"脢, 背肉也." 雖諸說不同, 大體皆在心上.[1] 輔嗣以四爲心神, 上爲輔頰, 五在上四之間. 故直云 "心之上, 口之下"也. 明其淺於心神, 厚於言語.[2]

1) 脢者……大體皆在心上 : '脢'의 訓을 王弼과 孔穎達은 특별히 하나로 확정하지는 않고 다만 '등에 있음'만은 분명히 말하였으므로 '등'으로 번역하였음을 밝혀둔다. 한편 程伊川과 朱子는 모두 '脢'를 등살〔背肉〕이라 하였다.

2) 輔嗣以四爲心神……厚於言語 : '脢'를 王弼과 孔穎達은 '심장〔心〕의 위, 입의 아래'라고 하였는바, 九四를 마음〔心〕과 정신이라 하고 上六을 턱과 볼이라 하였으므로 이렇게 말한 것이다. 또 '심장의 위, 입의 아래'에 대해서는 '九五의 감동함이 마음으로 하는 것보다는 얕고 말로 하는 것보다는 깊음'의 뜻이라고 설명하였다.

　반면 程伊川은 "脢는 등살이니, 심장과 서로 등져서 보이지 않는 곳이다. '私心을 능히 등져서, 보고서 좋아하는 자가 아닌 사람을 감동시키면 人君이 天下를 감동시키는 바름을 얻어 뉘우침이 없을 것임'을 말한 것이다.〔脢 背肉也 與心相背而所不見也 言能背其私心 感非其所見而說者 則得人君感天下之正而无悔也〕"라고 하고, 朱子는 "脢는 등살이니, 심장의 위에 있어 서로 등져서 남을 감동시키지 못하여 사사로이 매임이 없는 것이다.〔脢 背肉 在心上而相背 不能感物而无私係〕"라고 하여, '咸其脢'를 '좋아하지 않는 자를 감동시킴'의 의미로 보았는바, 이는 '咸其脢'를 '감동시킴이 公正함'의 의미로 본 것이다.

○ 注의〔脢者心之上口之下〕

○ 正義曰 :〔脢者 心之上 口之下〕《子夏易傳》에 "등마루〔脊〕에 있는 것을 '脢'라 한다."라고 하였고, 馬融은 "脢는 등이다."라고 하였고, 鄭玄은 "脢는 등의 살이다."라고 하였고, 王肅은 "脢는 등에 있으면서 등마루 좌우를 끼고 있다."라고 하였고, 《說文解字》에는 "脢는 등의 살이다."라고 하였다. 비록 여러 說이 똑같지 않으나 대체는 모두 심장의 위에 있는 것이다. 王輔嗣(王弼)는 九四를 마음과 정신으로 삼고 上六을 턱과 볼로 삼았으니, 九五는 上六과 九四의 사이에 있으므로 곧바로 "심장의 위이고 입의 아래이다."라고 한 것이다. 이는 마음과 정신보다는 얕고, 언어보다는 후함을 밝힌 것이다.

象曰 咸其脢는 志末也라

〈象傳〉에 말하였다. "'그 등을 감동시킴'은 뜻이 낮은 것이다."

【疏】正義曰 : '志末也'者, 末, 猶淺也. 感以心爲深, 過心則謂之淺末矣.[1]

1) 志末也者……過心則謂之淺末矣 : '志末也'를 孔穎達은 '九五의 감동함이 마음으로 하는 것보다 얕고 낮음'으로 해석하였다. 반면 程伊川은 "그 심장을 등져 등살을 감동시키라고 경계한 것은 마음을 보존함이 얕고 낮으므로 六二에 매이고 上六을 좋아해서 私欲에 감동하기 때문이다.〔戒使背其心而咸脢者 爲其存心淺末 係二而說上 感於私欲也〕"라고 하여, '志末'을 '마음을 공정하게 쓰지 않고 私欲에 동함'의 의미로 보았다. 朱子는 九五의 감동시킴이 사사로이 매임이 없어 남을 감동시키지 못한다고 보아, "志末은 남을 감동시키지 못함을 이른다.〔志末 謂不能感物〕"라고 하였다.

正義曰 :〔志末也〕'末'은 淺(얕음)과 같다. 감동함은 마음으로 하는 것을 깊게 여기니, 마음을 지나면 '얕고 낮음〔淺末〕'이라 이른다.

上六은 咸其輔頰舌이라

上六은 턱과 볼과 혀를 감동시킨다.

【注】咸道轉末이라 故로 在口舌言語而已라

咸卦의 道가 더욱 끝(末端)이 되었다. 그러므로 口舌과 言語에 있을 뿐인 것이다.

【疏】正義曰 : '咸其輔頰舌'者, 馬融云"輔, 上頷也", 輔·頰·舌者, 言語之具. 咸道轉末, 在於口舌言語而已, 故云"咸其輔·頰·舌"也.

正義曰 :〔咸其輔頰舌〕馬融은 "輔는 위의 턱이다."라 하였으니, 턱과 볼과 혀는 言語의 도구이다. 咸卦의 道가 더욱 끝이 되어서 口舌과 言語에 있을 뿐이다. 그러므로 "턱과 볼과 혀를 감동시킨다."라고 한 것이다.

象曰 咸其輔頰舌은 滕口說也라

〈象傳〉에 말하였다. "'턱과 볼과 혀를 감동시킴'은 입으로 말을 다투는 것이다."

【注】輔頰舌者는 所以爲語之具也니 咸其輔頰舌이면 則滕口說也라 憧憧往來도 猶未光大어늘 況在滕口하니 薄을 可知也라

턱과 볼과 혀는 말하는 도구이니, 턱과 볼과 혀를 감동시키면 입으로 말을 다투는 것이다. 憧憧히 往來하는 것도 오히려 光大하지 못한데, 하물며 입으로 다툼에 있으니 하

찮게 여길 만함을 알 수 있는 것이다.

【疏】正義曰 : '滕口說也'者, 舊說字作滕, 徒登反, 滕, 競與也. 所競者口, 无復心實, 故云"滕口說也." 鄭玄又作(滕)〔媵〕[1], (口)〔媵〕[2], 送也. 咸道極薄, 徒送口舌言語, 相感而已, 不復有志於其間. 王注義得兩通, 未知誰同其旨也.[3]

1) (滕)〔媵〕: 저본에는 '滕'으로 되어 있으나, 毛本에 의거하여 '媵'으로 바로잡았다.〔阮刻本 참조〕

2) (口)〔媵〕: 저본에는 '口'로 되어 있으나, 毛本에 의거하여 '媵'으로 바로잡았다.〔阮刻本 참조〕

3) 滕口說也者……未知誰同其旨也 : '滕口說也'의 '滕'에 대하여, 孔穎達은 이를 '滕(다툼)'으로 보는 說과 '媵(보냄)'으로 보는 說을 모두 소개하고, 두 說 모두 王弼의 注와 통한다고 하였다. 한편 程伊川은 "오직 至誠이라야 남을 감동시킬 수 있는데 유순함과 기뻐함으로 구설과 언설에만 올리니, 어찌 남을 감동시키겠는가.〔唯至誠 爲能感人 乃以柔說 騰揚於口舌言說 豈能感於人乎〕"라고 하여 곧바로 '騰'으로 표기하였고, 朱子는 "滕과 騰은 통용된다.〔滕騰通用〕"라고 하였다.

正義曰 : 〔滕口說也〕 舊說에 글자를 '滕'으로 썼으니, '滕'은 徒登의 反切이니, '滕'은 다투는 것이다. 다투는 것이 입뿐이고 다시는 마음에 실재가 없다. 그러므로 "입으로 말을 다툰다."고 말한 것이다.

鄭玄은 또 '媵'으로 썼으니, '媵'은 보냄이다. 咸卦의 道가 지극히 薄하여 다만 口舌과 言語로 보내어 서로 감동시킬 뿐이요, 다시는 그 사이에 뜻이 있지 않은 것이다. 王輔嗣(王弼)의 注에는 뜻이 두 가지 모두 통하니, 어느 것이 그 本旨와 같은지는 알지 못하겠다.

32. 恒䷟ 巽下震上

恒은 亨하여야 无咎하고 利貞하니라

恒은 형통하여야 허물이 없고 貞함이 이롭다.

【注】恒而亨하여 以濟三事也라 恒之爲道는 亨乃无咎也요 恒通无咎하면 乃利正也라

항상하고 형통하여 세 가지 일을 이루는 것이다. 恒卦의 道는 형통하여야 비로소 허물이 없고, 항상 通하고 허물이 없으면 마침내 바름이 이로운 것이다.

【疏】'恒亨'至'利貞' ○ 正義曰:恒, 久也. 恒久之道, 所貴變通, 必須變通隨時, 方可長久. 能久能通, 乃无咎也, 恒通无咎, 然後利以行正, 故曰"恒, 亨, 无咎, 利貞"也.

經의 [恒亨]에서 [利貞]까지

○ 正義曰:恒은 오래함이다. 항상하고 오래하는 道는 變通을 귀하게 여기니, 반드시 變通하여 때를 따라야 비로소 오래할 수 있다. 능히 오래하고 능히 通하면 마침내 허물이 없고, 항상 通하여 허물이 없은 뒤에야 正道를 행함이 이롭다. 그러므로 "恒은 형통하여야 허물이 없고 貞함이 이롭다."라고 한 것이다.

【疏】○ 注'三事' ○ 正義曰:褚氏云"三事, 謂无咎·利貞·利有攸往", 莊氏云"三事者, 无咎一也, 利二也, 貞三也", 周氏云"三事者, 一亨也, 二无咎也, 三利貞也", 注不明數, 故先儒各以意說. 竊謂注云"恒而亨, 以濟三事"者, 明用此恒亨, 濟彼三事, 无疑'亨'字在三事之(中)[外]¹⁾, 而此注云"恒之爲道, 亨乃无咎, 恒通无咎, 乃利正也", 又注象曰"道得所久, 則常通无咎而利正也", 此解皆以利正相將爲一事, 分以爲二, 恐非注旨. 驗此注云"恒之爲道, 亨乃无咎", 此以恒亨濟无咎也. 又云"恒通无咎, 乃利正也", 此以恒亨濟利貞也. 下注利有攸往云"各得所恒, 修其常道, 終則有始, 往而无違, 故利有攸往", 此以恒亨濟利有攸往也. 觀文驗注, 褚氏爲長.

1) (中)〔外〕 : 저본에는 '中'으로 되어 있으나, 阮刻本〈校勘記〉에 "浦鏜이 이르기를 「中」
은 마땅히 「外」가 되어야 한다.' 하였다."라고 한 것에 의거하여 '外'로 바로잡았다.

○ 注의〔三事〕

○ 正義曰 : 褚氏(褚仲都)는 "세 가지 일은 无咎와 利貞과 利有攸往을 이른다."라고 하
였고, 莊氏는 "세 가지 일은 无咎가 첫 번째이고 利가 두 번째이고 貞이 세 번째이다."라
고 하였고, 周氏(周宏正)는 "세 가지 일은 첫 번째가 亨이고 두 번째가 无咎이고 세 번째
가 利貞이다."라 하였으니, 注에 분명히 열거하지 않았기 때문에 先儒들이 각각 자신의
생각으로 설명한 것이다.

내가 생각건대, 注에 "항상하고 형통하여 세 가지 일을 이룬다."고 말한 것은, 이 항상
하고 형통함을 사용하여 저 세 가지 일을 이룸을 밝힌 것이니, '亨'자가 세 가지 일 밖에
있음을 의심할 것이 없다. 이 注에 이르기를 "恒卦의 道는 형통하여야 비로소 허물이 없
고, 항상 通하고 허물이 없으면 마침내 바름이 이롭다."라 하고, 또〈象傳〉에 注하기를
"道가 오래하는 바를 얻으면 항상 통하고 허물이 없어 바름이 이롭다."라 하였으니, 이
해석은 모두 이 '利正'을 서로 이어지는 한 가지 일로 삼은 것인바, 나누어 두 가지 일로
삼은 것은 注의 本旨가 아닐 듯하다.

徵驗해보면, 이 注에 "恒卦의 道는 형통하여야 비로소 허물이 없다."라고 하였으니, 이
는 恒亨으로 无咎를 이룬 것이요, 또 "항상 통하고 허물이 없으면 마침내 바름이 이롭
다."라고 하였으니, 이는 恒亨으로 利貞을 이룬 것이며, 아래 '利有攸往'에 注하면서 "각
각 항상한 바를 얻어서 떳떳한 道를 닦으므로 끝나면 시작함이 있어서 가면 어기지 않기
때문에 갈 바를 둠이 이로운 것이다."라 하였으니, 이는 恒亨으로 利有攸往을 이룬 것이
다. 글을 보고 注를 징험해보면 褚氏의 말이 옳다.

利有攸往하니라

갈 바를 둠이 이롭다.

【注】各得所恒하여 修其常道하여 終則有始하여 往而无違라 故로 利有攸往也라

각각 항상한 바를 얻어서 떳떳한 道를 닦으므로 끝나면 시작함이 있어서 가면 어기지
않는다. 그러므로 갈 바를 둠이 이로운 것이다.

【疏】正義曰 : 得其常道, 何往不利. 故曰 "利有攸往"也.

正義曰 : 떳떳한 道를 얻으면 어디로 간들 이롭지 않겠는가. 그러므로 "갈 바를 둠이 이롭다."라고 한 것이다.

彖曰 恒은 久也니 剛上而柔下하고

〈彖傳〉에 말하였다.

"恒은 오래함이니, 剛이 위에 있고 柔가 아래에 있으며

【注】剛尊柔卑하여 得其序也라

剛이 높고 柔가 낮아서 그 차례를 얻은 것이다.

【疏】'彖曰'至'柔下' ○ 正義曰 : '恒 久也'者, 釋訓卦名也, 恒之爲名, 以長久爲義. '剛上而柔下'者, 旣訓恒爲久, 因(名)〔明〕[1]此卦得其恒名, 所以釋可久之意, 此就二體以釋恒也. 震剛而巽柔, 震則剛尊在上, 巽則柔卑在下, 得其順序, 所以爲恒也.

1) (名)〔明〕 : 저본에는 '名'으로 되어 있으나, 宋本에 의거하여 '明'으로 바로잡았다. 〔阮刻本 참조〕

經의 〔彖曰〕에서 〔柔下〕까지

○ 正義曰 : 〔恒 久也〕 卦의 이름을 해석한 것이니, '恒'이란 이름은 오래함을 뜻으로 삼는다.

〔剛上而柔下〕 이미 '恒'을 訓하여 '久'라 하고서, 인하여 이 卦가 '恒'이란 이름을 얻은 것은 오래할 수 있는 뜻을 해석한 것임을 밝힌 것이니, 이는 두 體를 가지고 '恒'을 해석한 것이다. 震은 剛하고 巽은 柔하니, 震은 剛으로 높이 위에 있고 巽은 柔로 낮게 아래에 있어서 그 차례를 얻었으니, 이 때문에 卦의 이름을 '恒'이라 한 것이다.

【疏】○ 注'剛尊柔卑得其序也' ○ 正義曰 : 咸明感應, 故柔上而剛下, 取二氣相交也. 恒明長久, 故剛上而柔下, 取尊卑得序也.

○ 注의 〔剛尊柔卑得其序也〕

○ 正義曰 : 咸은 感應함을 밝혔기 때문에 柔가 위에 있고 剛이 아래에 있으니, 두 기운이 서로 사귐을 취한 것이다. 恒은 오래함을 밝혔으므로 剛이 위에 있고 柔가 아래에

있으니, 尊卑가 차례를 얻음을 취한 것이다.

雷風相與하고

우레와 바람이 서로 도와주며

【注】長陽長陰이 能相成也라

長陽과 長陰이 능히 서로 이루어주는 것이다.

【疏】‘雷風相與’ ○ 正義曰 : 此就二象釋恒也. 雷之與風, 陰陽交感, 二氣相與, 更互
而相成, 故得恒久也.[1]

> 1) 雷之與風……故得恒久也 : 經文의 ‘相與’를 王弼은 ‘相成’으로, 孔穎達은 ‘相與하여 相
> 成함’으로 해석하였는바, ‘相與’는 ‘서로 친하여 함께하고 서로 도와주어 이루게 함’의 뜻
> 이다. 그러나 앞에 있는 咸卦 象傳의 ‘二氣感應 以相與’에서는, 孔穎達은 ‘以相授與’의
> 뜻으로 해석하였다.

經의 〔雷風相與〕

○ 正義曰 : 이는 두 象을 가지고 恒卦를 해석한 것이다. 우레와 바람은 陰과 陽이 서
로 감동하여 두 기운이 서로 도와주어서 번갈아 서로 이루어준다. 그러므로 항상하고 오
래함을 얻는 것이다.

【疏】 ○ 注‘長陽長陰能相成也’ ○ 正義曰 : 震爲長男, 故曰長陽. 巽爲長女, 故曰長陰.[1]
象曰 “雷風相與”, 雷之與風, 共相助成之義. 故褚氏云 “雷資風而益遠, 風假雷而增威”,
是也. 今言 “長陽長陰, 能相成”者, 因震爲長男, 巽爲長女, 遂以長陽長陰而名之, 作文
之體也. 又此卦明夫婦可久之道, 故以二長相成, 如雷風之義也.

> 1) 震爲長男……故曰長陰 : 八卦 중에 乾卦와 坤卦는 가족으로는 아버지와 어머니를 상징
> 하고, 나머지 여섯 卦는 6명의 자녀를 상징하는바, 震卦☳는 장남, 坎卦☵는 차남, 艮
> 卦☶는 소남, 巽卦☴는 장녀, 離卦☲는 차녀, 兌卦☱는 소녀에 해당한다. 卦의 主爻는
> 홀로 陰이거나 홀로 陽인 爻이므로 한 爻가 陰爻이면 여자, 陽爻이면 남자가 되고, 爻
> 의 생성은 아래로부터 시작되므로 主爻가 初爻이면 長子, 中爻이면 次子, 上爻이면 少
> 子가 되는 것이다.

○ 注의 〔長陽長陰能相成也〕

○ 正義曰. : 震은 長男이 되므로 '長陽'이라 하였고, 巽은 長女가 되므로 '長陰'이라 한 것이다.

〈象傳〉에서 "우레와 바람이 서로 도와준다."라고 한 것은 우레와 바람이 서로 도와주어 이루는 뜻이다. 그러므로 褚氏는 "우레는 바람을 의뢰하여 소리가 더욱 멀리 가고, 바람은 우레를 빌려 위엄을 더한다."라고 하였으니, 이것이 옳다.

지금 "長陽과 長陰이 능히 서로 이루어주는 것이다."라고 말한 것은 震은 長男이 되고 巽은 長女가 됨을 인하여 마침내 '長陽'과 '長陰'으로 이름한 것이니, 문장을 짓는 체제이다.

또 이 卦는 夫婦가 오래할 수 있는 방도를 밝혔다. 그러므로 두 長이 서로 이루어줌이 우레와 바람의 뜻과 같은 것이다.

巽而動하니

공손하고 動하니

【注】動无違也라

動함에 어김이 없는 것이다.

【疏】正義曰 : 此就二卦之義, 因釋恒名. 震動而巽順, 无有違逆, 所以可恒也.

正義曰 : 이는 두 卦의 뜻을 가지고 인하여 恒卦의 이름을 해석한 것이다. 震은 動하고 巽은 順하여 어기고 거스르는 것이 없으니, 이 때문에 항상할 수 있는 것이다.

剛柔皆應이

剛과 柔가 모두 응함이

【注】不孤媲也라

짝을 외롭게 하지 않는다.

【疏】'剛柔皆應' ○ 正義曰 : 此就六爻釋恒. 此卦六爻剛柔皆相應和, 无孤媲者, 故可長久也.

經의 〔剛柔皆應〕

○ 正義曰 : 이는 여섯 爻를 가지고 恒卦를 해석한 것이다. 이 卦는 여섯 爻의 剛과 柔가 모두 서로 應하고 和하여 짝을 외롭게 한 것이 없다. 그러므로 오래할 수 있는 것이다.

【疏】 ○ 注 '不孤媲也' ○ 正義曰 : 媲, 配也.

○ 注의 〔不孤媲也〕

○ 正義曰 : '媲'는 짝이다.

恒이라

恒이다.

【注】 皆可久之道라

모두 오래할 수 있는 道이다.

【疏】 正義曰 : 歷就四義, 釋恒名訖, 故更擧卦名以結之也. 明上四事皆可久之道, 故名此卦爲恒.

正義曰 : 차례로 네 가지 뜻을 가지고 恒卦의 이름을 해석함이 끝났다. 그러므로 다시 卦의 이름을 들어 맺은 것이니, 위의 네 가지 일이 모두 오래할 수 있는 道이므로 이 卦를 이름하여 '恒'이라 하였음을 밝힌 것이다.

恒亨无咎利貞은 久於其道也니

恒, 亨, 无咎, 利貞은 그 道를 오래하는 것이니,

【注】 道(德)〔得〕[1] 所久면 則常通无咎而利正也라

1) (德)〔得〕: 저본에는 '德'으로 되어 있으나, 위 卦辭의 疏에서 "又注象曰道得所久"라고 한 것에 의거하여 '得'으로 바로잡았다.

道가 오래하는 바를 얻으면 항상 通하고 허물이 없어서 바름이 이로운 것이다.

【疏】正義曰 : 此就名釋卦之德, 言所以得亨无咎利貞者, 更无別義, 正以得其恒久之道, 故言"久於其道也."

正義曰 : 이는 卦의 이름을 가지고 卦의 德을 해석하였으니, '亨, 无咎, 利貞'을 얻는 것은 다시 별다른 뜻이 없고 바로 그 항상하고 오래하는 道를 얻었기 때문임을 말하였다. 그러므로 "그 道를 오래한다."라고 말한 것이다.

天地之道는 恒久而不已也라

天地의 道는 항상하고 오래하여 그치지 않는다.

【注】得其所久라 故로 不已也라

長久하게 하는 바를 얻었기 때문에 그치지 않는 것이다.

【疏】正義曰 : 將釋利有攸往, 先擧天地以爲證喩, 言天地得其恒久之道, 故久而不已也.

正義曰 : 장차 '갈 바를 둠이 이로움'을 해석하려 하면서 먼저 天地를 들어서 증거와 비유로 삼았으니, 天地가 항상하고 오래하는 道를 얻었기 때문에 오래하고 그치지 않음을 말한 것이다.

利有攸往은 終則有始也일새라

'갈 바를 둠이 이로움'은 끝나면 시작이 있기 때문이다.

【注】得其常道라 故로 終則復始하여 往无窮(也)〔極〕[1]이라

1) (也)〔極〕 : 저본에는 '也'로 되어 있으나, 岳本·宋本·古本·足利本에 의거하여 '極'으로 바로잡았다.〔阮刻本 참조〕

떳떳한 道를 얻었기 때문에 끝나면 다시 시작하여 감에 窮極함이 없는 것이다.

【疏】正義曰 : 擧經以結成也. 人用恒久之道, 會於變通, 故終則復始, 往无窮極, 同於天地之不已, 所以爲利也.

正義曰 : 經文을 들어서 끝맺어 이룬 것이다. 사람이 항상하고 오래하는 道를 써서 變通에 맞춘다. 그러므로 끝나면 다시 시작해서 감에 窮極함이 없어 天地가 그치지 않는

것과 같으니, 이 때문에 이로움이 되는 것이다.

日月得天而能久照하며 四時變化而能久成하며 聖人久於其道而天下化成하나니

해와 달이 하늘을 얻어 오랫동안 비추며, 四時가 變化하여 오랫동안 이루며, 聖人이 그 道를 오래하여 天下가 교화되어 이루어지는 것이니,

【注】 言各得其所恒이라 故로 皆能長久라

각각 항상하는 바를 얻었으므로 모두 능히 오래할 수 있음을 말한 것이다.

【疏】 '日月得天而能久照'至'天下化成' ○ 正義曰 : '日月得天而能久照'者, 以下廣明恒義. 上言天地之道恒久而不已也. 故日月得天,[1] 所以亦能久照. '四時變化而能久成'者, 四時更代, 寒暑相變, 所以能久生成萬物. '聖人久於其道而天下化成'者, 聖人應變隨時, 得其長久之道, 所以能光宅天下, 使萬物從化而成也.

1) 日月得天 : '得天'에 대하여 王弼과 孔穎達은 특별한 해석이 없으나, 程伊川은 "해와 달은 陰·陽의 精氣이니, 하늘의 道를 따라 가고 오고 차고 이지러진다. 그러므로 오랫동안 비추어 그치지 않는 것이니, '得天'은 天理에 순한 것이다.〔日月 陰陽之精氣耳 唯其順天之道 往來盈縮 故能久照而不已 得天 順天理也〕"라고 하였다.

經의 〔日月得天而能久照〕에서 〔天下化成〕까지

○ 正義曰 :〔日月得天而能久照〕이하는 恒卦의 뜻을 넓혀 밝혔다. 위에서는 天地의 道가 항상하고 오래하여 그치지 않음을 말하였다. 그러므로 해와 달이 하늘을 얻으니, 이 때문에 또한 능히 오래 비추는 것이다.

〔四時變化而能久成〕 四時가 교대하여 추위와 더위가 서로 변하니, 이 때문에 능히 오랫동안 萬物을 생성하는 것이다.

〔聖人久於其道而天下化成〕 聖人이 變에 應하기를 때에 따라 하여 오래하는 방도를 얻으니, 이 때문에 능히 德이 天下에 충만하여 萬物로 하여금 따라 교화되어 이루어지게 한 것이다.

觀其所恒하면 而天地萬物之情을 可見矣라

그 항상하는 바를 보면 天地 萬物의 情을 볼 수 있다."

【注】天地萬物之情이 見於所恒也라

天地 萬物의 情이 항상하는 바에 나타난다.

【疏】正義曰 : 總結恒義也.

正義曰 : 恒의 뜻을 총괄하여 맺은 것이다.

象曰 雷風이 恒이니

〈象傳〉에 말하였다.

"우레와 바람이 恒卦이니,

【注】長陽長陰이 合而相與는 可久之道也라

長陽과 長陰이 합쳐져 서로 이루어줌은 오래할 수 있는 방도이다.

【疏】正義曰 : 雷風相與爲恒, 已如象釋.

正義曰 : 우레와 바람이 서로 이루어줌이 '恒'이 됨은 이미 〈象傳〉의 해석과 같다.

君子以立不易方하나니라

君子가 보고서 立身함에 方道를 바꾸지 않는다."

【注】得其所久라 故로 不易也라

오래할 바를 얻었으므로 바꾸지 않는 것이다.

【疏】正義曰 : 君子立身, 得其恒久之道, 故不改易其方. 方, 猶道也.

正義曰 : 君子가 몸을 세움에 항상하고 오래하는 道를 얻었기 때문에 그 方道를 고치거나 바꾸지 않는 것이다. 方은 道와 같다.

初六은 浚恒은 貞凶하여 无攸利하니라

初六은 깊이 항상함은 正道가 凶하여 이로운 바가 없다.

【注】處恒之初하여 最處卦底하니 始求深者也라 求深窮底하여 令物无餘縕하니 漸以至此라도 物猶不堪이어든 而況始求深者乎아 以此爲恒이면 凶正害德하니 无施而利也라

恒卦의 처음에 처하여 卦의 가장 아래에 처하였으니, 처음에 구하기를 깊게 하는 자이다. 구하기를 깊게 하여 바닥에 이르러 물건(남)으로 하여금 남은 쌓임이 없게 하니, 점점 나아가 여기에 이르더라도 물건이 오히려 감당하지 못하는데, 하물며 처음 구하기를 깊게 하는 자에 있어서랴. 이것을 항상함으로 삼으면 正道를 흉하게 하고 德을 해치니, 베푸는 곳마다 이로움이 없다.

【疏】'初六浚恒貞凶无攸利' ○ 正義曰 : 浚, 深也. 最處卦底, 故曰深也, 深恒者, 以深爲恒是也. 施之於仁義, 卽不厭深, 施之於正, 卽求物之情過深,[1] 是凶正害德,[2] 无施而利, 故曰"浚恒, 貞凶, 无攸利"也.

1) 求物之情過深 : '浚恒'을, 王弼과 孔穎達은 모두 〈象傳〉의 "처음에 구하기를 깊게 함[始求深也]"과 연관시켜 해석하였으나, '求深'에 대해서는 특별히 해석하지 않았다.
　　이에 대하여 程伊川은 "初六은 아래에 거하고 九四와 正應이 되었으니, 柔暗한 사람이 常道를 지키기만 하고 형세를 헤아리지 못하는 것이요, 九四는 震의 體로 陽性이니 剛함으로 높은 자리에 거하여 뜻이 올라가고 내려오지 않으며, 또 九二와 九三에게 막혀서 初六과 응하는 뜻이 正常과 다른데, 初六은 도리어 구하고 바라기를 깊게 하니, 이는 常道만 알고 變通함은 모르는 것이다.[初居下而四爲正應 柔暗之人 能守常而不能度勢 四震體而陽性 以剛居高 志上而不下 又爲二三所隔 應初之志 異乎常矣 而初乃求望之深 是知常而不知變也]"라고 하였다.

2) 凶正害德 : '貞凶'을 王弼과 孔穎達은 '正道를 흉하게 하고 德을 해침'으로 해석하였다.
　　반면 程伊川은 '貞固하여 흉함'으로 보아 "常道를 지키기만 하고 형세를 헤아리지 못하며, 윗사람에게 구하고 바라기를 깊이 하여 견고히 이를 지키면 흉한 道이다.[守常而不度勢 求望於上之深 堅固守此 凶之道也]"라고 하였다.
　　朱子는 '바르더라도 흉함'으로 보아 "初六의 柔弱하고 어두움이 형세를 헤아리지 못하고, 또 陰으로 巽의 아래에 거하여 巽의 주체가 되어서 그 성질이 들어가기를 힘쓰기 때문에 깊이 떳떳한 이치로써 구하니, 이는 浚恒의 象이다. 점치는 자가 이와 같으면 비록 바르더라도 흉하여 이로운 바가 없을 것이다.[初之柔暗 不能度勢 又以陰居巽下 爲巽之主 其性務入 故深以常理求之 浚恒之象也 占者如此則雖貞 亦凶而无所利矣]"라고 하였다.

經의 〔初六浚恒貞凶无攸利〕
○ 正義曰 : 浚은 깊음이다. 卦의 가장 아래에 處했으므로 '深'이라 말하였으니, '深恒'

은 깊음을 항상함으로 삼는 것이 이것이다. 이것을 仁義에 시행하면 깊음을 싫어하지 않지만, 바름에 시행하면 바로 물건(남)에게 구하는 情이 지나치게 깊은 것이니, 이는 正道를 흉하게 하고 德을 해쳐서 베푸는 곳마다 이로운 데가 없는 것이다. 그러므로 "깊이 항상함은 正道가 흉하여 이로운 바가 없다."라고 한 것이다.

【疏】○注 '此恒之初'至'害德无施而利也' ○正義曰：處卦之初, 故言始也, 最在於下, 故言深也. 所以致凶, 謂在於始而求深者也.

○注의 〔此恒之初〕에서 〔害德无施而利也〕까지

○正義曰：卦의 처음에 處하였으므로 '始'라 말하였고, 가장 아래에 있으므로 '深'이라 말한 것이다. 이 때문에 흉함을 이루는 것이니, 처음에 있으면서 구하기를 깊게 함을 말한 것이다.

象曰 浚恒之凶은 始求深也일새라

〈象傳〉에 말하였다. "깊게 항상함의 흉함은 처음에 구하기를 깊게 하기 때문이다."

九二는 悔亡하니라

九二는 후회가 없다.

【注】雖失其位나 恒位於中하여 可以消悔也라

비록 正位를 잃었으나 항상 中에 자리하여 후회를 사라지게 할 수 있는 것이다.

【疏】正義曰：失位, 故稱悔, 居中, 故悔亡也.

正義曰：지위를 잃었기 때문에 '悔'라 칭하였고, 中에 있기 때문에 후회가 없어진 것이다.

象曰 九二悔亡은 能久中也일새라

〈象傳〉에 말하였다. "九二가 후회가 없어짐은 中을 능히 오래하기 때문이다."

【疏】正義曰：'能久中'者, 處恒, 故能久, 位在於中, 所以消(悔)〔悔〕[1]也.

1) (侮)〔悔〕: 저본에는 '侮'로 되어 있으나, 글 뜻에 의거하여 '悔'로 바로잡았다.

正義曰:〔能久中〕 恒에 처했기 때문에 능히 오래하는 것이요, 자리가 中에 있으니 이 때문에 후회가 사라지는 것이다.

九三은 不恒其德이라 或承之羞니 貞吝하리라

九三은 그 德行을 항상하게 하지 않는다. 혹 부끄러움이 이어지니 正道가 鄙賤하게 여기리라.

【注】處三陽之中하여 居下體之上하고 處上體之下하여 上不至尊하고 下不至卑하고 中不在體[1]하여 體在乎恒이나 而分无所定하니 无恒者也라 德行无恒[2]하여 自相違錯하여 不可致詰이라 故로 或承之羞也라 施德於斯면 物莫之納하여 鄙賤甚矣라 故로 曰 貞吝也라하니라

1) 中不在體: 이를 疏에서 "비록 三陽의 가운데에 있으나 한 體의 中이 아니다.〔雖在三陽之中 非一體之中也〕"라고 해석하였는바, 이 해석에 의거하여 아래와 같이 번역하였다.
2) 德行无恒: 經文의 '德'을 王弼은 德行으로 보았으나, 心으로 보는 것이 옳을 듯하다. '惡德業者' 등의 명칭에서 '惡德'은 惡한 心을 가리킨 것이다.

三陽의 가운데에 처하여 下體의 위에 거하고 上體의 아래에 있어서, 위로는 높은 지위에 이르지 않고 아래로는 낮은 지위에 이르지 않고 가운데로는 한 體〈의 中〉에 있지 않아서, 體가 恒에 있으나 분수가 정해진 곳이 없으니, 항상함이 없는 자이다. 德行이 항상함이 없어 자연 서로 어긋나서 따질 수가 없다. 그러므로 혹 부끄러움이 이어지는 것이다.

德을 여기에 베풀면 물건이 받아들이지 못하여 鄙賤함이 심하다. 그러므로 "正道가 鄙賤하게 여기리라."라고 말한 것이다.

【疏】'九三不恒其德或承之羞貞吝' ○ 正義曰:'不恒其德 或承之羞 貞吝'者, 九三居下體之上, 處上體之下, 雖處三陽之中, 又在不中之位, 上不全尊, 下不全卑, 執心不定, 德行无恒, 故曰"不恒其德." 德旣无恒, 自相違錯, 則爲羞辱承之, 所羞非一, 故曰"或承之羞"也.[1] 處久如斯, 正之所賤, 故曰"貞吝"也.[2]

1) 德旣无恒……故曰或承之羞也: '或承之羞'를 孔穎達은 '부끄러운 일이 한 가지가 아님을 말한 것'이라고 해석하였다.

程伊川은 "德이 항상하지 못하면 羞辱이 혹 이를 것이니, '或承之'는 때로 이름이 있음을 이른다.〔其德不恒 則羞辱或承之矣 或承之 謂有時而至也〕"라고 하여 '때로 부끄러움이 이름'으로 해석하였다.

朱子는 "或은 어떤 사람인지 알지 못하는 말이요, 承은 받듦이니, 사람들이 모두 받들어 올려서 어디로부터 온 것인지 알지 못함을 말한 것이다.〔或者 不知其何人之辭 承 奉也 言人皆得奉而進之 不知其所自來也〕"라고 하여 '혹자가 부끄러움을 받듦'으로 해석하였다.

2) 處久如斯……故曰貞吝也 : '貞吝'을 王弼과 孔穎達은 '正道가 九三을 鄙賤하게 여김'으로 해석하였는바, 晉卦의 上九 爻辭와 解卦의 六三 爻辭의 '貞吝'의 해석도 동일하다.

반면 程伊川은 위 初六 爻辭의 '貞凶'을 '貞固하여 흉함'으로 해석한 것과 마찬가지로 '貞固하여 부끄러움'으로 해석하여 "항상하지 않아야 할 것을 굳게 지켜 항상함으로 삼는다면 어찌 부끄럽지 않겠는가.〔固守不恒以爲恒 豈不可羞吝乎〕"라고 하였다.

朱子는 初六 爻辭의 '貞凶'을 '바르더라도 흉함'으로 해석한 것과 마찬가지로 '바르더라도 부끄러움'으로 해석하여 "바르되 항상하지 못함은 부끄러울 만함이 되는 것이니, 점치는 자를 거듭 경계한 말이다.〔正而不恒 爲可羞吝 申戒占者之辭〕"라고 하였다.

經의〔九三不恒其德或承之羞貞吝〕

○ 正義曰 :〔不恒其德 或承之羞 貞吝〕九三이 下體의 위에 거하고 上體의 아래에 있어서 비록 三陽의 가운데에 처하였으나 또 中하지 않은 자리에 있어서, 위로는 완전히 높지 않고 아래로는 완전히 낮지 않아 마음을 잡음이 안정되지 못해서 德行이 항상함이 없다. 그러므로 "그 德行을 항상하게 하지 않는다."라고 한 것이다. 德行이 이미 항상함이 없어서 스스로 서로 어긋나면 羞辱이 이어지니, 부끄러운 일이 한 가지가 아니기 때문에 "혹 부끄러움이 이어진다."라고 한 것이다. 오랫동안 처하기를 이와 같이 하면 正道가 賤하게 여기는 바이다. 그러므로 "正道가 鄙賤하게 여기리라."라고 한 것이다.

【疏】○ 注'處三陽之中'至'故曰貞吝也'○ 正義曰 : 雖在三陽之中, 非一體之中也. '不可致詰'者, 詰, 問也. 違錯處多, 不足問其事理, 所以明其羞辱之深, 如論語云"於予與何誅."[1]

1) 如論語云於予與何誅 : 이 말은 ≪論語≫〈公冶長〉에 보이니, 全文은 다음과 같다. "宰予가 낮잠을 자자, 孔子께서 말씀하셨다. '썩은 나무는 조각할 수 없고, 거름흙으로 쌓은 담은 흙손질할 수가 없다. 내 宰予에 대하여 무엇을 꾸짖겠는가.〔宰予晝寢 子曰 朽木不可雕也 糞土之墻 不可杇也 於予與何誅〕"

○ 注의〔處三陽之中〕에서〔故曰貞吝也〕까지

○ 正義曰 : 비록 三陽의 가운데에 있으나 한 體의 中이 아니다.

〔不可致詰〕'詰'은 물음이다. 어긋난 곳이 많아서 그 事理를 힐문할 수 없음은 이로써 치욕이 깊음을 밝힌 것이다. ≪論語≫의 "宰予에게 무엇을 꾸짖겠는가.〔於予與何誅〕"라는 말과 같다.

象曰 不恒其德은 无所容也라

〈象傳〉에 말하였다. "'그 德行을 항상하게 하지 않음'은 용납받을 곳이 없는 것이다."

【疏】正義曰 : '无所容'者, 謂不恒之人, 所往之處, 皆不納之, 故无所容也.

正義曰 :〔无所容〕'항상하지 않는 사람은 가는 곳마다 모두 받아주지 않기 때문에 용납받을 곳이 없음'을 말한 것이다.

九四는 田에 无禽이니라

九四는 사냥함에 짐승을 잡지 못한다.

【注】恒於非位하여 雖勞나 无獲也라

제자리가 아닌 곳에 恒久하여 비록 수고로우나 얻음이 없는 것이다.

【疏】正義曰 : 田者, 田獵也, 以譬有事也. 无禽者, 田獵不獲, 以喩有事无功也. 恒於非位, 故勞而无功也.

正義曰 :〔田〕田獵이니, 일함이 있음을 비유하였다.

〔无禽〕사냥하여 짐승을 잡지 못한 것이니, 일함이 있으나 功이 없음을 비유한 것이다. 제자리가 아닌 곳에 항구하므로 수고로워도 功이 없는 것이다.

象曰 久非其位어니 安得禽也리오

〈象傳〉에 말하였다. "제자리가 아닌 곳에 오랫동안 있으니, 어찌 짐승을 잡을 수 있겠는가."

【疏】正義曰 : 有恒而失位, 是久非其位, 田獵而无所獲, 是安得禽也.

正義曰 : 항상함이 있으나 제자리를 잃음은 바로 제자리가 아닌 곳에 오랫동안 있는 것이요, 사냥하여 얻은 바가 없음은 바로 '어찌 짐승을 잡을 수 있겠는가.'이다.

六五는 恒其德하여 貞하니 婦人吉하고 夫子凶하니라

六五는 그 德을 항상하게 하여 貞一하니, 婦人은 吉하고 夫子(丈夫)는 凶하다.

【注】居得尊位하여 爲恒之主로되 不能制義하고 而係應在二하여 用心專貞하여 從唱而已니 婦人之吉이요 夫子之凶也라

居함이 尊位를 얻어서 恒卦의 주체가 되었으나 義에 맞게 하지 못하고, 係應이 九二에 있어서 마음을 씀이 專貞(貞一)하여 先唱을 따를 뿐이니, 부인의 吉함이요 夫子의 凶함이다.

【疏】正義曰 : '恒其德 貞'者, 六五係應在二, 不能傍及他人, 是恒常貞一其德, 故曰 "恒其德貞"也. '婦人吉'者, 用心專貞, 從唱而已, 是婦人之吉也. '夫子凶'者, 夫子須制斷事宜, 不可專貞從唱, 故曰"夫子凶"也.[1]

> 1) 夫子凶者……故曰夫子凶也 : 五位는 君主의 자리임에도 불구하고 군주를 말하지 않고 다만 夫子를 말한 것에 대하여, 程伊川은 "六五의 義는 丈夫에 있어서도 오히려 凶한데 하물며 군주의 도리에 있어서이겠는가. 다른 卦에 있어서는 六이 君位에 거하여 剛에 응하는 것이 잘못이 되지 않으나, 恒에 있기 때문에 불가한 것이다. 군주의 道가 어찌 유순함을 항구함으로 삼겠는가.〔如六五之義 在丈夫猶凶 況人君之道乎 在他卦 六居君位而應剛 未爲失也 在恒 故不可耳 君道豈可以柔順爲恒也〕"라고 하였다.

正義曰 :〔恒其德 貞〕六五의 係應이 九二에 있어서 널리 他人에게 미치지 못하니, 이는 그 德을 항상하게 하고 貞一하게 하는 것이다. 그러므로 "그 德을 항상하게 하여 貞一하다."라고 한 것이다.

〔婦人吉〕마음 씀이 專貞하여 先唱함을 따를 뿐이니, 이는 婦人의 吉함이다.

〔夫子凶〕夫子는 모름지기 일의 마땅함을 制斷해야 하고 專貞하여 先唱을 따라서는 안 된다. 그러므로 "夫子는 凶하다."라고 한 것이다.

象曰 婦人貞吉은 從一而終也요 夫子制義어늘 從婦는 凶也라

〈象傳〉에 말하였다. "婦人의 貞吉함은 한 사람을 따라 마치는 것이요, 夫子는 義에 맞게 해야 하는데 부인을 따름은 凶한 것이다."

【疏】正義曰：'從一而終'者, 謂用心貞一, 從其貞一而自終也. '從婦凶'者, 五與二相應, 五居尊位, 在震爲夫, 二處下體, 在巽爲婦. 五係於二, 故曰"從婦凶也."

正義曰：〔從一而終〕마음을 씀이 貞一하여 그 貞一을 따라 스스로 마치는 것이다.

〔從婦凶〕六五와 九二가 서로 應하니, 六五가 높은 지위에 거하고 震에 있어서 남편이 되고, 九二가 下體에 처하고 巽에 있어서 부인이 된다. 六五가 九二에 매어 있으므로 "부인을 따름은 凶한 것이다."라고 한 것이다.

上六은 振恒이니 凶하니라

上六은 振動하는 항상함이니, 凶하다.

【注】夫靜爲躁君하고 安爲動主라 故로 安者는 上之所處也요 靜者는 可久之道也어늘 處卦之上하고 居動之極하니 以此爲恒이면 无施而得也라

靜은 躁의 군주가 되고 安은 動함의 주체가 된다. 그러므로 安은 윗사람이 처하는 바요 靜은 오래할 수 있는 방도인데, 卦의 위에 처하고 動의 極에 거하였으니, 이것을 항상함으로 삼으면 베푸는 곳마다 얻음이 없는 것이다.

【疏】正義曰：'振恒凶'者, 振, 動也. 凡處於上者, 當守靜以制動, 今上六居恒之上, 處動之極, 以振爲恒, 所以凶也.

正義曰：〔振恒凶〕'振'은 動함이다. 무릇 위에 처한 자는 마땅히 고요함을 지켜서 動을 제재하여야 하는데, 지금 上六이 恒卦의 위에 거하고 動의 極에 처하여 진동함을 항상함으로 삼으니, 이 때문에 凶한 것이다.

象曰 振恒在上하니 大无功也라

〈象傳〉에 말하였다. "진동하는 항상함으로 위에 있으니, 功이 크게 없다."

【疏】正義曰 : '大无功'者, 居上而以振動爲恒, 无施而得, 故曰"大无功也."

正義曰 : 〔大无功〕 위에 있으면서 진동함을 항상함으로 삼으면 베푸는 곳마다 얻는 것이 없다. 그러므로 "功이 크게 없다."라고 한 것이다.

33. 遯䷠ 艮下乾上

遯은 亨하니 **小利貞**하니라

遯은 형통하니, 貞함이 조금 이롭다.

【疏】正義曰:'遯 亨'者, 遯者, 隱退逃避之名. 陰長之卦, 小人方用, 君子日消. 君子當此之時, 若不隱遯避世, 卽受其害, 須遯而後得通, 故曰"遯亨." '小利貞'者, 陰道初始浸長, 正道亦未全滅, 故曰"小利貞."[1]

> 1) 小利貞者……故曰小利貞 : '小利貞'을 王弼과 孔穎達은 '陰이 이제 막 서서히 자라나서 正道가 완전히 소멸되지는 않았기 때문에 貞함이 조금 이로운 것'으로 해석하였다.
>
> 　程伊川은 '小利貞'을 '利小貞'으로 보아 "陰柔가 막 자라나나 아직 매우 성함에는 이르지 않아서 군자가 오히려 머물러 힘을 다할 방도가 있으니, 크게 바로잡을 수는 없으나 오히려 조금 바로잡음이 이롭다.[陰柔方長而未至於甚盛 君子尙有遲遲致力之道 不可大貞而尙利小貞也]"라고 하였다.
>
> 　朱子는 '亨'과 '利貞'을 각각 군자와 소인에 해당하는 占으로 보아, "두 陰이 아래에서 점점 자라나면 그 형세가 물러가지 않을 수 없으므로 그 占이 군자가 능히 은둔하면 몸은 비록 물러가나 道는 형통하고, 소인은 正道를 지킴이 이로움이 되니, 점점 자라난다고 하여 마침내 陽을 침해하고 핍박해서는 안 된다. 小는 陰柔의 小人이다.[二陰浸長於下 則其勢不可以不遯 故其占爲君子能遯則身雖退而道亨 小人則利於守正 不可以浸長之故而遂侵迫於陽也 小 謂陰柔小人也]"라고 하였는바, '小利貞'을 '소인은 正道를 지킴이 이로움'으로 해석한 것이다.
>
> 　이에 대하여 沙溪 金長生은 "小자의 뜻은 程子와 朱子가 다른데, ≪程傳≫이 옳은 듯하다.[小字之義 程朱不同 傳似好]"라고 하였다.≪沙溪全書 經書辨疑 권15 周易≫

正義曰:〔遯 亨〕'遯'은 은둔하고 도피하는 명칭이다. 遯은 陰이 자라나는 卦이니, 小人이 막 등용되고 君子가 날로 사라진다. 君子가 이때를 당하여 만약 은둔하여 세상을 피하지 않으면 바로 그 해로움을 받을 것이요, 모름지기 은둔한 뒤에야 通함을 얻는다. 그러므로 "遯은 형통하다."라고 한 것이다.

〔小利貞〕陰의 道가 처음으로 점점 자라서 正道가 또한 완전히 소멸되지 않았다. 그러므로 "貞함이 조금 이롭다."라고 한 것이다.

彖曰 遯亨은 遯而亨也니

〈彖傳〉에 말하였다.

"'遯亨'은 은둔하여 형통한 것이니,

【注】遯之爲義는 遯乃通也라

遯의 뜻은 은둔하여야 비로소 通하는 것이다.

【疏】正義曰 : '遯而亨'者, 此釋遯之所以得亨通之義, 小人之道方長, 君子非遯不通, 故曰"遯而亨也."

正義曰 :〔遯而亨〕이는 遯卦가 亨通함을 얻는 이유의 의미를 해석한 것이니, 小人의 道가 막 자라서 君子가 은둔함이 아니면 通하지 못한다. 그러므로 "은둔하여 형통하다." 라고 한 것이다.

剛當位而應이라 與時行也니라

剛이 지위를 담당하고 응하므로 때와 더불어 행하는 것이다.

【注】謂五也니 剛當位而應하여 非否亢也니 遯不否亢하여 能與時行也라

九五를 이르니, 剛이 지위를 담당하고 應해서 否亢(비색함이 지극함)이 아니니, 은둔함이 否亢이 아니어서 능히 때와 더불어 행하는 것이다.

【疏】正義曰 : 擧九五之爻, 釋所以能遯而致亨之由, 良由九五以剛而當其位, 有應於二, 非爲否亢. 遯不否亢, 卽是相時而動, 所以遯而得亨, 故云"剛當位而應, 與時行也."

正義曰 : 九五의 爻를 들어서 능히 은둔하여 형통하게 되는 이유를 해석하였으니, 이는 진실로 九五가 剛으로서 지위를 담당하고 六二에 應이 있어서 否亢이 되지 않기 때문이다. 은둔함에 否亢이 아니면 바로 때를 살펴보아 動하는 것이니, 이 때문에 은둔하여 형통함을 얻는다. 그러므로 "剛이 지위를 담당하고 응하므로 때와 더불어 행한다."라고

한 것이다.

小利貞은 浸而長也일새라

貞함이 조금 이로움은 〈陰이〉 점점 자라기 때문이다.

【注】陰道欲浸而長하여 正道亦未全滅이라 故로 小利貞也라

陰의 道가 점점 자라고자 하여 正道가 또한 완전히 소멸되지 않았다. 그러므로 貞함이 조금 이로운 것이다.

【疏】正義曰 : 釋小利貞之義, 浸者漸進之名. 若陰德暴進, 卽消正道, 良由二陰漸長, 而正道亦未卽全滅, 故云"小利貞"也.

正義曰 : '貞함이 조금 이로움'의 뜻을 해석하였으니, '浸'은 점점 나아감의 명칭이다. 만약 陰의 德이 갑자기 나오면 바로 正道를 소멸할 터인데, 진실로 두 陰이 점점 자라나서 正道가 또한 곧바로 완전히 소멸되지는 않았다. 그러므로 "貞함이 조금 이롭다."라고 한 것이다.

遯之時義 大矣哉라

遯의 때와 義가 크다."

【疏】正義曰 : 歎美遯德. 相時度(탁)宜, 避世而遯, 自非大人照幾, 不能如此, 其義甚大, 故云"大矣哉."

正義曰 : 遯卦의 德을 歎美한 것이다. 때를 살펴보고 마땅함을 헤아려서 세상을 피하여 은둔함은 본래 기미를 밝게 아는 大人이 아니면 이처럼 하지 못하니, 그 義가 매우 크다. 그러므로 "크다."라고 탄미한 것이다.

象曰 天下有山이 遯이니

〈象傳〉에 말하였다.

"하늘 아래 산이 있는 것이 遯卦이니,

【注】天下有山은 陰長之象이라

'하늘 아래 산이 있음'은 陰이 자라나는 象이다.

【疏】'象曰天下有山遯' ○ 正義曰 : '天下有山 遯'者, 山者, 陰類, 進在天下, 卽是山勢欲上逼於天, 天性高遠, 不受於逼, 是遯避之象, 故曰"天下有山, 遯."

經의〔象曰天下有山遯〕

○ 正義曰 :〔天下有山 遯〕山은 陰의 類인데, 나아가 하늘 아래에 있으니, 이는 山勢가 위로 하늘을 핍박하고자 하는 것이다. 그러나 하늘의 성질이 높고 멀어서 핍박함을 받지 않으니, 이는 은둔하여 피하는 象이다. 그러므로 "하늘 아래 산이 있는 것이 遯이다."라고 한 것이다.

【疏】○ 注'天下有山'至'之象' ○ 正義曰 : (精陽)〔積陽〕[1]爲天, 積陰爲地, 山者, 地之高峻, 今上逼於天, 是陰長之象.

1) (精陽)〔積陽〕: 저본에는 '精陽'으로 되어 있으나, 바로 뒤에 '積陰'이란 말이 있으므로 이에 의거하여 '積陽'으로 바로잡았다. 北京大本에는 별다른 교감주 없이 '積陽'으로 되어 있다.

○ 注의〔天下有山〕에서〔之象〕까지

○ 正義曰 : 陽이 쌓여 하늘이 되고 陰이 쌓여 땅이 되니, 山은 땅이 높고 큰 것인데, 지금 위로 하늘을 핍박하니, 이는 陰이 자라나는 象이다.

君子以遠小人하여 不惡而嚴하나니라

君子가 이것을 보고서 小人을 멀리하여 나쁘게 대하지 않고 엄하게 한다."

【疏】正義曰 : 君子當此遯避之時, 小人進長, 理須遠避, 力不能討, 故不可爲惡, 復不可與之褻瀆, 故曰"不惡而嚴."

正義曰 : 君子가 이 은둔하고 피할 때를 당하여 小人이 점점 자라니, 이치상 모름지기 멀리 피해야 하고 힘으로 토벌하지는 못한다. 그러므로 나쁘게 대해서는 안 되고 또 그와 더불어 褻慢해서도 안 된다. 그러므로 "나쁘게 대하지 않고 엄하게 한다."라고 한 것이다.

初六은 遯尾라 厲니 勿用有攸往하니라

初六은 은둔함의 꼬리라서 위태로우니, 가는 바를 쓰지 말아야 한다.

【注】遯之爲義는 辟(피)內而之外者也요 尾之爲物은 最在體後者也니 處遯之時에 不往何
災리오 而爲遯尾하니 禍所及也라 危至而後(未)¹⁾行하니 (雖)〔難〕²⁾可免乎아 厲則勿用有攸
往也라

> 1) (未) : 저본에는 '未'가 있으나, 阮刻本〈校勘記〉에 "未자는 衍字임이 마땅하니, 正義의
> '是遯之爲後也'로 징험할 수 있다."라고 한 것에 의거하여 衍文으로 처리하였다.
> 2) (雖)〔難〕 : 저본에는 '雖'로 되어 있으나, 監本·毛本에 의거하여 '難'으로 바로잡았다.
> 〔阮刻本 참조〕

遯의 뜻은 안을 피하고 밖으로 가는 것이요, 尾란 물건은 몸의 가장 뒤에 있는 것이니,
은둔할 때에 처하여 가지 않으면 어찌 재앙이 있겠는가. 遯卦의 꼬리가 되었으니 禍가
미치는 것이다. 위태로움이 이른 뒤에 가니, 難을 면할 수 있겠는가. 위태로우면 가는 바
를 쓰지 말아야 하는 것이다.

【疏】正義曰 : '遯尾 厲'者, 爲遯之尾, 最在後遯者也. 小人長於內, 應出外以避之, 而
最在卦內, 是遯之爲後也. 逃遯之世, 宜速遠而居先, 而爲遯尾, 禍所及也, 故曰"遯尾
厲"也. '勿用有攸往'者, 危厲旣至, 則當固窮,¹⁾ 危行言遜,²⁾ 勿用更有所往, 故曰"勿用
有攸往."

> 1) 固窮 : 빈궁함을 편안히 여기고 道義를 지킴을 말한다. 孔子가 陳나라에 있을 때 양식이
> 떨어져 從者들이 병들어 일어나지 못하자, 子路가 성난 얼굴로 孔子를 뵙고는 "君子도
> 곤궁할 때가 있습니까?〔君子亦有窮乎〕라고 물었는데, 孔子가 "君子는 진실로 곤궁한 것
> 이니, 소인은 곤궁하면 넘친다.〔君子 固窮 小人 窮斯濫矣〕"라고 답한 데에서 온 말이다.
> 《論語 衛靈公》 何晏의 古注에 "군자는 진실로 또한 곤궁할 때가 있다.〔君子固亦有窮
> 時〕"라고 하여 '固窮'의 '固'를 '진실로'의 뜻으로 해석하였으나, 여기에서는 '當固窮'이라
> 하였으므로 '固'를 '지키다'의 뜻으로 해석하였다.
> 2) 危行言遜 : 《論語》〈憲問〉에 "나라에 道가 있을 때에는 말을 높게 하고 행실을 높게
> 하며, 나라에 道가 없을 때에는 행실은 높게 하되 말은 공손하게 해야 한다.〔邦有道 危言
> 危行 邦無道 危行言孫〕"라고 보인다.

正義曰 : 〔遯尾 厲〕遯卦의 꼬리가 되었으니, 가장 뒤에 있으면서 은둔하는 자이다. 小

人이 안에서 자라나니 응당 밖으로 나가서 피해야 할 터인데, 初六이 卦의 가장 안에 있으니, 이는 은둔하기를 뒤늦게 하는 것이다. 은둔하고 피하는 세상에는 마땅히 속히 멀리 떠나가서 앞에 있어야 하는데, 은둔의 꼬리가 되었으니 禍가 미치는 것이다. 그러므로 "은둔함의 꼬리라서 위태롭다."라고 한 것이다.

〔勿用有攸往〕 위태로움이 이미 이르면 마땅히 곤궁함을 굳게 지키며 행실을 높게 하고 말을 공손히 하여 다시 가는 바를 써서는 안 된다. 그러므로 "가는 바를 쓰지 말아야 한다."라고 한 것이다.

象曰 遯尾之厲는 不往何災也리오

〈象傳〉에 말하였다. "'은둔함의 꼬리의 위태로움'이란 가지 않으면 무슨 재앙이 있겠느냐는 말이다."

【疏】 正義曰 : '不往何災'者, 象釋當遯之時, 宜須出避, 而勿用有攸往者, 既爲遯尾, 出必見執, 不如不往, 不往卽无災害. '何災'者, 猶言无災也, 與何傷·何咎之義同也.

正義曰 : 〔不往何災〕 '은둔할 때를 당하여 마땅히 모름지기 나가 피해야 하나, 가는 바를 쓰지 말아야 하는 것은 이미 遯卦의 꼬리가 되어서 나가면 반드시 붙잡혀 안 가는 것만 못하니, 가지 않으면 바로 災害가 없기 때문임'을 〈象傳〉에서 해석한 것이다.

〔何災〕 재앙이 없다는 말과 같으니, 何傷 · 何咎의 뜻과 같다.

六二는 執之用黃牛之革하면 莫之勝說(탈)이라

六二는 황소의 가죽으로 잡으면 〈자기를〉 이겨 풀지 못할 것이다.

【注】 居內處中하여 爲遯之主하여 物皆遯己하니 何以固之리오 若能執乎理中厚順之道以固之也면 則莫之勝解라

안에 거하고 中에 처하여 遯卦의 주체가 되어서 남들이 모두 자기를 피하니, 무엇으로 견고히 묶어두겠는가? 만약 理中(이치의 알맞음)과 厚順의 道를 지켜서 견고히 묶어둔다면 〈자기를〉 이겨 풀지 못할 것이다.

【疏】 正義曰 : '執之用黃牛之革 莫之勝說'者, 逃遯之世, 避內出外, 二既處中居內, 卽非遯之人也. 旣非遯之人, 便爲所遯之主, 物皆棄己而遯, 何以執固留之.[1] 惟有中和厚順之道, 可以固而安之也, 能用此道, 則不能勝己解脫而去也. 黃, 中之色, 以譬中和. 牛性順從, 皮體堅厚, 牛革以譬厚順也. 六二居中得位, 亦是能用中和厚順之道, 故曰"執之用黃牛之革, 莫之勝說"也.[2]

1) 執之用黃牛之革……何以執固留之 : 王弼과 孔穎達은 六二가 中에 처하고 안에 거하여 은둔하는 자가 아니므로 남들이 모두 六二를 버리고 간다고 하였으며, 이 때문에 六二는 이들을 묶어두기 위해 中和와 厚順함을 써야 한다고 하였다. 이 해석에서 '執之用黃牛之革'에 붙는 吐는 '하면'이 된다.

반면 程伊川과 朱子는 六二의 中正함에 주목하여, '執之用黃牛之革'을 程伊川은 中正의 六二가 中正의 九五와 견고히 사귀는 것을 비유한 말로 보았고, 朱子는 六二가 中正함으로 자신을 견고히 지킴으로 보았다. 程伊川과 朱子의 해석에서 '執之用黃牛之革'에 붙는 吐는 '하니'이다.

2) 六二居中得位……莫之勝說也 : 王弼과 孔穎達은 '莫之勝說'의 '說'을 脫로 보아, 經文을 '六二가 中和와 厚順함으로 남들을 묶어두면 그들이 풀고서 가지 못할 것이다.'의 의미로 보았다.

朱子 역시 '說'을 脫로 보았으나, 황소 가죽으로 잡음을 六二가 스스로 자신을 지키는 것으로 보고, '莫之勝說'을 남들이 六二가 스스로를 지켜 은둔함을 그만두게 하지 못함으로 해석하여, 經文의 해석에 있어서는 王弼·孔穎達과 다르다.

程伊川은 황소 가죽으로 잡는 것을 六二와 九五가 견고히 서로 함께함을 비유한 것으로 보고, '莫之勝說'의 '說'을 '말하다'로 보았는바, ≪程傳≫은 다음과 같다. "六二는 九五와 正應이 되니, 비록 서로 떠나 은둔하는 때에 있으나 六二가 中正으로 九五에 순히 응하고 九五가 中正으로 六二에 친히 합하여 그 사귐이 저절로 견고하다. 黃은 중앙의 색이요 소는 순한 물건이요 가죽은 견고한 물건이다. 六二와 九五가 中正하고 순한 도리로 서로 함께하니, 그 견고함이 마치 소가죽으로 잡아맨 것과 같다. '莫之勝說'은 그 사귐이 견고하여 이루 말할 수 없음을 이른 것이다. 遯의 때에 있기 때문에 極言한 것이다.〔二與五爲正應 雖在相違遯之時 二以中正 順應於五 五以中正 親合於二 其交自固 黃 中色 牛 順物 革 堅固之物 二五以中正順道 相與 其固如執係之以牛革也 莫之勝說 謂其交之固 不可勝言也 在遯之時 故極言之〕"

正義曰 :〔執之用黃牛之革 莫之勝說〕도망하고 은둔하는 세상에서는 안을 피하고 밖으로 나가야 하는데 六二가 이미 中에 처하고 안에 거하였으니, 은둔하는 사람이 아니다. 이미 은둔하는 사람이 아닌데 곧 은둔하는 바의 주체가 되어서 남들이 모두 자기를 버리고 도망하니, 무엇으로 잡아 견고히 머물게 하겠는가? 오직 中和와 厚順의 道가 있

으면 견고히 하여 편안할 수 있으니, 능히 이 道를 사용하면 자기를 이겨 풀고서 가지 못할 것이다.

'黃'은 중앙의 色이니, 中和를 비유한 것이다. 소의 성질은 순종하며, 가죽의 體는 견고하고 두터우니, '소가죽'은 후함과 순함을 비유한 것이다.

六二가 中에 거하고 正位를 얻었으니, 또한 능히 中和와 厚順의 道를 사용할 수 있다. 그러므로 "황소의 가죽으로 잡으면 〈자기를〉 이겨 풀지 못할 것이다."라고 한 것이다.

象曰 執用黃牛는 固志也라

〈象傳〉에 말하였다. "'황소가죽으로 잡음'은 뜻을 견고히 하는 것이다."

【疏】正義曰 : '固志'者, 堅固遯者之志, 使不去己也.

正義曰 : 〔固志〕 은둔하는 자의 뜻을 견고히 하여 자기를 떠나지 않게 하는 것이다.

九三은 係遯이라 有疾하여 厲하니 畜臣妾은 吉하리라

九三은 매여 있는 은둔이다. 병이 있어서 위태로우니, 臣妾을 기름은 吉하리라.

【注】在內近二하여 以陽附陰하여 宜遯而繫라 故로 曰 繫遯이라하니라 遯之爲義는 宜遠小人이어늘 以陽附陰하여 繫於所在하여 不能遠害하니 亦已憊矣니 宜其屈辱而危厲也라 繫於所在는 畜臣妾은 可也요 施於大事는 凶之道也라

안에 있고 六二와 가까워서 陽으로서 陰에 붙어 마땅히 은둔해야 하는데 매여 있다. 그러므로 "매여 있는 은둔"이라고 한 것이다. 遯卦의 뜻은 마땅히 小人을 멀리해야 하는데, 陽으로서 陰에 붙어서 있는 바에 매여 있어 해로움을 멀리 피하지 못하니, 또한 이미 병들어 피로한바, 굴욕을 받고 위태로운 것이 마땅하다. 있는 바에 매여 있음은, 臣妾을 기르는 것은 괜찮고 大事에 베풂은 凶한 道이다.

【疏】正義曰 : '係遯'者, 九三无應於上, 與二相比, 以陽附陰, 係意在二, 處遯之世, 而意有所係, 故曰"係遯." '有疾 厲'者, 遯之爲義, 宜遠小人, 旣係於陰, 卽是有疾憊而致危厲, 故曰"有疾厲"也. '畜臣妾吉'者, 親於所近, 係在於下, 施之於人, 畜養臣妾則可矣, 大事則凶, 故曰"畜臣妾吉."

正義曰 : 〔係遯〕九三이 위에 應이 없고 六二와 더불어 서로 가까워서 陽으로서 陰에 붙어서 매여 있는 뜻이 六二에 있으니, 遯의 세상에 처하여 마음에 매여 있는 바가 있다. 그러므로 "매여 있는 은둔"이라고 한 것이다.

〔有疾 厲〕遯의 뜻은 마땅히 小人을 멀리해야 하는데, 이미 陰에 매여 있으면 바로 병이 있어 피로해서 위태로움을 이룬 것이다. 그러므로 "병이 있어서 위태롭다."라고 한 것이다.

〔畜臣妾吉〕가까운 바에 친하여 매여 있음이 아래에 있으니, 이것을 사람에게 베풀면 臣妾을 기르는 것은 可하고 大事는 凶하다. 그러므로 "臣妾을 기름은 吉하다."라고 한 것이다.

象曰 係遯之厲는 有疾憊也요 畜臣妾吉은 不可大事也라

〈象傳〉에 말하였다. "'매여 있는 은둔의 위태로움'은 병이 있어 피로한 것이요, '臣妾을 기름은 吉함'은 大事를 할 수 없는 것이다."

【疏】正義曰 : '不可大事'者, 釋此係遯之人, 以畜臣妾吉, 明其不可爲大事也.

正義曰 : 〔不可大事〕이 매여 있는 은둔의 사람이 臣妾을 기름은 길함을 해석한 것이니, 大事를 해서는 안 됨을 밝힌 것이다.

九四는 好遯이니 君子는 吉하고 小人은 否(부)하니라

九四는 은둔하기를 좋아함이니, 君子는 吉하고 小人은 그렇지 못하다.

【注】處於外而有應於內하니 君子好遯이라 故로 能舍之요 小人繫戀이라 是以로 否也라

밖에 처하면서 안에 應이 있으니, 君子는 은둔하기를 좋아하므로 능히 버릴 수 있는 것이요, 小人은 매여 있어 연연하니 이 때문에 그렇지 못한 것이다.

【疏】正義曰 : 九四處在於外, 而有應於內, 處外卽意欲遠遯, 應內則未能棄捨. 若好遯君子, 超然不顧, 所以得吉,[1] 小人有所係戀, 卽不能遯, 故曰"小人否"也.

1) 若好遯君子……所以得吉 : '好遯'을 王弼과 孔穎達은 '은둔하기를 좋아함'으로 풀었으나, 程伊川과 朱子는 '좋아하면서도 은둔함'으로 풀었는바, 九四가 初六을 좋아하면서

도 거기에 끌려가지 않고 은둔한다는 의미로 해석한 것이다.

正義曰 : 九四가 처함이 밖에 있으면서 안에 應이 있으니, 밖에 처하면 마음이 멀리 은둔하고자 하고, 안에 應이 있으면 버려두지 못한다. 은둔하기를 좋아하는 君子로 말하면 超然히 돌아보지 않으니, 이 때문에 吉함을 얻는 것이요, 小人은 매여 있고 연연하는 바가 있으면 은둔하지 못한다. 그러므로 "小人은 그렇지 못하다."라고 한 것이다.

象曰 君子好遯하고 小人否也니라

〈象傳〉에 말하였다. "君子는 은둔함을 좋아하고 小人은 그렇지 못하다."

【注】否가 臧否之否(부)라

〈否는〉 音이 臧否의 否이다.

【疏】正義曰 : 嫌讀爲圮(비), 故音之也.[1]

1) 嫌讀爲圮(비) 故音之也 : 否의 음은 '부'와 '비' 두 가지가 있는데, 이 중에서 '부'로 읽어야 함을 밝힌 것이다. 可否의 否(부)로 읽으면 經文의 '小人否'는 "소인은 그렇지 못하다."로 해석하게 된다.

   朱子의 《本義》에도 "方有切(부)"로 표기되어 있는바, 朱子 역시 '小人否'를 "소인은 그렇지 못하다."로 해석한 것으로, 《本義》에 이 經文을 해석하기를 "아래로 初六과 응하나 乾의 體로 剛健하니, 좋아하는 바가 있으면서도 능히 끊고서 은둔하는 象이다. 오직 스스로 이기는 君子만이 이에 능하고 小人은 능하지 못하다.〔下應初六而乾體剛健 有所好而能絶之以遯之象也 惟自克之君子能之 而小人不能〕"라고 하였다.

   반면 程伊川의 《程傳》에는 "음이 鄙(비)"로 표기되어 있는데, 否(비)는 비색함 혹은 不善의 의미이다. 程伊川은 '小人否'를 "소인은 나쁘다."로 해석하여 "소인은 義로써 대처하지 못하여 좋아하는 바에 빠지고 사사로운 바에 끌려서 그 몸을 빠뜨리고 욕되게 함에 이르러도 그치지 않는다. 그러므로 小人에 있어서는 나쁜 것이니, 否는 不善이다.〔小人則不能以義處 暱於所好 牽於所私 至於陷辱其身而不能已 故在小人則否也 否 不善也〕"라고 하였다.

   王弼은 否가 '臧否(장부)의 否'라고 하였는데, 후세에는 臧否의 否도 '비'로 읽음을 밝혀둔다.

正義曰 : 〈否를〉 '圮'로 읽을까 혐의하였다. 그러므로 音을 단 것이다.

九五는 嘉遯이니 貞吉하니라

九五는 아름다운 은둔이니, 貞하여 吉하다.

【注】遯而得正하여 反制於內하여 小人應命하여 率正其志하니 不惡而嚴하여 得正之吉은 遯之嘉也라

은둔하여 바름을 얻어서 도리어 안을 제재해서 小人이 命을 따라 그 뜻을 바로잡으니, 나쁘게 대하지 않고 엄하게 하여 바름의 길함을 얻음은 은둔의 아름다운 것이다.

【疏】正義曰:'嘉遯 貞吉'者, 嘉, 美也. 五居於外, 得位居中, 是遯而得正. 二爲己應, 不敢違拒, 從五之命, 率正其志, 遯而得正, 反制於內, 不惡而嚴, 得正之吉, 爲遯之美, 故曰"嘉遯貞吉"也.

正義曰 : 〔嘉遯 貞吉〕'嘉'는 아름다움이다. 九五가 밖에 거하여 正位를 얻고 中에 있으니, 이는 은둔하면서 바름을 얻은 것이다. 六二가 자기의 應이 되어서 감히 자기를 어기고 거역하지 못하고 九五의 命을 따라서 그 뜻을 바르게 하니, 은둔하여 바름을 얻어서 도리어 안을 제재하되 나쁘게 대하지 않으면서 엄하게 하여 바름의 길함을 얻음은 은둔의 아름다움이 된다. 그러므로 "아름다운 은둔이니, 貞하여 吉하다."라고 한 것이다.

象曰 嘉遯貞吉은 以正志也라

〈象傳〉에 말하였다. "'아름다운 은둔이니 貞하여 길함'은 뜻을 바르게 하는 것이다."

【疏】正義曰:'以正志'者, 小人應命, 不敢爲邪, 是五能正二之志, 故成遯之美也.[1]

1) 以正志者……故成遯之美也 : '以正志也'를 王弼과 孔穎達은 '九五가 六二를 제재함으로써 六二가 뜻을 바르게 함'의 뜻으로 보았다.

반면 程伊川은 六二가 본래 中正하고 順하다고 보았기 때문에 '以正志也'를 九五가 자신의 뜻을 바르게 함으로 해석하여, "뜻이 바르면 동함에 반드시 바름을 따를 것이니, 이 때문에 은둔의 아름다움이 되는 것이다. 中에 거하고 正을 얻었고 中正에 응한다면 이는 그 뜻이 바른 것이니, 이 때문에 吉하다. 사람이 은둔하고 그침은 오직 그 뜻을 바르게 함에 있을 뿐이다.〔志正則動必由正 所以爲遯之嘉也 居中得正而應中正 是其志正也 所以

爲吉 人之遯也止也 唯在正其志而已矣]"라고 하였다.

正義曰:〔以正志〕小人이 命에 應하여 감히 간사한 짓을 하지 못하니, 이는 九五가 능히 六二의 뜻을 바르게 하는 것이다. 그러므로 은둔함의 아름다움을 이루는 것이다.

上九는 肥遯이니 无不利하니라

上九는 여유로운 은둔이니, 이롭지 않음이 없다.

【注】最處外極하고 无應於內하여 超然絶志하여 心无疑顧하여 憂患不能累하고 矰繳(증격)不能及이라 是以로 肥遯无不利也라

가장 밖의 極에 처하였고 안에 應이 없어서 超然히 생각을 끊어 마음에 의심함과 돌아봄이 없어서 憂患이 마음을 얽어매지 못하고 生絲를 묶은 화살이 미치지 못한다. 이 때문에 여유로운 은둔이니 이롭지 않음이 없는 것이다.

【疏】'上九肥遯无不利' ○ 正義曰:子夏傳曰"肥, 饒裕也." 四五雖在於外, 皆在內有應, 猶有反顧之心, 惟上九最在外極, 无應於內, 心无疑顧, 是遯之最優, 故曰"肥遯." 遯而得肥, 无所不利, 故云"无不利"也.

經의〔上九肥遯无不利〕

○ 正義曰:≪子夏易傳≫에 이르기를 "肥는 여유로움이다."라고 하였다. 九四와 九五가 비록 밖에 있으나 모두 안에 應이 있어서 오히려 되돌아보는 마음이 있는데, 오직 上九는 가장 밖의 極에 있고 안에 應이 없어서 마음에 의심함과 돌아봄이 없으니, 이는 은둔함에 가장 여유로운 것이다. 그러므로 "여유로운 은둔"이라 한 것이다.

은둔하여 여유로움을 얻으면 이롭지 않은 바가 없다. 그러므로 "이롭지 않음이 없다."라고 한 것이다.

【疏】注'最處外極'至'无不利也' ○ 正義曰:矰, 矢名也, 鄭注周禮"結繳於矢, 謂之矰." 繳, 字林及說文云"繳, 生絲縷也."

注의〔最處外極〕에서〔无不利也〕까지

○ 正義曰:矰은 화살의 이름이니, 鄭玄이 ≪周禮≫에 注하기를 "생사〔繳〕를 화살에 묶어놓은 것을 '矰'이라 한다."라고 하였다.

繳은 ≪字林≫과 ≪說文解字≫에 "생사로 만든 실이다."라 하였다.

象曰 肥遯无不利는 无所疑也니라

〈象傳〉에 말하였다. "'여유로운 은둔이니 이롭지 않음이 없음'은 의심하는 바가 없는 것이다."

34. 大壯 ䷡ 乾下震上

大壯은 利貞하니라

大壯은 貞함이 이롭다.

【疏】正義曰:‘大壯’, 卦名也. 壯者, 强盛之名. 以陽稱大, 陽長旣多, 是大者盛壯, 故曰“大壯.”‘利貞’者, 卦德也, 群陽盛大, 小道將滅, 大者獲正, 故曰‘利貞’也.

正義曰:〔大壯〕卦의 이름이니, ‘壯’은 강하고 盛한 이름이다. 陽을 大라고 칭하니, 陽의 자람이 이미 많으면 이는 大(陽)가 盛하고 건장한 것이다. 그러므로 卦의 이름을 ‘大壯’이라 한 것이다.

〔利貞〕卦의 德이니, 여러 陽이 盛하고 커서 小(陰)의 道가 장차 滅하게 되어 큰 것〔大〕이 바름을 얻는다. 그러므로 “貞함이 이롭다.”라고 한 것이다.

彖曰 大壯은 大者 壯也니

〈彖傳〉에 말하였다.

“大壯은 큰 것이 장성한 것이니,

【注】(一)〔大〕[1]者는 謂陽爻니 小道將滅하여 大者獲正이라 故로 利貞也라

1) (一)〔大〕: 저본에는 ‘一’로 되어 있으나, 岳本・閩本・監本・毛本에 의거하여 ‘大’로 바로잡았다.〔阮刻本 참조〕

‘大’는 陽爻를 이르니, 小(陰)의 道가 장차 滅하여 큰 것이 바름을 얻게 되었다. 그러므로 貞함이 이로운 것이다.

【疏】‘彖曰’至‘壯也’ ○ 正義曰:‘大者 壯也’者, 就爻釋卦名. 陽爻浸長, 已至於四, 是大者盛壯, 故曰“大者壯也.”

經의 〔象曰〕에서 〔壯也〕까지

○ 正義曰 : 〔大者 壯也〕 爻를 가지고 卦의 이름을 해석한 것이다. 陽爻가 점점 자라서 이미 四爻에 이르렀으니, 이는 큰 것이 盛하고 건장한 것이다. 그러므로 "大壯은 큰 것이 장성한 것이다."라고 한 것이다.

【疏】 ○ 注 '大者謂陽爻'至 '利貞也' ○ 正義曰 : 釋名之下, 剩解利貞, 成大者之義也.

○ 注의 〔大者謂陽爻〕에서 〔利貞也〕까지

○ 正義曰 : 卦의 이름을 해석한 아래에 다시 '利貞'을 덧붙여 해석한 것은 큰 것의 뜻을 완성한 것이다.

剛以動이라 **故壯**하니 **大壯利貞**은 **大者正也**니 **正大而天地之情**을 **可見矣**리라

剛하고 動한다. 그러므로 건장하니, '大壯은 貞함이 이로움'은 큰 것이 바른 것이니, 바르고 크면 天地의 情을 볼 수 있다."

【注】 天地之情은 正大而已矣니 弘正極大면 則天地之情을 可見矣라

天地의 情은 正大함일 뿐이니, 크게 바르고 지극히 크면 天地의 情을 볼 수 있다.

【疏】 正義曰 : '剛以動 故壯'者, 就二體釋卦名. 乾剛而震動, 柔弱而動, 即有退弱, 剛強以動, 所以成壯. '大壯利貞 大者正也'者, 就爻釋卦德, 大者獲正, 故得利貞. '正大而天地之情 可見矣'者, 因大獲正, 遂廣美正(人)〔大〕[1]之義, 天地之道, 弘正極大, 故正大則見天地之情. 不言萬物者, 壯大之名, 義歸天極,[2] 故不與咸·恒同也.

1) (人)〔大〕: 저본에는 '人'으로 되어 있으나, 阮刻本 〈校勘記〉에 "'人'은 '大'가 되어야 한다."라고 한 것에 의거하여 '大'로 바로잡았다.
2) 天極 : 毛本에는 '天大'로 되어 있다.〔阮刻本 참조〕

正義曰 : 〔剛以動 故壯〕 두 體를 가지고 卦의 이름을 해석한 것이다. 乾은 剛하고 震은 動하니, 柔弱하면서 動하면 곧 물러가고 약함이 있지만 剛強하면서 動하니, 이 때문에 건장함을 이룬 것이다.

〔大壯利貞 大者正也〕 爻를 가지고 卦의 德을 해석한 것이니, 큰 것이 바름을 얻었기 때문에 '利貞'을 얻은 것이다.

〔正大而天地之情 可見矣〕큼을 인하고 바름을 얻어서 마침내 正大의 뜻을 넓혀 찬미하였으니, 天地의 道가 크게 바르고 지극히 크기 때문에 바르고 크면 天地의 情을 볼 수 있는 것이다. 萬物을 말하지 않은 것은, 壯大의 이름은 그 뜻이 天極으로 돌아가기 때문에 咸卦, 恒卦와는 같지 않은 것이다.

象曰 雷在天上이 大壯이니

〈象傳〉에 말하였다.

"우레가 하늘 위에 있는 것이 大壯卦이니,

【注】剛以動也라

剛하고 動하는 것이다.

【疏】正義曰 : 震雷爲威動, 乾天主剛健, 雷在天上, 是剛以動, 所以爲大壯.

正義曰 : 震의 우레는 위엄이 動함이 되고 乾의 하늘은 剛健함을 주장하는데, 우레가 하늘 위에 있으니, 이는 剛하고 動함이 大壯이 되는 이유이다.

君子以非禮弗履하나니라

君子가 이것을 응용하여 禮가 아니면 행하지 않는다."

【注】壯而違禮則凶이니 凶則失壯也라 故로 君子以大壯而順(體)〔禮〕¹⁾也라

1) (體)〔禮〕: 저본에는 '體'로 되어 있으나, 岳本·錢本·閩本·監本·毛本에 의거하여 '禮'로 바로잡았다.〔阮刻本 참조〕

건장하면서 禮를 어기면 흉하니, 흉하면 건장함을 잃는다. 그러므로 君子가 大壯을 응용하여 禮를 순히 하는 것이다.

【疏】正義曰 : 盛極之時, 好生驕溢, 故於大壯(誠)〔誡〕¹⁾以非禮勿履也.

1) (誠)〔誡〕: 저본에는 '誠'으로 되어 있으나, 글 뜻에 의거하여 '誡'로 바로잡았다. 北京大本에는 별다른 교감주 없이 '誡'로 되어 있다.

正義曰 : 盛함이 지극한 때에는 교만함과 방자함이 생기기가 쉽다. 그러므로 大壯에서

'禮가 아니면 행하지 말라.'고 경계한 것이다.

初九는 壯于趾니 征하면 凶有孚리라

初九는 발에 건장하니, 그대로 가면 흉함이 틀림없으리라.

【注】夫得大壯者는 必能自終成也니 未有陵犯於物而得終其壯者라 在下而壯이라 故로 曰
壯于趾也라하니라 居下而用剛壯하니 以斯而進이면 窮凶可必也라 故로 曰 征凶有孚라하니라

大壯을 얻은 자는 반드시 능히 스스로 끝마쳐 이루니, 남을 능멸하고 범하고서 그 장
성함을 끝마칠 수 있는 자는 있지 않다. 아래에 있으면서 건장하기 때문에 "발에 건장하
다."라고 한 것이다.

아래에 있으면서 剛壯을 사용하니, 이런 방식으로 나아가면 곤궁해져 흉함을 기필할
수 있다. 그러므로 "그대로 가면 흉함이 틀림없으리라."라고 한 것이다.

【疏】正義曰 : '壯于趾 征 凶有孚'者, 趾, 足也, 初在體下, 有如趾足之象, 故曰"壯于
趾"也. 施之於人, 卽是在下而用壯也, 在下用壯, 陵犯於物, 以斯而行, 凶其信矣. 故曰
"征, 凶有孚."

正義曰 : 〔壯于趾 征 凶有孚〕'趾'는 발이니, 初九가 卦體의 아래에 있어서 趾足과 같
은 象이 있다. 그러므로 "발에 건장하다."라고 한 것이다. 이것을 사람에게 베풀면 아래
에 있으면서 건장함을 사용하는 것이니, 아래에 있으면서 건장함을 사용하여 남을 능멸
하고 침범하니, 이런 방식으로 행하면 흉함이 틀림없다. 그러므로 "그대로 가면 흉함이
틀림없으리라."라고 한 것이다.

象曰 壯于趾는 其孚窮也라

〈象傳〉에 말하였다. "'발에 건장함'은 그 곤궁함을 믿을 수 있다."

【注】言其信窮이라

그 곤궁함을 믿을 수 있음을 말한 것이다.

【疏】正義曰 : '其孚窮'者, 釋壯於趾者, 其[1]人信其窮凶也.

1) 其 : 錢本과 宋本에는 '有'로 되어 있다.〔阮刻本 참조〕

正義曰:〔其孚窮〕'발에 건장한 것은 그 사람이 곤궁해져 흉함을 믿을 수 있음'을 해석한 것이다.

九二는 貞吉하니라

九二는 貞하여 吉하다.

【注】居得中位하고 以陽居陰하여 履謙不亢이라 是以貞吉이라

居함이 中位를 얻었고 陽爻로서 陰位에 있어서 겸손을 행하고 높이지 않는다. 이 때문에 貞하여 길한 것이다.

象曰 九二貞吉은 以中也라

〈象傳〉에 말하였다. "'九二의 貞하여 吉함'은 中하기 때문이다."

【疏】正義曰:以其居中履謙, 行不違禮, 故得正而吉也.

正義曰:中에 居하고 겸손함을 행하여 행실이 禮를 어기지 않는다. 그러므로 바름을 얻어 길한 것이다.

九三은 小人用壯하고 君子用罔하니 貞厲라 羝(저)羊觸藩하니 羸(리)其角이로다

九三은 小人은 건장함을 사용하고 君子는 罔(그물에 걸림)을 사용하니, 바름이 위태롭다. 숫양이 울타리를 받으니, 그 뿔을 잡아서 매어놓는다.

【注】處健之極하고 以陽處陽하니 用其壯者也라 故로 小人用之以爲壯하고 君子用之以爲羅己者也라 貞厲以壯하니 雖復羝羊이나 以之觸藩이면 能无羸乎아

健의 極에 처하고 陽爻로서 陽의 자리에 처했으니, 그 건장함을 사용하는 자이다. 그러므로 小人은 이것을 사용하여 건장함으로 여기고 君子는 이것을 사용하여 자기를 그물질하는 것으로 여기는 것이다. 바름이 위태로운데 건장하니, 비록 다시 숫양이나 이로써 울타리를 받으면 잡아서 매어놓지 않을 수 있겠는가.

【疏】 '九三小人用'至'羸其角' ○ 正義曰 : 罔, 羅罔也.[1] 羝羊, 牡(고)羊也. 藩, 藩籬也. 羸, 拘纍纏繞也.[2] 九三處乾之上, 是健之極也, 又以陽居陽, 是健而不謙也. 健而不謙, 必用其壯也, 小人當此, 不知恐懼, 卽用以爲壯盛, 故曰"小人用壯." 君子當此, 卽慮危難, 用之以爲羅罔於己, 故曰"君子用罔." 以壯爲正, 其正必危, 故云"貞厲也."[3] 以此爲正, 狀似羝羊觸藩也, 必拘羸其角矣.

1) 罔 羅罔也 : 王弼과 孔穎達은 '罔'을 그물로 보아, '君子用罔'을 '군자가 危難을 염려하여 자신을 그물질하는 위험한 것으로 여김'의 의미로 해석하였다.
　　반면 程伊川과 朱子는 '罔'을 '无(무시함)'로 보아 '小人用壯 君子用罔'을 '九三은 건장함이 지극한 자이므로, 소인은 힘을 숭상하여 건장함을 쓰고 군자는 뜻이 강하여 무시함을 쓰는 것'으로 해석하였다. 程伊川과 朱子의 해석에서 군자와 소인은 德으로 말한 것이 아니라 지위로 말한 것이 된다.
2) 羸 拘纍纏繞也 : 程伊川과 朱子는 羸를 困窮함으로 訓하였다.
3) 以壯爲正……故云貞厲也 : '貞厲'를 王弼과 孔穎達은 '건장함을 바름으로 삼으므로 바름이 위태로움'의 의미로 해석하였다.
　　程伊川은 貞을 貞固함으로 보아 "剛과 柔가 中道를 얻으면 꺾이지 않고 굽히지 않아 천하에 베풂에 마땅하지 않음이 없고, 만일 剛함이 너무 지나치면 和順한 德이 없어서 많이 상하여 함께하는 이가 없으니, 貞固히 이것을 지키면 위험한 길이다.〔剛柔得中 則不折不屈 施於天下而无不宜 苟剛之太過 則无和順之德 多傷莫與 貞固守此則危道也〕"라고 하였다.
　　朱子는 王弼・孔穎達과 마찬가지로 貞을 바름으로 보았으나, '貞厲'는 '九三이 지나치게 강하니, 이와 같으면 비록 바르더라도 위태로움'의 의미로 해석하였다.

經의 〔九三小人用〕에서 〔羸其角〕까지

○ 正義曰 : 罔은 羅罔(그물)이다. 羝羊은 숫양이다. 藩은 울타리이다. 羸는 拘纍하고 얽어매는 것이다.

九三이 乾의 위에 처하였으니, 이는 剛健함이 지극한 것이요, 또 陽爻로서 陽의 자리에 거했으니, 이는 剛健하여 겸손하지 않은 것이다. 剛健하여 겸손하지 않으면 반드시 건장함을 사용하니, 小人이 이것을 당하면 두려워할 줄 모르고 곧바로 사용하여 건장함으로 여긴다. 그러므로 "小人은 건장함을 사용한다."라고 한 것이다. 君子가 이것을 당하면 위태로움과 어려움을 염려하여 이것을 사용하여 자기를 그물질하는 위험한 것으로 여겨 조심한다. 그러므로 "君子는 罔을 사용한다."라고 한 것이다.

건장함을 바름으로 삼으면 그 바름이 반드시 위태롭다. 그러므로 "바름이 위태롭다."라고 한 것이다.

이것을 바름으로 삼으면 모습이 숫양이 울타리를 받는 것과 같으니, 반드시 그 뿔을 잡아서 매어놓게 될 것이다.

象曰 小人用壯은 君子罔也[1]라

> 1) 小人用壯 君子罔也 : '小人用壯'을 孔穎達은 "小人이 건장함을 쓰는 일"로 보았으나, 程伊川과 朱子는 爻辭와 같이 "小人은 건장을 쓰고 君子는 멸시(무시)하는 것이다."라 해석하였다. 그리하여 諺解 역시 '小人은 用壯이요'로 懸吐하였다.

〈象傳〉에 말하였다. "小人이 건장함을 씀은 君子는 그물로 여겨 조심한다."

【疏】正義曰 : 言小人用以爲壯者, 卽是君子所以爲羅罔也.

正義曰 : 小人이 사용하여 건장함으로 여김은 바로 君子가 그물로 여겨 조심하는 것임을 말한 것이다.

九四는 貞이 吉하며 悔亡하리니 藩決不羸하며 壯于大輿之輹이로다

九四는 正道가 吉하며 후회가 없어질 것이니, 울타리가 터져서 잡혀 매이지 않으며 큰 수레의 바퀴살이 건장하도다.

【注】下剛而進하여 將有憂虞로되 而以陽處陰하여 行不違謙하여 不失其壯이라 故로 得貞吉而悔亡也라 已得其壯하고 而上陰不罔己路라 故로 藩決不羸也라 壯于大輿之輹은 无有能說(탈)其輹者하니 可以往也라

아래가 剛하면서 나와 장차 근심이 있을 것이나 陽爻로서 陰의 자리에 처하여 행함이 겸손을 떠나지 않아서 건장함을 잃지 않는다. 그러므로 正道가 吉하며 후회가 없어질 수 있는 것이다. 이미 그 장성함을 얻고 위에서 陰이 자신의 길을 그물로 막지 않는다. 그러므로 울타리가 터져서 잡혀 매이지 않는 것이다. 큰 수레의 바퀴살이 건장함은 능히 그 바퀴살을 벗길 자가 없는 것이니, 앞으로 갈 수 있는 것이다.

【疏】正義曰 : '大輿'者, 大車也. 下剛而進, 將有憂虞, 而九四以陽處陰, 行不違謙, 居謙卽不失其壯, 故得正吉而悔亡也, 故云"貞吉, 悔亡."[1] 九三以壯健不謙, 卽被羸其角.

九四以謙而進, 謂之上行, 陰爻不罔己路, 故藩決不羸也. '壯于大輿之輹'者, 言四乘車而進, 其輹壯大, 无有能脫之者, 故曰"藩決不羸, 壯于大輿之輹"也.

1) 下剛而進……悔亡 : '貞吉 悔亡'을 王弼과 孔穎達은 '九四가 陽爻로 陰位에 있어서 강하되 겸손하기 때문에 正道가 길하고 후회가 없어짐'의 의미로 보았다.

　반면 程伊川은 九四 역시 九三과 마찬가지로 건장함이 지나친 자로 보아 '貞吉 悔亡'을 경계의 말로 해석하였다. 《程傳》은 다음과 같다. "九四는 陽剛이 자라나 성하여 장성함이 이미 中을 지났으니, 장성함이 심한 것이다. 그러나 四爻에 거하여 不正함이 되니, 君子의 道가 자라날 때를 당하여 어찌 바르지 않음이 있겠는가. 그러므로 '貞하면 길하여 후회가 없어진다.'라고 경계한 것이다. 道가 자라날 때를 당하여 조금 잘못하면 형통하여 나아가는 형세를 해치니, 이는 후회가 있는 것이다. 만일 다른 卦에 있다면 重剛으로 柔에 거함이 반드시 좋음이 되지 않는 것은 아니니, 大過가 이것이다.〔四 陽剛長盛 壯已過中 壯之甚也 然居四 爲不正 方君子道長之時 豈可有不正也 故戒以貞則吉而悔亡 蓋方道長之時 小失則害亨進之勢 是有悔也 若在他卦 重剛而居柔 未必不爲善也 大過是也〕"

正義曰 :〔大輿〕 큰 수레이다.

아래가 剛하면서 나아가면 장차 근심이 있을 것이나, 九四가 陽爻로서 陰의 자리에 처하여 행함이 겸손을 떠나지 않으니, 겸손함에 거하면 건장함을 잃지 않는다. 그러므로 正道가 吉하며 후회가 없어질 수 있는 것이니, 이 때문에 "正道가 吉하며 후회가 없어질 것이다."라고 한 것이다.

九三은 건장하고 굳세되 겸손하지 않으므로 그 뿔을 잡아서 매어놓음을 당하였고, 九四는 겸손함으로 나아가므로 '上行'이라 한 것이니, 陰爻가 자기 길을 그물로 막지 않기 때문에 울타리가 터져서 잡혀 매이지 않는 것이다.

〔壯于大輿之輹〕 九四가 수레를 타고 나아감을 말하였으니, 바퀴살이 장대하여 능히 벗길 자가 없다. 그러므로 "울타리가 터져서 잡혀 매이지 않으며 큰 수레의 바퀴살이 건장하다."라고 한 것이다.

象曰 藩決不羸는 尚往也라

〈象傳〉에 말하였다. "'울타리가 터져 잡혀 매이지 않음'은 거의 갈 수 있는 것이다."

【疏】正義曰 : '尚往'者, 尚, 庶幾也, 言己不失其壯, 庶幾可以往也.

正義曰 :〔尚往〕'尚'은 庶幾(거의)이니, 자기가 그 건장함을 잃지 않아서 거의 갈 수

있음을 말한 것이다.

六五는 喪羊于易(이)하면 无悔리라

六五는 羊을 平易함에서 잃으면 후회가 없으리라.

【注】居於大壯하여 以陽處陽이라도 猶不免咎어든 而況以陰處陽하고 以柔乘剛者乎아 羊은 壯也니 必喪其羊하면 失其所居也니 能喪壯于易하고 不于險難이라 故得无悔라 二履貞吉하여 能幹其任하여 而己委焉하니 則得无悔라 委之則難不至하고 居之則敵寇來라 故로 曰 喪羊 于易라하니라

大壯에 거하여 陽爻로서 陽의 자리에 처하여도 오히려 허물을 면치 못하는데, 하물며 陰爻로서 陽의 자리에 처하고 柔로서 剛을 탐에 있어서랴. 羊은 건장한 물건이니, 반드시 그 羊을 잃으면 거처할 바를 잃는 것이니, 건장함을 平易함에서 잃고 험난함에서 잃지 않을 수 있으므로 후회가 없을 수 있는 것이다.

九二가 貞吉을 행하여 능히 그 임무를 맡을 수 있어서 자기가 九二에게 맡기니, 이렇게 하면 후회가 없게 된다. 九二에게 맡기면 難이 이르지 않고 자기가 차지하면 敵寇가 온다. 그러므로 "羊을 平易함에서 잃는다."라고 한 것이다.

【疏】'六五喪羊于易无悔' ○ 正義曰 : '喪羊于易 无悔'者, 羊, 壯也, 居大壯之時, 以陽處陽, 猶不免咎, 而況以陰處陽, 以柔乘剛者乎. 違謙越禮, 必喪其壯. 群陽方進, 勢不可止, 若於平易之時, 逆捨其壯, 委身任二, 不爲違拒, 亦剛所不害, 不害卽无悔矣, 故曰"喪羊于易, 无悔"也.[1]

1) 群陽方進……无悔也 : '喪羊于易'를 王弼과 孔穎達은 '환란이 이르기 전에 九二에게 자신을 맡김'의 의미로 보았는바, '易'를 平易로 해석한 것이다.
　　　반면 程伊川은 '易'를 和易로 보고 "양은 떼지어 다니고 떠받기를 좋아하니, 여러 陽이 함께 나옴을 상징한 것이다. 네 陽이 막 자라나 함께 나오니, 九五가 柔로 위에 거하여 만일 힘으로써 제재하려 하면 이기기 어려워 후회가 있을 것이요, 오직 和易로써 대하면 여러 陽이 그 剛함을 쓸 곳이 없으니, 이는 그 장성함을 和易함에 잃는 것이니, 이와 같이 하면 후회가 없을 수 있다. 六五는 지위로 말하면 正이고 德으로 말하면 中이다. 그러므로 和易의 道를 써서 여러 陽이 비록 장성하나 쓸 곳이 없게 한 것이다.〔羊 群行而喜觸 以象諸陽竝進 四陽方長而竝進 五以柔居上 若以力制 則難勝而有悔 唯和易以待之

則群陽 无所用其剛 是喪其壯于和易也 如此則可以无悔 五以位言則正 以德言則中 故能用和易之
道 使群陽雖壯 无所用也〕라고 하였는바, 이 해석에서 '양을 잃음'은 '여러 陽爻가 자신의
장성함을 잃음'의 뜻이 된다.

經의 〔六五喪羊于易无悔〕

○ 正義曰 : 〔喪羊于易 无悔〕 '羊'은 건장한 물건이니, 大壯의 때에 거하여 陽爻로서
陽의 자리에 처하여도 오히려 허물을 면치 못하는데, 하물며 陰爻로서 陽의 자리에 처하
고 柔로서 剛을 탐에 있어서랴. 겸손함을 어기고 禮를 넘으니, 반드시 그 건장함을 잃는
다. 여러 陽이 막 나와서 형세를 그칠 수가 없으니, 만약 平易할 때에 미리 그 건장함을
버리고 몸을 바쳐 九二에게 맡겨서 어기고 거역하지 않으면 또한 剛함이 해치지 않을 것
이니, 해치지 않으면 후회가 없다. 그러므로 "羊을 平易함에서 잃으면 후회가 없다."라고
한 것이다.

【疏】○注'居於大壯'至'喪羊于易' ○正義曰:羊, 剛狠之物, 故以譬壯. 云'必喪其羊
失其所居'者, 言違謙越禮, 理勢必然. 云'能喪壯于易 不於險難'者, 二雖應己, 剛長則
侵陰, 爲己寇難, 必喪其壯, 當在於平易寇難未來之時, 勿於險難敵寇旣來之日. 良由
居之有必喪之理, 故戒其預防, 而莊氏云'經止一言喪羊, 而注爲兩處分用. 初云'必喪
其羊, 失其所居', 是自然應失, 後云'能喪壯於易, 不於險難, 故得无咎', 自能喪其羊,
二理自爲矛揰", 竊謂莊氏此言, 全不識注意.

○ 注의 〔居於大壯〕에서 〔喪羊于易〕까지

○ 正義曰 : 羊은 剛하고 사나운 물건이므로 건장함을 비유하였다.

〔必喪其羊 失其所居〕 겸손함을 떠나고 禮를 넘으면 이치와 형세가 반드시 그러함을
말한 것이다.

〔能喪壯于易 不於險難〕 九二가 비록 자기에게 應하나 剛이 자라면 陰을 侵害하니,
〈九二가〉 자신의 寇難이 되어서 반드시 자신의 건장함을 잃을 것이다. 마땅히 平易하여
寇難이 오지 않을 때에 잃을 것이요, 험난하여 敵寇가 이미 온 날에 잃지 말아야 하는 것
이다.

진실로 차지하면 반드시 잃을 이치가 있다. 그러므로 미리 방비할 것을 경계한 것인데,
莊氏는 말하기를 "經文에는 다만 '양을 잃는다.'라고 한 번만 말하였는데, 注에는 두 가지
로 나누어 사용하였다. 처음에 '반드시 그 羊을 잃으면 그 거처할 바를 잃는다.'고 말한

것은 자연히 잃는 것이요, 뒤에 '건장함을 平易함에서 잃고 험난함에서 잃지 않을 수 있으므로 허물이 없을 수 있다.'고 말한 것은 스스로 자기의 양을 잃은 것이니, 두 이치가 저절로 모순된다."라고 하였다. 내 생각건대, 莊氏의 이 말은 注의 뜻을 전혀 알지 못한 것이다.

象曰 喪羊于易는 位不當也라

〈象傳〉에 말하였다. "'羊을 平易함에서 잃음'은 자리가 마땅하지 않기 때문이다."

【疏】正義曰 : '位不當'者, 正由處不當位, 故須捨其壯也.

正義曰 : 〔位不當〕 바로 처한 것이 자리에 마땅하지 않기 때문에 모름지기 그 건장함을 버려야 하는 것이다.

上六은 羝羊觸藩하여 不能退하고 不能遂하여 无攸利하니 艱則吉하리라

上六은 숫양이 울타리를 받아서 능히 물러가지도 못하고 능히 나아가지도 못하여 이로운 바가 없으니, 어렵게 여기면 吉하리라.

【注】有應於三이라 故로 不能退하고 懼於剛長이라 故로 不能遂라 持疑猶豫하여 志无所定하니 以斯決事하면 未見所利라 雖處剛長이나 剛不害正하니 苟定其分하여 固志在(一)〔三〕[1]하여 以斯自處하면 則憂患消亡이라 故曰 艱則吉也라하니라

1) (一)〔三〕 : 저본에는 '一'로 되어 있으나, 閩本·監本·毛本에 의거하여 '三'으로 바로잡았다.〔阮刻本 참조〕

九三에 應이 있으므로 물러가지 못하고, 剛이 자람을 두려워하므로 능히 나아가지 못하는 것이다. 의심하는 마음을 품고 猶豫하여 뜻이 정해진 바가 없으니, 이런 방식으로 일을 결단하면 이로운 바를 보지 못한다. 비록 剛이 자라남에 처하였으나 剛이 바름을 해치지 않으니, 만일 그 분수를 정하여 굳은 뜻이 九三에 있어, 이로써 자처하면 憂患이 사라지고 없어진다. 그러므로 "어렵게 여기면 吉하다."라고 한 것이다.

【疏】'上六羝羊觸藩'至'艱則吉' ○ 正義曰 : 退, 謂退避. 遂, 謂進往. 有應於三, 疑之不已, 故不能退避. 然懼於剛長, 故不能遂往, 故云"羝羊觸藩, 不能退, 不能遂"也. '无

攸利'者, 持疑猶豫, 不能自決, 以此處事, 未見其利, 故曰"无攸利"也. '艱則吉'者, 雖處
剛長, 剛不害正, 但艱固其志, 不捨於三, 卽得吉, 故曰"艱則吉"也.

經의 〔上六羝羊觸藩〕에서 〔艱則吉〕까지

○ 正義曰 : 退는 물러가 피함을 이른다. 遂는 나아감을 이른다. 九三에 應이 있어서
의심하기를 그치지 않는다. 그러므로 능히 물러가 피하지 못하는 것이다. 그러나 剛이
자람을 두려워하기 때문에 그대로 나아가지도 못한다. 이 때문에 "숫양이 울타리를 받아
서 능히 물러가지도 못하고 능히 나아가지도 못한다."라고 한 것이다.

〔无攸利〕 의심하는 마음을 품고 猶豫하여 스스로 결단하지 못하니, 이런 방식으로 일
을 처리하면 이로움을 보지 못한다. 그러므로 "이로운 바가 없다."라고 한 것이다.

〔艱則吉〕 비록 剛이 자라날 때에 처하였으나 剛이 바름을 해치지 않으니, 다만 그 뜻
을 어렵게 여기고 견고히 하여 九三을 버리지 않으면 吉함을 얻는다. 그러므로 "어렵게
여기면 吉하다."라고 한 것이다.

象曰 不能退, 不能遂는 不(詳)〔祥〕[1]也요 艱則吉은 咎不長也라

1) (詳)〔祥〕: 저본에는 '詳'으로 되어 있으나, 古本・足利本에 의거하여 '祥'으로 바로잡았다.
阮刻本 〈校勘記〉에 "살펴보건대, 이는 王弼本에 본래 '詳'으로 되어 있으니, 古本과 足利
本은 잘못되었다."고 하였으나, 아래 疏에 '祥者 善也'라 하였으며, 옛날에는 詳과 祥은 통
용하였으므로 교감한 것이다.

〈象傳〉에 말하였다. "'능히 물러가지도 못하고 능히 나아가지도 못함'은 상서롭지
못한 것이요, '어렵게 여기면 吉함'은 허물이 長久하지 않은 것이다."

【疏】正義曰 : '不(詳)〔祥〕[1]也'者, 祥者, 善也, 進退不定, 非爲善也, 故云"不祥也."
'咎不長也'者, 能艱固其志, 卽憂患消亡, 其咎不長, 釋所以得吉也.

1) (詳)〔祥〕: 저본에는 '詳'으로 되어 있으나, 錢本・宋本에 의거하여 '祥'으로 바로잡았
다. 阮刻本 〈校勘記〉에는 "살펴보건대, 아래도 같다."라 하여 '祥者'의 '祥'도 저본에
'詳'으로 되어 있다고 하였으나, 저본에는 '祥'으로 되어 있다. 北京大本에는 이에 대하
여 "살펴보건대, 아래에 본래 '祥'으로 되어 있으니, 阮元의 〈校勘記〉와 출입이 있다."
라고 하였다.

正義曰 : 〔不詳也〕 '祥'은 善함(좋음)이니, 나아가고 물러감을 결정하지 못하면 선한 것

이 아니다. 그러므로 "상서롭지 못하다."라고 한 것이다.

〔咎不長也〕 능히 그 뜻을 어렵게 여기고 견고히 하면 憂患이 사라지고 없어져서 허물이 長久하지 않을 것이니, 吉함을 얻게 된 이유를 해석한 것이다.

35. 晉䷢ 坤下離上

晉은 康侯用錫馬蕃庶하고 晝日三接이로다

晉은 康侯에게 말을 하사하기를 많이 하고 하루에 세 번 접견하도다.

【疏】正義曰:'晉'者, 卦名也, 晉之爲義, 進長之名. 此卦, 明臣之昇進, 故謂之晉. '康'者, 美之名也. '侯', 謂昇進之臣也. 臣旣柔進, 天子美之, 賜以車馬, 蕃多而衆庶, 故曰 "康侯用錫馬蕃庶"也. '晝日三接'者, 言非惟蒙賜蕃多, 又被親寵頻數(삭), 一晝之間, 三度接見也.

正義曰:〔晉〕卦의 이름이니, '晉'의 뜻은 나아가 자람의 명칭이다. 이 卦는 신하의 昇進함을 밝혔다. 그러므로 '晉'이라 한 것이다.

〔康〕아름다움의 명칭이다.

〔侯〕昇進하는 신하를 이른다.

신하가 이미 柔로서 나아감에 天子가 아름답게 여겨서 수레와 말을 하사한 것이 繁多하고 많다. 그러므로 "康侯에게 말을 하사하기를 많이 한다."라고 한 것이다.

〔晝日三接〕하사를 받음이 繁多할 뿐만이 아니요, 또 친애와 총애를 입음이 여러 번이어서 하루 사이에 세 번 접견함을 말한 것이다.

象曰 晉은 進也니 明出地上하여 順而麗乎大明하고 柔進而上行이라

〈象傳〉에 말하였다.

"'晉'은 나아감이니, 밝음이 지상으로 나와서 순종하여 大明에 붙어 있고 柔가 나아가 위로 올라간다.

【注】凡言上行者는 所(以)〔之〕[1]在貴也라

1) (以)〔之〕: 저본에는 '以'로 되어 있으나, 岳本·宋本·古本·足利本에 의거하여 '之'로

바로잡았다. 阮刻本 〈校勘記〉에 "살펴보건대, 噬嗑卦의 注에 모두 '所之在貴也'라고 하였으니, 이 글의 '以'자가 '之'자의 誤字임을 징험할 수 있다."라고 하였다.

무릇 上行을 말한 것은 가는 바가 귀함에 있는 것이다.

【疏】'象曰晉進也'至'進而上行' ○ 正義曰 : '晉 進也'者, 以今釋古, 古之晉字, 卽以進長爲義, 恐後世不曉, 故以進釋之. '明出地上'者, 此就二體, 釋得晉名, 離上坤下, 故言 "明出地上." 明旣出地, 漸就進長, 所以爲晉. '順而麗乎大明 柔進而上行'者, 此就二體之義及六五之爻, 釋康侯用錫馬已下也. 坤, 順也, 離, 麗也, 又爲明坤能順從而麗著於大明, 六五以柔而進, 上行貴位. 順而著明, 臣之美道也, 柔進而上行, 君上所與也, 故得厚賜而被親寵也.

經의 〔象曰晉進也〕에서 〔進而上行〕까지

○ 正義曰 : 〔晉 進也〕 지금의 글자를 가지고 옛글을 해석하였으니, 옛날 '晉'자는 바로 나아가 자라남을 뜻으로 삼았는데, 후세에서 이것을 깨닫지 못할까 염려하였다. 그러므로 '進'으로 해석한 것이다.

〔明出地上〕 이 두 體를 가지고 晉卦의 이름을 얻음을 해석하였으니, 離가 위에 있고 坤이 아래에 있으므로 "밝음이 지상으로 나왔다."라고 한 것이다. 밝음이 이미 땅에서 나와 점점 나아가 자라니, 이 때문에 卦의 이름이 '晉'이 된 것이다.

〔順而麗乎大明 柔進而上行〕 이는 두 體의 뜻과 六五의 爻를 가지고 '康侯用錫馬' 이하를 해석한 것이다. '坤'은 순함이요, '離'는 붙음이니, 또 坤이 능히 順從하여 大明에 붙어 있음을 밝혔고, 六五가 柔로서 나아가서 귀한 자리로 올라간다. 柔順하면서 밝음에 붙어 있는 것은 신하의 아름다운 道이고, 柔로서 나아가 위로 올라감은 君上이 더부는 바이다. 그러므로 후한 하사를 받고 친애와 총애를 입는 것이다.

是以로 康侯用錫馬蕃庶하고 晝日三接也라

이 때문에 康侯에게 말을 하사하기를 많이 하고 하루에 세 번 접견하는 것이다."

【注】康은 美之名也라 順以著明은 臣之道也요 柔進而上行은 物所與也라 故로 得錫馬而蕃庶라 以訟受服이면 則終朝三褫[1]요 柔進受寵이면 則一晝三接也라

1) 以訟受服 則終朝三褫 : 訟卦 上九 爻辭에 "혹 鞶帶를 하사받더라도 하루아침을 마치는

사이에 세 번 벗을 것이다.〔或錫之鞶帶 終朝三褫之〕'라고 보인다. 鞶帶는 官服이다.

'康'은 아름다움의 명칭이다. 유순하면서 밝음에 붙음은 신하의 道요, 柔가 나아가 위로 올라감은 物(남)이 더부는 바이다. 그러므로 '말을 하사하기를 많이 함'을 얻은 것이다. 訟事로 관복을 받으면 하루아침을 마치는 사이에 세 번 벗고, 柔로서 나아가 총애를 받으면 하루에 세 번 접견을 하는 것이다.

【疏】'是以康侯' 至'三接也' ○ 正義曰:釋訖, 擧經以結君寵之意也.

經의〔是以康侯〕에서〔三接也〕까지

○ 正義曰 : 해석이 끝난 다음, 經文을 들어 임금의 은총을 받는 뜻을 맺은 것이다.

【疏】○ 注'康美之名也' 至'一晝三接也' ○ 正義曰:擧此對釋者, 蓋訟言終朝, 晉言一晝, 俱不盡一日, 明黜陟之速, 所以示懲勸也.

○ 注의〔康美之名也〕에서〔一晝三接也〕까지

○ 正義曰 : 이것을 들어〈訟卦와〉상대하여 해석한 것은, 訟卦에서는 하루아침을 마치는 것을 말하였고 晉卦에서는 하루 동안을 말하였으니, 모두 하루를 다하지 않은 것인 바, 내치고 올려줌〔黜陟〕을 신속히 함을 밝힌 것이니, 이는 勸善懲惡을 보인 것이다.

象曰 明出地上이 晉이니 君子以自昭明德하나니라

〈象傳〉에 말하였다. "밝음이 地上으로 나오는 것이 晉卦이니, 君子가 보고서 스스로 밝은 德을 밝힌다."

【注】以(顯)〔順〕[1]著明은 自顯之道라

1) (顯)〔順〕: 저본에는 '顯'으로 되어 있으나, 岳本·監本·毛本에 의거하여 '順'으로 바로 잡았다.〔阮刻本 참조〕

순종함으로써 밝음에 붙어 있음은 스스로 드러내는 道이다.

【疏】'象曰' 至'以〔自〕[1]昭明德' ○ 正義曰 :'自昭明德'者, 昭, 亦明也, 謂自顯明其德也. 周氏等爲照, 以爲"自照己身, 老子曰'自知者明', 用明以自照, 爲明德."[2] 案王注此云"以順著明, 自顯之道", 又此卦與明夷正反, 明夷象云"君子以莅衆, 用晦而明", 王注彼云"茍衆顯明, 蔽僞百姓, 藏明於內, 乃得明也." 準此二注, 明王之注意, 以此爲自顯明德. 昭字宜爲昭(之遙反), 周氏等爲照(之召反), 非注旨也.[3]

1) 〔自〕: 저본에는 '自'가 없으나, 經文에 의거하여 보충하였다.
2) 周氏等爲照……爲明德 : 周宏正은 '昭'를 '비추다(알다)'의 뜻으로 보아, '君子以自昭明德'을 '군자가 이것을 이용하여 스스로 아는 것을 明德으로 삼는다.'로 해석한 것이다. 老子의 말은 《道德經》에 보인다.
3) 昭字宜爲昭……非注旨也 : 程伊川과 朱子 역시 '昭'를 '밝힘'의 뜻으로 보았는바, 특히 程伊川은 《春秋左氏傳》 桓公 2년조에 "德을 밝히고 잘못을 막음은 그 法度를 밝히는 것이다.〔昭德塞違 昭其度也〕"라고 한 것을 인용하였다.

經의 〔象曰〕에서 〔以自昭明德〕까지

○ 正義曰 : 〔自昭明德〕 '昭' 또한 밝음이니, 스스로 그 德을 드러내어 밝힘을 이른다. 周氏(周宏正) 등은 昭를 照라 하여, "스스로 자기 몸을 비추는 것이니, 老子가 말하기를 '스스로 아는 자는 밝다.' 하였는바, 밝음을 사용하여 스스로 비추는 것을 '明德'이라 한다."라고 하였다. 살펴보건대, 王輔嗣(王弼)가 이것을 注하면서 이르기를 "순종함으로써 밝음에 붙어 있음은 스스로 드러내는 道이다."라고 하였고, 또 이 卦는 明夷卦와 정반대이니, 明夷卦의 〈象傳〉에 "君子가 보고서 무리에게 임함에 어둠을 사용하여 밝힌다." 하였는데, 王輔嗣가 거기에 注하기를 "무리에 임하면서 밝음을 드러냄은 백성을 가리고 속이는 것이니, 밝음을 안에 감추어야 비로소 밝아진다."라고 하였다. 이 두 곳의 注를 기준해보면 王輔嗣가 注를 낸 뜻은 이것을 '스스로 明德을 드러내는 것'으로 여김이 분명하다. '昭'자는 마땅히 '昭(之遙의 反切)'가 되어야 하니, 周氏 등이 '照(之召의 反切)'라 한 것은 注의 本旨가 아니다.

初六은 晉如摧如에 貞吉하고 罔孚리니 裕면 无咎리라

初六은 나아가고 물러감에 貞하고 吉하며 믿지 않을 것이니, 넉넉하게 하여 넓히면 허물이 없으리라.

【注】處順之初하고 應明之始하여 明順之德이 於斯將隆하니 進明退順하여 不失其正이라 故曰 晉如摧如에 貞吉也라하니라 處卦之始하여 功業未著하여 物未之信이라 故曰 罔孚라하니라 方踐卦始하여 未至履位하니 以此爲足이면 自喪其長者也라 故로 必裕之然後에 无咎라

순함(坤)의 처음에 처하고 밝음(離)의 시초에 應하여 밝고 순한 德이 여기에서 장차 높아지니, 나아가면 밝고 물러가면 순하여 그 바름을 잃지 않는다. 그러므로 "나아가고 물러남에 貞하고 吉하다."라고 한 것이다.

卦의 시초에 처하여 功業이 아직 드러나지 않아서 남들이 믿지 않는다. 그러므로 "믿지 않는다."라고 한 것이다.

卦의 시초를 막 밟고 있어서 지위를 밝음에 이르지 않았으니, 이것을 가지고 만족하게 여기면 자라남을 스스로 상실하는 자이다. 그러므로 반드시 넉넉하게 하여 넓힌 뒤에야 허물이 없는 것이다.

【疏】'初六晉如摧如' 至 '无咎' ○ 正義曰 : '晉如摧如 貞吉'者, 何氏云"摧, 退也, 裕, 寬也, 如, 辭也." 初六處順之初, 應明之始, 明順之德, 於斯將隆, 進則之明, 退則居順, 進之與退, 不失其正, 故曰"晉如摧如, 貞吉"也.[1] '罔孚'者, 處卦之始, 功業未著, 未爲人所信服, 故曰"罔孚." '裕 无咎'者, 裕, 寬也, 方踐卦始, 未至履位, 不可自以爲足也, 若以此爲足, 是自喪其長也. 故必宜寬裕其德, 使功業弘廣, 然後无咎, 故曰"裕无咎"也.[2]

1) 初六處順之初……貞吉也 : '晉如摧如 貞吉'을 王弼과 孔穎達은 初六이 坤에 처하여 順(순종)하고 離의 九四와 응하여 밝기 때문에, 나아가면 밝고 물러가면 순하여 바르고 길하다는 의미로 해석하였다.
   程伊川은 "初六은 晉卦의 아래에 거하였으니, 나아감의 시초이다. 晉如는 올라감이요, 摧如는 꺾여 물러남이니, 처음 나아갈 때에 '나아감을 이루거나 나아감을 이루지 못하거나 오직 正道를 얻으면 길하다.'라고 말한 것이다.〔初居晉之下 進之始也 晉如 升進也 摧如 抑退也 於始進而言 遂其進 不遂其進 唯得正則吉也〕라고 하여, '貞吉'을 '바르면 길하다'로 해석하였다.
   朱子 역시 '貞吉'을 '바르면 길하다'로 보았는데, '晉如摧如'는 "陰으로서 아래에 거하여 應이 中正하지 못하니, 나아가고자 하다가 꺾임을 당하는 象이 있다.〔以陰居下 應不中正 有欲進見摧之象〕라고 하여, '晉如摧如'를 初六이 九四에게 나아가고자 하나 九四가 中正하지 못하므로 初六이 꺾임을 당하는 象이라고 해석하였다.
2) 裕无咎者……故曰裕无咎也 : '裕 无咎'를 王弼과 孔穎達은 '初六이 아직 지위를 얻지 못하였으므로 여기에 만족하지 말고 자신의 德을 寬裕하게 하여 功業을 廣大하게 만들어야 허물이 없다.'는 뜻으로 해석하였다. 이 해석에서 '裕'는 넉넉하게 하고 넓힌다는 의미가 된다.
   반면 程伊川과 朱子는 初六이 아직 윗사람의 신임을 구하지 못했으나 신임을 구함에

급급하지 말고 寬裕함으로 처신해야 허물이 없다는 의미로 해석하였다. 이 해석에서 寬裕는 급박하지 않고 여유로움의 뜻이다.

經의 〔初六晉如摧如〕에서 〔无咎〕까지

○ 正義曰 : 〔晉如摧如 貞吉〕何氏(何妥)가 이르기를 "摧는 물러감이요, 裕는 넉넉함이요, 如는 어조사이다." 하였다. 初六이 順함의 처음에 처하고 밝음의 시초에 應하여 밝고 순한 德이 여기에서 장차 높아지니, 나아가면 밝음으로 가고 물러가면 순함에 거하여, 나아고 물러감에 그 바름을 잃지 않는다. 그러므로 "나아가고 물러감에 貞하고 吉하다."라고 한 것이다.

〔罔孚〕卦의 시초에 처하여 功業이 아직 드러나지 않아서 남들로부터 신임과 복종을 받지 못한다. 그러므로 "믿지 않는다."라고 한 것이다.

〔裕 无咎〕'裕'는 넉넉함이니, 卦의 시초를 막 밟고 있어서 지위를 밟음에 이르지 못하므로 스스로 만족하게 여겨서는 안 되니, 만약 이것을 만족하게 여기면 자라남을 스스로 잃는 것이다. 이 때문에 반드시 그 德을 寬裕하게 하여 功業이 커지고 넓어지게 한 뒤에야 허물이 없는 것이다. 그러므로 "넉넉하게 하여 넓히면 허물이 없으리라."라고 한 것이다.

象曰 晉如摧如는 獨行正也요 裕无咎는 未受命也일새라

〈象傳〉에 말하였다. "'나아가고 물러감'은 오로지 바름을 행하는 것이요, '넉넉하게 하여 넓히면 허물이 없음'은 命을 받지 않았기 때문이다."

【注】未得履位하여 未受命也라

지위를 밟지 못하여 아직 命을 받지 못한 것이다.

【疏】'象曰'至'未受命也' ○ 正義曰 : '獨行正'者, 獨, 猶專也, 言進與退, 專行其正也. '裕无咎 未受命也'者, 進之初, 未得履位, 未受錫命, 故宜寬裕進德, 乃得无咎.

經의 〔象曰〕에서 〔未受命也〕까지

○ 正義曰 : 〔獨行正〕'獨'은 專과 같으니, 나아가고 물러감에 오로지 그 바름을 행함을 말한 것이다.

〔裕无咎 未受命也〕나아가는 초기에 있어 아직 지위를 밟지 못해서 하사하는 命을 받

지 못하였다. 그러므로 나아가는 德을 寬裕하게 하여야 비로소 허물이 없을 수 있는 것이다.

六二는 晉如愁如나 貞하여 吉하니 受玆介福于其王母로다

六二는 나아감에 근심하나 바루어 吉하니, 이 큰 福을 王母에게 받도다.

【注】進而无應하여 其德不昭라 故로 曰 晉如愁如라하니라 居中得位하고 履順而正하니 不以无應而回其志하여 處晦에 能致其誠者也라 脩德以斯하면 (間)〔聞〕[1]乎幽昧하니 得正之吉也라 故曰 貞吉이라하니라 母者는 處內而成德者也라 鳴鶴在陰이면 則其子和之요 立誠於闇이면 闇亦應之라 故로 其初愁如요 履貞不回하면 則乃受玆大福于其王母也라

  1) (間)〔聞〕: 저본에는 '間'으로 되어 있으나, 岳本·宋本·古本·足利本에 의거하여 '聞'으로 바로잡았다.〔阮刻本 참조〕

나아감에 應이 없어서 그 德이 밝지 못하다. 그러므로 "나아감에 근심한다."라고 한 것이다.

中에 거하고 正位를 얻고 순함을 밟고 바루니, 應이 없다는 이유로 그 뜻을 돌리지(굽히지) 아니하여 어둠에 처함에 능히 정성을 다하는 자이다. 德을 닦기를 이런 방법으로 하면 그윽하고 어두운 곳에서도 알려지니, 바름의 吉함을 얻는다. 그러므로 "바루어 길하다."라고 한 것이다.

'母'는 안에 처하여 德을 이룬 자이다. 우는 鶴이 음지에 있으면 그 새끼가 화답하고, 어둔 곳에 성실함을 세우면 어둠이 또한 응한다. 그러므로 그 처음은 근심하는 것이요, 貞을 행하여 돌리지 않으면 마침내 이 큰 福을 王母에게 받는 것이다.

【疏】'六二晉如愁如'至'于其王母' ○ 正義曰:'晉如愁如'者, 六二進而无應於上, 其德不見昭明, 故曰"(進)〔晉〕[1]如愁如", 憂其不昭也. '貞吉'者, 然履順居於中正, 不以无應而不脩其德, 正而獲吉, 故曰"貞吉"也. '受玆介福于其王母'者, 介者, 大也, 母者, 處內而成德者也. 初雖愁如, 但守正不改, 終能受此大福於其所脩, 故曰"受玆介福於其王母."[2]

  1) (進)〔晉〕: 저본에는 '進'으로 되어 있으나, 經文과 毛本에 의거하여 '晉'으로 바로잡았다.〔阮刻本 참조〕

  2) 初雖愁如……故曰受玆介福於其王母: '王母'를 王弼과 孔穎達은 '안에 처하여 德을 이

론 자'라고 하고, '受玆介福于其王母'를 '六二가 안에 처하여 자신의 바름을 계속 지키면 끝내 이로써 큰 복을 받음'의 뜻이라 하였는바, 이 해석에서 '王母'는 바름을 지킨 六二 자신을 말한다.

반면 程伊川은 王母를 六五로 보고, "王母는 祖母이니, 陰의 지극히 높은 자를 이르니, 六五를 가리킨다. 六二가 中正의 道로 스스로 지키면 비록 위에 응원이 없어 스스로 나아갈 수 없으나 中正한 德이 오래되면 반드시 드러나 윗사람이 스스로 마땅히 구할 것이니, 六五 大明의 군주가 자기와 더불어 德이 같은바, 반드시 마땅히 구하여 寵祿을 加하리니, 큰 福을 王母에게 받는 것이다.〔王母 祖母也 謂陰之至尊者 指六五也 二以中正之道 自守 雖上无應援 不能自進 然其中正之德 久而必彰 上之人 自當求之 蓋六五大明之君 與之同德 必當求之 加之寵祿 受介福於王母也〕"라고 하였다. 朱子도 이와 같은데, 특히 朱子는 이 爻를 "先妣를 祭享하는 길점이다."라고 하였다.

經의 〔六二晉如愁如〕에서 〔于其王母〕까지

○ 正義曰 : 〔晉如愁如〕六二가 나아감에 위에 應이 없어서 그 德이 밝음을 보지 못한다. 그러므로 "나아감에 근심한다."라고 하였으니, 그 밝지 못함을 근심하는 것이다.

〔貞吉〕그러나 順함을 행하고 中正에 거하였으므로, 應이 없다는 이유로 그 德을 닦지 않지는 않아서 바루어 吉함을 얻는다. 그러므로 "바루어 吉하다."라고 한 것이다.

〔受玆介福于其王母〕'介'는 큼이요, '母'는 안에 처하여 德을 이룬 자이다. 처음은 비록 근심하나, 다만 正道를 지키고 고치지 않으면 끝내 이 大福을 자기가 닦은 바대로 받는다. 그러므로 "이 큰 福을 王母에게 받는다."라고 한 것이다.

【疏】○ 注'進而无應'至'于其王母也' ○ 正義曰 : '鳴鶴在陰 則其子和之'者, 此王用中孚九二爻辭也.

○ 注의 〔進而无應〕에서 〔于其王母也〕까지

○ 正義曰 : 〔鳴鶴在陰 則其子和之〕이는 王輔嗣가 中孚卦 九二爻의 爻辭를 사용한 것이다.

象曰 受玆介福은 以中正也라

〈象傳〉에 말하였다. "'이 큰 福을 받음'은 中正하기 때문이다."

六三은 衆允이라 悔亡하리라

六三은 여러 사람들과 믿으므로 후회가 없어지리라.

【注】處非其位는 悔也나 志在上行하여 與衆同信하니 順而麗(리)明이라 故로 得悔亡也라

처함이 正位가 아닌 것은 후회함이나, 뜻이 위로 나아감에 있어서 사람들과 함께 믿으니, 순하고 밝음에 붙어 있다. 그러므로 후회가 없어짐을 얻는 것이다.

【疏】正義曰 : 六三處非其位, 有悔也, 志在上行, 與衆同信, 順而麗明, 故得其悔亡.

正義曰 : 六三은 처함이 正位가 아니어서 후회가 있으나 뜻이 위로 나아감에 있어서 사람들과 함께 믿으니, 순하고 밝음에 붙어 있다. 그러므로 후회가 없어짐을 얻는 것이다.

象曰 衆允之는 志上行也라

〈象傳〉에 말하였다. "'여러 사람들과 믿음'은 뜻이 위로 가는 것이다."

【疏】正義曰 : 居晉之時, 衆皆欲進, 己應於上, 志在上行, 故能與衆同信也.

正義曰 : 晉卦의 때에 거하여 사람들이 모두 나아가고자 하는데, 자기가 上九에 應하여 뜻이 위로 나아감에 있다. 그러므로 능히 여러 사람과 함께 믿는 것이다.

九四는 晉如鼫(석)鼠하니 貞이 厲하니라

九四는 나아감이 鼫鼠와 같으니, 正道가 위태롭다.

【注】履非其位하여 上承於五하고 下據三陰하니 履非其位요 又負且乘하여 无業可安하고 志无所據하니 以斯爲進은 正之(厄)〔危〕[1]也라 進如鼫鼠는 无所守也라

> 1) (厄)〔危〕: 저본에는 '厄'으로 되어 있으나, 毛本에 의거하여 '危'로 바로잡았다.〔阮刻本 참조〕

밟은 것이 正位가 아니면서, 위로 六五를 받들고 아래로 세 陰을 점거하고 있으니, 밟은 것이 正位가 아니고, 또 지고 탐에 편안히 여길 만한 業이 없고 뜻이 의거할 곳이 없으니, 이런 방식으로 나아감은 正道가 위태로운 것이다. 나아가기를 鼫鼠와 같이 함은 지키는 바가 없는 것이다.

【疏】'九四晉如鼫鼠貞厲' ○ 正義曰 : '晉如鼫鼠'者, 鼫鼠, 有五能而不成伎之蟲也. 九四履非其位, 上承於五, 下據三陰, 上不許其承, 下不許其據. 以斯爲進, 无業可安, 无據可守, 事同鼫鼠, 无所成功也.[1] 以斯爲進, 正之危也, 故曰"晉如鼫鼠貞厲"也.[2]

1) 九四履非其位……无所成功也 : '晉如鼫鼠'를 王弼과 孔穎達은 '九四가 正位를 밟고 있지 않기 때문에 나아가면 아무것도 이루지 못함'의 의미로 해석하였으니, '鼫鼠'를 지키는 바가 없어 성공하지 못함을 비유한 것으로 본 것이다.

程伊川과 朱子는 '鼫鼠'를 '남의 것을 탐하여 두려워함'을 비유한 것으로 보았는바, 이를 程伊川은 "九가 四에 거함은 正位가 아니니, 正位가 아닌데 거함은 그 지위를 탐하여 차지한 것이다. 높은 지위를 탐하여 처함은 이미 편안한 바가 아니요, 또 上과 德이 같아서 위에 순종하여 붙고 세 陰이 모두 자신의 아래에 있어 형세가 반드시 위로 나올 것이다. 그러므로 마음에 두려워하고 꺼리니, 탐하여 사람을 두려워하는 것은 鼫鼠이다. 그러므로 '晉如鼫鼠'라고 말한 것이다.〔以九居四 非其位也 非其位而居之 貪據其位者也 貪處高位 旣非所安 而又與上同德 順麗於上 三陰皆在己下 勢必上進 故其心畏忌之 貪而畏人者 鼫鼠也 故云晉如鼫鼠〕" 하였다.

2) 以斯爲進……貞厲也 : '貞厲'를 王弼과 孔穎達은 九四가 아무것도 이루지 못하는 방식으로 나아가면 正道가 위태롭게 됨의 의미로 해석하였다.

程伊川은 '貞固하면 위태로움'으로 보아 "차지할 자리가 아닌 것을 탐하여 두려워하고 꺼리는 마음을 두니, 貞固하게 이를 지키면 그 위태로움을 알 수 있다.〔貪於非據而存畏忌之心 貞固守此 其危可知〕"라고 하였다.

朱子는 '바르더라도 위태로움'으로 보아, "점치는 자가 이와 같으면 비록 바르더라도 위태로운 것이다.〔占者如是 雖正亦危〕"라고 하였다.

王弼·孔穎達과 程伊川과 朱子의 이러한 해석의 차이는 '貞吝'과 '貞凶'의 해석에 있어서도 마찬가지이다.

經의〔九四晉如鼫鼠貞厲〕

○ 正義曰 :〔晉如鼫鼠〕'鼫鼠'는 다섯 가지 재능이 있으나 한 가지 기술도 제대로 이루지 못한 벌레(동물)이다. 九四가 밟은 것이 正位가 아니면서 위로 六五를 받들고 아래로 세 陰을 점거하고 있으니, 위에서는 그 받듦을 허락하지 않고 아래에서는 그 점거함을 허락하지 않는다. 이런 방식으로 나아가면 편안히 여길 만한 業이 없고 지킬 만한 依據가 없으니, 일이 鼫鼠와 같아 성공하는 바가 없는 것이다. 이런 방식으로 나아가면 正道가 위태롭다. 그러므로 "나아감이 鼫鼠와 같으니, 正道가 위태롭다."라고 한 것이다.

【疏】○ 注'履非其位 至'无所守也' ○ 正義曰 : '晉如鼫鼠 无所守也'者, 蔡邕勸學篇云

"鼫鼠五能, 不成一伎(王)〔術〕[1]", 注曰"能飛不能過屋, 能緣不能窮木, 能游不能度谷, 能穴不能掩身, 能走不能先人." 本草經云"螻蛄, 一名鼫鼠, 謂此也", 鄭引詩云"碩鼠碩鼠, 无食我黍", 謂大鼠也,[2] 陸機以爲"雀鼠." 案王以爲"无所守", 蓋五伎者當之.

1) (王)〔術〕: 저본에는 '王'으로 되어 있으나, 錢本·宋本에 의거하여 '術'로 바로잡았다. 阮刻本〈校勘記〉에 "살펴보건대, 盧文弨가 '≪顏氏家訓≫에「不成伎術」로 되어 있으니, 「王」자가 誤字임을 알 수 있다.'라고 했다." 하였다.

2) 鄭引詩云……謂大鼠也 : 큰 쥐〔大鼠〕는 쥐 중에 큰 것이 아니고 종자가 다른 쥐를 말하는바, 일설에는 다람쥐라고도 한다.

○ 注의〔履非其位〕에서〔无所守也〕까지

○ 正義曰 :〔晉如鼫鼠 无所守也〕蔡邕의〈勸學篇〉에 "鼫鼠는 다섯 가지 재능이 있으나 한 가지 기술도 제대로 이루지 못한다."라고 하였는데, 注에 "능히 날아가나 지붕을 넘지 못하고, 능히 나무에 올라가나 나무 끝까지 올라가지 못하고, 능히 헤엄치나 골짜기 물을 건너가지 못하고, 능히 구멍을 파나 제 몸을 가리지 못하고, 능히 도망하나 사람보다 앞서지 못한다."라고 하였다. ≪本草經≫에는 "螻蛄는 일명 鼫鼠이니, 이것을 이른다."라고 하였고, 鄭玄은 ≪詩經≫에 "큰 쥐〔碩鼠〕야 큰 쥐야, 내 기장을 먹지 마라."라고 한 것을 인용하여 '大鼠(큰 쥐)'라고 하였고, 陸機는 "雀鼠(大鼠)이다."라고 하였다. 살펴보건대 王輔嗣는 "지키는 바가 없다."라고 하였으니, 다섯 가지 기예를 가진 쥐로 보는 것이 합당하다.

象曰 鼫鼠貞厲는 位不當也일새라

〈象傳〉에 말하였다. "'鼫鼠는 正道가 위태로움'은 자리가 마땅하지 않기 때문이다."

六五는 悔亡이니 失得勿恤하고 往하면 吉하여 无不利하니라

六五는 후회가 없어지니, 잃음과 얻음을 근심하지 않으며 가면 吉하여 이롭지 않음이 없다.

【注】柔得尊位하고 陰爲明主하여 能不用柔하여 不代下任也라 故로 雖不當位나 能消其悔라 失得勿恤은 各有其司하니 術斯以往이면 无不利也라

柔가 尊位를 얻고 陰이 밝음의 주체가 되어서 능히 柔를 쓰지 않고 아랫사람의 임무를

대신하지 않는다. 그러므로 비록 자리에 합당하지 않으나 후회를 사라지게 할 수 있는 것이다.

잃음과 얻음을 근심하지 않음은 각기 맡은 사람이 있으니, 이것을 따라가면 이롭지 않음이 없는 것이다.

【疏】'象曰齓鼠' 至'无不利' ○ 正義曰 : '悔亡 失得勿恤 往 吉 无不利'者, 居不當位, 悔也. 柔得尊位, 陰爲明主, 能不自用其明, 以事委任於下, 故得悔亡.[1] 旣以事任下, 委物責成, 失之與得, 不須憂恤, 故曰"失得勿恤"也. 能用此道, 所往皆吉而无不利, 故曰"往吉, 无不利"也.[2]

1) 柔得尊位……故得悔亡 : '悔亡'을 王弼과 孔穎達은 '六五가 正位가 아니므로 후회가 있지만 아랫사람에게 일을 맡기므로 후회가 없어짐'의 뜻으로 보았다.

程伊川과 朱子 역시 '悔'의 원인을 六五의 不正에 두었지만, '悔亡'의 이유를 '六五가 大明으로 위에 있고 아래가 모두 순종하기 때문'이라고 하였다.

2) 旣以事任下……无不利也 : '失得勿恤'을 王弼과 孔穎達은 '六五가 아랫사람에게 일을 맡겼으므로 일의 득실을 굳이 걱정할 필요가 없음'의 의미로 보았다.

程伊川은 "아래가 이미 德을 같이하고 순종하여 따르면 마땅히 정성을 미루어 위임해서 衆人의 재주를 다하고 천하의 뜻을 통할 것이요, 다시 그 밝음을 自任하여 잃고 얻음을 근심하지 말 것이니, 이와 같이 하여 가면 吉하여 이롭지 않음이 없을 것이다. 六五는 大明의 군주이니, 밝게 비추지 못함을 근심하지 않고, 밝음을 씀이 지나쳐 살피고 살핌에 이르러 委任하는 道를 잃을까 염려된다. 그러므로 잃고 얻음을 근심하지 말라고 경계한 것이다.〔下旣同德順附 當推誠委任 盡衆人之才 通天下之志 勿復自任其明 恤其失得 如此而往 則吉而无不利也 六五 大明之主 不患其不能明照 患其用明之過 至於察察 失委任之道 故戒以失得勿恤也〕"라고 하였는바, 王弼·孔穎達과 비슷한 맥락이나 이를 경계의 말로 본 것이 다르다.

朱子는 "일체 功을 계산하고 이익을 도모하는 마음을 버리면 감에 吉하여 이롭지 않음이 없을 것이다.〔一切去其計功謀利之心 則往吉而无不利也〕"라고 하였다.

經의 〔象曰齓鼠〕에서 〔无不利〕까지

○ 正義曰 : 〔悔亡 失得勿恤 往 吉 无不利〕居함이 제자리에 합당하지 않음은 후회함이다. 柔가 尊位를 얻고 陰이 밝음의 주체가 되어서 능히 스스로 자기 밝음을 쓰지 않고 일을 아랫사람에게 위임한다. 그러므로 후회가 없어짐을 얻는 것이다. 이미 일을 아랫사람에게 맡겨서 남에게 위임하여 성공을 책임 지우면 잃음과 얻음을 굳이 근심할 것이 없

다. 그러므로 "잃음과 얻음을 근심하지 않는다."라고 한 것이다. 능히 이 방도를 사용하면 가는 곳마다 모두 吉하여 이롭지 않음이 없다. 그러므로 "가면 길하여 이롭지 않음이 없다."라고 한 것이다.

象曰 失得勿恤往은 有慶也라

〈象傳〉에 말하였다. "'잃음과 얻음을 근심하지 않고 감'은 경사가 있는 것이다."

【疏】正義曰 : '有慶'者, 委任得人,[1] 非惟自得无憂, 亦將人所慶說(열), 故曰"有慶"也.

1) 有慶者 委任得人 : 阮刻本 〈校勘記〉에 "盧文弨가 이르기를, '疏는 「失得勿恤往」을 句로 만들어 읽었기 때문에 이(有慶者) 위에 「往」자가 없는 것이다.'라고 하였다."라 한 것에 의거하여 經文을 '失得勿恤往 有慶也'로 끊어 번역하였다.

程伊川은 "大明의 德으로 아래의 따름을 얻어 정성을 미루어 委任하면 천하의 大功을 이룰 수 있으니, 이는 감에 福慶이 있는 것이다.〔以大明之德 得下之附 推誠委任 則可以成天下之大功 是往而有福慶也〕"라고 하여, 經文을 '失得勿恤 往有慶也'로 끊었다.

正義曰 : 〔有慶〕委任함에 올바른 사람을 얻으면 비단 자신만 근심이 없음을 얻을 뿐이 아니요, 또한 장차 남들이 慶賀하고 기뻐하는 바이다. 그러므로 "경사가 있다."라고 한 것이다.

上九는 晉其角이라 維用伐邑이니 厲吉하고 无咎하니 貞吝이리라

上九는 귀퉁이에서 나아감이다. 오직 자기 고을을 정벌할 수 있으니, 위태로워야 吉하고 허물이 없으니, 正道가 鄙賤하게 여기리라.

【注】處進之極하고 過明之中하여 明將夷焉이요 已在乎角이어늘 在猶進之하니 非亢如何오 失夫道化无爲之事하면 必須攻伐然後에 服邑이니 危乃得吉이요 吉乃无咎리니 用斯爲正은 亦以賤矣라

나아감의 極에 처하고 밝음의 中을 넘어서 밝음이 장차 사라지게 되었고, 이미 귀퉁이에 있는데 오히려 나아가니, 亢이 아니면 무엇이겠는가. 道로 교화하고 无爲하는 일을 잃으면 반드시 모름지기 공격하고 정벌한 뒤에야 고을을 복종시킬 수 있으니, 위태로워야 비로소 吉함을 얻고 吉하여야 비로소 허물이 없으리니, 이것을 사용하여 正道로 삼음

은 또한 鄙賤한 것이다.

【疏】'上九晉其角'至'貞吝' ○ 正義曰 : '晉其角'者, 角, 西南隅也.[1] 上九處晉之極, 過明之中, 其猶日過於中, 已在於角而猶進之, 故曰"進其角"也. '維用伐邑'者, 在角猶進, 過亢不已, 不能端拱无爲, 使物自服, 必須攻伐其邑, 然後服之, 故云"維用伐邑"也. '厲吉 无咎 貞吝'者, 兵者, 凶器, 伐而服之, 是危乃得吉, 吉乃无咎, 故曰"厲吉, 无咎." 以此爲正, 亦以賤矣, 故曰"貞吝"也.[2]

1) 角 西南隅也 : '角'은 뿔이란 뜻 외에 귀퉁이의 뜻이 있어 '四角'은 네 귀를 이르는바, 孔穎達은 經文의 角을 서남쪽 귀퉁이로 보았다.

반면 程伊川과 朱子는 뿔로 보았다. 程伊川은 "뿔은 剛하고 위에 있는 물건이다. 上九가 剛으로서 卦의 極에 처하였으므로 뿔을 취하여 象을 삼은 것이다.〔角 剛而居上之物 上九以剛居卦之極 故取角爲象〕"라고 하였으며, 朱子는 "뿔은 剛하고 위에 있으니, 上九가 剛하고 나아감이 지극하여 이러한 象이 있는 것이다.〔角 剛而居上 上九剛進之極 有其象矣〕"라고 하였다.

2) 維用伐邑者……故曰貞吝也 : '維用伐邑 厲吉 无咎'를 程伊川은 '上九가 剛함과 나아감이 지극하여 사나운 잘못이 있지만, 이러한 剛함을 자신을 다스리는 데에 쓰면 비록 사나우나 길하고 허물이 없음'의 뜻으로 보았는바, '邑을 정벌함'을 '안으로 스스로를 다스림'을 비유한 것으로 본 것이다. '貞吝'도 이러한 맥락에서 '사나움은 中和의 德이 아니므로 貞正의 道에는 부끄러울 만한 것임'의 뜻으로 보았다.

經의 〔上九晉其角〕에서 〔貞吝〕까지

○ 正義曰 : 〔晉其角〕 '角'은 西南쪽 모퉁이이다. 上九가 晉의 極에 처하고 밝음의 中을 넘어서 해가 중천을 지나간 것과 같으니, 이미 귀퉁이에 있는데 오히려 나아간다. 그러므로 "귀퉁이에서 나아간다."라고 한 것이다.

〔維用伐邑〕 귀퉁이에 있으면서도 오히려 나아가서 지나치게 높은데도 그치지 않으니, 단정히 拱手하고서 无爲하여 사람들로 하여금 스스로 복종하게 하지 못하고, 반드시 자기 고을을 정벌한 뒤에야 복종시킬 수 있다. 그러므로 "오직 자기 고을을 정벌할 수 있다."라고 한 것이다.

〔厲吉 无咎 貞吝〕 兵은 凶器이니, 정벌하여 남을 복종시킴은 이는 위태로워야 비로소 吉함을 얻을 수 있고, 吉하여야 허물이 없을 수 있는 것이다. 그러므로 "위태로워야 길하고 허물이 없다."라고 한 것이다. 이것을 正道로 삼으면 또한 鄙賤하다. 그러므로 "正道

가 鄙賤하게 여기리라."라고 한 것이다.

象曰 維用伐邑은 道未光也라

〈象傳〉에 말하였다. "'오직 자기 고을을 정벌함'은 道가 光大하지 못한 것이다."

【疏】正義曰 : '道未光也'者, 用伐乃服, 雖得之, 其道未光大也.

正義曰 : 〔道未光也〕정벌을 사용하여야 비로소 복종하니, 비록 얻으나 道가 光大하지 못한 것이다.

36. 明夷䷣ 離下坤上

明夷는 利艱貞하니라

明夷는 어렵게 여기고 바름을 지킴이 이롭다.

【疏】正義曰 : 明夷, 卦名, 夷者, 傷也. 此卦日入地中, 明夷之象. 施之於人事, 闇主在上, 明臣在下, 不敢顯其明智, 亦明夷之義也. 時雖至闇, 不可隨世傾邪, 故宜艱難堅固, 守其貞正之德. 故明夷之世, 利在艱貞.[1]

> 1) 時雖至闇……利在艱貞 : '利艱貞'을 王弼과 孔穎達은 '어렵게 여기고 바름을 지킴이 이로움'으로 보았는데, 朱子의 해석도 이와 같다.
> 　　반면 程伊川은 "君子가 明夷의 때를 당하여 이로움이 '어려움을 알아 貞正함을 잃지 않음'에 있다. 昏暗하고 어려운 때에 바름을 잃지 않음은 밝음이 되는 것이니, 군자이다.〔君子當明夷之時 利在知艱難而不失其貞正也 在昏暗艱難之時 而能不失其正 所以爲明 君子也〕"라고 하여, '利艱貞'을 '어려울 때에 바름이 이로움'으로 해석하였다.

正義曰 : 明夷는 卦의 이름이니, '夷'는 상함이다. 이 卦는 해가 땅속으로 들어가니, '明夷'의 象이다. 이것을 人事에 베풀면 어두운 군주가 위에 있고 현명한 신하가 아래에 있어서 감히 그 밝음과 지혜로움을 드러내지 못하는 것이니, 또한 '明夷'의 뜻이다.

때가 비록 지극히 어두우나, 세상을 따라 기울고 간사해서는 안 된다. 그러므로 마땅히 어렵게 여기고 견고히 하여 그 貞正한 德을 지켜야 한다. 그러므로 明夷의 세상에는 이로움이 어렵게 여기고 바름을 지킴에 있는 것이다.

象曰 明入地中이 明夷니 內文明而外柔順하여 以蒙大難하니 文王以之라 利艱貞은 晦其明也요 內難而能正其志하니 箕子以之하니라

〈象傳〉에 말하였다. "밝음이 땅속으로 들어감이 明夷卦이다. 안은 文明하고 밖은 柔順하여 큰 難을 입었으니, 文王이 이것을 사용하였다. '어렵게 여기고 바름을 지킴이 이로움'은 그 밝음을 감춘 것이요, 국내가 혼란함에도 능히 그 뜻을 바르게 하였으니, 箕子가 이것을 사용하였다."

【疏】'象曰明入地中'至'箕子以之' ○ 正義曰 : '明入地中 明夷'者, 此就二象, 以釋卦名, 故此及晉卦皆象·象同辭也.[1] '內文明而外柔順 以蒙大難 文王以之'者, 旣釋明夷之義, 又須出能用明夷之人, 內懷文明之德, 撫教六州, 外執柔順之能, 三分事紂,[2] 以此蒙犯大難, 身得保全, 惟文王能用之, 故云"文王以之." '利艱貞 晦其明也'者, 此又就二體, 釋卦之德, 明在地中, 是晦其明也. 旣處明夷之世, 外晦其明, 恐陷於邪道, 故利在艱固其貞, 不失其正, 言所以利艱貞者, 用晦其明也. '內難而能正其志 箕子以之'者, 旣釋艱貞之義, 又須出能用艱貞之人, 內有險難, 殷祚將傾,[3] 而能自正其志, 不爲邪(干)〔詔〕[4], 惟箕子能用之, 故云"箕子以之."

1) 故此及晉卦皆象象同辭也 : 晉卦의 〈彖傳〉과 〈象傳〉에서 모두 '明出地上'이라 하고, 明夷卦의 〈彖傳〉과 〈象傳〉에서 모두 '明入地上'이라 한 것을 말한다.

2) 內懷文明之德……三分事紂 : 六州는 中國의 九州 전체에서 荊州·梁州·雍州·豫州·徐州·揚州의 6개 州를 말한다. 《論語》〈泰伯〉에 孔子가 文王의 德을 칭찬하기를, "천하를 셋으로 나눌 적에 그 둘을 소유하고도 복종하여 殷나라를 섬기셨으니, 周 文王의 德은 지극한 德이라고 이를 만하다.〔三分天下 有其二 以服事殷 周之德 其可謂至德也已矣〕"라고 하였는데, 朱子는 《集註》에서 《春秋左氏傳》 襄公 4년조의 "文王이 商나라를 배반한 나라를 거느리고 紂王을 섬겼다. 천하에 文王에게 귀의한 것이 6개 州이니, 荊州·梁州·雍州·豫州·徐州·揚州이고, 오직 靑州·兗州·冀州가 아직도 紂王에게 속해 있었다."라고 한 말을 인용하였다.

3) 內有險難 殷祚將傾 : '內難'을 孔穎達은 '殷나라 국내에 험난함이 있음'으로 해석하였다. 程伊川과 朱子는 '몸이 국내에 있어 어려움'의 의미로 해석하였다. 程伊川은 "箕子가 紂王의 때를 당하여 몸이 국내에 처하여 患難에 매우 가까웠으므로 內難이라 이른 것이다.〔箕子當紂之時 身處其國內 切近其難 故云內難〕"라고 하였으며, 朱子는 "內難은 紂王의 가까운 친척이 되어 국내에 있음을 이르니, 六五가 上六에 가까운 것과 같은 것이다.〔內難 謂爲紂近親 在其國內 如六五之近於上六也〕"라고 하였다.

4) (干)〔詔〕 : 저본에는 '干'으로 되어 있으니, 毛本에 의거하여 '詔'으로 바로잡았다.〔阮刻本 참조〕

經의 〔象曰明入地中〕에서 〔箕子以之〕까지

○ 正義曰 : 〔明入地中 明夷〕 이는 두 象을 가지고서 卦의 이름을 해석한 것이다. 그러

므로 이 卦와 晉卦가 모두 〈彖傳〉과 〈象傳〉의 글이 같은 것이다.

〔內文明而外柔順 以蒙大難 文王以之〕이미 明夷의 뜻을 해석하고, 또 모름지기 明夷를 사용한 사람을 표출한 것이니, 안으로 文明한 德을 간직하여 六州를 어루만져 가르치고, 밖으로 柔順한 能함을 지켜서 天下를 셋으로 나누어 소유하고도 紂王을 섬겼다. 이로써 大難을 무릅쓰고 범하였으나 몸소 保全함을 얻은 것은 오직 文王이 사용하였다. 그러므로 "文王이 이것을 사용하였다."라고 한 것이다.

〔利艱貞 晦其明也〕이는 또 두 體를 가지고 卦의 德을 해석한 것이니, 밝음이 땅속에 있음은 이는 그 밝음을 감춘 것이다. 이미 明夷의 세상에 처하여 밖으로 밝음을 감추면 간사한 道에 빠질까 두려우므로 이로움이 貞을 어렵게 여기고 견고히 지켜서 바름을 잃지 않음에 있는 것이니, '利艱貞'을 하는 것은 밝음을 감춤을 쓰는 것임을 말한 것이다.

〔內難而能正其志 箕子以之〕이미 '艱貞'의 뜻을 해석하고, 또 모름지기 '艱貞'을 사용한 사람을 표출한 것이니, 안에 험난함이 있어서 殷나라의 國運이 장차 기울게 되었는데, 능히 스스로 그 뜻을 바르게 하여 간사함과 아첨함을 행하지 않은 것은 오직 箕子가 사용하였다. 그러므로 "箕子가 이것을 사용하였다."라고 한 것이다.

象曰 明入地中이 明夷니 君子以莅衆하나니

〈象傳〉에 말하였다.

"밝음이 땅속으로 들어감이 明夷卦이니, 君子가 이것을 사용하여 무리(백성)에 임하니,

【注】莅衆顯明이면 蔽僞百姓者也라 故로 以蒙養正하고 以明夷莅衆이니라

무리에 임하면서 밝음을 드러내면 백성을 가리고 속이는 것이다. 그러므로 蒙昧함으로 바름을 기르고 明夷로 무리에 임하는 것이다.

【疏】'象曰'至'君子以莅衆' ○正義曰 : 莅衆顯明, 蔽僞百姓者也, 所以君子能用此明夷之道, 以臨於衆. 冕旒垂目, 黈纊塞耳,[1] 无爲淸靜, 民化不欺. 若運其聰明, 顯其智慧, 民卽逃其密網, 姦詐愈生, 豈非藏明用晦, 反得其明也. 故曰"君子以莅衆, 用晦而明"也.

1) 冕旒垂目 黈纊塞耳 : 冕旒는 면류관에 드리운 술로 貫子를 달았으며, 黈纊은 면류관의

귓가로 내려온 끈의 귀막이 솜인데, 옛날 제왕들이 자세히 보고 들어서 너무 밝게 살피고 따지지 말라는 뜻으로, 면류관의 끈으로 눈을 약간 가리고 귀막이 솜으로 귀를 약간 막음을 말한 것이다. 唐나라 초기 文臣이었던 張蘊古가 太宗에게 지어 올린 〈大寶箴〉에 "渾渾하여 너무 흐리지도 말고 皎皎하여 너무 밝지도 말며, 汶汶하여 너무 어둡지도 말고 察察하여 너무 밝지도 말아서 비록 면류관의 드리운 술이 눈을 가리나 형체가 나타나기 전에 살피고 귀막이 솜이 귀를 가리나 소리가 없을 때에 들어야 한다.〔勿渾渾而濁 勿皎皎而淸 勿汶汶而闇 勿察察而明 雖冕旒蔽目 而視於未形 雖黈纊塞耳 而聽於無聲〕"라고 보인다.

經의 〔象曰〕에서 〔君子以莅衆〕까지

○ 正義曰 : 무리에 임하면서 밝음을 드러내면 백성을 가리고 속이는 것이니, 이 때문에 君子가 이 明夷의 道를 사용하여 무리에 임한다. 그리하여 면류관의 술〔旒〕로 눈을 가리고, 귀마개 솜으로 귀를 막아서 无爲하여 淸靜함에 백성들이 교화되어 속이지 않는 것이다. 만약 聰明을 운용하고 智慧를 드러내면 백성들이 곧 치밀한 法網을 도피하여 간사함과 속임이 더욱 생길 것이니, 어찌 밝음을 감추고 어둠을 쓰는 것이 도리어 밝음을 얻는 것이 아니겠는가. 그러므로 "君子가 이것을 사용하여 무리에 임하니, 어둠을 사용하여 밝히는 것이다."라고 말한 것이다.

用晦而明이니라

어둠을 사용하여 밝히는 것이다."

【注】藏明於內라야 乃得明也요 顯明於外는 巧所辟(피)也라

밝음을 안에 감추어야 비로소 밝음을 얻고, 밝음을 밖으로 드러냄은 공교히 피하는 것이다.

初九는 明夷于飛에 垂其翼이니 君子于行에 三日不食이요 有攸往에 主人有言이리라

初九는 明夷(밝음을 상실함)의 때에 날아갈 적에 그 날개를 드리움이니, 君子가 떠나갈 적에 3일 동안 먹지 못하고, 가는 바를 둠에 주인이 꾸짖는 말이 있으리라.

【注】明夷之主는 在於上六하니 上六은 爲至闇者也라 初處卦之始하여 最遠於難也라 遠難過甚하여 明夷遠遯하여 絶跡匿形하여 不由軌路라 故로 曰 明夷于飛요 懷懼而行하여 行不敢顯이라 故로 曰 垂其翼也라하니라 尙義而行이라 故로 曰 君子于行也요 志急於行하여 飢不遑食이라 故로 曰 三日不食也라하니라 殊類過甚하니 以斯適人이면 人心疑之라 故로 曰 有攸往에 主人有言이라하니라

明夷의 주체는 上六에 있으니, 上六은 지극히 어두운 자가 된다. 初九는 卦의 시초에 처하여 難과 가장 멀다. 難과 멀리하기를 지나치게 심하게 하여 明夷의 때에 멀리 은둔해서 자취를 끊고 형체를 감추어 떳떳한 軌道를 따르지 않는다. 그러므로 "明夷의 때에 날아간다."라고 한 것이요, 두려운 마음을 품고 떠나가서 떠나감을 감히 드러내지 못한다. 그러므로 "그 날개를 드리운다."라고 한 것이다.

義를 숭상하여 가기 때문에 "君子가 떠나간다."라고 하였고, 뜻이 떠나감을 급하게 여겨서 굶주려도 먹을 겨를이 없으므로 "3일 동안 먹지 못한다."라고 한 것이다. 다른 사람과 다름이 너무 심하니, 이러한 방식으로 남에게 가면 사람들 마음에 의심하므로 "가는 바를 둠에 주인이 꾸짖는 말이 있다."라고 한 것이다.

【疏】'初九明夷于飛'至'主人有言' ○正義曰 : '明夷于飛'者, 明夷, 是至闇之卦, 上六旣居上極, 爲明夷之主. 云飛者, 借飛鳥爲喩, 如鳥飛翔也. 初九處於卦始, 去上六最遠, 是最遠於難. 遠難過甚, 明夷遠遯, 絶跡匿形, 不由軌路, 高飛而去, 故曰"明夷于飛"也. '垂其翼'者, 飛不敢顯, 故曰"垂其翼"也.[1] '君子于行 三日不食'者, 尙義而行, 故云"君子于行." 志急於行, 饑不遑食, 故曰"三日不食." '有攸往 主人有言'者, 殊類過甚, 以此適人, 人必疑怪而有言, 故曰"有攸往, 主人有言."

1) 垂其翼者……故曰垂其翼也 : '垂其翼'을 王弼과 孔穎達은 '初九가 難을 피해 날아가지만 그 날아감을 감히 드러내지 못하므로 날개를 드리우는 것'으로 해석하였다.

程伊川과 朱子는 '垂其翼'을 '날개가 상하여 늘어뜨림'으로 보았다. 程伊川은 이를 "〈上六이〉 昏暗하면서 위에 있어 陽의 밝음을 상하게 해서 위로 나아가지 못하게 하니, 이는 낢에 그 날개를 상한 것이다. 날개가 상함을 당했기 때문에 늘어뜨리는 것이니, 무릇 小人이 君子를 해침은 감을 해치는 것이다.〔昏暗在上 傷陽之明 使不得上進 是于飛而傷其翼也 翼見傷 故垂朶 凡小人之害君子 害其所以行者〕"라고 설명하였다.

經의 〔初九明夷于飛〕에서 〔主人有言〕까지

○ 正義曰 : 〔明夷于飛〕 '明夷'는 지극히 어두운 卦이니, 上六이 이미 上의 極에 거하여 明夷의 주체가 되었다. '飛'라 말한 것은 나는 새를 빌려 비유하였으니, 마치 새가 飛翔함과 같은 것이다. 初九가 卦의 시초에 처하여 上六과 거리가 가장 머니, 이는 難을 가장 멀리한 것이다. 難을 멀리하기를 지나치게 심하게 해서 明夷의 때에 멀리 은둔하여 자취를 끊고 형체를 감추어서 떳떳한 軌道를 따르지 않고 높이 날아간다. 그러므로 "明夷의 때에 날아간다."라고 한 것이다.

〔垂其翼〕 날아감을 감히 드러내지 못한다. 그러므로 "그 날개를 드리운다."라고 한 것이다.

〔君子于行 三日不食〕 義를 숭상하여 가기 때문에 "君子가 떠나간다."라고 하였고, 뜻이 떠나감을 급하게 여겨서 굶주려도 먹을 겨를이 없으므로 "3일 동안 먹지 못한다."라고 한 것이다.

〔有攸往 主人有言〕 다른 사람과 다름이 너무 심하니, 이런 방식으로 남에게 가면 사람들이 반드시 의심하고 괴이하게 여겨서 꾸짖는 말이 있을 것이다. 그러므로 "가는 바를 둠에 주인이 꾸짖는 말이 있다."라고 한 것이다.

象曰 君子于行은 義不食也라

〈象傳〉에 말하였다. "'君子가 떠나감'은 의리상 먹지 않는 것이다."

【疏】正義曰 : '義不食也'者, 君子逃難惟速, 故義不求食也.

正義曰 : 〔義不食也〕 君子가 難을 피하기를 오직 속히 하므로 의리상 먹을 것을 구하지 않는 것이다.

六二는 明夷에 夷于左股니 用拯馬壯이면 吉하리라

六二는 明夷의 때에 왼쪽 다리를 상하였으니, 구원하는 말을 쓰되 건장하면 吉하리라.

【注】夷于左股는 是行不能壯也라 以柔居中하여 用夷其明하여 進不殊類하고 退不近難하여 不見疑憚하니 順以則也라 故로 可用拯馬而壯吉也니 不垂其翼然後에 乃免也라

왼쪽 다리를 상함은 가기를 건장하게 하지 못하는 것이다. 柔로서 中에 거하여 밝음을

상실해서 나아감에 다른 사람과 달리하지 않고 물러감에 難을 가까이하지 않아서 의심과 꺼림을 받지 않으니, 순히 따라 법칙에 맞게 한다. 그러므로 구원하는 말을 사용하되 건장하게 하여 吉할 수 있는 것이니, 날개를 드리우지 않은 뒤에야 비로소 화를 면할 것이다.

【疏】正義曰:‘明夷 夷于左股’者, 左股被傷, 行不能壯. 六二以柔居中, 用夷其明, 不行剛壯之事者也, 故曰“明夷, 夷于左股.” 莊氏云“言左者, 取其傷小, 則比夷右, 未爲切也.”[1] 夷于左股, 明避難不壯, 不爲闇主所疑, 猶得處位, 不至懷懼而行, 然後徐徐用馬, 以自拯濟而獲其壯吉也, 故曰“用拯馬壯, 吉”也.

> 1) 莊氏云言左者……未爲切也 : 程伊川과 朱子 모두 莊氏의 說과 같이 ‘夷于左股’를 ‘상함이 심하지 않음’의 뜻으로 보았다.

正義曰:〔明夷 夷于左股〕왼쪽 다리가 부상을 당하여 가기를 건장하게 하지 못하는 것이다. 六二는 柔로서 中에 거하여 밝음을 상실해서 剛壯의 일을 행하지 않는 자이다. 그러므로 “明夷의 때에 왼쪽 다리를 상하였다.”라고 한 것이다. 莊氏는 “왼쪽을 말한 것은 그 부상이 적음을 취한 것이니, 오른쪽을 상함에 비하면 간절함이 되지 않는다.”라고 하였다.

‘왼쪽 다리를 상함’은 ‘難을 피하기를 건장하지 않게 해서 어두운 군주에게 의심을 받지 않고 오히려 正位에 처해서 두려운 마음을 품고 떠나감에 이르지 않음’을 밝힌 것이니, 이렇게 한 뒤에 서서히 말을 사용하여 스스로 구제해서 그 건장함을 얻어 吉하다. 그러므로 “구원하는 말을 쓰되 건장하면 길하리라.”라고 한 것이다.

象曰 六二之吉은 順以則也일새라

〈象傳〉에 말하였다. “六二의 吉함은 순히 따라 법칙에 맞게 하기 때문이다.”

【注】順之以則이라 故로 不見疑라

순히 따라 법칙에 맞게 하기 때문에 의심을 받지 않는 것이다.

【疏】正義曰:‘順以則也’者, 言順闇主之則,[1] 不同初九殊類過甚, 故不爲闇主所疑, 故得拯馬之吉也.

1) 順闇主之則 : 王弼은 '順之以則'이라 하였고, 孔穎達은 '順闇主之則'이라 하여, 經文의
   '順以則也'를 어두운 군주의 법칙을 순히 따르는 것으로 보았다.
   　그러나 程伊川은 "則은 中正의 道를 이르니, 순하고 中正을 얻음은 明夷의 때에 길함
   을 보존할 수 있는 것이다.〔則 謂中正之道 能順而得中正 所以處明傷之時而能保其吉也〕"라
   고 하였으며, 吳澄은 "六二가 陰柔로서 中에 거하였으니 순하고 법칙이 있음이 된다.
   그러므로 능히 强壯한 말을 얻어 자신의 상함을 구원해서 길함이 있는 것이다." 하였다.

正義曰 :〔順以則也〕어두운 군주의 법칙을 순히 따라서, 初九의 '다른 사람과 다름이
너무 심한 것'과는 같지 않음을 말하였다. 그러므로 어두운 군주에게 의심을 받지 않는
것이니, 이 때문에 구원하는 말의 吉함을 얻는 것이다.

九三은 明夷于南狩하면 得其大首하리니 不可疾貞이니라

九三은 밝음을 상실하고 남쪽으로 사냥하면 큰 괴수를 얻으리니(잡으리니), 빨리
(속히) 바로잡아서는 안 된다.

【注】處下體之上하고 居文明之極이로되 上爲至晦하여 入地之物也라 故로 夷其明하여 以獲
南狩하여 得大首也니 南狩者는 發其明也라 旣誅其主하면 將正其民이로되 民之迷也 其日固
已久矣니 化宜以漸이요 不可速正이라 故曰 不可疾貞이라하니라

下體의 위에 처하고 文明의 極에 거하였으나 上六이 지극히 어두워서 땅에 들어가는
물건이다. 그러므로 밝음을 상실하고 남쪽으로 사냥을 가서 큰 괴수를 잡는 것이니, 남쪽
으로 사냥 감은 그 밝음을 發하는 것이다.

이미 그 군주를 誅罰하였으면 장차 그 백성을 바로잡아야 하나, 백성들의 혼미함이 그
날짜가 진실로 이미 오래되었으니, 교화를 마땅히 점진으로 하여야 하고 속히 바로잡아
서는 안 된다. 그러므로 "빨리 바로잡아서는 안 된다."라고 한 것이다.

【疏】'九三明夷于南狩' 至'不可疾貞' ○ 正義曰 : '南方', 文明之所. '狩者', 征伐之類.
'(夫)〔大〕1)首', 謂闇君. '明夷于南狩 得其大首'者, 初藏明而往, 託狩而行, 至南方而發
其明也. 九三應於上六, 是明夷之臣, 發明以征闇君, 而得其大首, 故曰"明夷于南狩,
得其大首"也. '不可疾貞'者, 旣誅其主, 將正其民, 民迷日久, 不可卒正, 宜化之以漸,
故曰"不可疾貞."

1) (夫)〔大〕: 저본에는 '夫'로 되어 있으나, 經文에 의거하여 '大'로 바로잡았다.

經의 〔九三明夷于南狩〕에서 〔不可疾貞〕까지

○ 正義曰:〔南方〕 文明한 곳이다.

〔狩〕 征伐하는 따위이다.

〔大首〕 어두운 군주를 말한다.

〔明夷于南狩 得其大首〕 처음에는 밝음을 감추고 가고, 사냥을 가탁하고 따라가서 南方에 이르러 그 밝음을 發한 것이다. 九三이 上六과 應하니, 이는 밝음을 상실한 신하가 밝음을 發하여 어두운 군주를 정벌해서 큰 괴수를 얻는 것이다. 그러므로 "밝음을 상실하고 남쪽으로 사냥하면 큰 괴수를 얻으리라."라고 한 것이다.

〔不可疾貞〕 이미 그 군주를 誅罰하였으면 장차 그 백성을 바로잡아야 하나, 백성들의 혼미함이 날짜가 오래되어서 갑자기 바로잡을 수가 없으므로 마땅히 점진적으로 교화하여야 한다. 그러므로 "빨리 바로잡아서는 안 된다."라고 한 것이다.

象曰 南狩之志를 乃(得大)〔大得〕¹⁾也라

1) (得大)〔大得〕: 저본에는 '得大'로 되어 있으나, 石經‧岳本‧閩本‧監本‧毛本에 의거하여 '大得'으로 바로잡았다.〔阮刻本 참조〕

〈象傳〉에 말하였다. "남쪽으로 사냥하는 뜻을 마침내 크게 얻는 것이다."

【注】去闇主也라

어두운 군주를 제거하는 것이다.

【疏】正義曰:志欲除闇, 乃得大首, 是其志大得也.

正義曰: 마음에 어두운 군주를 제거하고자 하였는데, 마침내 큰 괴수를 얻었으니, 이는 그 뜻을 크게 얻은 것이다.

六四는 入于左腹하여 獲明夷之心하고 于出門庭이로다

六四는 왼쪽 배로 들어가서 明夷의 마음을 얻고 門庭으로 나오도다.

【注】左者는 取其順也니 入于左腹하여 得其心意라 故로 雖近不危요 隨時辟(피)難은 門庭

而已니 能不逆忤也라

왼쪽은 順함을 취한 것이니, 왼쪽 배로 들어가서 마음과 뜻을 얻었다. 그러므로 비록 가까우나 위태롭지 않은 것이다. 때에 따라 難을 피함은 "門庭"뿐이니, 능히 거스르지 않는 것이다.

【疏】正義曰:‘入于左腹 獲明夷之心’者, 凡右爲用事也, 從其左, 不從其右, 是卑順不逆也. 腹者, 事情之地, 六四體柔處坤, 與上六相近, 是能執卑順, 入于左腹, 獲明夷之心意也. ‘于出門庭’者, 旣得其意, 雖近不危, 隨時避難, 門庭而已, 故曰“于出門庭.”[1]

---

1) 入于左腹……故曰于出門庭 : 王弼과 孔穎達은 爻辭를 ‘六四가 자신을 낮추고 上六의 마음과 뜻을 얻어서 難을 피해 門庭으로 나옴’의 의미로 해석하였다. 이는 六四가 陰爻로서 陰位에 있어 正을 얻었다 하여 小人으로 보지 않고 좋게 본 것으로, 〈象傳〉의 疏에 ‘能順其正’이라 한 것에서 볼 수 있다.

한편 程伊川은 六四를 小人으로, 왼쪽을 隱僻한 곳으로 보아, “六四는 陰으로서 陰位에 거하고, 陰柔의 體(坤)에 있어 군주와 가까운 자리에 처하였으니, 이는 陰邪한 小人이 높은 지위에 있어 柔順함과 간사함으로 군주에게 순종하는 것이다. 六五는 明夷의 君位이니, 밝음을 상하게 하는 주체인데, 六四가 柔順함과 간사함으로 순종하여 그 사귐을 견고히 한다. 小人이 군주를 섬길 적에 드러나고 밝음을 따라 道로써 합하는 자는 있지 않고, 반드시 은미하고 사벽한 길로 스스로 윗사람에게 결탁하니, 오른쪽은 쓰기에 합당하기 때문에 明顯한 곳이 되고 왼쪽은 쓰기에 합당하지 않기 때문에 隱僻한 곳이 된다. 사람의 手足은 모두 오른쪽을 쓰니, 세속에서 궁벽한 곳을 僻左라 하는바, 왼쪽은 隱僻한 곳이다. 六四가 隱僻한 길을 따라 그 군주에게 깊이 들어가기 때문에 왼쪽 배로 들어갔다고 말한 것이니, 배로 들어갔다는 것은 그 사귐이 깊음을 이른다. 그 사귐이 깊기 때문에 그 마음을 얻는 것이다. 무릇 간사한 자가 군주에게 신임을 받는 것은 모두 군주의 마음을 빼앗기 때문이니, 그 마음을 빼앗지 않는다면 군주가 깨닫지 않겠는가. 門庭으로 나온다는 것은 이미 마음에 믿게 한 뒤에 밖에서 행하는 것이다. 간사한 신하가 昏暗한 군주를 섬길 적에 반드시 먼저 그 마음을 고혹시킨 뒤에 밖에서 행한다.〔六四以陰居陰 而在陰柔之體 處近君之位 是陰邪小人居高位 以柔邪順於君者也 六五 明夷之君位 傷明之主也 四以柔邪順從之 以固其交 夫小人之事君 未有由顯明以道合者也 必以隱僻之道 自結於上 右當用 故爲明顯之所 左不當用 故爲隱僻之所 人之手足 皆以右爲用 世謂僻所爲僻左 是左者 隱僻之所也 四由隱僻之道 深入其君 故云入于左腹 入腹 謂其交深也 其交之深 故得其心 凡姦邪之見信於其君 皆由奪其心也 不奪其心 能无悟乎 于門庭 旣信之於心 而後行之於外也 邪臣之事暗君 必先蠱其心 而後能行於外〕”라고 하였는바, 爻辭를 ‘六四가 六五의 군주에게 아첨하여 그 마음을 얻고서 밖에서 행함'의 의미로 해석한 것이다.

朱子는 經文을 '明夷의 마음을 얻기를 門庭에서 하다'로 해석하고, 이를 六四가 멀리 떠나려는 뜻을 얻었다는 의미로 풀이하였으며, 이 卦는 上六 한 爻만이 어두운 군주가 되고 나머지 다섯 爻는 모두 君子로 보았는바, ≪本義≫는 다음과 같다. "이 爻의 뜻은 未詳이다. 의심컨대 左腹은 隱僻한 곳이요, 明夷의 마음을 얻기를 門庭에 나와서 한다는 것은 멀리 떠나는 義에 뜻을 얻는 것인 듯하니, 점을 쳐서 이 爻를 얻은 자는 自處하기를 마땅히 이와 같이 하여야 함을 말한 것이다.〔此爻之義 未詳 竊疑左腹者 幽隱之處 獲明夷之心于出門庭者 得意於遠去之義 言筮而得此者 其自處 當如是也〕"

正義曰 : 〔入于左腹 獲明夷之心〕 모든 오른쪽은 用事함이 되니, 왼쪽을 따르고 오른쪽을 따르지 않음은 자신을 낮추고 순히 하여 거스르지 않는 것이다. '腹'은 事情이 모여 있는 자리이니, 六四가 體가 柔하고 坤에 처하여 上六과 서로 가까우니, 이는 능히 낮음과 순함을 지켜서 왼쪽 배로 들어가 明夷의 마음과 뜻을 얻는 것이다.

〔于出門庭〕 이미 그 뜻을 얻었으니, 비록 가까우나 위태롭지 않아서 때에 따라 難을 피함은 門庭뿐이다. 그러므로 "門庭으로 나온다."라 하였다.

象曰 入于左腹은 獲心意也라

〈象傳〉에 말하였다. "'왼쪽 배로 들어감'은 마음과 뜻을 얻은 것이다."

【疏】正義曰 : '獲心意'者, 心有所存, 旣不逆忤, 能順其正, 故曰 "獲心意也."

正義曰 : 〔獲心意〕 마음이 보존한 바가 있어서 이미 거스르지 아니하여 능히 그 바름을 순히 따른다. 그러므로 "마음과 뜻을 얻었다."라고 한 것이다.

六五는 箕子之明夷니 利貞하니라

六五는 箕子의 明夷이니, 貞함이 이롭다.

【注】最近於晦하여 與難爲比하니 險莫如玆로되 而在斯中하여 猶闇不能沒하고 明不可息하여 正不憂危라 故로 利貞也라

어두운 곳과 가장 가까워서 難과 가까이 있으니, 險함이 이보다 더한 것이 없지만, 이 가운데에 있으면서도 오히려 어둠을 없애지 못하고 밝음을 그칠 수가 없어서 바름을 지키고 위태로움을 근심하지 않는다. 그러므로 貞함이 이로운 것이다.

【疏】正義曰 : '箕子之明夷'者, 六五最比闇君, 似箕子之近殷紂, 故曰"箕子之明夷"也. '利貞'者, 箕子執志不回, 闇不能沒, 明不可息,[1] 正不憂危, 故曰"利貞."

> 1) 闇不能沒 明不可息 : 闇은 어두운 군주로 上六을 가리키는데, 闇不能沒은 六五가 어두운 군주를 없애지 못하는 것인지, 어두운 군주가 六五를 없애지 못하는 것인지 분명하지 않다.

正義曰 :〔箕子之明夷〕六五가 어두운 군주와 가장 가까이 있으니, 箕子가 殷나라 紂王과 가까이 있는 것과 같다. 그러므로 "箕子의 明夷"라고 한 것이다.

〔利貞〕箕子가 뜻을 지키고 돌리지 아니하여 어둠을 없애지 못하고 밝음을 그칠 수가 없어서 바름을 지키고 위태로움을 근심하지 않는다. 그러므로 "貞함이 이롭다."라고 한 것이다.

象曰 箕子之貞은 明不可息也라

〈象傳〉에 말하였다. "箕子의 貞은 밝음을 그칠 수 없는 것이다."

【疏】正義曰 : '明不可息也'〈者〉[1], 息, 滅也, 象稱"明不可滅"者, 明箕子能保其貞, 卒以全身, 爲武王師也.

> 1)〈者〉: 저본에는 '者'가 없으나 글 뜻에 의거하여 보충하였다.

正義曰 :〔明不可息也〕'息'은 滅이니, 〈象傳〉에 '明不可滅'이라 한 것은 箕子가 능히 그 바름을 보전하여 끝내 몸을 온전히 해서 武王의 스승이 됨을 밝힌 것이다.

上六은 不明晦하니 初登于天하고 後入于地로다

上六은 밝지 못하고 어두우니, 처음에는 하늘에 오르고 뒤에는 땅속으로 들어가도다.

【注】處明夷之極하니 是至晦者也라 本其初也하면 在乎光照어늘 轉至於晦하여 遂入于地라

明夷의 極에 처하였으니, 이는 지극히 어두운 자이다. 그 처음을 근본해(추구해)보면 빛나게 비추는 자리에 있었는데, 점점 어둠에 이르러서 마침내 땅속으로 들어간 것이다.

【疏】正義曰 : '不明晦'者, 上六居明夷之極, 是至闇之主,¹⁾ 故曰"不明而晦." 本其初也, 其意在於光照四國, 其後由乎不明, 遂入於地, 謂見誅滅也.

1) 上六居明夷之極 是至闇之主 : 朱子는 이를 다음과 같이 설명하였다. "六四는 柔正으로 어두운 자리에 처하였으나 아직 얕기 때문에 오히려 멀리 떠남에 뜻을 얻을 수 있고, 六五는 柔中으로 어두운 자리에 거하여 이미 임박하였기 때문에 안이 어려우나 뜻을 바르게 하여 그 밝음을 감추는 象이 되고, 上六은 어둠이 지극하기 때문에 스스로 그 밝음을 상하여 어둠에 이르고 또 남의 밝음을 상하게 함이 되는 것이다. 아래의 다섯 爻는 모두 君子가 되고 홀로 위의 한 爻만이 어두운 君主가 된다.〔六四 以柔正 居闇地而尙淺 故猶可以得意於遠去 五以柔中 居闇地而已迫 故爲內難正志以晦其明之象 上則極乎闇矣 故爲自傷其明 以至於闇而又足以傷人之明 蓋下五爻 皆爲君子 獨上一爻 爲闇君也〕"

正義曰 : 〔不明晦〕 上六이 明夷의 極에 처했으니, 이는 지극히 어두운 군주이다. 그러므로 "밝지 못하고 어둡다."라고 말한 것이다.

그 처음을 근본해보면 그 뜻이 사방 나라를 밝게 비추는 데 있었는데, 뒤에는 밝지 못함에 연유하여 마침내 땅속으로 들어갔으니, 誅滅을 당함을 말한 것이다.

象曰 初登于天은 照四國也요 後入于地는 失則也라

〈象傳〉에 말하였다. "'처음에는 하늘에 오름'은 사방 나라를 비추려 한 것이요, '뒤에는 땅속으로 들어감'은 법칙을 잃은 것이다."

【疏】正義曰 : '失則'者, 由失法則, 故誅滅也.

正義曰 : 〔失則〕 법칙을 잃었기 때문에 誅滅을 당한 것이다.

37. 家人☲ 離下巽上

家人은 利女貞하니라

家人은 여자의 貞함이 이롭다.

【注】家人之義는 各自脩一家之道요 不能知家外他人之事也라 統而論之하면 非元亨利
君子之貞이라 故로 利女貞하니 其正이 在家內而已라

家人의 뜻은 각자 한 집안의 道를 닦고, 집 밖의 타인의 일은 알지 못하는 것이다. 통
합하여 논하면 元亨하여 君子의 貞이 이로운 것이 아니다. 그러므로 여자의 貞함이 이로
운 것이니, 그 바름이 家內에 있을 뿐이다.

【疏】正義曰 : '家人'者, 卦名也, 明家內之道, 正一家之人, 故謂之"家人." '利女貞'者,
旣修家內之道, 不能知家外他人之事, 統而論之, 非君子丈夫之正, 故但言"利女貞."[1]

> 1) 利女貞者……故但言利女貞 : '利女貞'을 王弼과 孔穎達은 다만 집안의 道를 닦을 뿐이
> 어서 '利君子貞'은 되지 못하고 '利女貞'이 될 뿐이라고 하였다.
> 　　程伊川은 "남편은 남편답고 부인은 부인다움에 家道가 바루어지는데, '利女貞'이라고
> 만 말한 것은, 남편의 바름은 자기 몸이 바른 것이요, 여자의 바름은 집안이 바른 것이
> 니, 여자가 바르면 남자가 바름을 알 수 있다.〔家人之道 利在女正 女正則家道正矣 夫夫婦
> 婦而家道正 獨云利女貞者 夫正者 身正也 女正者 家正也 女正則男正 可知矣〕"라고 하고, 朱子
> 는 "利女貞은 먼저 안을 바루고자 한 것이니, 안이 바르면 밖은 바르지 않음이 없는 것
> 이다.〔利女貞者 欲先正乎內也 內正則外无不正矣〕"라고 하여, '利女貞'이 남자(밖)의 바름을
> 포함한다고 보았다.

正義曰 :〔家人〕卦의 이름이니, 家內의 道에 밝아서 한 집안의 사람을 바로잡는다.
그러므로 "家人"이라 한 것이다.

〔利女貞〕이미 家內의 道를 닦고 집 밖의 타인의 일을 알지 못하는 것이니, 통합하여
논하면 君子와 丈夫의 바름이 아니다. 그러므로 다만 "여자의 貞함이 이롭다."라고 한 것

이다.

象曰 家人은 女正位乎內하고

〈象傳〉에 말하였다.

"'家人'은 여자가 안에서 자리를 바로잡고,

【注】謂二也라

六二를 말한 것이다.

男正位乎外하니

남자가 밖에서 자리를 바로잡으니,

【注】謂五也라 家人之義는 以內爲本이라 故로 先說女也라

九五를 말한 것이다. 家人의 뜻은 안을 근본으로 삼기 때문에 먼저 여자를 말한 것이다.

【疏】'象曰'至'男正位乎外' ○ 正義曰 : 此因二·五得正, 以釋家人之義, 并明女貞之旨. 家人之道, 必須女主於內, 男主於外, 然後家道乃立, 今此卦六二柔而得位, 是女正位乎內也, 九五剛而得位, 是男正位乎外也. 家人以內爲本, 故先說女也.

經의 〔象曰〕에서 〔男正位乎外〕까지

○ 正義曰 : 이는 六二와 九五가 바름을 얻음을 인하여 '家人'의 뜻을 해석하고, 아울러 여자의 貞함의 뜻을 밝힌 것이다. 家人의 道는 반드시 여자가 안을 주장하고 남자가 밖을 주장하여야 하니, 그런 뒤에야 家道가 마침내 확립되는데, 지금 이 卦는 六二가 柔로서 正位를 얻었으니 이는 여자가 안에서 자리를 바로잡은 것이요, 九五가 剛으로서 正位를 얻었으니 이는 남자가 밖에서 자리를 바로잡은 것이다. 家人은 안을 근본으로 삼기 때문에 먼저 여자를 말한 것이다.

男女正이 天地之大義也라 家人에 有嚴君焉하니 父母之謂也라 父父, 子子, 兄兄, 弟弟, 夫夫, 婦婦而家道正하니 正家而天下定矣니라

남자와 여자가 〈안과 밖을〉 바로잡는 것이 天·地의 大義이다. 家人에 嚴君이 있으니 父·母를 이른다. 아버지는 아버지답고, 자식은 자식답고, 형은 형답고, 아우는 아우답고, 남편은 남편답고, 부인은 부인다우면 家道가 바루어지니, 집안을 바로잡으면 天下가 안정될 것이다."

【疏】'男女正'至'天下定矣' ○ 正義曰 : '男女正 天地之大義也'者, 因正位之言, 廣明家人之義, 乃道均二儀, 非惟人事而已. 家人, 卽女正於內, 男正於外, 二儀則天尊在上, 地卑在下, 同於男女正位, 故曰"天地之大義也." '家人有嚴君焉 父母之謂'者, 上明義均天地, 此又言道齊邦國. 父母, 一家之主, 家人尊事, 同於國有嚴君, 故曰"家人有嚴君焉, 父母之謂也." '父父 子子 兄兄 弟弟 夫夫 婦婦而家道正 正家而天下定矣'者, 此歎美正家之功, 可以定於天下, 申成道齊邦國. 旣家有嚴君, 卽(入)〔父〕[1]不失父道, 乃至婦不失婦道, 尊卑有序, 上下不失, 而後爲家道之正, 各正其家, 无家不正, 卽天下之治定矣.

1) (入)〔父〕: 저본에는 '入'으로 되어 있으나, 毛本에 의거하여 '父'로 바로잡았다.〔阮刻本 참조〕

經의 〔男女正〕에서 〔天下定矣〕까지

○ 正義曰 :〔男女正 天地之大義也〕자리를 바로잡는다는 말을 인하여 '家人의 뜻은 바로 道가 二儀(天·地)와 같고 비단 人事뿐이 아님'을 널리 밝힌 것이다. 家人은 바로 여자가 안을 바로잡고 남자가 밖을 바로잡는 것이요, 二儀는 하늘은 높이 위에 있고 땅은 낮게 아래에 있어서 남자와 여자가 자리를 바로잡는 것과 같다. 그러므로 "天·地의 大義이다."라고 한 것이다.

〔家人有嚴君焉 父母之謂〕위에서는 義가 天地와 똑같음을 밝혔고, 여기에서는 또 나라를 인도하고 가지런히 함을 말한 것이다. 父·母는 한 집안의 주장이니, 家人들이 높이 섬기기를 나라에 嚴君이 있는 것과 똑같이 한다. 그러므로 "家人에 嚴君이 있으니 父·母를 이른다."라고 한 것이다.

〔父父 子子 兄兄 弟弟 夫夫 婦婦而家道正 正家而天下定矣〕이는 집안을 바로잡는 功이 天下를 안정시킬 수 있음을 歎美하였으니, 나라를 인도하고 가지런히 함을 거듭 이룬 것이다. 이미 집안에 嚴君이 있으면 아버지가 아버지의 도리를 잃지 않아서 마침내 부인이 부인의 도리를 잃지 않음에 이르니, 尊卑에 차례가 있고 上下를 잃지 않은 뒤에 家道

의 바름이 된다. 각각 그 집안을 바로잡아서 집안이 바르지 않음이 없으면 바로 천하의
다스려짐이 안정되는 것이다.

象曰 風自火出이 家人이니

〈象傳〉에 말하였다.

"바람이 불에서 나옴이 家人卦이니,

【注】由內以相成熾也라

안으로 말미암아 서로 熾盛함을 이루는 것이다.

【疏】正義曰 : 巽在離外, 是風從火出. 火出之初, 因風方熾, 火旣炎盛, 還復生風. 內
外相成, 有似家人之義, 故曰"風自火出, 家人"也.

正義曰 : 巽이 離의 밖에 있으니, 이는 바람이 불에서 나오는 것이다. 불이 나오는 초
기에는 바람을 인하여 막 熾盛하고, 불이 이미 불꽃이 盛해지면 다시 또 바람을 내니, 안
과 밖이 서로 이루는 것이 家人의 뜻과 유사함이 있다. 그러므로 "바람이 불에서 나옴이
家人卦이다."라고 한 것이다.

君子以言有物而行有恒하나니라

君子가 보고서 말에 일이 있고 행실에 항상함이 있게 한다."

【注】家人之道는 脩於近小而不妄也라 故로 君子以言必有物而口无擇言하고 行必有恒
而身无擇行이라

家人의 道는 가깝고 작은 것을 닦아 망령되지 않게 하는 것이다. 그러므로 君子가 보
고서 말에 반드시 일이 있어서 입에 가릴(버릴) 말이 없고, 행실에 반드시 항상함이 있어
서 몸에 가릴 행실이 없는 것이다.

【疏】正義曰 : 物, 事也.[1] 言必有事, 卽口无擇言, 行必有常, 卽身无擇行. 正家之義,
脩於近小, 言之與行, 君子樞機. 出身加人, 發邇化遠, 故擧言行以爲之誡. 言旣稱物而
行稱恒者, 發言立行, 皆須合於可常之事, 互而相足也.[2]

1) 物 事也 : 程伊川은 "物은 事實을 이른다.〔物謂事實〕"라고 풀이하였다. 事實은 眞實과 같은바, 말을 할 적에 반드시 사실에 입각하여 虛妄하지 않음을 이른다.

2) 言旣稱物而行稱恒者……互而相足也 : 經文에는 言은 物로, 行은 恒으로 나누어 말하였으나 실제는 言과 行에 모두 物과 恒이 있어야 한다는 의미로, 互文으로 쓴 것이라는 말과 같다.

正義曰 : 物은 일이다. 말에 반드시 일이 있음은 바로 입에 가릴 말이 없는 것이요, 행실에 반드시 항상함이 있음은 바로 몸에 가릴 행실이 없는 것이다. 집안을 바로잡는 뜻은 가깝고 작은 일을 닦는 것이니, 말과 행실은 君子의 樞機(門의 지도리와 화살의 機牙)이다. 몸에서 나와 남에게 가해지고 가까운 곳에서 나와 먼 곳을 교화하기 때문에 말과 행실을 들어 경계한 것이다. 말이 이미 일에 걸맞고 행실이 항상함에 걸맞음은 말을 하고 행실을 세움에 모두 모름지기 항상할 수 있는 일에 부합하는 것이니, 서로 충족된 것이다.

初九는 閑有家면 悔亡하리라

初九는 집안〔有家〕을 防閑(禮法으로 막음)하면 후회가 없어질 것이다.

【注】凡敎在初而法在始하니 家瀆而後嚴之하고 志變而後治之면 則悔矣라 處家人之初하여 爲家人之始라 故로 宜必以閑有家니 然後悔亡也라

무릇 가르침은 초기에 달려 있고 法은 始初에 달려 있으니, 집을 함부로 한 이후에 엄하게 다스리고 뜻이 변한 이후에 다스리면 후회하게 된다. 家人의 초기에 처하여 家人의 始初가 되었다. 그러므로 반드시 집안을 防閑해야 하는 것이니, 그런 뒤에야 후회가 없어지는 것이다.

【疏】正義曰 : 治家之道, 在初卽須嚴正, 立法防閑. 若瀆亂之後, 方始治之, 卽有悔矣. 初九處家人之初, 能防閑有家, 乃得悔亡, 故曰"閑有家, 悔亡"也.

正義曰 : 집안을 다스리는 方道는 초기에 있을 적에 모름지기 嚴正하게 해서 法을 세워 防閑하여야 하니, 만약 함부로 하여 어지럽게 된 뒤에 비로소 다스리면 바로 후회가 있게 된다. 初九가 家人의 처음에 처하여 능히 집안을 防閑하면 마침내 후회가 없어짐을 얻는다. 그러므로 "집안을 防閑하면 후회가 없어질 것이다."라고 한 것이다.

象曰 閑有家는 志未變也라

〈象傳〉에 말하였다. "'집안을 防閑함'은 뜻이 아직 변하지 않은 것이다."

【疏】正義曰 : '志未變也'者, 釋在初防閑之義, 所以在初防閑其家者, 家人志未變黷也.

正義曰 : 〔志未變也〕 초기에 있으면서 防閑하는 뜻을 해석한 것이니, 초기에 있으면서 집안을 防閑하는 이유는 家人의 뜻이 아직 변하거나 함부로 하지 않기 때문이다.

六二는 无攸遂요 在中饋면 貞吉하리라

六二는 이루는 바가 없고 집안에 있으면서 음식을 장만하면 貞하여 吉하리라.

【注】居內處中하여 履得其位하고 以陰應陽하여 盡婦人之正하여 義无所必遂요 職乎中饋하여 巽順而已라 是以로 貞吉也라

안에 거하고 中에 처하여 밟음이 正位를 얻었고, 陰으로서 陽에 應하여 부인의 바름을 다해서, 의리상 기필하여 이루는 바가 없고 집안에서 음식을 장만함을 직책으로 여겨서 巽順할 뿐이다. 이 때문에 貞하여 吉한 것이다.

【疏】正義曰 : 六二履中居位, 以陰應陽, 盡婦人之義也. 婦人之道, 巽順爲常, 无所必遂, 其所職主, 在於家中饋食供祭而已, 得婦人之正吉, 故曰"无攸遂, 在中饋, 貞吉"也.

正義曰 : 六二가 中을 밟고 正位에 거하고 陰으로서 陽에 應하여 부인의 의리를 다하였다. 부인의 道는 巽順함을 떳떳함으로 삼아서 기필하여 이루는 바가 없고, 직책으로 삼아 주장하는 바가 집안에 있으면서 음식을 장만하고 제사를 올림에 있을 뿐이어서 부인의 正하여 吉함을 얻었다. 그러므로 "이루는 바가 없고 집안에 있으면서 음식을 장만하면 貞하여 吉하리라."라고 한 것이다.

象曰 六二之吉은 順以巽也일새라

〈象傳〉에 말하였다. "六二의 吉함은 순하고 공손하기 때문이다."

【疏】正義曰 : 擧爻位也. 言'吉'者, 明其以柔居中而得正位, 故能順以巽而獲吉也.

正義曰 : 爻의 자리를 든 것이다.

〔吉〕 柔로서 中에 거하여 正位를 얻었기 때문에 능히 순하고 공손하여 吉함을 얻음을
밝힌 것이다.

九三은 家人嗃(학)嗃하여 悔厲나 吉이요 婦子嘻嘻면 終吝하리라

九三은 家人이 엄하고 혹독하여 엄함을 뉘우치나 吉하고, 부인과 자식이 嘻嘻(희
희낙낙)하면 끝내 부끄러우리라.

【注】 以陽處陽하니 剛嚴者也요 處下體之極하니 爲一家之長者也라 行與其慢으론 寧過乎
恭이요 家與其瀆으론 寧過乎嚴이라 是以로 家人雖嗃嗃하여 悔厲나 猶得其道요 婦子嘻嘻하면
乃失其節也라

陽爻로서 陽의 자리에 처하였으니 剛하고 嚴한 자요, 下體의 極에 처하였으니 한 집안
의 어른이 된 자이다. 행실은 不敬〔慢〕하기보다는 차라리 공손함이 지나쳐야 하고, 집안
은 함부로 하기보다는 차라리 엄격함이 지나쳐야 한다. 이 때문에 家人이 엄하고 혹독하
여 嚴함을 뉘우치나 도리어 그 道를 얻고, 부인과 자식이 嘻嘻하면 마침내 그 節度를 잃
는 것이다.

【疏】 正義曰 : '嗃嗃', 嚴酷之意也. '嘻嘻', 喜笑之貌也. 九三處下體之上, 爲一家之主,
以陽處陽, 行剛嚴之政, 故家人嗃嗃.[1] 雖復嗃嗃傷猛, 悔其酷厲, 猶保其吉, 故曰“悔
厲, 吉.” 若縱其婦子, 慢黷嘻嘻, 喜笑而无節, 則終有恨辱, 故曰“婦子嘻嘻, 終吝”也.

1) 九三處下體之上……故家人嗃嗃 : '嗃嗃'을 王弼과 孔穎達은 '엄하고 혹독함'으로 보아
'家人嗃嗃'을 '집안의 어른인 六三이 집안을 엄하게 다스림'의 의미로 보았는바, 朱子의
해석도 이와 같다.

반면 程伊川은 '嗃嗃'을 '원망함'의 뜻으로 보아 '家人嗃嗃'을 '九三이 너무 엄하게 다
스려 家人들이 九三을 원망함'의 의미로 보았는바, 《程傳》은 다음과 같다. "嗃嗃은 字
義가 자세하지 않으나 글 뜻과 음의 뜻을 관찰하면 嗸嗸(원망함)와 서로 유사하고 또 急
速히 하는 뜻인 듯하다. 九三은 內卦의 위에 있어 안을 다스림을 주장하는 자이다. 陽
爻가 剛位에 거하여 中하지 못하니, 비록 正을 얻었으나 지나치게 剛한 자이다. 안을
다스림에 지나치게 剛하면 엄하고 급함에 상하기 때문에 家人들이 원망하니, 집안을 다
스림에 지나치게 엄하면 傷함이 없을 수 없다. 그러므로 반드시 엄함을 후회하니, 골육

간에는 은혜가 이겨야 하는데 엄함이 지나치기 때문에 후회하는 것이다.〔嗃嗃 未詳字義 然以文義及音意觀之 與嗷嗷相類 又若急束之意 九三在內卦之上 主治乎內者也 以陽居剛而不中 雖得正而過乎剛者也 治內過剛則傷於嚴急 故家人嗃嗃然 治家過嚴 不能无傷 故必悔於嚴厲 骨肉 恩勝 嚴過 故悔也〕"

正義曰 :〔嗃嗃〕嚴하고 혹독한 뜻이다.

〔嘻嘻〕기뻐하여 웃는 모양이다.

九三이 下體의 위에 처하여 한 집안의 주장이 되고, 陽爻로서 陽의 자리에 처하여 剛하고 嚴한 政事를 행한다. 그러므로 家人이 엄하고 혹독한 것이다.

비록 다시 엄하고 혹독해서 사나움에 상하여 그 혹독하고 엄함을 후회하나 오히려 吉함을 보존한다. 그러므로 "엄함을 뉘우치나 吉하다."라고 한 것이다.

만약 부인과 자식을 풀어놓아서 함부로 하고 嘻嘻해서 기뻐하고 웃으면서 節度가 없으면 끝내 悲恨과 辱이 있다. 그러므로 "부인과 자식이 嘻嘻하면 끝내 부끄러우리라."라고 한 것이다.

象曰 家人嗃嗃은 未失也요 婦子嘻嘻는 失家節也라

〈象傳〉에 말하였다. "'家人이 엄하고 혹독함'은 잘못하지 않은 것이요, '부인과 자식이 嘻嘻함'은 집안의 節度를 잃은 것이다."

【疏】正義曰 : '未失也'者, 初雖悔厲, 似失於猛, 終无慢黷, 故曰"未失也." '失家節'者, 若縱其嘻嘻, 初雖歡樂, 終失家節也.

正義曰 :〔未失也〕처음은 비록 엄함을 후회하여 사나움에 잘못된 듯하나, 끝내 함부로 함이 없으므로 "잘못하지 않았다."라고 한 것이다.

〔失家節〕만약 嘻嘻함을 풀어놓으면 처음은 비록 기뻐하고 즐거워하나 끝내 집안의 節度를 잃게 된다.

六四는 富家니 大吉하니라

六四는 집이 부유하니, 크게 吉하다.

【注】能以其富順而處位라 故로 大吉也니 若但能富其家면 何足爲大吉이리오 體柔居巽하고

履得其位하여 明於家道하여 以近至尊하니 能富其家也라

능히 그 부유함과 순함으로써 大臣의 지위에 처하였다. 그러므로 크게 길한 것이니, 만약 다만 자기 집안을 부유하게 할 뿐이라면 어찌 크게 길함이 될 수 있겠는가. 體가 柔하고 巽에 거하였으며 밝음이 正位를 얻어서 家道에 밝아 至尊을 가까이하니, 능히 그 집안을 부유하게 할 수 있는 것이다.

【疏】正義曰 : 富, 謂祿位昌盛也. 六四體柔處巽, 得位承五, 能富其家者也. 由其體巽承尊, 長保祿位, 吉之大者也, 故曰"富家, 大吉."

正義曰 : 富는 祿과 지위가 昌盛함을 이른다. 六四가 體가 柔하고 巽에 처하였으며 正位를 얻고 九五를 받들어서 능히 그 집안을 부유하게 하는 자이다. 體가 공손하여 높은 사람을 받듦으로 말미암아 祿과 지위를 길이 보존하니, 吉함이 큰 자이다. 그러므로 "집이 부유하니, 크게 吉하다."라고 한 것이다.

象曰 富家大吉은 順在位也일새라

〈象傳〉에 말하였다. "'집안이 부유하니 크게 吉함'은 順함으로 지위에 있기 때문이다."

【疏】正義曰 : '順在位'者, 所以致大吉, 由順承於君而在臣位, 故不見黜奪也.

正義曰 : 〔順在位〕大吉을 이룬 이유이니, 順히 군주를 받들면서 大臣의 자리에 있기 때문에 내쳐짐과 빼앗김을 당하지 않은 것이다.

九五는 王假(격)[1]有家면 勿恤이라도 吉하니라

1) 假(격) : 格(이르다)과 같다.

九五는 王이 이 道에 이르러 집안을 소유하면 근심하지 않아도 吉하다.

【注】假은 至也라 履正而應하고 處尊體巽하니 王至斯道하여 以有其家者也라 居於尊位하여 而明於家道면 則下莫不化矣라 父父, 子子, 兄兄, 弟弟, 夫夫, 婦婦하여 六親[1]和睦하여 交相愛樂而家道正하니 正家而天下定矣라 故로 王假有家면 則勿恤而吉이라

1) 六親 : 여섯 친족으로 아버지와 자식, 형과 아우, 남편과 부인을 이른다.

'假'은 이름〔至〕이다. 正位를 밟고 〈六二에〉應하며 높은 지위에 처하고 體가 공손하니, 王이 이 道에 이르러서 그 집안을 소유한 자이다. 높은 지위에 거하여 家道에 밝으면 아랫사람들이 교화되지 않음이 없다. 아버지는 아버지답고, 자식은 자식답고, 형은 형답고, 아우는 아우답고, 남편은 남편답고, 부인은 부인다워서 六親이 和睦하여 서로 사랑하고 즐거워해서 家道가 바루어지니, 집안을 바로잡으면 天下가 안정된다. 그러므로 王이 이 道에 이르러 집안을 소유하면 근심하지 않아도 吉한 것이다.

【疏】正義曰 : '王假有家'者, 假, 至也. 九五履正而應, 處尊體巽, 是能以尊貴巽接於物, 王至此道, 以有其家, 故曰"王假有家"也.[1] '勿恤 吉'者, 居於尊位而明於家道, 則在下莫不化之矣, 不須憂恤而得吉也, 故曰"勿恤 吉"也.

1) 九五履正而應……故曰王假有家也 : '王假有家'를 王弼과 孔穎達은 '왕이 家道에 이르러 집안을 소유함'으로 보았는바, '家道에 이름'은 家道에 밝음을 의미한다.
　　程伊川은 '王假有家'를 '집을 소유한 道를 지극히 함'으로 보아 "九五는 남자로서 밖에 있고 剛으로서 陽에 처했으며, 尊位에 거하고 中正하며 또 그 應이 안에서 순하고 바르니, 집안을 다스림에 지극히 바르고 지극히 善한 자이다. '王假有家'는 五가 君位이기 때문에 王이라고 말한 것이요, 假은 지극함이니 집을 둔 道를 지극히 하는 것이다.〔九五男而在外 剛而處陽 居尊而中正 又其應順正於內 治家之至正至善者也 王假有家 五君位 故以王言 假 至也 極乎有家之道也〕"라고 하였다.
　　朱子는 '王假有家'를 '집안사람들을 감격시킴'으로 보아 "假은 이름이니, '假于太廟(太廟에 이른다.)'의 假字와 같다. 有家는 有國이란 말과 같다. 九五가 剛健하고 中正하여 아래로 六二의 柔順中正에 응하니, 王者가 이로써 그 집안을 감격시키면 근심을 쓰지 않아도 吉함을 기필할 수 있다.〔假 至也 如假于太廟之假 有家 猶言有國也 九五剛健中正 下應六二之柔順中正 王者以是 至于其家 則勿用憂恤而吉可必矣〕"라고 하였다.

正義曰 : 〔王假有家〕'假'은 이름이다. 九五가 正位를 밟고 應하며 높은 지위에 처하고 體가 공손하니, 이는 尊貴함으로서 남에게 공손히 접하는 것이니, 왕이 이 道에 이르러서 그 집안을 소유하였다. 그러므로 "王이 이 道에 이르러 집안을 소유한다."라고 한 것이다.

〔勿恤 吉〕 높은 지위에 거하여 家道에 밝으면 아래에 있는 자들이 교화되지 않는 이가 없으니, 굳이 근심하지 않아도 吉함을 얻는다. 그러므로 "근심하지 않아도 吉하다."라고

한 것이다.

象曰 王假有家는 交相愛也라

〈象傳〉에 말하였다. "'王이 이 道에 이르러 집안을 소유함'은 서로 사랑하는 것이다."

【疏】 正義曰 : '交相愛也'者, 王旣明於家道, 天下化之, 六親和睦, 交相愛樂也.

正義曰 : 〔交相愛也〕 王이 이미 家道에 밝아서 天下가 교화되니, 六親이 和睦하여 서로 사랑하고 즐거워하는 것이다.

上九는 有孚하고 威如하면 終吉하리라

上九는 믿음이 있고 위엄이 있으면 끝내 吉하리라

【注】 處家人之終하고 居家道之成하니 刑于寡妻하여 以著于外者也라 故로 曰 有孚라하니라 凡物이 以猛爲本者는 則患在寡恩하고 以愛爲本者는 則患在寡威라 故로 家人之道 尙威嚴也라 家道可終은 唯信與威니 身得威敬이면 人亦如之리니 反之於身이면 則知施於人也라

家人의 終에 처하고 家道의 이루어짐에 거하였으니, 寡妻에게 모범이 되어 밖에 드러난 자이다. 그러므로 "믿음이 있다."라고 한 것이다. 모든 사물은, 사나움을 근본으로 삼는 자는 근심이 은혜가 적음에 있고, 사랑을 근본으로 삼는 자는 근심이 위엄이 적음에 있다. 그러므로 家人의 道가 威嚴을 숭상하는 것이다. 家道를 잘 마칠 수 있는 것은 오직 믿음과 위엄이니, 몸이 위엄과 공경을 얻으면 사람들 또한 그와 같이 할 것이니, 자기 몸에 돌이켜보면 남에게 베풀 줄을 알 것이다.

【疏】 正義曰 : 上九處家人之終, 家道大成, 刑于寡妻,[1] 以著於外, 信行天下, 故曰"有孚"也. 威被海內, 故曰"威如." 威信竝立, 上得終於家道而吉從之, 故曰"有孚, 威如, 終吉"也.

1) 刑于寡妻 : 寡妻는 諸侯가 자신의 아내를 말할 때 쓰는 겸칭으로, 제후는 자신을 德이 적은 사람이란 뜻으로 寡人이라 칭하고, 자신의 아내를 德이 적은 사람의 아내란 뜻으로 寡妻라 칭한다. ≪孟子≫ 〈梁惠王 上〉에, ≪詩經≫ 〈大雅 思齊〉의 "寡妻에게 모범

이 되어서 兄弟에 이르러 집과 나라를 다스린다.〔刑于寡妻 至于兄弟 以御于家邦〕"한 내용을 인용하였는데, ≪集註≫에 "刑은 법(모범)이요, 寡妻는 德이 적은 사람의 아내이니, 겸사이다. 御는 다스리는 것이다.〔刑 法也 寡妻 寡德之妻 謙辭也 御 治也〕"라고 풀이하였다.

正義曰：上九가 家人의 終에 처하여 家道가 크게 이루어졌으니, 寡妻에게 모범이 되어 밖에 드러나서 믿음이 天下에 행해진다. 그러므로 "믿음이 있다."라고 한 것이다. 위엄이 海內에 입혀진다. 그러므로 "위엄이 있다."라고 한 것이다. 위엄과 믿음이 함께 서서 윗사람이 家道를 끝마쳐 吉함이 뒤따른다. 그러므로 "믿음이 있고 위엄이 있으면 끝내 吉하리라."라고 한 것이다.

象曰 威如之吉은 反身之謂也라

〈象傳〉에 말하였다. "'위엄이 있어 吉함'은 자기 몸에 돌이킴을 이른다."

【疏】正義曰：'反身之謂'者, 身得人敬則敬於人, 明知身敬於人, 人亦敬己. 反之於身, 則知施之於人, 故曰"反身之謂也."

正義曰：〔反身之謂〕자신이 남의 공경을 얻으면 남을 공경하게 되니, 자신이 남을 공경할 줄 알면 남 또한 자기를 공경함을 밝힌 것이다. 자기 몸에 돌이켜보면 남에게 베풀 줄을 안다. 그러므로 "자기 몸에 돌이킴을 이른다."라고 한 것이다.

38. 睽☲ 兌下離上

睽는 小事吉하니라

　睽는 작은 일은 吉하다.

【疏】正義曰 : '睽'者, 乖異之名. 物情乖異, 不可大事. 大事謂興役動衆, 必須大同之
世, 方可爲之. 小事謂飮食衣服, 不待衆力, 雖乖而可, 故曰"小事吉"也.

　正義曰 : 〔睽〕乖異(어그러지고 다름)의 이름이다.

　物情이 乖異하여 큰 일을 할 수 없다. 큰 일은 부역을 일으키고 많은 사람을 동원함을
이르니, 반드시 모름지기 大同의 세상이어야 비로소 할 수 있다. 작은 일은 음식과 의복
을 이르니, 여러 사람의 힘을 기다리지 아니하여 비록 어그러지나 할 수 있다. 그러므로
"작은 일은 吉하다."라고 한 것이다.

彖曰 睽는 火動而上하고 澤動而下하며 二女同居하나 其志不同行이라 說(열)而
麗乎明하고 柔進而上行하여 得中而應乎剛이라 是以로 小事吉하니라

　〈彖傳〉에 말하였다.

　"睽는 불이 動하여 올라가고 못이 動하여 내려오며 두 여자가 함께 사나 그 뜻이
함께 가지 않는다. 기뻐하면서 밝음에 붙어 있고 柔가 나아가 위로 가서 中을 얻어
剛에 應한다. 이 때문에 작은 일은 吉한 것이다.

【注】事皆相違는 害之道也니 何由得小事吉이리오 以有此三德也라

　일이 모두 서로 어긋남은 해로운 방도이니, 어떤 이유로 작은 일이 吉함을 얻을 수 있
는가? 이 세 가지 德이 있기 때문이다.

【疏】'彖曰睽〈火〉[1]動而上'至'小事吉' ○ 正義曰 : '睽 火動而上 澤動而下 二女同居

其志不同行'者, 此就二體, 釋卦名爲睽之義, 同而異者也. 水火二物, 共成烹飪, 理應相濟, 今火在上而炎上, 澤居下而潤下, 无相成之道, 所以爲乖. 中·少二女共居一家, 理應同志, 各自出適, 志不同行, 所以爲異也. '說而麗乎明 柔進而上行 得中而應乎剛 是以小事吉'者, 此就二體及六五有應, 釋所以小事得吉. 說而麗乎明, 不爲邪僻, 柔進而上行, 所之在貴, 得中而應乎剛, 非爲全弱, 雖在乖違之時, 卦爻有此三德, 故可以行小事而獲吉也.

1) 〈火〉: 저본에는 '火'가 없으나, 阮刻本 〈校勘記〉에 "'動'자 위에 마땅히 '火'자가 있어야 한다."라고 한 것에 의거하여 보충하였다.

經의 〔象曰睽火動而上〕에서 〔小事吉〕까지

○ 正義曰:〔睽 火動而上 澤動而下 二女同居 其志不同行〕 이는 두 體를 가지고 卦의 이름이 睽가 된 뜻이 '같으면서도 다름'임을 해석한 것이다. 물과 불 두 물건이 함께 음식을 삶아 익힘을 이루니, 이치가 응당 서로 구제해야 하는데, 지금 불은 위에 있으면서 타오르며 못은 아래에 있으면서 적셔주고 내려가서 서로 이루는 道가 없으니, 이 때문에 어그러짐〔乖〕이 된 것이다. 中女와 少女 두 여자가 함께 한 집안에 사니, 이치가 응당 뜻이 같아야 하는데, 각자 다른 곳으로 시집가서 뜻이 함께 가지 않으니, 이 때문에 다름〔異〕이 된 것이다.

〔說而麗乎明 柔進而上行 得中而應乎剛 是以小事吉〕 이는 두 體와 六五가 應이 있음을 가지고 작은 일이 길함을 얻는 이유를 해석한 것이다. '기뻐하면서 밝음에 붙어 있음'은 邪僻한 짓을 하지 않고, '柔가 나아가 위로 올라감'은 가는 곳이 귀함에 있고, '中을 얻고 剛에 應함'은 온전히 약함이 되지 않으니, 비록 어긋나는 때에 있으나 卦와 爻에 이 세 가지 德이 있으므로 작은 일을 행하면 吉함을 얻을 수 있는 것이다.

天地睽而其事同也요 男女睽而其志通也요 萬物睽而其事類也니 睽之時用이 大矣哉라

天地가 어긋나나 그 일이 같고, 남자와 여자가 어긋나나 그 뜻이 통하고, 萬物이 어긋나나 그 일이 같으니, 睽의 時와 用이 크다."

【注】睽離之時는 非小人之所能用也라

睽離(어긋나고 離散함)의 때는 小人이 능히 쓸 수 있는 것이 아니다.

【疏】'天地睽而其事同也'至'時用大矣哉' ○ 正義曰：'天地睽而其事同', 此以下歷就天地·男女·萬物, 廣明睽義體乖而用合也. 天高地卑, 其體懸隔, 是天地睽也, 而生成品物, 其事則同也. '男女睽而其志通'者, 男外女內, 分位有別, 是男女睽也, 而成家理事, 其志則通也. 萬物殊形, 各自爲象, 是萬物睽也, 而均於生長, 其事卽類, 故曰"天地睽而其事同也, 男女睽而其志通也, 萬物睽而其事類也." '睽之時用大矣哉', 旣明睽理合同之大, 又歎能用睽之人, 其德不小. 睽離之時, 能建其用, 使合其通理, 非大德之人, 則不可也, 故曰"睽之時用大矣哉"也.

經의 〔天地睽而其事同也〕에서 〔時用大矣哉〕까지

○ 正義曰：〔天地睽而其事同〕 이 이하는 天地, 男女, 萬物에 차례로 나아가서 '睽의 뜻이 體는 어긋나나 用은 합함'을 넓혀 밝힌 것이다. 하늘은 높고 땅은 낮아서 그 體가 懸隔하니, 이는 하늘과 땅이 어긋난 것이지만, 品物(萬物)을 생성함은 그 일이 같다.

〔男女睽而其志通〕 남자는 밖에 있고 여자는 안에 있어서 자리를 나누어 분별이 있으니, 이는 남자와 여자가 어긋난 것이지만, 집안을 이루고 일을 다스림은 그 뜻이 통한다.

萬物이 형체가 달라서 각자 이를 형상으로 삼으니, 이는 萬物이 어긋난 것이지만, 生長이 똑같음은 그 일이 바로 같은 것이다. 그러므로 "天地가 어긋나나 그 일이 같고, 남자와 여자가 어긋나나 그 뜻이 통하고, 萬物이 어긋나나 그 일이 같다."라고 한 것이다.

〔睽之時用大矣哉〕 睽의 이치가 合同하는 큼을 이미 밝혔고, 또 睽를 능히 사용하는 사람이 그 德이 작지 않음을 감탄하였다. 睽離의 때에 능히 用을 세워 通하는 이치를 합하게 함은 大德의 사람이 아니면 불가하다. 그러므로 "睽의 時와 用이 크다."라고 한 것이다.

象曰 上火下澤이 睽니 君子以同而異하나니라

〈象傳〉에 말하였다. "위가 불이고 아래가 못인 것이 睽卦이니, 君子가 보고서 같으면서도 다르게 한다."

【注】同於通理하고 異於職事라

通하는 이치가 같고 맡은 직책의 일이 다른 것이다.

【疏】正義曰 : ‘上火下澤 睽’者, 動而相背, 所以爲睽也. ‘君子以同而異’者, 佐王治民, 其意則同, 各有司存, 職掌則異, 故曰“君子以同而異”也.

正義曰 : 〔上火下澤 睽〕動하여 서로 위배됨은 睽가 된 이유이다.

〔君子以同而異〕왕을 보좌하여 백성을 다스림은 그 뜻이 같고, 각각 맡은 일이 있어서 주관하는 것은 다르다. 그러므로 “君子가 보고서 같으면서도 다르게 한다.”라고 한 것이다.

初九는 悔亡하니 喪馬나 勿逐이라도 自復이요 見惡人이라야 无咎리라

初九는 후회가 없어지니, 말을 잃으나 쫓아가지 않아도 스스로 돌아오고, 惡人을 〈공손히〉 접견해야 허물이 없으리라.

【注】處睽之初하고 居下體之下하여 无應獨立은 悔也로되 與(人)〔四〕[1]合志라 故로 得悔亡이라 馬者는 必顯之物이니 處物之始하여 乖而喪其馬나 物莫能同하여 其私必相顯也라 故로 勿逐而自復也라 時方乖離어늘 而位乎窮下하여 上无應可援하고 下无權可恃하니 顯德自異면 爲惡所害라 故로 見惡人이라야 乃得免咎也라

1) (人)〔四〕: 저본에는 ‘人’으로 되어 있으나, 岳本・宋本・古本・足利本에 의거하여 ‘四’로 바로잡았다.〔阮刻本 참조〕

睽의 처음에 처하고 下體의 아래에 거하여 應이 없이 홀로 서는 것은 후회이나 九四와 뜻이 같다. 그러므로 후회가 없어짐을 얻는 것이다.

말은 반드시 나타나는 물건이니, 물건의 시초에 처하여 어긋나서 말을 잃었으나 물건이 능히 함께하는 이가 없어서 그 사사로움이 반드시 서로 나타날 것이다. 그러므로 쫓아가지 않아도 스스로 돌아오는 것이다.

때가 막 어긋나고 離散할 때인데 맨 아래에 자리하여 위에 구원할 만한 應이 없고 아래에 믿을 만한 권력이 없으니, 德을 나타내어 스스로 달리하면 악한 사람에게 해를 당한다. 그러므로 惡人을 〈공손히〉 접견해야 비로소 허물이 없는 것이다.

【疏】‘初九悔亡喪馬勿逐自復見惡人无咎’ ○ 正義曰 : ‘悔亡’者, 初九處睽離之初, 居下體之下, 无應獨立, 所以悔也. 四亦處下, 无應獨立, 不乖於己, 與己合志, 故得悔亡. ‘喪馬 勿逐 自復’者, 時方睽離, 觸目乖阻. 馬之爲物, 難可隱藏, 時或失之, 不相容隱,不須尋求, 勢必自復, 故曰"喪馬, 勿逐, 自復"也. '見惡人 无咎'者, 處於窮下, 上无其應, 无應則無以爲援, 窮下則无權可恃. 若標顯自異, 不能和光同塵,[1] 則必爲惡人所害, 故曰"見惡人, 无咎." 見, 謂遜接之也.[2]

1) 和光同塵: ≪道德經≫의 "그 빛을 和하게 하고 그 티끌을 같게 한다.〔和其光 同其塵〕"에서 온 말로, 자신의 빛나는 재질을 안으로 추슬러 밖에 드러내지 않고 세상과 더불어 조화롭게 살아가는 것을 말한다.

2) 見惡人……謂遜接之也: '見惡人 无咎'의 '見'을 王弼과 孔穎達은 '공손히 접견함'으로 보아, 經文을 '자신을 드러내지 않고 惡人을 공손히 접견해야 허물이 없음'으로 해석하였다.

　　朱子 역시 "반드시 나쁜 사람을 만나본 뒤에야 허물을 피할 수 있으니, 孔子가 陽貨에 있어서와 같은 것이다.〔必見惡人然後可以辟咎 如孔子之於陽貨〕"라고 하였다. 陽貨는 魯나라 季孫氏의 家臣으로, 季孫氏를 축출하고 國政을 독단한 자인데, 孔子가 자신을 찾아올 것을 바랐으나 孔子가 찾아오지 않자 孔子가 집에 없을 때를 틈타 삶은 돼지고기를 보내주었고, 이에 孔子는 그가 집에 없을 때를 틈타 그의 집을 방문하여 답례하였는데, 돌아오던 중에 길에서 그를 만났으나 피하지 않고 상대해주었는바, ≪論語≫〈陽貨〉에 자세히 보인다.

　　程伊川은 이와 달리 '見惡人 无咎'를 '惡人들도 널리 만나보고 교화시키면 허물이 없음'의 뜻으로 해석하여, "惡人은 자기와 어긋나고 다른 자이고, 見은 더불어 서로 통하는 것이다. 睽의 때를 당하여 비록 德이 같은 자와 서로 친하더라도 小人 중에 어그러지고 다른 자가 지극히 많으니, 이들을 많이 버리고 끊으면 天下를 다하여 君子를 원수로 삼음에 가깝지 않겠는가. 이와 같으면 含弘의 뜻을 잃어 凶咎를 이루는 길이니, 또 어떻게 不善한 자들을 교화시켜 합하게 하겠는가. 그러므로 반드시 자기와 사이가 나쁜 사람을 만나보아야 하니, 그러면 허물이 없는 것이다. 옛 聖王이 姦凶을 敎化시켜 선량한 사람으로 만들고 원수와 敵을 바꾸어 臣民으로 만들 수 있었던 것은 惡人을 끊지 않았기 때문이다.〔惡人 與己乖異者也 見者 與相通也 當睽之時 雖同德者相與 然小人乖異者至衆 若棄絶之 不幾盡天下以仇君子乎 如此則失含弘之義 致凶咎之道也 又安能化不善而使之合乎 故必見惡人則无咎也 古之聖王 所以能化姦凶爲善良 革仇敵爲臣民者 由弗絶也〕"라고 하였다.

經의〔初九悔亡喪馬勿逐自復見惡人无咎〕

○ 正義曰:〔悔亡〕初九가 睽離의 처음에 처하고 下體의 아래에 거하여 應이 없이 홀로 서 있으니, 이 때문에 후회하는 것이다. 그러나 九四 또한 〈上體의〉 아래에 처하여 應이 없이 홀로 서서 자기와 어긋나지 아니하여 자기와 뜻이 합한다. 그러므로 '후회가 없음'을 얻는 것이다.

〔喪馬 勿逐 自復〕때가 막 睽離할 때여서 눈에 보이는 것마다 어긋나고 막힌다. 말이란 물건은 숨겨 감추기가 어려워서 때로 혹 잃지만, 서로 숨길 수 없어서 굳이 찾지 않더라도 형편상 반드시 스스로 돌아온다. 그러므로 "말을 잃었으나 쫓아가지 않아도 스스로 돌아온다."라고 한 것이다.

〔見惡人 无咎〕맨 아래에 처하여 위에 應이 없으니, 應이 없으면 구원해줄 대상이 없고, 맨 아래에 있으면 믿을 만한 권력이 없다. 만약 표출하고 드러내어 스스로 달리해서 和光同塵하지 못하면 반드시 악한 사람에게 害를 당한다. 그러므로 "惡人을 〈공손히〉 접견해야 허물이 없다."라고 한 것이니, '見'은 공손히 接함을 이른다.

象曰 見惡人은 以辟(피)咎也라

〈象傳〉에 말하였다. "惡人을 〈공손히〉 접견함은 허물을 피하려는 것이다."

【疏】'象曰見惡人以辟咎也' ○正義曰 : '以辟咎也'者, 惡人不應與之相見, 而遜接之者, 以辟咎也.

經의 〔象曰見惡人以辟咎也〕

○正義曰 : 〔以辟咎也〕惡人은 더불어 서로 만나보지 않아야 하는데, 공손히 接하는 것은 허물을 피하려 해서이다.

九二는 遇主于巷하면 无咎리라

九二는 君主를 골목에서 만나면 허물이 없으리라.

【注】處睽失位하여 將无所安이라 然五亦失位하니 俱求其黨하여 出門同趣하여 不期而遇라 故曰 遇主于巷也라하니라 處睽得援하니 雖失其位나 未失道也라

睽에 처하고 正位를 잃어서 장차 편안할 곳이 없다. 그러나 六五 또한 지위를 잃었으니, 함께 그 무리를 구하여 문을 나가 志趣가 같아서 기약하지 않고도 만난다. 그러므로 "君主를 골목에서 만난다."라고 한 것이다. 睽에 처하여 구원을 얻었으니, 비록 正位를 잃었으나 道를 잃지 않은 것이다.

【疏】'九二遇主于巷无咎' ○正義曰 : 九二處睽之時而失其位, 將无所安, 五亦失位,與己同黨, 同趣相求, 不假遠涉而自相遇, 適在於巷, 言遇之不遠,[1) 故曰"遇主於巷." 主, 謂五也. 處睽得援, 咎悔可亡, 故无咎也.

1) 遇之不遠 : 孔穎達은 '골목[巷]에서 만남'이 '만남이 멀지 않음'을 의미한다고 하였는데, 程伊川과 朱子는 이것이 '委曲하게(곡진하게) 서로 구함'을 비유한다고 보았는바, 程伊川은 이를 "巷은 굽은 길이요 遇는 모이고 만남을 이르니, 마땅히 委曲히 서로 구하여 모이고 만나기를 기약해서 더불어 합하여야 한다.〔巷者 委曲之途也 遇者 會逢之謂也 當委曲相求 期於會遇 與之合也〕"라고 설명하였다.

經의 〔九二遇主于巷无咎〕

○ 正義曰 : 九二가 睽의 때에 처하여 正位를 잃어서 장차 편안할 곳이 없는데, 六五 또한 正位를 잃어서 자기와 무리를 함께하여 志趣가 같아서 구하여 멀리 건너갈 필요 없이 저절로 서로 만나서 마침 골목에 있으니, 만남이 멀지 않음을 말하였다. 그러므로 "君主를 골목에서 만난다."라고 한 것이다. 主는 六五를 이른다.

睽에 처하여 구원해줄 사람을 얻었으면 허물과 후회가 없어질 수 있다. 그러므로 허물이 없는 것이다.

象曰 遇主于巷은 未失道也라

〈象傳〉에 말하였다. "'君主를 골목에서 만남'은 道를 잃지 않은 것이다."

【疏】正義曰 : '未失道'者, 旣遇其主, 雖失其位, 亦未失道也.

正義曰 : 〔未失道〕 이미 군주를 만났으니, 비록 正位를 잃었으나 또한 道를 잃지 않은 것이다.

六三은 見輿曳하고 其牛掣(체)이니 其人이 天且劓나 无初有終이리라

六三은 수레가 끌려가고 소가 끌려감을 보니, 사람이 이마에 刺字〔天〕하고 또 코를 베었으나 初는 없어도 終은 있으리라.

【注】凡物近而不相得이면 則凶이라 處睽之時하여 履非其位하여 以陰居陽하고 以柔乘剛하며 志在於上하여 而不和於四하고 二應於五하니 則近而不相比라 故로 見輿曳니 輿曳者는 履非其位하여 失所載也라 其牛掣者는 滯隔所在하여 不獲進也라 其人天且劓者는 四從上取하고

二從下取로되 而應在上九하여 執志不回하니 初雖受困이나 終獲剛助라

모든 물건이 가까이 있으면서 서로 맞지 못하면 흉하다. 睽의 때에 처하여 밝은 것이 正位가 아니어서 陰爻로서 陽의 자리에 있고 柔로서 剛을 타고 있으며, 뜻이 上九에 있어서 九四와 화합하지 못하고 九二는 六五와 응하니, 가까이 있으면서 서로 친하지 못하다. 그러므로 수레가 끌려감을 보는 것이니, '수레가 끌려감'은 밝은 것이 正位가 아니어서 실을 바를 잃은 것이다. '소가 끌려감'은 있는 곳에 막혀서 나아가지 못하는 것이다.

'사람이 이마에 刺字하고 또 코를 벰'은, 九四는 위에서 취하고 九二는 아래에서 취하는 것이다. 그러나 應이 上九에 있어서 뜻을 지키고 돌리지 않으니, 처음은 비록 곤궁함을 받으나 끝내 剛의 도움을 얻게 된다.

【疏】'六三見輿曳其牛'至'无初有終' ○ 正義曰 : '見輿曳 其牛掣'者, 處睽之時, 履非其位, 以陰居陽, 以柔乘剛, 志在上九, 不與四合, 二自應五, 又與己乖. 欲載, 其輿被曳, 失己所載也, 欲進, 其牛被牽, 滯隔所在, 不能得進也, 故曰"見輿曳, 其牛掣"也.[1] '其人 天且劓 无初有終'者, 剋額爲天, 截鼻爲劓. 旣處二·四之間, 皆不相得, 其爲人也, 四從上刑之, 故剋其額, 二從下刑之, 又截其鼻, 故曰"其人天且劓."[2] 而應在上九, 執志不回, 初雖受困, 終獲剛助, 故曰"无初有終."

1) 見輿曳……其牛掣也 : 王弼과 孔穎達은 '輿曳'를 '六三이 正位가 아니고 剛을 타고 있어서 실을 바를 잃음'을 의미하는 것으로, '其牛掣'를 '六三이 있는 곳에 막힘을 당하여 앞으로 나아가지 못함'을 의미하는 것으로 보았다. 반면 程伊川과 朱子는 '輿曳'를 '九二가 뒤에서 끎'으로, '其牛掣'를 '九四가 앞에서 가로막음'으로 보았다.

2) 其人天且劓……故曰其人天且劓 : 王弼과 孔穎達은 '天'은 九四가 가하는 형벌이고 '劓'는 九二가 가하는 형벌이라고 하였다.

반면 程伊川은 모두 九四가 가하는 것으로 보아 "九三이 正應을 따르려 하나 九四가 가로막아 그치게 하니, 九三이 비록 陰柔이나 剛에 처하여 뜻이 행해지기 때문에 힘써 나아가 형벌을 犯하니, 이 때문에 傷함을 당하는 것이다.〔三從正應而四隔止之 三雖陰柔 處剛而志行 故力進以犯之 是以傷也〕"라고 하였다.

朱子는 上九가 가하는 것으로 보아 "睽의 때를 당하여 上九가 시기하고 원망함이 깊기 때문에 머리가 깎이고 코가 베이는 傷함이 있는 것이다.〔當睽之時 上九猜狠方深 故又有髡劓之傷〕"라고 하였다.

'天'을 程伊川과 朱子는 모두 '머리를 깎임〔髡首〕'로 보았다. 옛날에 가벼운 죄인은 머리를 깎았다.

經의 〔六三見輿曳其牛〕에서 〔无初有終〕까지

○ 正義曰 :〔見輿曳 其牛掣〕睽의 때에 처하여 밝은 것이 正位가 아니어서 陰爻로서 陽의 자리에 있고, 柔로서 剛을 타고 있으며, 뜻이 上九에 있어서 九四와 합하지 못하고 九二는 따로 六五와 응하여 또 자기와 어긋난다. 싣고자 하면 수레가 끌려감을 당하여 자기가 실을 바를 잃고, 나아가고자 하면 소가 끌려감을 당하여 있는 곳에 막혀서 나아갈 수가 없다. 그러므로 "수레가 끌려가고 소가 끌려감을 본다."라고 한 것이다.

〔其人 天且劓 无初有終〕이마에 刺字한 것을 '天'이라 하고, 코를 벤 것을 '劓'라 한다. 이미 九二와 九四의 사이에 처하여 모두 서로 맞지 못하니, 사람됨이 九四는 위에서 형벌하므로 그 이마를 刺字하고, 九二는 아래에서 형벌하여 또 그 코를 벤다. 그러므로 "사람이 이마에 刺字하고 또 코를 베었다."라고 한 것이다. 그러나 應이 上九에 있어서 뜻을 지키고 돌리지 않으니, 처음은 비록 곤궁함을 받으나 끝내 剛의 도움을 얻는다. 그러므로 "初는 없어도 終은 있다."라고 한 것이다.

象曰 見輿曳는 位不當也요 无初有終은 遇剛也일새라

〈象傳〉에 말하였다. "'수레가 끌려감을 봄'은 자리가 마땅하지 않기 때문이요, '初는 없어도 終이 있음'은 剛을 만났기 때문이다."

【疏】'象曰'至'有終遇剛也' ○ 正義曰 : '位不當'者, 由位不當, 故輿被曳. '遇剛'者, 由遇上九之剛, 所以有終也.

經의 〔象曰〕에서 〔有終遇剛也〕까지

○ 正義曰 :〔位不當〕자리가 마땅하지 않기 때문에 수레가 끌려감을 당하는 것이다. 〔遇剛〕上九의 剛을 만났기 때문에 終이 있는 것이다.

九四는 睽孤하여 遇元夫하니 交孚하여 厲하나 无咎리라

九四는 睽에 외로워 元夫를 만나니, 서로 믿어서 위태로우나 허물이 없으리라.

【注】无應獨處하여 五自應二하고 三與己睽라 故로 曰 睽孤也라하니라 初亦无應特立하니 處 睽之時하여 俱在獨立하고 同處體下하여 同志者也라 而己失位하여 比於三·五에 皆與己乖하여 處无所安이라 故로 求其疇類而自託焉이라 故로 曰 遇元夫也요 同志相得而无疑焉이라 故로

曰 交孚也라 雖在乖隔이나 志故得行이라 故로 雖危无咎라

應이 없이 홀로 처하여, 六五는 본래 六二에 應하고 九三은 자기와 어긋난다. 그러므로 "睽에 외롭다."라고 한 것이다. 初九 또한 應이 없이 홀로 서 있으니, 睽의 때에 처하여 〈九四와 初九가〉 모두 홀로 서 있는 위치에 있고 卦體의 아래에 처하여 同志인 자이다. 자기가 正位를 잃어서 六三과 六五에 가까이 있는데 모두 자기와 어긋나서 처함에 편안할 곳이 없다. 그러므로 同類를 찾아 스스로 의탁하는 것이다. 그러므로 "元夫를 만난다."라고 한 것이다.

同志가 서로 얻어 의심이 없으므로 "서로 믿는다."라고 한 것이다. 비록 어긋나고 막히는 때에 있으나 뜻이 진실로 행해질 수 있으므로 비록 위태로우나 허물이 없는 것이다.

【疏】 '九四' 至 '交孚屬无咎' ○ 正義曰 : 元夫, 謂初九也, 處於卦始, 故云"元"也.[1] 初‧四俱陽而言夫者, 蓋是丈夫之夫, 非夫婦之夫也.

> 1) 元夫……故云元也 : 元에는 始와 大, 善의 뜻이 있는바, 孔穎達은 始의 뜻을 취한 것이다. 반면 程伊川은 "夫는 陽을 칭하고, 元은 善이다. 初九가 睽의 初를 당하여 마침내 九四와 더불어 德을 함께하여 睽의 후회를 없앴으니, 睽에 지극히 잘 대처한 자이다. 그러므로 지목하여 元夫라 하였으니, 善士라는 말과 같다.〔夫 陽稱 元 善也 初九當睽之初 遂能與同德而亡睽之悔 處睽之至善者也 故目之爲元夫 猶云善士也〕"라고 하여 善의 뜻을 취하였다. 朱子는 특별한 해석이 없으니, 《程傳》을 따른 것으로 보인다.

經의 〔九四〕에서 〔交孚屬无咎〕까지
○ 正義曰 : '元夫'는 初九를 이르니, 卦의 시초에 있기 때문에 "元"이라 한 것이다. 初九와 九四가 모두 陽인데 '夫'라 말한 것은, '丈夫'의 '夫'요 '夫婦'의 '夫'가 아니다.

象曰 交孚无咎는 志行也라

〈象傳〉에 말하였다. "'서로 믿어 허물이 없음'은 뜻이 행해지는 것이다."

六五는 悔亡하니 厥宗噬膚면 往에 何咎리오

六五는 후회가 없어지니, 그 주인이 살을 깨물면 감에 무슨 허물이 있겠는가.

【注】 非位는 悔也로되 有應故로 〈悔〉[1]亡이라 厥宗은 謂二也요 噬膚者는 齧柔也라 三雖比

二나 二之所噬는 非妨已應者也[2]니 以斯而往이면 何咎之有리오 往必合也라

1) 〈悔〉: 저본에는 ‘悔’가 없으나, 古本·足利本에 의거하여 보충하였다.〔阮刻本 참조〕

2) 二之所噬 非妨已應者也: 九二의 깨묾은 九二가 正應인 六五에게 갈 적에 자기 앞을 가로막는 六三을 깨물어 쉽게 없애는 것이지, 자기의 應인 六五를 깨물어 해치는 것이 아니라는 말이다.

正位가 아님은 후회이나 應이 있기 때문에 후회가 없어진 것이다. ‘그 주인’은 九二를 이르고, ‘살을 깨묾’은 부드러움을 깨무는 것이다. 六三이 비록 九二와 가까이 있으나 九二가 깨무는 것은 자기의 應을 해치는 것이 아니니, 이런 방식으로 가면 무슨 허물이 있겠는가. 가면 반드시 합한다.

【疏】 ‘六五悔亡’至‘往何咎’ ○ 正義曰 : ‘悔亡’者, 失位, 悔也, 有應, 故悔亡也. ‘厥宗噬膚 往 何咎’者, 宗, 主也, 謂二也, 噬膚, 謂噬三也, 三雖隔二, 二之所噬, 故曰“厥宗噬膚”也.[1] 三是陰爻, 故以膚爲譬, 言柔脆也. 二旣噬三卽五, 可以往而无咎矣, 故曰“往, 无咎.”

1) 厥宗噬膚……故曰厥宗噬膚也: ‘厥宗噬膚’를 王弼과 孔穎達은 ‘주인인 九二가 陰爻인 六三을 깨무는 것’으로 해석하였는바, ‘六三을 깨묾’은 ‘六五에게 가는 것을 가로막는 자를 깨물어 없앰’의 의미이다.

반면 程伊川과 朱子는 ‘厥宗噬膚’를 ‘六五와 같은 黨인 九二가 六五와 화합함’으로 보았는바, 이에 대한 ≪程傳≫은 다음과 같다. “‘厥宗’은 그 黨이니, 九二의 正應을 이르며, ‘噬膚’는 肌膚를 깨물어 깊이 들어가는 것이다. 睽의 때를 당하여 들어감이 깊지 않으면 어찌 합할 수 있겠는가. 六五가 비록 陰柔의 才質이나 九二가 陽剛의 道로 보필하여 깊이 들어가면 감에 慶事가 있을 것이니, 다시 무슨 허물이 있겠는가.〔厥宗 其黨也 謂 九二正應也 噬膚 噬齧其肌膚而深入之也 當睽之時 非入之者深 豈能合也 五雖陰柔之才 二輔以 陽剛之道而深入之 則可往而有慶 復何過咎之有〕”

經의 〔六五悔亡〕에서 〔往何咎〕까지

○ 正義曰 : 〔悔亡〕正位를 잃음은 후회이나, 應이 있기 때문에 후회가 없어진 것이다.

〔厥宗噬膚 往 何咎〕‘宗’은 주인이니 九二를 이르고, ‘噬膚’는 六三을 깨무는 것을 이르니, 六三이 비록 九二를 가로막고 있으나 九二가 六三을 깨문다. 그러므로 “그 주인이 살을 깨문다.”라고 하였다. 六三은 陰爻이므로 살로 비유하였으니, 부드러움(쉬움)을 말한 것이다. 九二가 이미 六三을 깨물고 나서 六五로 나아가면 감에 허물이 없을 수 있다.

그러므로 "감에 무슨 허물이 있겠는가."라고 한 것이다.

象曰 厥宗噬膚는 往有慶也리라

〈象傳〉에 말하였다. "'그 주인이 살을 깨묾'은 감에 경사스러운 일이 있는 것이다."

【疏】'象曰'至'往有慶也' ○正義曰 : '往有慶也'者, 有慶之言, 善功被物, 爲物所賴也. 五雖居尊而不當位, 與二合德, 乃爲物所賴, 故曰"往有慶也."

經의 〔象曰〕에서 〔往有慶也〕까지

○正義曰 : 〔往有慶也〕 '경사가 있다'는 말은 善한 功이 남에게 입혀져서 물건이 의뢰하는 바가 되는 것이다. 六五가 비록 높은 자리에 거하였으나 자리에 합당하지 않으니 九二와 더불어 德을 합하여야 비로소 물건이 의뢰하는 바가 된다. 그러므로 "감에 경사스러운 일이 있다."라고 한 것이다.

上九는 睽孤하여 見豕負塗와 載鬼一車라 先張之弧라가 後說(탈)之弧니 匪寇婚媾니 往하여 遇雨則吉하리라

上九는 睽에 외로워서 돼지가 진흙을 지고 있는 것과 鬼神이 한 수레 가득 실려 있는 것을 본다. 먼저 활을 당겨 쏘려 하다가 뒤에는 활을 풀어놓으니, 도적이 아니라 혼인하자는 것이니, 가서 비를 만나면 吉하리라.

【注】處睽之極하여 睽道未通이라 故로 曰睽孤라하니라 己居炎極하고 三處澤盛하니 睽之極也요 以文明之極으로 而觀至穢之物하니 睽之甚也니 豕(失)〔而〕[1]負塗는 穢莫過焉이라 至睽將合하고 至殊將通하여 恢詭譎怪나 道將爲一이로되 未至於洽하여 先見殊怪라 故로 見豕負塗하니 甚可穢也요 見鬼盈車하니 吁可怪也라 先張之弧는 將攻害也요 後說之弧는 睽怪通也라 四剋其應故로 爲寇也니 睽志將通하여 匪寇婚媾니 往不失時하면 睽疑亡也라 貴於遇雨는 和陰陽也니 陰陽旣和면 群疑亡也라

1) (失)〔而〕: 저본에는 '失'로 되어 있으나, 岳本·錢本·宋本·古本에 의거하여 '而'로 바로잡았다.〔阮刻本 참조〕

睽卦의 極에 처하여 睽의 道가 아직 통하지 않았다. 그러므로 "睽에 외롭다."라고 한 것이다. 자기〔上九〕는 불꽃〔離〕이 타오르는 極에 거하였고 六三은 澤의 盛함에 처하였으니 睽가 지극한 것이요, 文明의 極으로서 지극히 더러운 물건을 보니 睽가 심한 것인바, 돼지로서 진흙을 짐은 더러움이 이보다 더할 수 없는 것이다. 지극한 어긋남〔睽〕이 장차 합치고 지극한 다름이 장차 통하게 되어서 恢詭하고 譎怪하나 道가 장차 하나가 되겠지만 아직 흡족함에 이르지 못하여 먼저 다름과 괴이함을 본다. 그러므로 돼지가 진흙을 지고 있음을 보는 것이니 매우 더럽게 여길 만한 것이요, 귀신이 수레에 가득함을 보는 것이니, 아, 괴이할 만한 것이다.

'먼저 활을 당김'은 장차 공격하여 해치려는 것이요, '뒤에 활을 풀어놓음'은 睽怪가 통한 것이다. 九四가 자신의 應을 침범하므로 '도적'이 되는데, 睽의 뜻이 장차 통하여 '도적이 아니고 혼인하자는 것'이니, 감에 때를 잃지 않으면 睽疑가 없어진다.

'비를 만남을 귀하게 여김'은 陰陽이 화합해서이니, 陰陽이 이미 화합하면 여러 의심이 없어진다.

【疏】'上九睽孤見豕'至'遇雨則吉' ○ 正義曰 : '睽孤'者, 處睽之極, 睽道未通, 故曰"睽孤"也. '見豕負塗'者, 火動而上, 澤動而下, 己居炎極, 三處澤盛, 睽之極也. 離爲文明, 澤是卑穢, 以文明之極, 而觀至穢之物事同豕而負塗泥, 穢莫斯甚矣, 故曰"見豕負塗." '載鬼一車 先張之弧 後說之弧'者, 鬼魅盈車, 怪異之甚也. 至睽將合, 至殊將通, 未至於(治)〔洽〕[1], 先見殊怪, 故又見載鬼一車. 載鬼, 不言見者, 爲豕上有見字也. 見怪若斯, 懼來害己, 故先張之弧, 將攻害也, 物極則反, 睽極則通, 故後說之弧, 不復攻也.

1) (治)〔洽〕 : 저본에는 '治'로 되어 있으나, 岳本・錢本・宋本・足利本에 의거하여 '洽'으로 바로잡았다.〔阮刻本 참조〕

經의 〔上九睽孤見豕〕에서 〔遇雨則吉〕까지

○ 正義曰 : 〔睽孤〕 睽의 極에 처하여 睽의 道가 아직 통하지 못하였다. 그러므로 "睽에 외롭다."라고 한 것이다.

〔見豕負塗〕〈離의〉 불은 動하여 올라가고 澤은 動하여 내려와서 자기(上九)는 불꽃이 타오름의 極에 있고 六三은 澤의 성함에 처하였으니, 睽가 지극한 것이다. 離는 文明이 되고 澤은 낮고 더러운 것인데 文明의 지극함으로서 지극히 더러운 물건을 보니, 이 일은 돼지로서 진흙을 지고 있는 것과 같은바, 더러움이 이보다 더 심할 수 없다. 그러므로

"돼지가 진흙을 지고 있는 것을 본다."라고 한 것이다.

〔載鬼一車 先張之弧 後說之弧〕 귀신이 수레에 가득함은 怪異함이 심한 것이다. 지극한 어긋남〔睽〕이 장차 합치고 지극히 다른 것이 장차 통하게 되었으나 아직 흡족함에 이르지 못하여 먼저 다름과 괴이함을 본다. 그러므로 또 귀신이 한 수레 가득 실려 있음을 보는 것이다. 귀신이 실려 있음에 '見'을 말하지 않은 것은 '豕'자 위에 '見'자가 있기 때문이다. 괴이함을 당함이 이와 같으면 와서 자기를 해칠까 두렵다. 그러므로 먼저 활을 펴니 장차 공격하여 해치려 한 것이요, 사물이 極에 이르면 뒤집어지고 어긋남이 지극하면 통한다. 그러므로 뒤에 활을 풀어놓아서 다시 공격하지 않는 것이다.

【疏】'匪寇婚媾'者, 四剋其應, 故謂四爲寇, 睽志旣通, 匪能爲寇, 乃得與(二)〔三〕¹⁾爲婚媾矣, 故曰"匪寇婚媾"也.²⁾ '往 遇雨則吉'者, 雨者, 陰陽交和之道也, 衆異倂消, 无復疑阻, 往得和合, 則吉從之, 故曰"往, 遇雨則吉."

1) (二)〔三〕 : 저본에는 '二'로 되어 있으나, 錢本·宋本에 의거하여 '三'으로 바로잡았다. 〔阮刻本 참조〕

2) 匪寇婚媾者……故曰匪寇婚媾也 : '匪寇婚媾'를 王弼과 孔穎達은 '九四가 도적이 아니라 六三과 혼인하려는 것임'의 뜻으로 해석하였다.

   반면 程伊川과 朱子는 이를 위의 '先張之弧 後說之弧'와 연결하여, '六三을 처음에 의심하고 미워하다가 끝내는 합한다.'는 의미로 보았는바, ≪程傳≫은 다음과 같다. "上九의 睽乖가 이미 지극하고 六三의 처한 것이 正理이니, 대개 道를 잃음이 이미 지극하면 반드시 正理로 돌아온다. 그러므로 上九가 六三에 대하여 처음에는 의심하나 마침내는 반드시 합하는 것이다. 먼저는 활줄을 당긴다는 것은 처음에 의심하고 미워하여 활을 쏘고자 하는 것이다. 의심함은 망령됨이니, 망령됨이 어찌 항상할 수 있겠는가. 그러므로 마침내는 반드시 바름으로 돌아오는 것이다. 六三은 실로 罪惡이 없기 때문에 뒤에 활줄을 풀어놓고 쏘지 않은 것이니, 睽가 極에 이르러 돌아왔으므로 六三과 더불어 다시는 寇讐가 아니요 바로 婚媾인 것이다.〔上之睽乖旣極 三之所處者正理 大凡失道旣極 則必反正理 故上於三 始疑而終必合也 先張之弧 始疑惡而欲射之也 疑之者 妄也 妄安能常 故終必復於正 三實无惡 故後說弧而弗射 睽極而反 故與三非復爲寇讐 乃婚媾也〕"

〔匪寇婚媾〕 九四가 자기의 應(初六)을 剋字하므로 九四를 '도적'이라 하였으니, 睽의 뜻이 이미 통하면 도적이 되려는 것이 아니고 바로 六三과 혼인을 하려는 것이다. 그러므로 "도적이 아니라 혼인하자는 것이다."라고 한 것이다.

〔往 遇雨則吉〕 '雨'는 陰과 陽이 서로 화합하는 道이니, 여러 괴이함이 모두 사라져 다

시는 의심하거나 막힘이 없어서 가서 화합함을 얻으면 吉함이 따른다. 그러므로 "가서 비를 만나면 吉하리라."라고 한 것이다.

【疏】○ 注‘處睽之極’ 至 ‘群疑亡也’ ○ 正義曰 : ‘恢詭譎怪 道將爲一’者, 莊子內篇齊物論曰“无物不然, 无物不可. 故爲擧莛與楹, 厲與西施, 恢詭譎怪, 道通爲一.” 郭象注云 “夫莛橫而楹縱, 厲醜而西施好, 所謂齊者, 豈必齊形狀, 同規矩哉. 擧縱橫好醜, 恢詭譎怪, 各然其所然, 各可其所可, 卽形雖萬殊, 而性本得同, 故曰道通爲一也.” 莊子所言以明齊物, 故擧恢詭譎怪至異之物, 道通爲一, 得性則同. 王輔嗣用此文而改通爲將字者, 明物極則反, 睽極則通, 有似引詩斷章,[1] 不必與本義同也.

1) 有似引詩斷章 : 斷章은 斷章取義의 줄임말로 ≪詩經≫을 인용할 적에 원래의 뜻과는 상관없이 설명하려는 일이 비슷하면 章을 잘라 뜻을 취함을 이른다.

○ 注의 〔處睽之極〕에서 〔群疑亡也〕까지

○ 正義曰 : 〔恢詭譎怪 道將爲一〕 ≪莊子≫ 〈內篇 齊物論〉에 "물건마다 옳지 않은 것이 없고 물건마다 可하지 않은 것이 없다. 그러므로 莛과 楹을 들고 厲와 西施를 들어 恢詭하고 譎怪하나 道가 통하여 하나가 된다."라고 하였는데, 郭象의 注에 "莛은 가로로 누워 있고 楹은 세로로 세워져 있으며, 厲는 추악하고 西施는 아름다우니, 이른바 가지런하다는 것은 어찌 반드시 形狀이 가지런하고 規矩가 똑같은 것이겠는가. 縱과 橫, 아름다움〔好〕과 추악함〔醜〕을 들어서 恢詭하고 譎怪하나 각각 그 옳은 바를 옳게 여기고 각각 그 可한 바를 可하게 여기면 형상이 비록 만 가지로 다르나 性의 근본이 같아진다. 그러므로 ‘道가 통하여 하나가 된다.’고 한 것이다."라고 하였다.

莊子의 말은 물건을 가지런히 함을 밝힌 것이므로 恢詭와 譎怪의 지극히 다른 물건을 들어서 道가 통하여 하나가 되고 性을 얻으면 같아진다는 것이다. 그런데 王輔嗣(王弼)가 이 글을 사용하면서 ‘通’을 고쳐 ‘將’자로 쓴 것은 사물이 極에 이르면 뒤집어지고 어긋남이 지극하면 통함을 밝힌 것이니, ≪詩經≫을 인용할 적에 斷章取義함과 유사하여 굳이 本義와 같을 필요가 없는 것이다.

象曰 遇雨之吉은 群疑亡也라

〈象傳〉에 말하였다. "비를 만남의 吉함은 여러 의심이 없어진 것이다."

【疏】正義曰 : ‘群疑亡也’者, 往與三合, 如雨之和, 向之見豕見鬼, 張弧之疑, 并消釋矣, 故曰“群疑亡也.”

正義曰 : 〔群疑亡也〕 가서 六三과 합함이 비의 화합함과 같으니, 지난번에 돼지를 보고 귀신을 보고서 활을 펼치던 의심이 모두 사라져 풀렸다. 그러므로 “여러 의심이 없어졌다.”라고 한 것이다.

39. 蹇☶☵ 艮下坎上

蹇은 **利西南**하고 **不利東北**이라

蹇은 西南은 이롭고 東北은 이롭지 않다.

【注】西南은 地也요 東北은 山也니 以難之平이면 則難解요 以難之山이면 則道窮이라

西南은 땅이고 東北은 산이니, 어려움으로 평이함에 가면 어려움이 풀리고, 어려움으로 산에 가면 道가 궁해진다.

【疏】正義曰 : 蹇, 難也, 有險在前, 畏而不進, 故稱爲蹇. 西南, (險)〔順〕[1]位, 平易之方. 東北, 險位, 阻礙之所.[2] 世道多難, 率物以適平易, 則蹇難可解, 若入於險阻, 則彌加擁塞, 去就之宜, 理須如此, 故曰"蹇, 利西南, 不利東北"也.

1) (險)〔順〕: 저본에는 '險'으로 되어 있으나, 監本·毛本에 의거하여 '順'으로 바로잡았다.〔阮刻本 참조〕

2) 西南……阻礙之所 : 八卦의 방위는 先天 방위와 後天 방위가 있는데, 後天 방위로 보면 西南은 坤卦에 해당하고 東北은 艮卦에 해당한다. 그러므로 西南을 注에서는 땅이라 하고 疏에서는 順하고 平易하다 한 것이고, 東北을 注에서는 산이라 하고 疏에서는 험하고 막혀 있다고 한 것이다.

正義曰 : 蹇은 어려움이니, 험함이 앞에 있어서 두려워하여 나아가지 못한다. 그러므로 卦 이름을 '蹇'이라 한 것이다.

西南은 順한 자리이니 平易한 방위이다. 東北은 험한 자리이니 막혀 있는 곳이다. 世道가 어려움이 많을 적에 사람을 거느리고서 평이한 곳으로 나아가면 어려움을 풀 수 있지만, 만일 험하고 막힌 곳으로 들어가면 더욱더 막히니, 去就의 마땅함은 이치상 모름지기 이와 같이 해야 한다. 그러므로 "蹇은 西南은 이롭고 東北은 이롭지 않다."라고 한 것이다.

利見大人하니

大人을 봄이 이로우니,

【注】往則濟也라

가면 구제된다.

【疏】正義曰 : 能濟衆難, 惟有大德之人, 故曰"利見大人."

正義曰 : 능히 여러 어려움을 구제하는 것은 오직 大德을 소유한 사람뿐이다. 그러므로 "大人을 봄이 이롭다."라고 한 것이다.

貞하여 吉하니라

貞하여 吉하다.

【注】爻皆當位하여 各履其正[1]하니 居難履正은 正邦之道也니 正道未否(비)하여 難由正濟라 故로 貞吉也라 遇難失正이면 吉可得乎아

1) 爻皆當位 各履其正 : 蹇卦는 初六을 제외하고 모든 爻가 正位를 밟고 있다. 初六이 正位가 아님에도 불구하고 이렇게 말한 것은, 王弼은 初爻와 上爻에는 陰陽의 定位가 없다고 보기 때문이다.

爻가 모두 자리에 마땅하여 각각 그 正位를 밟고 있으니, 어려움에 처하여 正位를 밟고 있음은 나라를 바로잡는 道인바, 正道가 아직 否塞하지 않아서 어려움이 바름으로 말미암아 구제된다. 그러므로 貞하여 吉한 것이다. 難을 만나 바름을 잃으면 吉함을 얻을 수 있겠는가.

【疏】正義曰 : 居難之時, 若不守正而行其邪道, 雖見大人, 亦不得吉, 故曰"貞吉"也.

正義曰 : 어려움에 처했을 때에 만약 正道를 지키지 않고 邪道를 행하면 혹 大人을 만나더라도 吉함을 얻지 못한다. 그러므로 "貞하여 길하다."라고 한 것이다.

象曰 蹇은 難也니 險在前也라 見險而能止하니 知矣哉라 蹇은 利西南은 往得中也요 不利東北은 其道窮也라 利見大人은 往有功也요 當位貞吉은 以正邦也니

蹇之時用이 大矣哉라

〈彖傳〉에 말하였다. "蹇은 어려움이니, 험함이 앞에 있다. 험함을 보고 그치니 지혜롭다. 蹇은 西南이 이로움은 가면 中을 얻기 때문이요, 東北이 이롭지 않음은 그 道가 궁하기 때문이다. 大人을 봄이 이로움은 가면 功이 있는 것이요, 자리에 합당하여 貞하여 吉함은 나라를 바로잡는 것이니, 蹇의 때와 用이 크다."

【注】蹇難之時는 非小人之所能用也라

어려운 때는 小人이 능히 쓸 수 있는 바가 아니다.

【疏】'彖曰'至'大矣哉' ○ 正義曰 : 蹇, 難也. '險在前也 見險而能止 知矣哉'者, 釋卦名也. 蹇者, 有難而不進, 能止而不犯, 故就二體有險有止, 以釋蹇名. 坎在其外, 是險在前也, 有險在前, 所以爲難. 若冒險而行, 或罹其害, 艮居其內, 止而不往, 相時而動, 非知不能, 故曰"見險而能止, 知矣哉"也. '蹇 利西南 往得中也'者, 之於平易, 救難之理, 故云"往得中"也. '不利東北 其道窮'者, 之於險阻, 更益其難, 其道彌窮, 故曰"其道窮也." '利見大人 往有功也'者, 往見大人, 必能除難, 故曰"往有功也." '當位貞吉 以正邦也'者, 二·三·四·五爻皆當位, 所以得正而吉, 故曰"當位貞吉"也. '以正邦也'者, 居難守正, 正邦之道, 故曰"以正邦也." '蹇之時用 大矣哉'者, 能於蹇難之時, 建立其功, 用以濟世者, 非小人之所能, 故曰"蹇之時用, 大矣哉"也.

經의 〔彖曰〕에서 〔大矣哉〕까지

○ 正義曰 : 蹇은 어려움이다.

〔險在前也 見險而能止 知矣哉〕卦의 이름을 해석한 것이니, '蹇'은 어려움이 있어 나아가지 못해서 능히 그치고 犯하지 않는다. 그러므로 두 體의 험함이 있고 그침이 있는 것을 가지고 蹇의 이름을 해석한 것이다. 坎이 밖에 있으니, 이는 험함이 앞에 있는 것인바, 험함이 앞에 있기 때문에 어려움이 되는 것이다. 만약 험함을 무릅쓰고 가면 혹 害에 걸릴 수가 있는데, 艮이 안에 거하여 그치고 가지 않아서 때를 보아 動하니, 지혜가 아니면 능하지 못하다. 그러므로 "험함을 보고 그치니 지혜롭다."라고 한 것이다.

〔蹇 利西南 往得中也〕平易한 곳으로 가는 것은 어려움을 구제하는 이치이다. 그러므로 "가면 中을 얻는다."라고 한 것이다.

〔不利東北 其道窮〕험한 곳으로 가면 더욱더 어려워져서 그 道가 더욱 곤궁해진다. 그러므로 "그 道가 궁하다."라고 한 것이다.

〔利見大人 往有功也〕가서 大人을 만나보면 반드시 어려움을 제거할 수 있다. 그러므로 "가면 功이 있다."라고 한 것이다.

〔當位貞吉 以正邦也〕二爻와 三爻, 四爻와 五爻가 모두 자리에 마땅하니, 이 때문에 바름을 얻어 吉하다. 그러므로 "자리에 합당해서 貞하여 吉하다."라고 한 것이다.

〔以正邦也〕어려움에 처하여 正道를 지키는 것이 나라를 바로잡는 길이다. 그러므로 "나라를 바로잡는 것이다."라고 한 것이다.

〔蹇之時用 大矣哉〕능히 어려운 때에 그 功을 세워서 이것을 사용하여 세상을 구제하는 것은 小人이 능히 할 수 있는 바가 아니다. 그러므로 "蹇의 때와 用이 크다."라고 한 것이다.

象曰 山上有水 蹇이니

〈象傳〉에 말하였다.

"山 위에 물이 있는 것이 蹇卦이니,

【注】山上有水는 蹇難之象이라

산 위에 물이 있는 것은 어려움의 象이다.

【疏】正義曰 : 山者是巖險, 水是阻難, 水積山上, 彌益危難, 故曰"山上有水, 蹇."

正義曰 : 산은 험준하고 물은 막히고 어려우니, 물이 산 위에 쌓여서 더욱더 위태롭고 어렵다. 그러므로 "산 위에 물이 있는 것이 蹇卦이다."라고 한 것이다.

君子以反身修德하나니라

君子가 이것을 보고서 몸에 돌이켜 德을 닦는다."

【注】除難은 莫若反身脩德이라

어려움을 제거함은 몸을 돌이켜 德을 닦는 것보다 더한 것이 없다.

【疏】正義曰 : 蹇難之時, 未可以進, 惟宜反求諸身, 自脩其德, 道成德立, 方能濟險, 故曰"君子以反身修德"也. 陸績曰"水在山上, 失流通之性, 故曰蹇." 通水流下, 今在山上, 不得下流, 蹇之象. 陸績又曰"水本應山下, 今在山上, 終應反下, 故曰反身." 處難之世, 不可以行, 只可反省察, 脩己德用, 乃除難. 君子通達道暢之時, 竝濟天下, 處窮之時, 則獨善其身也.[1]

1) 君子通達道暢之時……則獨善其身也 : 이와 유사한 내용이 ≪孟子≫〈盡心 上〉에 "옛사람들은 뜻을 얻으면 은택이 백성에게 가해지고 뜻을 얻지 못하면 몸을 닦아 세상에 드러냈으니, 궁하면 그 몸을 홀로 善하게 하고 榮達하면 천하를 겸하여 善하게 하였다. 〔古之人 得志 澤加於民 不得志 修身見於世 窮則獨善其身 達則兼善天下〕"라고 보인다.

正義曰 : 어려울 때에는 나아갈 수가 없고, 오직 자기 몸에 돌이켜 찾아서 스스로 그 德을 닦아야 하니, 道가 이루어지고 德이 확립되어야 비로소 험함을 구제할 수 있다. 그러므로 "君子가 이것을 보고서 몸에 돌이켜 德을 닦는다."라고 한 것이다.

陸績이 말하기를 "물이 산 위에 있어서 流通하는 성질을 잃었다. 그러므로 '蹇'이라 했다."라고 하였으니, 통하는 물은 아래로 흐르는데 지금 산 위에 있어서 아래로 흐르지 못함은 蹇의 象이다.

陸績이 또 말하기를 "물은 본래 산 아래에 있어야 하는데, 지금 산 위에 있으니, 끝내는 아래로 돌아와야 한다. 그러므로 '反身'이라 한 것이다."라고 하였다. 어려운 세상에 처했을 적에는 행해서는 안 되고, 다만 돌이켜 성찰해서 자기의 德과 쓰임을 닦아야 비로소 어려움을 제거할 수 있다. 君子가 通達하여 道가 通暢할 때에는 천하를 함께 구제하고, 곤궁함에 처했을 때에는 홀로 자기 몸을 善하게 하는 것이다.

初六은 往하면 蹇하고 來하면 譽리라

初六은 가면 어렵고 오면 명예를 얻으리라.

【注】處難之始하고 居止之初하여 獨見前識하여 覘險而止하여 以待其時하니 知矣哉라 故로 往則遇蹇하고 來則得譽라

難의 시초에 처하고 그치는 처음에 거하여 홀로 보고 미리 알아 험함을 보고 그쳐서 때를 기다리니, 지혜롭다. 그러므로 가면 어려움을 만나고 오면 명예를 얻는 것이다.

【疏】正義曰 : 初六處蹇之初, 往則遇難, 來則得譽. 初居艮始, 是能見險而止, 見險不往, 則是來而得譽, 故曰"往蹇來譽."

正義曰 : 初六이 蹇의 처음에 처하여 가면 어려움을 만나고 오면 명예를 얻는다. 初六이 艮의 始初에 처하였으니, 이는 험함을 보면 그치는 것이요, 험함을 보고 가지 않으면 이는 와서 명예를 얻는 것이다. 그러므로 "가면 어렵고 오면 명예를 얻으리라."라고 한 것이다.

象曰 往蹇來譽는 宜待也니라

〈象傳〉에 말하였다. "'가면 어렵고 오면 명예를 얻는 것'은 마땅히 기다려야 하는 것이다."

【疏】正義曰 : '宜待'者, 既往則遇蹇, 宜止以待時也.

正義曰 : 〔宜待〕 이미 가면 어려움을 만나니, 마땅히 그쳐서 때를 기다려야 하는 것이다.

六二는 王臣蹇蹇은 匪躬之故로라

六二는 王의 신하가 어렵고 어려움은 자신 때문이 아니다.

【注】處難之時하여 履當其位하고 居不失中하여 以應於五라 不以五在難中이라하여 私身遠害하고 執心不回하여 志匡王室者也라 故로 曰 王臣蹇蹇이 匪躬之故라하니라 履中行義하여 以存其上하니 處蹇以(比)〔此〕[1]하면 未見其尤也라

1) (比)〔此〕 : 저본에는 '比'로 되어 있으나, 毛本에 의거하여 '此'로 바로잡았다. 〔阮刻本 참조〕

어려운 때에 처하여 밟음이 자리에 합당하고 거함이 中을 잃지 않으면서 九五에 응한다. 九五가 어려운 가운데에 있다 하여, 사사로운 몸의 해로움을 멀리하지 않고, 마음을 잡아 지켜 되돌리지 않아서 뜻이 王室을 바로잡는다. 그러므로 "王의 신하가 어렵고 어려움이 자신 때문이 아니다."라고 한 것이다. 中을 밟고 義를 행하여 윗사람을 보존하니, 어려움에 처하기를 이로써 하면 그 허물을 볼 수 없는 것이다.

【疏】 正義曰：王, 謂五也, 臣, 謂二也. 九五居於王位而在難中, 六二是五之臣, 往應於五, 履正居中, 志匡王室, 能涉蹇難, 而往濟蹇, 故曰"王臣蹇蹇"也. 盡忠於君, 匪以私身之故而不往濟君, 故曰"匪躬之故."[1]

1) 九五居於王位而在難中……故曰匪躬之故 : ‘蹇蹇’을 王弼과 孔穎達은 ‘九二가 어려움에 있는 九五에게 가서 어려움을 구제함’의 의미로 보아 程伊川의 해석과 비슷한바, ‘匪躬之故’를 ‘자신의 몸을 사사로이 하지 않고 九五를 구제함’의 의미로 해석하였다.

　　程伊川은 "비록 上(六二)과 下(九五)가 德을 함께하나 九五가 크게 어려운 가운데 있어 어려운 때에 힘을 다하니, 그 어려움이 지극히 심하다. 이 때문에 어려운 때에 어렵게 함이 되는 것이다. 六二가 비록 中正이나 陰柔의 재질로 어찌 쉽게 그 임무를 감당하겠는가. 이 때문에 어려운 때에 어려워하는 것이다.〔雖上下同德 而五方在大蹇之中 致力於蹇難之時 其艱蹇至甚 故爲蹇於蹇也 二雖中正 以陰柔之才 豈易勝其任 所以蹇於蹇也〕"라고 하여, ‘蹇蹇’을 ‘蹇於蹇’으로 풀이하였는바, 즉 ‘六二가 九五의 어려운 때에 힘을 다하지만 陰爻이기 때문에 어려워함’의 의미로 본 것이다. 이에 대하여 沙溪(金長生)는 "아래의 蹇은 人君의 어려움이고, 위의 蹇은 人臣이 어려움에 힘을 다하는 것이다.〔下蹇 人君之蹇也 上蹇 人臣之致力於蹇也〕"라고 해설하였다. 《沙溪全書 권15 經書辨疑 周易》

　　程伊川은 또 ‘匪躬之故’에 대해 "뜻이 君主를 어려운 가운데에서 구제함에 있으니, 그 어려움에 어려워하는 자신을 위한 연고가 아니니, 비록 감당하지 못하더라도 뜻과 義가 가상히 여길 만하다. 그러므로 그 忠盡함이 자기를 위한 것이 아니라고 칭찬한 것이다.〔志在濟君於蹇難之中 其蹇蹇者 非爲身之故也 雖使不勝 志義可嘉 故稱其忠盡 不爲己也〕"라고 하여, ‘六二가 어려운 상황에 힘을 다하는 것이 자신을 위하여 그렇게 하는 것이 아님’의 의미로 해석하였다.

　　반면 朱子는 "柔順中正으로 正應이 위에 있으나 험한 가운데 있기 때문에 어렵고 또 어려워 구제하기를 바라니, 이는 자신의 연고 때문이 아니다.〔柔順中正 正應在上而在險中 故蹇而又蹇 以求濟之 非以其身之故也〕"라고 하여, ‘蹇蹇’을 ‘어렵고 어려움’으로, ‘匪躬之故’를 ‘어려움이 자신 때문이 아니라 험한 가운데에 있기 때문임’의 의미로 해석하였다.

正義曰 : 王은 九五를 이르고, 臣은 六二를 이른다.

九五가 王의 자리에 처하여 어려운 가운데에 있는데, 六二는 바로 九五의 신하이니, 가서 九五에 응하며 正位를 밟고 中에 거하여 뜻이 王室을 바로잡고자 하므로 능히 어려움을 건너고 가서 어려움을 구제한다. 그러므로 "王의 신하가 어렵고 어렵다."라고 한 것이다.

군주에게 충성을 다하여 사사로운 몸 때문에 가서 군주를 구제하지 않지 않는다. 그러므로 "자신 때문이 아니다."라고 한 것이다.

象曰 王臣蹇蹇은 終无尤也리라

〈象傳〉에 말하였다. "왕의 신하가 어렵고 어려움은 끝내 허물이 없으리라."

【疏】正義曰 : '終无尤'者, 處難以斯, 豈有過尤也.

正義曰 : 〔終无尤〕 어려움에 대처하기를 이로써 하면 어찌 허물이 있겠는가.

九三은 往하면 蹇하고 來하면 反하리라

九三은 가면 어렵고 오면 돌아오리라.

【注】進則入險하고 來則得位라 故로 曰 往蹇來反이라하니라 爲下卦之主하니 是內之所恃也라

나아가면 험한 데로 들어가고 오면 正位를 얻는다. 그러므로 "가면 어렵고 오면 돌아온다."라고 한 것이다. 下卦의 주장이 되었으니, 이는 안(初六·六二)이 믿는 바이다.

【疏】正義曰 : 九三與坎爲隣, 進則入險, 故曰往蹇. 來則得位, 故曰來反.

正義曰 : 九三이 坎과 이웃이 되어 나아가면 험한 데로 들어간다. 그러므로 "가면 어렵다."라고 한 것이다. 오면 正位를 얻는다. 그러므로 "오면 돌아온다."라고 한 것이다.

象曰 往蹇來反은 內喜之也라

〈象傳〉에 말하였다. "'가면 어렵고 오면 돌아옴'은 안이 기뻐하는 것이다."

【疏】正義曰 : '內喜之'者, 內卦三爻, 惟九三一陽, 居二陰之上, 是內之所恃, 故云內喜之也.

正義曰 : 〔內喜之〕 內卦의 세 爻 가운데 오직 九三 한 陽爻가 두 陰爻의 위에 있으니, 이는 안이 믿는 바이다. 그러므로 "안이 기뻐한다."라고 한 것이다.

六四는 往하면 蹇하고 來하면 連이리라

六四는 가면 어렵고 오면 계속 어려우리라.

【注】往則無應하고 來則乘剛하여 往來皆難이라 故로 曰 往蹇來連이라하니라 得位履正하여 當其本實하니 雖遇於難이나 非妄所招也라

가면 應이 없고 오면 剛을 타서 가고 옴이 모두 어렵다. 그러므로 "가면 어렵고 오면 계속 어렵다."라고 한 것이다. 제자리를 얻고 正位를 밟고 있어서 근본이 實한 자리를 당하였으니, 비록 어려움을 만나나 망령됨이 부른 것이 아니다.

【疏】正義曰 : 馬云"連亦難也", 鄭云"遲久之意." 六四往則無應, 來則乘剛, 往來皆難, 故曰"往蹇, 來連"也.[1]

1) 馬云連亦難也……故曰往蹇來連也 : '連'을 王弼과 孔穎達은 '어려움이 계속 이어짐'의 뜻으로 보아 經文을 '六四가 上卦로 나아가도 어렵고 下卦로 내려와도 어려움'의 의미로 해석하였다.

반면 程伊川과 朱子는 '連'을 연합의 뜻으로 보고 '來連'을 '六四가 아래 爻와 연합함'의 의미로 해석하였다. 《程傳》은 다음과 같다. "어려운 때에 거하여 함께 어려움과 곤액에 처한 자는 그 뜻이 서로 의논하지 않아도 같고, 또 六四가 上位에 거하여 아래에 있는 자와 똑같이 正位를 얻었으며, 또 九三과 서로 가까우니 서로 친한 자이고, 六二와 初六은 同類이니 서로 더부는 자이다. 이는 아래와 뜻을 함께하여 무리가 따르고 붙는 것이다. 그러므로 오면 連合한다고 말한 것이다.〔居蹇難之時 同處艱厄者 其志不謀而同也 又四居上位 而與在下者 同有得位之正 又與三相比 相親者也 二與初同類 相與者也 是與下同志 衆所從附也 故曰來連〕"

正義曰 : 馬融은 "連도 어려움이다."라고 하였고, 鄭玄은 〈連은〉 더디고 오래하는 뜻이다."라고 하였다. 六四는 가면 應이 없고, 오면 剛을 타고 있어서 가고 옴이 모두 어렵다. 그러므로 "가면 어렵고 오면 계속 어려우리라."라고 한 것이다.

象曰 往蹇來連은 當位實也라

〈象傳〉에 말하였다. "'가면 어렵고 오면 계속 어려움'은 당한 자리가 진실한 것이다."

【疏】正義曰 : '當位實'者, 明六四當位履正, 當其本實, 而往來遇難者, 乃數之所招, 非邪妄之所致也, 故曰"當位實也."[1]

1) 當位實者……故曰當位實也 : 王弼과 孔穎達의 해석에 따르면 〈象傳〉은 '오고 감에 모두

어려움은, 六四의 자리가 진실하니, 六四가 자초한 것이 아니라 운수에 의한 것임'의 뜻
이 되는데, 〈象傳〉의 글이 과연 그렇게 해석될 수 있을지 의문이다. 이러한 부자연스러
움은 '往蹇來連'을 '가고 옴에 모두 어려움'으로 해석하였기 때문에 생긴 것으로 보인다.

반면 '來連'을 '아래의 爻들과 연합함'의 의미로 해석한 程伊川은 "六四가 蹇의 때를
당하여 上位에 처하였으나 가지 않고 와서 아래와 뜻을 함께하니 진실로 무리를 얻을
수 있고, 또 陰이 陰位에 거하여 그 성실함을 얻음이 되니, 성실함으로써 아래와 더불
기 때문에 연합하며, 아래의 六二와 九三 또한 각각 성실을 얻었고 初六이 陰으로서 아
래에 거하였으니, 또한 성실이다. 환난을 함께하는 때를 당하여 서로 사귀기를 성실함
으로써 하면 연합함을 알 수 있다. 그러므로 오면 연합함은 당한 자리가 성실하기 때문
인 것이다.〔四當蹇之時 居上位 不往而來 與下同志 固足以得衆矣 又以陰居陰 爲得其實 以誠實
與下 故能連合 而下之二三 亦各得其實 初以陰居下 亦其實也 當同患之時 相交以實 其合可知
故來而連者 當位以實也〕"라고 하여, 經文을 "가면 어렵고 오면 연합함은 당한 자리가 성
실하기 때문이다."로 해석하였는바, 王弼·孔穎達의 해석보다 文理가 순하다.

正義曰 :〔當位實〕六四의 당한 자리가 正位를 밟고 있어서 근본이 實함을 당하였으나
가고 옴에 어려움을 만나는 것은 바로 運數가 부른 바요, 간사함과 망령됨의 所致가 아
님을 밝힌 것이다. 그러므로 "당한 자리가 진실한 것이다."라고 한 것이다.

九五는 大蹇에 朋來로다

九五는 크게 어려움에 벗이 오도다.

【注】處難之時하여 獨在險中하니 難之大者也라 故로 曰 大蹇이라하니라 然이나 居不失正하고 履
不失中하여 執德之長하여 不改其節하니 如此면 則同志者 集而至矣라 故로 曰 朋來也라하니라

어려운 때를 당하여 홀로 험한 가운데에 있으니, 어려움이 큰 자이다. 그러므로 "크게
어렵다."라고 한 것이다. 그러나 거함이 正位를 잃지 않고 밟은 것이 中을 잃지 않아서
德의 뛰어남을 지켜 절개를 변치 않으니, 이와 같이 하면 同志들이 모여서 온다. 그러므
로 "벗이 온다."고 한 것이다.

【疏】'九五大蹇朋來' ○ 正義曰 : 九五處難之時, 獨在險中, 難之大者也, 故曰"大蹇."
然得位履正, 不改其節, 如此, 則同志者, 自遠而來, 故曰"朋來."

經의〔九五大蹇朋來〕

○ 正義曰 : 九五가 어려운 때에 처하여 홀로 험한 가운데에 있으니, 어려움이 큰 자이다. 그러므로 "크게 어렵다."라고 한 것이다.

그러나 지위를 얻고 正位를 밟고 있어서 절개를 변치 않으니, 이와 같이 하면 同志가 먼 곳에서 온다. 그러므로 "벗이 온다."라고 한 것이다.

【疏】○ 注'處難之時'至'朋來也' ○ 正義曰 : '同志者 集而至矣'者, 此以同志釋朋來之義. 鄭注論語云"同門曰朋, 同志曰友", 此對友[1]也, 通而言之, 同志亦是朋黨也.

1) 對友 : 北京大本에는 별도의 교감주 없이 '對文'으로 되어 있다.

○ 注의 〔處難之時〕에서 〔朋來也〕까지

○ 正義曰 : 〔同志者 集而至矣〕 이는 '同志'를 가지고 "朋來"의 뜻을 해석한 것이다. 鄭玄이 ≪論語≫에 注하기를 "同門을 '朋'이라 하고, 同志를 '友'라 한다." 하였으니, 이는 '朋'을 '友'와 상대하여 쓴 것이요, 통합하여 말하면 '同志' 또한 朋의 무리인 것이다.

象曰 大蹇朋來는 以中節也라

〈象傳〉에 말하였다. "'크게 어려움에 벗이 오는 것'은 節度에 맞기 때문이다."

【疏】正義曰 : '以中節'者, 得位居中, 不易其節, 故致朋來, 故云"以中節也."

正義曰 : 〔以中節〕 지위를 얻고 中에 거하여 절개를 바꾸지 않는다. 그러므로 벗이 옴을 이루는 것이니, 이 때문에 "節度에 맞는다."라고 한 것이다.

上六은 往하면 蹇하고 來하면 碩하여 吉하니 利見大人하니라

上六은 가면 어렵고 오면 커서 吉하니, 大人을 봄이 이롭다.

【注】往則長難하고 來則難終하니 難終則衆難皆濟하여 志大得矣라 故로 曰 往蹇來碩吉이라하니라 險夷難解하면 大道可興이라 故로 曰 利見大人也라하니라

가면 어려움이 자라나고 오면 어려움이 끝나니, 어려움이 끝나면 여러 어려움이 다 구제되어 뜻을 크게 얻게 된다. 그러므로 "가면 어렵고 오면 커서 길하다."라고 한 것이다. 험함이 평탄해지고 어려움이 해결되면 大道를 일으킬 수 있다. 그러므로 "大人을 봄이 이롭다."라고 한 것이다.

【疏】正義曰 : 碩, 大也. 上六, 難終之地, 不宜更有所往, 往則長難, 故曰“往蹇”也. 來則難終, 難終則衆難皆濟, 志大得矣, 故曰“碩吉”也.[1] 險夷難解, 大道可興, 宜見大人, 以弘道化, 故曰“利見大人”也.[2]

1) 來則難終……故曰碩吉也 : ‘碩’을 王弼과 孔穎達은 ‘뜻을 크게 얻음’으로 보았는데, 아래 〈象傳〉의 疏를 참고하면 ‘九三에 응하는 것’을 ‘뜻을 얻음’으로 해석함을 알 수 있다.

반면 程伊川은 ‘碩’을 ‘寬裕(관대하고 여유로움)’로 보고, “上六은 陰柔로서 蹇의 極에 처하였으니 지극히 험함을 무릅쓰고 가면 어렵고, 가지 않고 와서 九五를 따르고 九三을 구하면 剛陽의 도움을 얻으리니, 이 때문에 여유로운 것이다. 蹇의 道는 困하고 막히고 窮하고 위축되는데, 碩은 큼이니 寬裕를 일컫는다. 오면 寬大하여 그 어려움이 풀릴 것이다. 蹇의 上極은 蹇을 벗어날 길이 있으나 上六이 陰柔이기 때문에 벗어나지 못하며, 剛陽의 도움을 얻으면 어려움을 늦출 수 있을 뿐이니, 어려움이 지극한 때에 있으면서 늦춤을 얻으면 길하다.〔六以陰柔居蹇之極 冒極險而往 所以蹇也 不往而來 從五求三 得剛陽之助 是以碩也 蹇之道 厄塞窮蹙 碩 大也 寬裕之稱 來則寬大 其蹇紓矣 蹇之極 有出蹇之道 上六以陰柔故 不得出 得剛陽之助 可以紓蹇而已 在蹇極之時 得紓則爲吉矣〕”라고 하였다.

朱子는 ‘碩’을 ‘큰 功이 있음’으로 보고 “이미 卦의 極에 있어 가면 갈 곳이 없으니 더욱 어려울 뿐이요, 와서 九五에 나아가 더불어 어려움을 구제하면 큰 功이 있을 것이다.〔在卦極 往无所之 益以蹇耳 來就九五 與之濟蹇 則有碩大之功〕”라고 하였는바, 朱子의 해석은 〈象傳〉의 “大人을 만나봄이 길함은 가면 功이 있는 것이다.〔利見大人 往有功也〕”를 반영한 것으로 보인다.

2) 險夷難解……故曰利見大人也 : 爻辭의 注와 疏에는 大人이 무엇을 가리키는지 분명하게 언급하지 않았지만, 아래 〈象傳〉의 注疏를 보면 王弼과 孔穎達은 大人을 九三으로 본 듯하다. 반면 程伊川과 朱子는 모두 大人은 九五를 가리키는 것으로 보았다.

正義曰 : 碩은 큼이다.

上六은 難이 끝나는 자리이니, 다시 갈 바를 두어서는 안 되니, 가면 어려움이 자라난다. 그러므로 “가면 어렵다.”라고 한 것이다.

오면 어려움이 끝나니, 어려움이 끝나면 여러 어려움이 다 구제되어서 뜻을 크게 얻게 된다. 그러므로 “커서 길하다.”라고 한 것이다.

험한 것이 평탄해지고 어려움이 해결되어서 大道를 일으킬 수 있으니, 마땅히 大人을 만나보아 道의 교화를 넓혀야 한다. 그러므로 “大人을 만나봄이 이롭다.”라고 한 것이다.

象曰 往蹇來碩은 志在內也요

〈象傳〉에 말하였다.

"'가면 어렵고 오면 큼'은 뜻이 안에 있는 것이요,

【注】有應在內하여 往則失之하고 來則志獲하니 志在內也라

應이 안에 있어서 가면 이것(應)을 잃고 오면 뜻을 얻으니, 뜻이 안에 있는 것이다.

【疏】正義曰:'志在內也'者, 有應在三, 是志在內也.[1] 應旣在內, 往則失之, 來則得之, 所以往則有蹇, 來則碩吉也.

　　1) 志在內也者……是志在內也:'志在內也'를 王弼과 孔穎達은 '正應인 九三이 안에 있음' 을 가리켜 한 말이라고 보았다.

　　程伊川은 '上六이 九五를 따름'을 가리켜 한 말로 보고, "上六이 九三과 應인데 九五 를 따르니, 이는 뜻이 안에 있는 것이다. 蹇이 이미 지극한데 도와주는 이가 있기 때문 에 여유가 있어 길한 것이다. 上六이 陰柔로서 蹇의 極을 당하여 剛陽中正의 군주를 매 우 가까이하니, 자연 그 뜻이 따르고 붙어 스스로 구제하기를 바랄 것이다.〔上六應三而 從五 志在內也 蹇旣極而有助 是以碩而吉也 六以陰柔 當蹇之極 密近剛陽中正之君 自然其志從 附 以求自濟〕"라고 하였다.

　　正義曰:〔志在內也〕應이 九三에 있으니, 이는 뜻이 안에 있는 것이다. 應이 이미 안 에 있어서 가면 應을 잃고 오면 應을 얻으니, 이 때문에 가면 어려움이 있고 오면 커서 吉한 것이다.

利見大人은 以從貴也라

'大人을 봄이 이로움'은 貴함을 따르는 것이다."

【疏】正義曰:貴, 謂陽也. 以從陽, 故云"以從貴也."

　　正義曰:貴는 陽을 이른다. 陽을 따르기 때문에 "貴함을 따른다."라고 한 것이다.

40. 解䷧ 坎下震上

解는 利西南하니라

解는 西南이 이롭다.

【注】西南은 衆也니 解難濟險이면 利施於衆(遇)〔也〕[1]요 (難)〔亦〕[2]不困于東北이라 故로 不言不利東北也라

1) (遇)〔也〕: 저본에는 '遇'로 되어 있으나, 岳本・閩本・監本・毛本에 의거하여 '也'로 바로잡았다.〔阮刻本 참조〕
2) (難)〔亦〕: 저본에는 '難'으로 되어 있으나, 岳本・閩本・監本・毛本에 의거하여 '亦'으로 바로잡았다.〔阮刻本 참조〕

西南은 여럿이니, 어려움을 풀고 험함을 구제하면 이로움이 여러 사람에게 베풀어지고, 또한 東北에서도 곤궁하지 않았다. 그러므로 "東北이 이롭지 않다."고 말하지 않은 것이다.

【疏】正義曰：解者, 卦名也. 然解有兩音, 一音, 古買反, 一音, 胡買反, 解(개)謂解難之初, 解(해)謂旣解之後. 象稱"動而免乎險", 明解衆難之時, 故先儒皆讀爲解(개). 序卦云 "物不可以終難, 故受之以解, 解者, 緩也", 然則解者, 險難解釋, 物情舒緩, 故爲解(해) 也. '解 利西南'者, 西南, 坤位, 坤是衆也. 施解於衆, 則所濟者弘, 故曰"解利西南"也.

正義曰：〔解〕卦의 이름이다. 그러나 解에는 두 音이 있으니, 한 音은 '개〔古買反〕'이고 한 音은 '해〔胡買反〕'이니, 解(개)는 어려움을 푸는 초기를 이르고, 解(해)는 어려움을 푼 뒤를 이른다. 〈象傳〉에 "動하여 험함을 면한다."라고 한 것은 여러 어려움을 풀 때를 밝힌 것이다. 그러므로 先儒가 모두 '解(개)'로 읽었고, 〈序卦傳〉에 "물건은 끝내 어려울 수 없다. 그러므로 解(해)로 받았으니, 解는 느슨함이다."라고 하였으니, 그렇다면 여기의 解는 험난함이 풀어지고 물건의 情이 舒緩(풀어지고 느슨함)한 것이다. 그러므로 '解(해)'가 되는 것이다.

〔解 利西南〕'西南'은 坤의 방위이니, 坤은 바로 무리이다. 解를 여러 사람(무리)에게 베풀면 구제되는 자가 많다. 그러므로 "解는 西南이 이롭다."라고 한 것이다.

无所往이어든 其來復이 吉하고 有攸往이어든 夙吉이니라

갈 바(가서 풀 만한 어려움)가 없거든 와서 돌아옴(회복함)이 길하고, 갈 바(가서 풀 만한 어려움)가 있거든 일찍 가는 것이 길하다.

【注】未有善於解難而迷於處安也라 解之爲義 解難而濟厄者也니 无難可往以解하여 來復則不失中이요 有難而往이면 則以速爲吉者니 无難則能復其中이요 有難則能濟其厄也라

어려움을 풀기를 잘하고서 편안함에 처함에 혼미한 자는 있지 않다. 解의 뜻은 어려움을 풀고 困厄을 구제하는 것이니, 가서 풀 만한 어려움이 없어서 와서 돌아오면 中을 잃지 않고, 가서 풀 만한 어려움이 있으면 빨리 가서 해결하는 것을 吉함으로 삼는다. 어려움이 없으면 능히 中을 회복하고, 어려움이 있으면 능히 곤궁함을 구제하는 것이다.

【疏】正義曰 : '无所往'者, 上言解難濟險, 利施於衆, 此下, 明救難之時, 誡其可否. 若无難可往, 則以來復爲吉, 若有難可往, 則以速赴爲善, 故云"无所往, 其來復吉, 有攸往, 夙吉." 設此誡者, 褚氏云"世有无事求功, 故誡以无難宜靜, 亦有待敗乃救, 故誡以有難須速也."

正義曰 : 〔无所往〕위에서는 어려움을 풀고 험함을 구제함은 여러 사람에게 베풂이 이롭다고 말한 것이고, 이 아래는 어려움을 구제하는 때에 그 可否를 경계함을 밝힌 것이다. 만약 가서 풀 만한 어려움이 없으면 와서 돌아옴을 吉함으로 삼고, 만약 가서 풀 만한 어려움이 있으면 빨리 달려가는 것을 좋음으로 여긴다. 그러므로 "갈 바가 없거든 와서 돌아옴이 길하고, 갈 바가 있거든 일찍 가는 것이 길하다."라고 한 것이다.

이 경계를 베푼 것에 대하여, 褚氏(褚仲都)는 "세상에 일이 없이 功을 구하는 자가 있으므로 어려움이 없으면 마땅히 고요해야 한다고 경계한 것이요, 또한 실패하기를 기다린 뒤에 마침내 구원함이 있으므로 어려움이 있으면 모름지기 속히 해결하라고 경계한 것이다."라고 하였다.

彖曰 解는 險以動하니 動而免乎險이 解라

〈彖傳〉에 말하였다.

"解는 험하고 동하니, 동하여 험함을 면함이 解이다.

【注】動乎險外故로 謂之免이요 免險則解故로 謂之解라

험한 밖에서 동하므로 "면한다."라고 하였고, 험함을 면하면 어려움이 풀리므로 '解'라고 하였다.

【疏】正義曰 : 此就二體, 以釋卦名. 遇險不動, 无由解難, 動在險中, 亦未能免咎, 今動於險外, (即見免說於險)〔即是免脫於險〕[1], 所以爲解也.

1) (即見免說於險)〔即是免脫於險〕 : 저본에는 '即見免說於險'으로 되어 있으나, 閩本・監本・毛本에 의거하여 '即是免脫於險'으로 바로잡았다.〔阮刻本 참조〕

正義曰 : 이는 두 體를 가지고 卦의 이름을 해석한 것이다. 험함을 만나 동하지 않으면 어려움을 풀 방법이 없고, 동함이 험한 가운데에 있으면 또한 허물을 면하지 못하는데, 이제 험한 밖에서 동하니 이는 바로 험함을 면하고 벗어나는 것이다. 이 때문에 卦의 이름을 '解'라 한 것이다.

解利西南은 往得衆也요 其來復吉은 乃得中也요 有攸往夙吉은 往有功也라 天地解而雷雨作하고 雷雨作而百果草木이 皆甲(坼)〔坼〕[1]하나니

1) (坼)〔坼〕 : 저본에는 '坼'로 되어 있으나, 石經・岳本・錢本에 의거하여 '坼'으로 바로잡았다. 아래의 注와 疏도 같다.〔阮刻本 참조〕

'解는 西南이 이로움'은 가면 무리를 얻는 것이요, '와서 돌아옴이 길함'은 바로 中을 얻은 것이요, '갈 바가 있으면 일찍 감이 길함'은 가서 功이 있는 것이다. 天地가 풀어짐에 우레와 비가 일어나고, 우레와 비가 일어남에 온갖 과일과 초목이 모두 껍질이 터져 〈싹이 나오니,〉

【注】天地否(비)結이면 則雷雨不作이요 交通感散이라야 雷雨乃作也라 雷雨之作이면 則險厄者亨하고 否結者散이라 故로 百果草木이 皆甲(坼)〔坼〕也라

하늘과 땅이 막히고 뭉치면 우레와 비가 일어나지 않고, 서로 통하고 감동하여 흩어져

야 우레와 비가 비로소 일어난다. 우레와 비가 일어나면 험하고 곤궁한 자가 형통하고, 막히고 뭉친 자가 흩어진다. 그러므로 온갖 과일과 초목이 다 껍질이 터지는 것이다.

【疏】'解利西南'至'百果草木皆甲坼' ○ 正義曰：'解利西南 往得衆'者, 解之爲義, 兼濟爲美, 往之西南, 得施解於衆, 所以爲利也. '其來復吉 乃得中也'者, 无難可解, 退守靜默, 得理之中, 故云"乃得中也." '有攸往 夙吉 往有功也'者, 解難能速, 則不失其幾, 故往有功也. '天地解而雷雨作 雷雨作而百果草木皆甲 (圻)〔坼〕'者, 此因震·坎有雷雨之象, 以廣明解義. 天地解緩, 雷雨乃作, 雷雨旣作, 百果草木皆孚甲開坼, 莫不解散也.

經의 〔解利西南〕에서 〔百果草木皆甲坼〕까지

○ 正義曰：〔解利西南 往得衆〕 解의 뜻이 겸하여 구제함을 아름다움으로 여기는데, 西南쪽으로 가서 여러 사람에게 解를 베풂을 얻으니, 이 때문에 이로움이 된 것이다.

〔其來復吉 乃得中也〕 풀 만한 어려움이 없어서 물러나 고요함과 침묵을 지켜서 이치의 알맞음〔中〕을 얻었다. 그러므로 "바로 中을 얻은 것이다."라고 한 것이다.

〔有攸往 夙吉 往有功也〕 어려움을 풀기를 속히 하면 그 기회를 잃지 않는다. 그러므로 가면 功이 있는 것이다.

〔天地解而雷雨作 雷雨作而百果草木皆甲坼〕 이는 震과 坎에 우레와 비의 象이 있음을 인하여 解의 뜻을 넓혀 밝힌 것이다. 天地의 기후가 풀어져 느슨하면 우레와 비가 마침내 일어나고, 우레와 비가 이미 일어나면 온갖 과일과 초목이 다 껍질이 터져서 解散(풀리고 흩어짐)하지 않음이 없는 것이다.

解之時大矣哉라

解의 때가 크다."

【注】 无(圻)〔坼〕[1]而不釋也라 難解之時요 非治難時라 故로 不言用이요 體盡於解之名하여 无有幽隱이라 故로 不曰義라

1) (圻)〔坼〕：저본에는 '圻'로 되어 있으나, 阮刻本 〈校勘記〉에 "살펴보건대, '圻'는 마땅히 '坼'이 되어야 한다."라고 한 것에 의거하여 '坼'으로 바로잡았다.

터지면서 풀리지 않음이 없는 것이다. 어려움을 푸는 때요, 어려움을 다스리는 때가 아니다. 그러므로 '用'을 말하지 않은 것이다. 卦體가 解의 이름에 다 노출되어서 그윽하

고 숨겨짐이 없으므로 '義'를 말하지 않은 것이다.

【疏】正義曰 : 結歎解之大也. 自天地至於草木, 无不有解, 豈非大哉.

正義曰 : 解의 큼을 맺어 감탄한 것이다. 天地로부터 草木에 이르기까지 풀리지 않음이 없으니, 어찌 크지 않겠는가.

象曰 雷雨作이 解니 君子以赦過宥罪하나니라

〈象傳〉에 말하였다. "우레와 비가 일어남이 解卦이니, 君子가 보고서 잘못을 赦免하고 罪를 너그럽게 처리한다."

【疏】正義曰 : 赦, 謂放免. 過, 謂誤失. 宥, 謂寬宥. 罪, 謂故犯. 過輕則赦, 罪重則宥, 皆解緩之義也.

正義曰 : 赦는 사면을 이르고, 過는 誤失(과오와 잘못)을 이른다. 宥는 관대함을 이르고, 罪는 고의로 죄를 저지름을 이른다.

허물이 가벼우면 사면하고 죄가 무거우면 관대히 처리함은 모두 解緩의 뜻이다.

初六은 无咎하니라

初六은 허물이 없다.

【注】解者는 解也니 屯難盤結이 於是乎解也라 處塞難始解之初하고 在剛柔始散之際하여 將赦罪厄하여 以夷其險하니 處此之時하여 不煩於位而无咎也라

解는 풀림이니, 어려움이 얽히고 뭉쳤던 것이 이때에 풀리는 것이다. 어려움이 처음 풀리는 초기에 처하고 剛과 柔가 처음 흩어지는 즈음에 있어서 장차 죄를 짓고 곤액을 당한 자를 사면하여 그 험함을 평이하게 하니, 이때에 처하여 자리에 번거롭지 않아서 허물이 없는 것이다.

【疏】正義曰 : 夫險難未夷, 則賤弱者受害, 然則塞難未解之時, 柔弱者不能无咎, 否結旣釋之後, 剛强者不復陵暴. 初六處塞難始解之初, 在剛柔始散之際, 雖以柔弱, 處无位之地, 逢此之時, 不慮有咎, 故曰"初六, 无咎"也.

正義曰 : 험난함이 평이해지기 전에는 천하고 약한 자가 害를 받으니, 그렇다면 어려움이 풀리지 않았을 때에는 柔弱한 자가 허물이 없지 못하나, 막히고 뭉친 것이 이미 풀어진 뒤에는 剛强한 자가 다시는 〈천하고 약한 자를〉 능멸하거나 그들에게 포악을 부리지 않는다. 初六이 어려움이 처음 풀리는 초기에 처하고 剛과 柔가 처음 흩어지는 즈음에 있어서, 비록 柔弱함으로 지위가 없는 자리에 처하였으나 이때를 만나서 허물이 있음을 염려할 것이 없다. 그러므로 "初六은 허물이 없다."라고 한 것이다.

象曰 剛柔之際는 義无咎也니라

〈象傳〉에 말하였다. "剛과 柔의 즈음은 이치상 허물이 없는 것이다."

【注】 或有過咎면 非其理也니 義는 猶理也라

혹 허물이 있으면 그 이치가 아니니, 義는 理와 같다.

【疏】 正義曰 : '義无咎'者, 義, 猶理也. 剛柔旣散, 理必无咎, 或有過咎, 非理之當也, 故曰"義无咎也."[1]

1) 剛柔旣散……故曰義无咎也 : '剛柔之際'를 王弼과 孔穎達은 '剛과 柔가 흩어지는 즈음'으로 보았다.
程伊川은 '剛과 柔가 交際함'으로 보았는바, ≪程傳≫은 다음과 같다. "初六과 九四가 서로 응하니, 이는 剛과 柔가 서로 교제하고 접하는 것이다. 剛과 柔가 서로 교제하여 그 마땅함을 얻었으니, 어려움이 이미 풀리고 대처함에 剛·柔가 마땅함을 얻으면 그 義에 허물이 없는 것이다.〔初四相應 是剛柔相際接也 剛柔相際 爲得其宜 難旣解而處之 剛柔得宜 其義无咎也〕"

正義曰 : 〔義无咎〕 '義'는 理와 같다. 剛과 柔가 이미 흩어지면 이치상 반드시 허물이 없으니, 혹 허물이 있음은 이치의 마땅한 것이 아니다. 그러므로 "이치상 허물이 없다."라고 한 것이다.

【疏】 ○注 '有過咎' 至 '義猶理也' ○ 正義曰 : '或有過咎 非其理也'者, 或本, 无此八字.

○ 注의 〔有過咎〕에서 〔義猶理也〕까지
○ 正義曰 : 〔或有過咎 非其理也〕 어떤 本에는 이 여덟 자가 없다.

九二는 田獲三狐하여 得黃矢하니 貞吉하도다

九二는 사냥하여 세 마리의 여우를 잡아서 누런 화살을 얻었으니, 貞하여 吉하도다.

【注】狐者는 隱伏之物也라 剛中而應하여 爲五所任하고 處於險中하여 知險之情하니 以斯解物이면 能獲隱伏也라 故로 曰 田獲三狐也라하니라 黃은 理中之稱也요 矢는 直也니 田而獲三狐하면 得乎理中之道하여 不失枉直之實하여 能全其正者也라 故로 曰 田獲三狐하여 得黃矢니 貞吉也라하니라

여우는 숨어 엎드려 있는 물건이다. 剛이 中에 있고 〈六五에〉 應하여 六五에게 신임을 받고, 험한 가운데에 처하여 험한 실정을 아니, 이런 방법으로 물건을 풀어주면 숨어 엎드려 있는 것을 잡을(찾아낼) 수 있다. 그러므로 "사냥하여 세 마리의 여우를 잡는다."라고 한 것이다.

'黃'은 이치의 알맞음을 이르고 '화살'은 곧은 것이니, 사냥하여 세 마리의 여우를 잡으면 이치의 알맞은 道를 얻어서 굽고 곧은 실제를 잃지 아니하여 능히 바름을 온전히 하는 자이다. 그러므로 "사냥하여 세 마리의 여우를 잡아서 누런 화살을 얻었으니, 貞하여 吉하다."라고 한 것이다.

【疏】正義曰 : '田獲三狐'者, 狐, 是隱伏之物. 三爲成數, 擧三言之, 搜獲(懽)〔備〕[1] 盡.[2] 九二以剛居中而應於五, 爲五所任, 處於險中, 知險之情, 以斯解險, 无險不濟, 能獲隱伏, 如似田獵而獲窟中之狐, 故曰"田獲三狐."[3] '得黃矢 貞吉'者, 黃, 中之稱, 矢, 直也. 田而獲三狐, 得乎理中之道, 不失枉直之實, 能全其正者也, 故曰"得黃矢, 貞吉"也.

1) (懽)〔備〕: 저본에는 '懽'으로 되어 있으나, 毛本에 의거하여 '備'로 바로잡았다.〔阮刻本 참조〕

2) 三爲成數……搜獲(懽)〔備〕盡 : 成數는 일반적으로 '擧成數'라는 말로 쓰이는데, 이는 작은 數를 다 들지 않고 큰 數만을 거론하는 것을 이르는바, 예컨대 〈周易正義序〉에 "復卦는 剝盡으로부터 陽氣가 와서 회복할 때에 이르기까지 坤의 한 卦의 6일 7푼이 떨어져 있는데 成數를 들어 말했으므로 王輔嗣가 '모두 7일이다.'라고 말한 것이다.〔是從剝盡至陽氣來復 隔坤之一卦六日七分 擧成數言之 故輔嗣言凡七日也〕라고 한 것과 같다. 여기서는 3이 완성된 數임을 강조하여 成數라 한 것으로 보인다. 옛날에 3은 天·地·人의 三才를 의미하여 冠禮도 三加를 하고 제사의 술잔도 三獻을 하고 사양도 세 번을 하였

는바, '三狐'의 三 역시 숨어 있는 모든 것을 다 찾아내어 색출함을 말한 것이다.

3) 九二以剛居中而應於五……故曰田獲三狐 : '狐'를 王弼과 孔穎達은 다만 '숨어 엎드려 있는 물건'이라고만 하고, 그것이 무엇을 가리키는지 설명하지는 않았다. 王弼과 孔穎達의 해석에서 '田獲三狐'는 '숨어 있는 물건까지 모두 잡는 것처럼 모든 험함을 구제함'의 의미가 된다.

　　반면 程伊川은 '狐'를 나쁜 짐승으로, '田'을 害를 제거하는 일로 보아 '田獲三狐'에 대하여, "세 마리의 여우는 卦의 세 陰爻를 가리키니, 당시의 小人이다. 獲은 변화시키고 제거하기를 사냥에서 여우를 잡는 것과 같이 함을 말한 것이다.〔三狐 指卦之三陰 時之小人也 獲 謂能變化除去之 如田之獲狐也〕"라고 하였는바, 六五가 陰柔의 군주여서 소인들에게 현혹되기가 쉬우므로 九二가 이들을 제거하여야 한다고 본 것이다.

　　朱子는 "이 爻의 象을 취한 뜻은 未詳이다. 혹자는 말하기를 '卦가 모두 네 陰爻인데, 이 중에 六五의 君位를 제하면 나머지 세 陰爻가 바로 세 마리 여우의 象이다.'라고 한다. 이 爻는 사냥을 점치는 吉占이 되고 또 邪媚를 제거하여 中直을 얻는 象이 되니, 그 바름을 지키면 吉하지 않음이 없으리라.〔此爻取象之意 未詳 或曰 卦凡四陰 除六五君位 餘三陰 卽三狐之象也 大抵此爻爲卜田之吉占 亦爲去邪媚而得中直之象 能守其正 則无不吉矣〕"라고 하였는바, 세 마리 여우의 象은 未詳이라고 하였으나 '여우를 잡음'을 '바르지 않음을 제거함'의 의미로 본 것은 程伊川과 같다.

　　正義曰 :〔田獲三狐〕'狐'는 숨어 엎드려 있는 물건이다. '三'은 成數가 되니, 三을 들어 말했으면 수색하여 잡는 것이 두루 다한 것이다. 九二가 剛으로서 中에 거하고 六五에 應하여 六五에게 신임을 받으며, 험한 가운데에 처하여 험한 실정을 아니, 이런 방식으로 험함을 풀면 아무리 험한 곳도 구제하지 못함이 없어서 능히 숨고 엎드려 있는 것을 잡을 수 있으니, 마치 사냥하여 굴 속에 있는 여우를 잡는 것과 같다. 그러므로 "사냥하여 세 여우를 잡는다."라고 한 것이다.

　　〔得黃矢 貞吉〕'黃'은 中을 이르고, '矢'는 곧은 것이다. 사냥하여 세 여우를 잡으면 이치의 알맞은 道를 얻어서 굽고 곧은 실제를 잃지 아니하여 능히 바름을 온전히 하는 자이다. 그러므로 "누런 화살을 얻었으니, 貞하여 吉하다."라고 한 것이다.

象曰 九二貞吉은 得中道也일새라

〈象傳〉에 말하였다. "九二가 貞하여 吉함은 中道를 얻었기 때문이다."

【疏】正義曰 : '得中道也'者, 明九二位旣不當, 所以得貞吉者, 由處於中, 得乎理中之道故也.

正義曰：〔得中道也〕九二가 자리는 비록 마땅하지 않으나 '貞吉'을 얻은 까닭은 中에 처하여 이치의 알맞은 道를 얻었기 때문임을 밝힌 것이다.

六三은 負且乘이라 致寇至니 貞吝이리라

六三은 지고 또 타고 있는지라 盜賊이 오도록 불렀으니, 正道가 鄙賤하게 여기리라.

【注】處非其位하고 履非其正하여 以附於四하니 用夫柔邪以自媚者也라 乘二負四하여 以容其(爲)〔身〕[1]이라 寇之來也는 自己所致니 雖幸而免이나 正之所賤也라

1) (爲)〔身〕：저본에는 '爲'로 되어 있으나, 毛本에 의거하여 '身'으로 바로잡았다.〔阮刻本 참조〕

처함이 正位가 아니고 밟고 있는 것이 正位가 아니면서 九四에 붙어 있으니, 유순함과 간사함을 사용하여 스스로 아첨하는 자이다. 九二를 타고 九四를 짊어져서 자기 몸을 용납한다. 도둑이 옴은 자신이 불러들인 것이니, 비록 요행히 화를 면하나 正道가 천하게 여기는 것이다.

【疏】正義曰：'負且乘 致寇至'者, 六三(夫)〔失〕[1]正无應, 下乘於二, 上附於四, 卽是用夫邪佞以自說(열)媚者也. 乘者, 君子之器也, 負者, 小人之事也,[2] 施之於人, 卽在車騎之上, 而負於物也.[3] 故寇盜知其非己所有, 於是競欲奪之, 故曰"負且乘, 致寇至"也.[4] '貞吝'者, 負乘之人, 正其所鄙, 故曰"貞吝"也.[5]

1) (夫)〔失〕：저본에는 '夫'로 되어 있으나, 글 뜻에 의거하여 '失'로 바로잡았다.

2) 乘者……小人之事也 : 이 내용은 〈繫辭傳〉에 다음과 같이 보인다. "孔子께서 말씀하였다. '易을 지은 자는 도적이 생기는 이유를 알았을 것이다. 易에 이르기를 「지고 또 타고 있는지라 도적이 오도록 불렀다.」 하였으니, 지는 것은 小人의 일이요 타는 것은 君子의 器物이니, 소인으로서 군자의 기물을 타고 있다. 이 때문에 도적이 〈소인의 기물을〉 빼앗을 것을 생각하며, 〈소인이 지위를 얻으면〉 윗사람을 소홀히 하고 아랫사람을 사납게 대한다. 이 때문에 도적이 〈소인을〉 칠 것을 생각하는 것이다. 보관을 허술하게 함은 도적질을 가르치는 것이며, 여자가 모양을 치장함이 남자에게 간음을 가르치는 것이니, 易에 「지고 또 타고 있는지라 도적이 오도록 불렀다.」 하였으니, 도적을 불러들이

는 것이다.〔子曰 作易者其知盜乎 易曰 負且乘 致寇至 負也者 小人之事也 乘也者 君子之器也 小人而乘君子之器 盜思奪之矣 上慢下暴 盜思伐之矣 慢藏 誨盜 冶容 誨淫 易曰 負且乘 致寇至 盜之招也〕라고 보인다.

3) 卽在車騎之上 而負於物也 : '수레와 기마 위에 있음'은 六三이 九二를 타고 있음을 말하고, '물건을 짊어짐'은 六三이 九四를 지고 있음을 말한다.

4) 負且乘 致寇至也 : '負且乘'을 王弼과 孔穎達은 '六三이 九四를 지고 있으면서 또 九二를 타고 있는 것'으로 보았는데, 程伊川은 "六三은 陰柔가 下體의 위에 거하여 처함이 正位가 아니니, 小人은 마땅히 아래에 있으면서 짐을 져야 하는데 또 수레를 타고 있어서 그 차지할 자리가 아님과 같으니, 반드시 도적의 빼앗음이 이르게 될 것이다.〔六三 陰柔居下之上 處非其位 猶小人宜在下以負荷 而且乘車 非其據也 必致寇奪之至〕"라고 하여, '負且乘'을 '지고 있어야 하는데 타고 있음'으로 해석하였다.

5) 貞吝者……故曰貞吝也 : '貞吝'을 王弼과 孔穎達은 '六三이 九四에게 아첨하므로 正道가 六三을 鄙賤하게 여김'으로 해석하였는데, 程伊川은 '六三이 小人으로서 높은 지위를 도둑질하였으므로 올바른 일을 하더라도 끝내 부끄럽게 됨'의 의미로 보았으며, 朱子는 '六三이 비록 그 지위를 正道로 얻더라도 부끄러울 만함'의 의미로 보았다.

正義曰 :〔負且乘 致寇至〕六三이 正位를 잃고 應이 없으며, 아래로 九二를 타고 위로 九四에 붙어 있으니, 바로 간사함과 말재주를 사용하여 스스로 기쁘게 하고 아첨하는 자이다. '乘'은 君子의 기물이고 '負'는 小人의 일이니, 이것을 사람에게 베풀면 바로 수레와 기마의 위에 있으면서 물건을 짊어지고 있는 것이다. 그러므로 도둑이 자기(六三)의 소유가 아닌 줄을 알고서 이에 다투어 빼앗고자 한다. 그러므로 "지고 또 타고 있으니, 盜賊이 오도록 불렀다."라고 한 것이다.

〔貞吝〕지고 탄 사람은 正道가 鄙賤하게 여기는 바이다. 그러므로 "正道가 鄙賤하게 여기리라."라고 한 것이다.

象曰 負且乘은 亦可醜也요 自我致戎하니 又誰咎也리오

〈象傳〉에 말하였다. "지고 또 탐은 또한 추악할 만한 것이요, 자신이 도적을 불렀으니 또 누구를 허물하겠는가."

【疏】正義曰 : '亦可醜也'者, 天下之醜多矣, 此是其一, 故曰"亦可醜也." '自我致戎 又誰咎也'者, 言此寇(雖)〔難〕[1], 由己之招, 非是他人致此過咎, 故曰"又誰咎也."

1) (雖)〔難〕: 저본에는 '雖'로 되어 있으나, 錢本·宋本에 의거하여 '難'으로 바로잡았다.

〔阮刻本 참조〕

正義曰：〔亦可醜也〕 천하의 추악한 일이 많은데 이것도 그중에 하나이다. 그러므로 "또한 추악할 만한 것이다."라고 한 것이다.

〔自我致戎 又誰咎也〕 이 寇難이 자기의 부름에 말미암은 것이요, 타인이 이 허물을 불러온 것이 아님을 말하였다. 그러므로 "또 누구를 허물하겠는가."라고 한 것이다.

九四는 解而拇하면 朋至斯孚리라

九四는 네 엄지발가락을 풀면 벗이 이르러 믿으리라.

【注】失位不正而比於三이라 故로 三得附之하여 爲其拇也니 三爲之拇면 則失初之應이라 故로 解其拇然後에 朋至而信矣라

正位를 잃어 바르지 못하면서 六三에 가까이 있다. 그러므로 六三이 자신에게 붙어서 엄지발가락이 된 것이니, 六三이 엄지발가락이 되면 初六의 應을 잃는다. 그러므로 그 엄지발가락을 푼 뒤에야 벗이 이르러 믿는 것이다.

【疏】正義曰：而, 汝也.[1] 拇, 足大指也. 履於不正, 與三相比, 三從下來附之, 如指之附足, 四有應在初, 若三爲之拇, 則失初之應, 故必解其拇, 然後朋至而信, 故曰"解而拇, 朋至斯孚."[2]

1) 而 汝也：程伊川과 朱子는 '而'를 어조사로 보아 특별히 해석하지 않았는데, 退溪(李滉)는 ≪經書釋義≫에서 "拇를 解하면"과 "解호되 而拇를 하면"의 두 해석을 제시하고 "혹 而자를 해석하지 않기도 하니, 어느 것이 옳은지 자세하지 않다.〔或不釋而字 未詳是否〕"라고 하였다.

2) 履於不正……朋至斯孚：王弼과 孔穎達은 '拇'를 六三으로, '朋'을 初六으로 보았다.
　　程伊川과 朱子는 '拇'를 初六으로, '朋'을 陽剛君子로 보았다. ≪程傳≫은 다음과 같다. "九四가 陽剛의 재질로 높은 지위에 거하여 六五의 군주를 받들고 있으니 大臣인데, 아래로 初六의 陰과 應이 된다. 拇는 아래에 있으면서 작은 것이니, 初六을 이른다. 높은 지위에 거하여 소인을 가까이하면 賢人과 正士가 멀리 물러갈 것이요, 소인을 배척하여 버리면 君子의 黨이 나와서 진실로 서로 뜻이 맞을 것이다. 九四가 初六의 陰柔를 풀어버리면 陽剛君子의 벗이 와서 진실로 합할 것이요, 소인을 풀어버리지 않으면 자기의 정성이 지극하지 못한 것이니, 어찌 남의 믿음을 얻겠는가. 初六은 九四의 應이

기 때문에 멀리함을 일러 풀어버린다고 한 것이다.〔九四以陽剛之才 居上位 承六五之君 大臣也 而下與初六之陰爲應 拇 在下而微者 謂初也 居上位而親小人 則賢人正士遠退矣 斥去小人 則君子之黨 進而誠相得也 四能解去初六之陰柔 則陽剛君子之朋 來至而誠合矣 不解去小人 則己之誠未至 安能得人之孚也 初六其應 故謂遠之爲解〕"

正義曰 : 而는 너이다. 拇는 발의 큰 발가락이다.

〈九四가〉 바르지 못한 자리를 밟고 있으면서 六三과 서로 가까우니, 六三이 아래에서 와 붙는 것이 마치 발가락이 발에 붙어 있는 것과 같다. 九四는 應이 初六에 있는데 만약 六三이 자기 발가락이 되면 初六의 應을 잃는다. 그러므로 반드시 그 발가락을 푼 뒤에야 벗이 와서 믿는다. 그러므로 "네 엄지발가락을 풀면 벗이 이르러 믿으리라."라고 한 것이다.

象曰 解而拇는 未當位也일새라

〈象傳〉에 말하였다. "'네 엄지발가락을 풂'은 자리에 마땅하지 않기 때문이다."

【疏】正義曰 : '未當位'者, 四若當位履正, 卽三爲邪媚之身, 不得附之也, 旣三不得附四, 則无所解, 今須解拇, 由不當位也.

正義曰 :〔未當位〕九四가 만약 자리에 마땅하여 正位를 밟고 있으면 六三은 간사하고 아첨하는 몸이 되어서 붙을 수가 없으니, 이미 六三이 九四에 붙지 못하면 풀 것이 없지만 지금 모름지기 발가락을 푸는 것은 자리에 마땅하지 않기 때문이다.

六五는 君子維有解하여 吉하니 有孚于小人이리라

六五는 君子가 풂이 있어서 吉하니, 小人에게 믿음이 있으리라.

【注】居尊履中而應乎剛하여 可以有解而獲吉矣라 以君子之道로 解難釋險이면 小人雖間이나 猶知服之而无怨矣라 故로 曰 有孚于小人也라하니라

尊位에 거하고 中을 밟고 剛에 應하여 풂이 있어서 吉함을 얻을 수 있다. 君子의 道로써 어려움을 풀고 험함을 풀면 小人이 비록 이간질하나 오히려 복종할 줄을 알아 원망이 없다. 그러므로 "小人에게 믿음이 있다."고 한 것이다.

【疏】正義曰 : '君子維有解 吉'者, 六五居尊履中而應於剛, 是有君子之德. 君子當此之時, 可以解於險難. 維, 辭也. 有解於難, 所以獲吉, 故曰"君子維有解, 吉"也. '有孚于小人'者, 以君子之道解難, 則小人皆信服之. 故曰"有孚于小人"也.[1]

> 1) 有孚于小人者……故曰有孚于小人也 : '有孚于小人'을 王弼과 孔穎達은 '소인에게 믿음이 있음', 즉 '소인이 六五를 믿고 복종함'의 뜻으로 해석하였는바, 이는 '君子維有解'의 '解'를 '어려움과 험함을 풂'으로 본 것에서 연유한다.
> 　　반면 程伊川과 朱子는 "君子維有解'의 '解'를 '소인을 풀어버려서 떠나가게 함'의 뜻으로 보아 '有孚于小人'을 '소인에게서 징험함이 있음'으로 해석하였는바, 군자가 소인을 풀어버렸음을 소인이 떠나감에서 징험한다는 의미로 본 것이다.

正義曰 : 〔君子維有解 吉〕六五가 尊位에 거하고 中을 밟고 剛에 應하니, 이는 君子의 德이 있는 것이다. 君子가 이때를 당하여 험난함을 풀 수 있다. '維'는 어조사이다. 험난함을 풀 수 있으니, 이 때문에 吉함을 얻는다. 그러므로 "君子가 풂이 있어서 吉하다."고 한 것이다.

〔有孚于小人〕君子의 道로써 어려움을 풀면 小人들이 모두 믿고 복종한다. 그러므로 "小人에게 믿음이 있다."라고 한 것이다.

象曰 君子有解는 小人退也라

〈象傳〉에 말하였다. "'君子가 풂이 있음'은 小人이 물러가는 것이다."

【疏】正義曰 : 小人, 謂作難者, 信君子之德, 故退而畏服之.

正義曰 : 小人은 難을 일으키는 자를 이르니, 君子의 德을 믿기 때문에 물러가서 두려워하고 복종하는 것이다.

上六은 公用射隼(석준)于高墉之上하여 獲之니 无不利하니라

上六은 公이 높은 담 위에서 새매를 쏘아 잡으니, 이롭지 않음이 없다.

【注】初爲四應하고 二爲五應이어늘 三不應上하여 失位負乘하여 處下體之上이라 故로 曰 高墉이라하니라 墉은 非隼之所處요 高는 非三之所履어늘 上六이 居動之上하여 爲解之極하니 將解荒悖而除穢亂者也라 故로 用射之요 極(則)〔而〕[1]後動하고 成而後擧라 故로 必獲之而无

不利也라

1) (則)〔而〕: 저본에는 '則'으로 되어 있으나, 岳本·監本·毛本에 의거하여 '而'로 바로잡았다.〔阮刻本 참조〕

初六은 九四의 應이 되고 九二는 六五의 應이 되는데, 六三은 上六과 應하지 않아 正位를 잃고서 지고 타고 있으면서 下體의 위에 처하였다. 그러므로 "높은 담"이라 한 것이다. 담은 새매가 살 곳이 아니요, 높은 곳은 六三이 밟고 있을 자리가 아닌데, 上六이 動의 위에 거하여 解의 極이 되었으니, 장차 황폐함을 풀고 더러움과 어지러움을 제거해야 하는 자이다. 그러므로 이것을 쏘는 것이다. 지극한 뒤에 動하고 이루어진 뒤에 거행하였다. 그러므로 반드시 잡아서 이롭지 않음이 없는 것이다.

【疏】 '上六'至'无不利' ○正義曰: 隼者, 貪殘之鳥, 鸇鷂(전요)之屬. 墉, 牆也. 六三失位負乘, 不應於上, 卽是罪釁(흔)之人, 故以譬於隼. 此借飛鳥爲喩, 而居下體之上, 其猶隼處高墉. 隼之爲鳥, 宜在山林, (隼)〔集〕[1]於人家高墉, 必爲人所繳射, 以譬六三處於高位, 必當被人所誅討. 上六居動之上, 爲解之極, 將解之荒悖而除穢亂, 故用射之也. 極而後動, 成而後擧, 故必獲之, 而无不利, 故曰"公用射隼于高墉之上, 獲之, 无不利"也.[2] 公者, 臣之極, 上六以陰居上, 故謂之公也.

1) (隼)〔集〕: 저본에는 '隼'으로 되어 있으나, 阮刻本 〈校勘記〉에 "'隼'은 마땅히 '集'이 되어야 한다."고 한 것에 의거하여 '集'으로 바로잡았다.
2) 極而後動……无不利也: 이에 대한 내용이 〈繫辭傳〉에 다음과 같이 보인다. "≪易≫에 이르기를 '公이 새매를 높은 담 위에서 쏘아 잡으니, 이롭지 않음이 없다.'라고 하니, 孔子께서 말씀하였다. '隼은 새이고 弓矢는 기물이며 쏘는 것은 사람이니, 군자가 기물을 몸에 보관하고서 때를 기다려 동하면 어찌 이롭지 않음이 있겠는가. 동함에 막히지 않는다. 이 때문에 나가면 얻음이 있는 것이니, 기물을 이루고 동하는 자를 말한 것이다.'〔易曰 公用射隼于高墉之上 獲之 无不利 子曰 隼者 禽也 弓矢者 器也 射之者 人也 君子藏器於身 待時而動 何不利之有 動而不括 是以出而有獲 語成器而動者也〕"

經의 〔上六〕에서 〔无不利〕까지

○正義曰: 〔隼〕 탐욕스럽고 잔인한 새이니, 매와 새매의 등속이다.

墉은 담이다.

六三이 正位를 잃고서 지고 타고 있으면서 上六에 應하지 않으니, 이는 바로 죄를 지은 사람이다. 그러므로 이를 새매에 비유한 것이다. 이는 나는 새를 빌려 비유한 것이니,

下體의 위에 거하여 마치 새매가 높은 담에 처한 것과 같은 것이다. 새매란 새는 마땅히 산림에 있어야 하는데, 人家의 높은 담 위에 앉아 있으면 반드시 사람들이 주살로 쏘는 바가 되니, 六三이 높은 지위에 처하면 반드시 남의 誅罰을 받음을 비유한 것이다. 上六이 動의 위에 거하여 解의 極이 되었으니, 장차 황폐함을 풀고 더러움과 어지러움을 제거하여야 한다. 그러므로 이것을 쏘는 것이다. 지극한 뒤에 動하고 이루어진 뒤에 거행하였다. 그러므로 반드시 잡아서 이롭지 않음이 없는 것이다. 이 때문에 "公이 높은 담 위에서 새매를 쏘아 잡으니, 이롭지 않음이 없다."라고 한 것이다.

〔公〕 신하의 지극한 자리이니, 上六이 陰으로 위에 거하였으므로 '公'이라 한 것이다.

象曰 公用射隼은 以解悖也라

〈象傳〉에 말하였다. "'公이 새매를 쏨'은 悖逆을 풀려고 해서이다."

【疏】正義曰:'解悖也'者, 悖, 逆也. 六三失位負乘, 不應於上, 是悖逆之人也, 上六居動之上, 能除解六三之荒悖, 故云"以解悖也."

正義曰:〔解悖也〕'悖'는 悖逆함이다. 六三이 正位를 잃고서 지고 타고 있으면서 上六에 응하지 않으니, 이는 悖逆한 사람인데, 上六이 動의 위에 거하여 능히 六三의 荒悖함을 제거하고 푼다. 그러므로 "悖逆을 풀려고 해서이다."라고 한 것이다.

41. 損☲☶ 兌下艮上

損은 有孚면 元吉하고 无咎可貞하여 利有攸往하니라 曷之用이리오 二簋可用享이니라

損은 孚信(誠信)이 있으면 크게 吉하고 바로잡을 만한 허물이 없어, 가는 바를 둠이 이롭다. 어디에 쓰겠는가. 두 簋만 가지고도 祭享할 수 있다.

【疏】'損有孚'至'可用享' ○ 正義曰 : 損者, 減損之名, 此卦明損下益上, 故謂之損.[1] 損之爲義, 損下益上, 損剛益柔, 損下益上, 非補不足者也, 損剛益柔, 非長君子之道者也.[2] 若不以誠信, 則涉詔諛而有過咎, 故必有孚, 然後大吉, 无咎可正, 而利有攸往矣, 故曰"損, 有孚, 元吉, 无咎可貞, 利有攸往"也.

1) 此卦明損下益上 故謂之損 : '損下益上'은 아래(下卦)의 陽爻를 덜어 위(上卦)에 더하는 (보태는) 것으로, 王弼과 孔穎達은 분명한 해석이 없다.

　程伊川은 이 卦의 卦辭를 해석하면서, "下卦의 兌가 兌가 된 이유는 六三이 변했기 때문이요, 上卦의 艮이 艮이 된 이유는 上九가 변했기 때문이다. 三은 본래 剛이었는데 柔가 되었고 上은 본래 柔였는데 剛이 되었으니, 또한 아래를 덜어 위에 더하는 뜻이다. 위를 덜어 아래에 더하면 益(益卦)이 되고, 아래에서 취하여 위에 더하면 損(損卦)이 된다. 君上이 된 자가 恩澤을 베풀어 아래에 미치면 益이 되고 아래의 것을 취하여 자신을 厚하게 하면 損이 되니, 이것을 城壘의 흙에 비유하면 위의 흙을 덜어 基本을 북돋아 두텁게 하면 위아래가 안정되고 튼튼해지니, 어찌 益이 아니겠는가. 아래의 것을 취하여 위를 더 높이면 위태롭고 떨어짐이 이를 것이니, 어찌 損이 아니겠는가. 그러므로 損은 아래를 덜어 위에 더하는 뜻이요, 益은 이와 반대이다.〔下兌之成兌 由六三之變也 上艮之成艮 自上九之變也 三本剛而成柔 上本柔而成剛 亦損下益上之義 損上而益於下則爲益 取下而益於上則爲損 在人上者 施其澤以及下則益也 取其下以自厚則損也 譬諸壘土 損於上以培厚其基本則上下安固矣 豈非益乎 取於下以增上之高則危墜至矣 豈非損乎 故損者 損下益上之義 益則反是〕"라 하여, 아래의 益卦와 연결하여 설명하였다.

　또 益卦의 卦辭에서는 "巽과 震 두 卦는 모두 아래가 변함으로 말미암아 이루어졌으니, 陽이 변하여 陰이 된 것은 損이요 陰이 변하여 陽이 된 것은 益이다. 위의 卦가 덜려 아래 卦에 더해졌으니, 위를 덜어 아래에 더해줌은 덜어서 유익함이 되는 것이니, 이

는 義로써 말한 것이다. 아래가 厚하면 위가 편안해진다. 그러므로 아래를 더해줌이 益이 되는 것이다.〔巽震二卦 皆由下變而成 陽變而爲陰者 損也 陰變而爲陽者 益也 上卦損而下卦益 損上益下 損以爲益 此 以義言也 下厚則上安 故益下爲益〕라고 하였다.

한편 朱子는 卦辭를 해석하면서 "〈損卦는〉 卦됨이 下卦 上畫의 陽을 덜어 上卦 上畫의 陰에 더하고, 兌澤의 깊음을 덜어 艮山의 높음에 더하니, 아래를 덜어 위에 더하고 안을 덜어 밖에 더함은 백성을 깎아 군주를 받드는 象이니, 이 때문에 損이라 한 것이다.〔爲卦 損下卦上畫之陽 益上卦上畫之陰 損兌澤之深 益艮山之高 損下益上 損內益外 剝民奉君之象 所以爲損也〕라고 하였으며, 益卦의 卦辭에서는 "卦됨이 上卦 初畫의 陽을 덜어서 下卦 初畫의 陰에 더해주었으니, 上卦로부터 下卦의 아래로 내려왔다. 그러므로 益이라 한 것이다.〔爲卦損上卦初畫之陽 益下卦初畫之陰 自上卦而下於下卦之下 故爲益〕라고 하였다.

이는 程伊川과 朱子 모두 '損은 원래 ☷이 위에 있고 ☰이 아래에 있어 地天泰䷊의 象이었는데, 下卦 九三의 陽爻를 덜어 上卦 上六의 陰爻와 바꾸어 損䷨이 되었고, 益은 원래 ☰이 위에 있고 ☷이 아래에 있어 天地否䷋의 象이었는데, 上卦 九四의 陽爻를 덜어 下卦 初六의 陰爻와 바꾸어 益䷩이 된 것'으로 본 것이다. 이를 사람의 일에 비유하면 위에 있는 군주가 아래에 있는 백성들의 재물을 착취하여 자신을 厚하게 하면 백성들이 원망하고 배반하여 나라가 망하게 되니, 이는 결국 損이 되는 것이요, 위에 있는 군주가 자신의 재물을 덜어 아래에 있는 백성들에게 베풀면 백성들이 군주의 은혜에 감동하여 자신의 힘을 다하므로 나라가 흥성하게 되니, 이는 결국 益(유익함)이 되는 것이다.

2) 損剛益柔 非長君子之道者也 : 陽剛은 君子를, 陰柔는 小人을 비유하므로 이렇게 말한 것이다.

經의 〔損有孚〕에서 〔可用享〕까지

○ 正義曰 : 〔損〕減損하는 이름이니, 이 卦는 아래를 덜어 위에 보탬을 밝혔다. 그러므로 卦 이름을 '損'이라 한 것이다.

損卦의 뜻은 아래를 덜어 위에 보태고 剛을 덜어 柔에 보태니, 아래를 덜어 위에 보탬은 부족한 것을 보충하는 것이 아니요, 剛을 덜어 柔에 보탬은 君子의 道를 자라게 하는 것이 아니다. 만약 誠信으로써 하지 않으면 아첨에 해당되어 허물이 있을 것이다. 그러므로 반드시 孚信이 있은 뒤에야 크게 吉하고 바로잡을 만한 허물이 없어 가는 바를 둠이 이로운 것이다. 이 때문에 "損은 孚信이 있으면 크게 吉하고 바로잡을 만한 허물이 없어, 가는 바를 둠이 이롭다."라고 한 것이다.

【疏】先儒皆以无咎可貞, 各自爲義, 言"旣吉而无咎, 則可以爲正." 準下王注象辭 (无)〔云〕[1]"(損下)〔損剛〕[2]而不爲邪, 益上而不爲諂, 則何咎而可正", 然則王意, 以无咎可貞, 共成一義. 故莊氏云"若行損有咎, 則須補過以正其失, 今行損用信, 則是无咎可正, 故云'无咎可貞.'" 竊謂莊氏之言, 得(正)〔王〕[3]旨矣.[4] '曷之用, 二簋可用享'者, 明行損之禮, 貴夫誠信, 不在於豐. 旣行損以信, 何用豐爲. 二簋至約, 可用享祭矣, 故曰"曷之用, 二簋可用享"也.

1) (无)〔云〕: 저본에는 '无'로 되어 있으나, 글 뜻에 의거하여 '云'으로 바로잡았다.

2) (損下)〔損剛〕: 저본에는 '損下'로 되어 있으나, 아래 〈象傳〉의 王弼 注에 의거하여 '損剛'으로 바로잡았다.〔阮刻本 참조〕

3) (正)〔王〕: 저본에는 '正'으로 되어 있으나, 錢本·宋本에 의거하여 '王'으로 바로잡았다.〔阮刻本 참조〕

4) 先儒皆以无咎可貞……得(正)〔王〕旨矣: 經文의 '无咎可貞'은 본래 '허물이 없어 바를 수 있다〔无咎而可貞〕'로 보는 것이 원칙인바, 先儒의 해석이 이와 같다. 그러나 王弼의 해석에 따라 經文을 '바로잡을 만한 허물이 없다.'로 번역하였음을 밝혀둔다.

先儒는 모두 无咎와 可貞을 각각의 뜻으로 삼아서 "이미 吉하고 허물이 없으면 바름이 될 수 있다."고 말하였으나, 아래 王輔嗣(王弼)가 象辭(〈象傳〉의 글)에 注하기를 "剛을 덜어도 간사함이 되지 않고 위에 보태어도 아첨함이 되지 않으니, 무슨 허물이 있어서 바로잡을 것이 있겠는가."라고 한 것에 준거하면, 王輔嗣의 뜻은 '无咎可貞'을 함께 한 뜻으로 이룬 것이다. 그러므로 莊氏가 이르기를 "만약 덞을 행하여 허물이 있으면 모름지기 허물을 補塡하여 그 잘못을 바로잡아야 하지만, 지금 덞을 행함에 誠信을 사용하니, 이는 바로잡을 만한 허물이 없는 것이다. 그러므로 '바로잡을 만한 허물이 없다.'라 한 것이다."라 하였으니, 나는 莊氏의 말이 王輔嗣의 뜻을 얻었다고 생각한다.

〔曷之用 二簋可用享〕損을 행하는 禮는 誠信을 귀하게 여기고 풍부함에 있지 않음을 밝힌 것이다. 이미 덞을 행하기를 誠信으로써 하였으면 어찌 풍부할 필요가 있겠는가. 두 簋가 지극히 간략하지만 이를 사용하여 祭享할 수 있다. 그러므로 "어디에 쓰겠는가. 두 簋만 가지고도 祭享할 수 있다."라고 한 것이다.

象曰 損은 損下益上하여 其道上行이니

〈象傳〉에 말하였다.

"損은 아래를 덜어 위에 보태어 그 道가 위로 행하니,

【注】艮爲陽이요 兌爲陰이니 凡陰은 順於陽者也라 陽止於上하고 陰說(열)而順하여 損下益上은 上行之義也라

艮은 陽이 되고 兌는 陰이 되니, 무릇 陰은 陽에게 순한 자이다. 陽은 위에 그쳐 있고 陰은 기뻐하며 순종하여 아래를 덜어 위에 보탬은 위로 행하는 뜻이다.

【疏】正義曰：此就二體, 釋卦名之義. 艮, 陽卦, 爲止, 兌, 陰卦, 爲說. 陽止於上, 陰說而順之, 是下自減損以奉於上, 上行之謂也.[1]

1) 陽止於上……上行之謂也：程伊川은 '損下益上'을 '기본을 덜어 높게 만드는 것'으로 보았는바, 《程傳》은 다음과 같다. "損卦가 損이 된 까닭은 아래를 덜어 위에 더하기 때문이니, 아래에서 취하여 위에 더하였으므로 그 道가 올라가 行한다고 말한 것이다. 위를 덜어 아래에 더하면 益卦가 되고, 아래를 덜어 위에 더하면 損卦가 되니, 기본을 덜어 높게 만드는 것을 어찌 益이라 이르겠는가.〔損之所以爲損者 以損於下而益於上也 取下以益上 故云其道上行 夫損上而益下則爲益 損下而益上則爲損 損基本以爲高者 豈可謂之益乎〕"

正義曰：이는 두 體를 가지고 卦名의 뜻을 해석한 것이다. 艮은 陽卦이고 그침이 되며, 兌는 陰卦이고 기쁨이 된다. 陽은 위에 그쳐 있고 陰은 기뻐하며 순종하니, 이는 아래가 스스로 減損하여 윗사람을 받드는 것이니, '위로 행함'을 이른다.

損而有孚면 元吉하고 无咎可貞하여 利有攸往하니라

덞에 孚信이 있으면 크게 吉하고 바로잡을 만한 허물이 없어서 가는 바를 둠이 이롭다.

【注】損之爲道는 損下益上하고 損剛益柔也니 損下益上은 非補不足也요 損剛益柔는 非長君子之道也라 爲損而可以獲吉은 其唯有孚乎인저 損而有孚면 則元吉이요 无咎而可正하여 利有攸往矣라 損剛益柔호되 不以消剛하고 損柔益上호되 不以盈上하여 損剛而不爲邪하고 益上而不爲諂이면 則何咎而可正이리오 雖不能拯濟大難이나 以斯有往이면 物无距也라

損卦의 道는 아래를 덜어 위에 보태고 剛을 덜어 柔에 보태니, 아래를 덜어 위에 보탬은 부족함을 보충하는 것이 아니요, 剛을 덜어 柔에 보탬은 君子의 道를 자라게 하는 것

이 아니다. 덜어서 吉함을 얻을 수 있음은 오직 孚信이 있기 때문일 것이다. 덞에 孚信이 있으면 크게 吉하고 바로잡을 만한 허물이 없어서 가는 바를 둠이 이로운 것이다. 剛을 덜어 柔에 보태되 剛이 사라지게 하지 않고, 柔를 덜어 위에 보태되 위가 너무 가득 차지 않게 해서 剛을 덜어도 간사함이 되지 않고 위에 보태어도 아첨함이 되지 않으면 무슨 허물이 있어서 바로잡을 것이 있겠는가. 비록 큰 어려움을 구제하지는 못하나 이러한 방식으로 가면 물건이 막을 것이 없는 것이다.

【疏】正義曰 : 卦有元吉已下等事, 由於有孚, 故加一而字,[1] 則其義可見矣.

1) 加一而字 : 卦辭에는 '損 有孚 元吉'로 되어 있으나, 〈彖傳〉은 '損而有孚 元吉'로 되어 있음을 말한 것이다.

正義曰 : 卦에 '元吉' 이하 등의 일이 있는 것은 孚信이 있기 때문이다. 그러므로 하나의 '而'자를 加하였으니, 그 뜻을 볼 수 있다.

曷之用고

어디에 쓰겠는가.

【注】曷은 辭也니 曷之用은 言何以豐爲也라

曷은 어조사이니, '曷之用'은 '어찌 풍부함을 쓸 것이 있겠느냐.'는 말이다.

二簋可用享은

'두 簋만 가지고도 祭享할 수 있음'은

【注】二簋는 質薄之器也니 行損以信이면 雖二簋나 而可用享이라

두 簋는 質朴하고 薄한(진귀하지 않은) 그릇이니, 덜을 행하기를 誠信으로써 하면 비록 두 簋라도 사용하여 祭享할 수 있는 것이다.

【疏】正義曰 : '曷之用 二簋可用享'者, 擧經明之, 皆爲損而有孚, 故得如此.

正義曰 : 〔曷之用 二簋可用享〕 經文을 들어 밝혔으니, 모두 덞에 孚信이 있는 것이 된다. 그러므로 이와 같음을 얻은 것이다.

二簋應有時하며

두 簋를 〈올리는 것은〉 응함이 때가 있으며,

【注】 至約之道는 不可常也라

지극히 儉約한 道는 常道로 삼아서는 안 된다.

【疏】 正義曰 : 申明二簋之禮, 不可爲常. 二簋至約, 惟在損時, 應時行之,[1] 非時, 不可也.

1) 惟在損時 應時行之 : '二簋應有時'의 應을 孔穎達은 '응함'으로 보았으나, 程伊川과 朱子는 '응당'으로 해석하였다.

正義曰 : 두 簋의 禮를 常道로 삼아서는 안 됨을 거듭 밝힌 것이다. 두 簋는 지극히 儉約하니, 오직 損의 때에 있으면서 때에 應하여 행해야 하는바, 때가 아니면 불가하다.

損剛益柔有時하니

剛을 덜어 柔에 보탬이 때가 있으니,

【注】 下不敢剛하여 貴於上行은 損剛益柔之謂也니 剛爲德長하니 損之不可以爲常也라

아래가 감히 剛하지 못하여 위로 감을 귀하게 여김은 剛을 덜어 柔에 보탬을 이르니, 剛은 德이 뛰어남이 되는바, 더는 것을 常道로 삼아서는 안 된다.

【疏】 正義曰 : 明損下益上之道, 亦不可爲常. 損之所以能損下益上者, 以下不敢剛亢, 貴於奉上, 則是損於剛亢而益柔順也. '損剛'者, 謂損兌之陽爻也. '益柔'者, 謂益艮之陰爻也. 人之爲德, 須備剛柔, 就剛柔之中, 剛爲德長. 旣爲德長, 不可恒減, 故損之有時.

正義曰 : 아래를 덜어 위에 보태는 道를 또한 常道로 삼아서는 안 됨을 밝힌 것이다. 損卦가 능히 아래를 덜어 위에 보낼 수 있는 이유는 아래가 감히 강하고 높을 수가 없어서 위를 받드는 것을 귀하게 여기기 때문이니, 이렇게 하면 剛亢을 덜어서 柔順함에 보태게 된다.

〔損剛〕兌의 陽爻를 덞을 이른다.

〔益柔〕艮의 陰爻에 보탬을 이른다.

사람의 德은 모름지기 剛과 柔를 구비해야 하니, 剛・柔의 中道에 나아가서 剛이 德의 으뜸이 된다. 이미 德의 으뜸이 되었으면 항상 줄여서는 안 된다. 그러므로 더는 것이 때가 있는 것이다.

損益盈虛를 與時偕行이니라

덜고 더함과 가득 채우고 비움을 때와 더불어 함께 행해야 한다."

【注】自然之質이 各定其分하여 短者不爲不足이요 長者不爲有餘니 損益을 將何加焉이리오 非道之常이라 故로 必與時偕行也라

自然의 質이 각각 그 분수가 정해져 있어서 짧은 것이 부족함이 되지 않고 긴 것이 有餘함이 되지 않으니, 덜고 더함을 어찌 加할 것이 있겠는가. 常道가 아니므로 반드시 때와 더불어 함께 행해야 하는 것이다.

【疏】正義曰：'盈虛'者, 鳧足短而任性, 鶴脛長而自然.[1] 此又云與時偕行者, 上旣言損剛益柔, 不可常用, 此又汎明損益之事, 體非恒理, 自然之質, 各定其分. 鳧足非短, 鶴脛非長, 何須損我以益人, 虛此以盈彼. 但有時宜用, 故應時而行, 故曰"損益盈虛, 與時偕行"也.

1) 鳧足短而任性 鶴脛長而自然 : ≪莊子≫〈騈拇〉에 "오리의 다리가 비록 짧지만 이를 늘여주면 근심하고, 학의 다리가 비록 길지만 이를 자르면 슬퍼한다.〔鳧脛雖短 續之則憂 鶴脛雖長 斷之則悲〕"라고 한 말을 원용하였다.

正義曰：〔盈虛〕오리발은 짧지만 본성대로 맡겨두고, 학의 다리는 길지만 자연스러운 것이다.

여기에 또 "때와 더불어 함께 행한다."라고 말한 것은, 위에 이미 剛을 덜어 柔에 보태는 것을 항상 써서는 안 됨을 말하였고, 여기에서는 또 덜고 더하는 일은 體가 항상하는 이치가 아니어서 自然의 質이 각각 그 분수가 정해져 있음을 널리 밝힌 것이다. 오리발이 짧은 것이 아니요 학의 다리가 긴 것이 아니니, 어찌 굳이 나를 덜어 남에게 보태며 이것을 비워 저것을 채울 필요가 있겠는가. 다만 마땅히 써야 할 때가 있기 때문에 때에

응하여 행하는 것이다. 그러므로 "덜고 더함과 가득 채우고 비움을 때와 더불어 함께 행한다."라고 한 것이다.

象曰 山下有澤이 損이니

〈象傳〉에 말하였다.

"산 아래에 못이 있는 것이 損卦이니,

【注】 山下有澤은 損之象也라

산 아래에 못이 있음은 損卦의 象이다.

【疏】 正義曰 : 澤在山下, 澤卑山高, 似澤之自損, 以崇山之象也.

正義曰 : 못이 산 아래에 있으니, 못은 낮고 산은 높은바, 못이 스스로 덜어 산을 높이는 象과 같은 것이다.

君子以懲忿窒欲하나니라

君子가 이것을 보고서 분함을 징계하고 욕심을 막는다."

【注】 可損之善은 莫善忿欲也라

덜 만한 것의 좋음은 분노와 욕심보다 더한 것이 없다.

【疏】 正義曰 : 君子以法此損道, 以懲止忿怒, 窒塞情慾. 夫人之情也, 感物而動, 境有順逆, 故情有忿欲. 懲者, 息其既往. 窒者, 閉其將來. 忿欲, 皆有往來, 懲窒, 互文而相足也.[1]

> 1) 忿欲……互文而相足也 : 互文이란 두 개 이상의 문장이 서로 내용상 보완될 수 있으면 한쪽에 한 가지씩만 써서 뜻이 통하게 하는 것이다. '懲忿窒欲'이 互文이라는 말은 이것이 '懲窒忿 懲窒欲'이라고 쓴 것과 같다는 의미이다.

正義曰 : 君子가 이 損卦의 道를 본받아서 분노를 징계하여 그치고 情慾을 막는다. 사람의 情은 물건에 감응하여 動함에 환경에 순하고 거슬림이 있다. 그러므로 情에 분노와 욕망이 있는 것이다.

〔懲〕 이미 지나간 것을 그치게 하는 것이다.

〔窒〕 앞으로 오는 것을 막는 것이다.

忿과 欲이 모두 가고 옴이 있는데 징계와 막음〈이라고 한 번만 쓴 것〉은 互文으로 써서 서로 충족한 것이다.

初九는 已事遄(천)往이라야 无咎리니 酌損之니라

初九는 일이 끝났으면 빨리 가야 허물이 없으리니, 斟酌하여 덜어야 한다.

【注】損之爲道는 損下益上하니 損剛益柔하여 以應其時者也라 居於下極하여 損剛奉柔하면 則不可以逸이요 處損之始면 則不可以盈이니 事已則往하여 不敢宴安이라야 乃獲无咎也라 剛以奉柔하여 雖免乎咎나 猶未親也라 故로 旣獲无咎하고 復自酌損이라야 乃得合志也라 遄은 速也라

損卦의 道는 아래를 덜어 위에 보태고 剛을 덜어 柔에 보태어서 때에 應하는 자이다. 下體의 極에 거하여 剛을 덜어 柔를 받들면 편안할 수가 없고, 損의 시초에 처했으면 가득 차서는 안 되니, 일이 끝나면 곧 가서 감히 편안하지 않아야 비로소 허물이 없을 수 있다. 剛으로서 柔를 받들어 비록 허물을 면하나 아직 친하지 못하다. 그러므로 이미 허물이 없음을 얻고 다시 스스로 斟酌하여 덜어야 비로소 뜻이 합할 수 있는 것이다. '遄'은 속히 함이다.

【疏】正義曰 : '已事遄往 无咎'者, 已, 竟也, 遄, 速也. 損之爲道, 損下益上, 如人臣欲自損己奉上. 然各有所掌, 若廢事而往, 咎莫大焉, 若事已不往, 則爲傲慢, 竟事速往, 乃得无咎, 故曰"已事遄往, 无咎"也.[1] '酌損之'者, 剛勝則柔危, 以剛奉柔, 初未見親也. 故須酌而減損之, 乃得合志, 故曰"酌損之."

1) 然各有所掌……无咎也 : '已事遄往'을 王弼과 孔穎達은 '보태는 일이 끝났으면 속히 가서 오만하게 하지 말아야 함'의 의미로 보았는데, 程伊川 역시 "아래가 위에 더할 경우에는 마땅히 자기를 덜되 스스로 功으로 여기지 말고 위에 더하는 자는 일이 끝났으면 속히 떠나가서 그 功을 차지하지 말아야 마침내 허물이 없는 것이다.〔下之益上 當損己而不自以爲功 所益於上者事旣已 則速去之 不居其功 乃无咎也〕"라고 하였다.

반면 朱子는 '已事遄往'을 '하던 일을 그만두고 속히 위로 가서 더해줌'의 뜻으로 보았는바, ≪本義≫는 다음과 같다. "初九는 아래를 덜어 위에 더하는 때를 당하여 위로 六

四의 陰과 응하니, 하던 일을 그만두고 속히 가서 더해줌은 허물이 없는 길이다.〔初九當損下益上之時 上應六四之陰 輟所爲之事而速往以益之 无咎之道也〕"

正義曰 : 〔已事遄往 无咎〕'已'는 끝남이요, '遄'은 속히 함이다. 損卦의 道는 아래를 덜어 위에 보태니 마치 人臣이 스스로 자신을 덜어 위를 받들고자 하는 것과 같다. 그러나 각기 맡은 바가 있는데, 만약 일을 폐하고 가면 허물이 이보다 더 클 수가 없고, 만약 일이 끝났는데도 가지 않으면 오만함이 되니, 일이 끝났으면 속히 가야 비로소 허물이 없을 수 있다. 그러므로 "일이 끝났으면 빨리 가야 허물이 없으리라."라고 한 것이다.

〔酌損之〕剛이 우세하면 柔가 위태로워지니, 剛으로서 柔를 받들어 초기에는 아직 친함을 받지 못한다. 그러므로 斟酌하여 덜어야 비로소 뜻이 합한다. 이 때문에 "斟酌하여 덜어야 한다."라고 한 것이다.

象曰 已事遄往은 尙合志也라

〈象傳〉에 말하였다. "'일이 끝났으면 빨리 감'은 행여 뜻이 합하고자 해서이다."

【注】尙合於志하여 欲速往也라

행여 뜻이 합하고자 하여 빨리 가려는 것이다.

【疏】正義曰 : '尙合志'者, 尙, 庶幾也,[1] 所以竟事速往, 庶幾與上合志也.

1) 尙 庶幾也 : 王弼과 孔穎達은 '尙'을 '행여〔庶幾〕'의 뜻으로 보았으나, 程伊川과 朱子는 '上'으로 보았는바, 《程傳》은 다음과 같다. "尙은 上이니, 당시에 숭상하여 쓰는 것을 尙이라 한다. 初九가 숭상하는 것은 위와 뜻이 합하기 때문이니, 六四가 初九에 의뢰하고 初九가 六四에 더해줌은 위와 뜻이 합하는 것이다.〔尙 上也 時之所崇用 爲尙 初之所尙者 與上合志也 四賴於初 初益於四 與上合志也〕"

正義曰 : 〔尙合志〕尙은 庶幾이니, 일이 끝나면 속히 가는 이유는 행여 위와 뜻이 합하고자 해서이다.

九二는 利貞하고 征凶하니 弗損하고 益之니라

九二는 貞함이 이롭고 가면 凶하니, 덜지 않고 보탠다.

【注】柔(下)〔不〕¹⁾可〈以〉²⁾全益이요 剛不可〈以〉全削이요 下不可以无正이라 初九已損剛以順柔하고 九二履中이어늘 而復損己以益柔하면 則剝道成焉³⁾이라 故로 不可遄往而利貞也요 進之於柔하면 則凶矣라 故로 曰 征凶也라하니라 故로 九二不損而務益하여 以中爲志也라

1) (下)〔不〕: 저본에는 '下'로 되어 있으나, 岳本·閩本·監本·毛本에 의거하여 '不'로 바로잡았다.〔阮刻本 참조〕

2) 〈以〉: 저본에는 '以'가 없으나, 古本에 의거하여 보충하였다.〔阮刻本 참조〕 뒤의 '剛不可〈以〉全削'의 '以'도 같다.

3) 柔(下)〔不〕可〈以〉全益……則剝道成焉: '下不可以无正'의 正은 陽剛의 正道를 이르며, 剝道는 剝卦䷖의 道로 陰이 陽을 갉아먹는 卦인바, 損卦는 陽爻와 陰爻가 각각 셋이어서 균형을 이루는데, 陰柔가 완전히 더해지고 陽剛이 완전히 깎여져서 아래에 陽剛의 正道가 없어지면 剝卦가 됨을 말한 것이다.

柔는 완전히 더해서는 안 되고, 剛은 완전히 깎아서는 안 되고, 아래는 正이 없어서는 안 된다. 初九가 이미 剛을 덜어 柔에 순종하였고, 九二가 中을 밟고 있는데 다시 자기를 덜어 柔에 보태면 剝卦의 道가 이루어진다. 그러므로 빨리 가서는 안 되고 貞함이 이로우며, 柔로 나아가면 흉한 것이다. 그러므로 "가면 흉하다."라고 한 것이다. 이 때문에 九二가 덜지 않고 보태는 데 힘써서 中을 뜻으로 삼는 것이다.

【疏】正義曰: 柔不可以全益, 剛不可以全削, 下不可以无正. 初九已損剛以益柔, 爲順六四, 爲初六, 九二復損己以益六五, 爲六二, 則成剝卦矣.¹⁾ 故九二利以居而守正, 進之於柔則凶, 故曰"利貞, 征凶"也. 旣征凶, 故九二不損己而務益, 故曰"不損, 益之"也.²⁾

1) 初九已損剛以益柔……則成剝卦矣: 損卦䷨의 初九와 九二가 陰爻로 변하면 剝卦䷖가 됨을 말한다.

2) 旣征凶……益之也: '弗損 益之'를 王弼과 孔穎達은 '九二가 자기를 덜어 六五에 보태주지 않고 자기 자리에 머물면서 자기에게 보탬'의 뜻으로 보았다.

반면 程伊川과 朱子는 '弗損 益之'를 '九二가 자신의 剛貞함을 덜지 않아서 윗사람을 유익하게 함'의 뜻으로 보았는바, 《程傳》은 다음과 같다. "'弗損 益之'는 스스로 자신의 剛貞함을 덜지 않으면 윗사람을 유익하게 할 수 있으니, 이것이 바로 유익하게 하는 것이다. 만일 剛貞함을 잃고 유순함과 기뻐함을 쓴다면 다만 덜 뿐이니, 자기를 덜어 위에 더하는 方道가 아니다. 세상에 어리석은 자들은 비록 邪心이 없으나 오직 힘을 다하여 위에 순종하는 것이 충성이 되는 줄로 아는 자가 있으니, 이는 '弗損 益之'의 뜻을 알지 못하는 것이다.〔弗損益之 不自損其剛貞 則能益其上 乃益之也 若失其剛貞而用

柔說 適足以損之而已 非損己而益上也 世之愚者 有雖无邪心 而唯知竭力順上爲忠者 蓋不知弗損
益之之義也〕"

正義曰 : 柔는 완전히 더해서는 안 되고, 剛은 완전히 깎아서는 안 되고, 아래는 正이
없어서는 안 된다. 初九가 이미 剛을 덜어 柔에 보태어서 六四에게 순응하여 初六이 되
었는데, 九二가 다시 자기를 덜어 六五에게 보태어서 六二가 되면 剝卦의 道가 이루어진
다. 이 때문에 九二는 居하면서 바름을 지키는 것이 이롭고, 柔로 나아가면 흉한 것이다.
그러므로 "貞함이 이롭고 가면 凶하다."라고 한 것이다.

이미 감이 흉하기 때문에 九二가 자기를 덜지 않고 보태는 데 힘쓴다. 그러므로 "덜지
않고 보탠다."라고 한 것이다.

象曰 九二利貞은 中以爲志也라

〈象傳〉에 말하였다. "'九二의 貞함이 이로움'은 中을 뜻으로 삼는 것이다."

【疏】正義曰 : '中以爲志'者, 言九二所以能居而守貞, 不損, 益之, 良由居中, 以中爲
志, 故損益得其節適也.

正義曰 : 〔中以爲志〕九二가 능히 居하면서 貞을 지켜서 덜지 않고 보태는 이유는 진
실로 中에 거하여 中을 뜻으로 삼기 때문임을 말한 것이다. 그러므로 덜고 보탬이 그 節
度에 알맞음을 얻는 것이다.

六三은 三人行則損一人하고 一人行則得其友로다

六三은 세 사람이 가면 한 사람을 덜고, 한 사람이 가면 그 벗을 얻는다.

【注】損之爲道는 損下益上하여 其道上行이라 三人은 謂自六三已上三陰也니 三陰竝行하여
以承於上이면 則上失其友하고 內无其主하니 名之曰益이나 其實乃損이라 故로 天地相應이라야
乃得化醇하고 男女匹配라야 乃得化生[1]이니 陰陽不對하면 生可得乎아 故로 六三獨行이면 乃
得其友하고 二陰俱行이면 則必疑矣라

1) 天地相應……乃得化生 : 〈繫辭傳〉에 "天地의 기운이 얽히고 설킴에 萬物이 化醇하고,
남녀가 精을 맺음에 萬物이 化生한다.〔天地絪縕 萬物化醇 男女構精 萬物化生〕"라는 말로
이 六三 爻辭를 해석하였는데, 朱子는 이에 대하여 "絪縕은 사귀기를 친밀하게 하는 모

양이다. 醇은 厚하여 엉김을 이르니 氣化를 말한 것이요, 化生은 形化하는 것이다.〔絪
緼 交密之狀 醇 謂厚而凝也 言氣化者也 化生 形化者也〕"라고 하였는바, 氣化는 天地의 기운
이 뭉쳐 사람이나 물건이 처음 생기는 것이고, 形化는 남(수컷)과 여(암컷)의 결합에 의
하여 생기는 것을 이른다.

損卦의 道는 아래를 덜어 위에 보태어서 그 道가 위로 간다. 三人은 六三부터 이상의
세 陰을 이르니, 三陰이 함께 가서 上九를 받들면 上九가 벗을 잃고 안에 주장이 없으니,
이름을 益이라 하나 그 실제는 바로 損이다. 그러므로 하늘과 땅이 서로 응하여야 비로
소 化醇할 수 있고 남자와 여자가 짝이 되어야 비로소 化生할 수 있으니, 陰과 陽이 상대
하지 못하면(균형을 이루지 못하면) 낳는 것을 얻을 수 있겠는가. 그러므로 六三이 홀로 가
면 마침내 벗을 얻고, 두 陰과 함께 가면 반드시 의심하게 되는 것이다.

【疏】'六三'至'得其友' ○ 正義曰 : 六三處損之時, 居於下體, 損之爲義, 其道上行. 三
人, 謂自六三已上三陰. 上一人, 謂上九也, 下一人, 謂六三也. 夫陰陽相應, 萬物化醇,
男女匹配, 故能生育, 六三應於上九, 上有二陰, 六四·六五也. 損道上行, 有相從之義.
若與二陰幷己俱行, 雖欲益上九一人, 更使上九懷疑, 疑則失其適匹之義也. 名之曰
益, 卽不是減損, 其實損之也, 故曰"三人行則損一人." 若六三一人獨行, 則上九納己无
疑, 則得其友矣, 故曰"一人行則得其友也."[1]

1) 若與二陰幷己俱行……故曰一人行則得其友也 : '三人行則損一人'을 王弼과 孔穎達은
'六三·六四·六五가 上九에게 함께 가면 六三이 上九의 應을 잃음'으로 보고, '一人行
則得其友'를 '六三이 上九에게 홀로 가면 上九의 應을 얻음'으로 보았다.
　반면 程伊川과 朱子는 卦變說을 사용하여 經文을 해석하였는바, '三人行則損一人'을
程伊川은 "三人은 아래의 세 陽과 위의 세 陰을 이른다. 세 陽이 함께 가면 九三을 덜
어 위에 더하고, 세 陰이 함께 가면 上六을 덜어 六三을 만드니, 세 사람이 갈 때에 한
사람을 더는 것이다. 上은 柔에서 剛으로 바뀌었는데, 損이라고 이른 것은 다만 하나를
줄임을 말했을 뿐이다.〔三人 謂下三陽上三陰 三陽同行 則損九三以益上 三陰同行 則損上六以
爲三 三人行 則損一人也 上以柔易剛而謂之損 但言其減一耳〕"라고 하였고, 朱子는 "下卦는
본래 乾인데 上爻를 덜어 坤에 더하였으니, 세 사람이 갈 때에 한 사람을 더는 것이다.
〔下卦本乾而損上爻以益坤 三人行而損一人也〕"라고 하였다.
　'一人行則得其友'를, 程伊川은 "上과 三은 본래 서로 응하나 두 爻가 오르내림으로 말
미암아 한 卦가 다 이루어졌으니, 둘이 서로 친한 것이다. 初九·九二의 두 陽爻와 六
四·六五의 두 陰爻는 德이 같아 서로 친하며, 六三은 上九와 응하여 모두 둘이 서로

친하니, 그 뜻이 전일하여 모두 벗을 얻음이 된다. 六三은 비록 六四와 가까이 있으나 體가 다르고 上九와 응하여 同行하는 자가 아니다.〔上與三 雖本相應 由二爻升降而一卦皆成 兩相與也 初二二陽 四五二陰 同德相比 三與上應 皆兩相與 則其志專 皆爲得其友也 三雖與四相比 然異體而應上 非同行者也〕라고 하였고, 朱子는 "한 陽이 올라가고 한 陰이 내려왔으니 한 사람이 갈 적에 벗을 얻는 것이다.〔一陽上而一陰下 一人行而得其友也〕라고 하였다.

經의〔六三〕에서〔得其友〕까지

○ 正義曰 : 六三이 損의 때에 처하여 下體에 거하였으니, 損의 뜻은 그 道가 위로 행한다.

三人은 六三부터 이상의 세 陰을 이른다. 위의 '一人'은 上九를 이르고, 아래의 '一人'은 六三을 이른다.

陰과 陽이 서로 응하여야 萬物이 化醇하고 男女가 짝을 이루기 때문에 능히 자식을 낳아 기르는 것이니, 六三이 上九에 응하고 위에 두 陰이 있는바, 六四와 六五이다. 損卦의 道는 위로 행하여 서로 따르는 뜻이 있다. 만약 두 陰과 더불어 자신이 함께 가면 비록 上九 한 사람을 보태고자 하나 다시 上九로 하여금 의심하는 마음을 품게 하니, 의심하면 배필을 따라가는 뜻을 잃는다. 이름을 益이라 하여 減損이 아니나 그 실제는 損인 것이다. 그러므로 "세 사람이 가면 한 사람을 던다."라고 한 것이다.

만약 六三 한 사람만 홀로 가면 上九가 자기를 받아들여 의심함이 없으니, 이렇게 하면 벗을 얻는다. 그러므로 "한 사람이 가면 벗을 얻는다."라고 한 것이다.

象曰 一人行은 三則疑也라

〈象傳〉에 말하였다. "'한 사람이 감'은 셋이면 의심하는 것이다."

【疏】正義曰 : '三則疑'者, 言一人則可, 三人, (疑)〔益〕[1]加疑惑也.

1) (疑)〔益〕: 저본에는 '疑'로 되어 있으나, 錢本・宋本에 의거하여 '益'으로 바로잡았다. 〔阮刻本 참조〕

正義曰 :〔三則疑〕한 사람이면 可하고 세 사람이면 더욱더 의혹함을 말한 것이다.

六四는 損其疾호되 使遄하면 有喜니 无咎리라

六四는 그 병을 덜되 빨리 하게 하면 기쁜 일이 있게 되니, 허물이 없으리라.

【注】履得其位하고 以柔納剛하여 能損其疾也니 疾何可久리오 故로 速乃有喜라 損疾以離
其咎하여 有喜乃免이라 故로 使速乃有喜하니 有喜는 乃无咎也라

밝음이 正位를 얻고 柔로서 剛을 받아들여 능히 자신의 병을 더는 것이니, 병을 어찌
오래 머물게 할 수 있겠는가. 그러므로 빨리 〈병을 덜게〉 하면 마침내 기쁨이 있는 것이
다. 병을 덜어 허물을 떠나서 기쁜 일이 있어 마침내 면한다. 그러므로 빨리 〈병을 덜게〉
하면 마침내 기쁨이 있는 것이니, 기쁨이 있음은 바로 허물이 없는 것이다.

【疏】'六四'至'无咎' ○ 正義曰 : 疾者, 相思之疾也.[1] 初九自損己遄往, 己以正道速
納, 陰陽相會, 同志斯來, 無復企(子)〔予〕[2]之疾, 故曰"損其疾." 疾何可久, 速乃有喜,
有喜, 乃无咎, 故曰"使遄, 有喜, 无咎."

1) 疾者 相思之疾也 : '疾'을 王弼은 분명하게 해석하지 않았고, 孔穎達은 '六四가 初九를
   보고 싶어 하는 병'으로 해석하였다.
     반면 程伊川과 朱子는 '陰柔의 질병' 즉 '不善'으로 보았는바, ≪程傳≫은 다음과 같
   다. "六四는 陰柔로 위에 거하여 初九의 剛陽과 서로 應하니, 損의 때에 있어서 剛에
   應함은 스스로 덜어 剛陽을 따르는 것이니, 不善함을 덜어 善을 따르는 것이다. 初九가
   六四에 더함은 柔를 덜어 剛에 더해주는 것이니, 不善을 덜어내는 것이다. 그러므로 병
   을 덜었다고 하였으니, 疾은 疾病을 이르는바, 不善이다. 不善을 덜되 오직 빠르게 하
   면 기쁨이 있어 허물이 없을 것이다.〔四以陰柔居上 與初之剛陽相應 在損時而應剛 能自損以
   從剛陽也 損不善以從善也 初之益四 損其柔而益之以剛 損其不善也 故曰損其疾 疾謂疾病 不善
   也 損於不善 唯使之遄速則有喜而无咎〕"
2) (子)〔予〕: 저본에는 '子'로 되어 있으나, 錢本・宋本에 의거하여 '予'로 바로잡았다.〔阮
   刻本 참조〕

經의 〔六四〕에서 〔无咎〕까지

○ 正義曰 : 〔疾〕 서로 그리워하는 병(相思病)이다.

初九가 스스로 자기를 덜어 빨리 가면 자기(六四)가 正道로써 빨리 받아들여야 하니,
陰과 陽이 서로 만나고 同志가 이에 와서 다시 바라보는 병이 없게 된다. 그러므로 "그
병을 던다."라고 한 것이다.

병을 어찌 오래 머물게 할 수 있겠는가. 빨리 〈병을 덜게〉 하면 마침내 기쁨이 있으니,

기쁨이 있음은 바로 허물이 없는 것이다. 그러므로 "빨리 하게 하면 기쁜 일이 있게 되니, 허물이 없으리라."라고 한 것이다.

【疏】○注 '履得其位' 至 '有喜乃无咎也' ○正義曰 : '速乃有喜 有喜乃无咎'者, 相感而久不相會, 則有勤望之憂, 故速乃有喜. 初九自損以益四, 四不速納, 則有失益之咎也, 故曰"有喜, 乃无咎也."

○注의〔履得其位〕에서〔有喜乃无咎也〕까지

○正義曰 :〔速乃有喜 有喜乃无咎〕서로 감동하나 오랫동안 서로 만나지 못하면 애타게 바라보는 근심이 있다. 그러므로 속히 하면 마침내 기쁨이 있는 것이다. 初九가 자신을 덜어 六四에 보태니, 六四가 속히 받아들이지 않으면 益을 잃는 허물이 있다. 그러므로 "기쁨이 있음은 바로 허물이 없는 것이다."라고 한 것이다.

象曰 損其疾은 亦可喜也라

〈象傳〉에 말하였다. "'그 병을 덞'은 또한 기쁠 만한 것이다."

【疏】正義曰 : '亦可喜'者, 詩曰"亦旣見止, 我心則降(항)."[1] 不亦有喜乎.

1) 詩曰亦旣見止 我心則降(항) : ≪詩經≫ 〈召南 草蟲〉에 "喓喓히 우는 풀벌레며 펄쩍펄쩍 뛰는 메뚜기로다. 군자를 만나보지 못한지라 근심하는 마음 두근거리노라. 또한 이미 그를 보며 또한 이미 만나면, 내 마음 가라앉으리로다.〔喓喓草蟲 趯趯阜螽 未見君子 憂心忡忡 亦旣見止 亦旣覯止 我心則降〕"라고 보인다.

正義曰 :〔亦可喜〕≪詩經≫에 "또한 이미 만나면 내 마음 가라앉는다."라고 하였으니, 기쁜 일이 있지 않겠는가.

六五는 或益之하여 十朋之龜를 弗克違니 元吉하니라

六五는 혹 보태주어서 열 무리(종류)의 거북껍질을 어기지 못하니, 크게 吉하다.

【注】以柔居尊而爲損道하니 江海處下에 百谷歸之하나니 履尊以損이면 則或益之矣라 朋은 黨也요 龜者는 決疑之物也라 陰非先唱이요 柔非自任이니 尊以自居로되 損以守之라 故로 人用其力하고 事順其功이라 智者慮能하고 明者慮策하여 弗能違也면 則衆才之用이 (事)〔盡〕[1]

矣니 獲益而得十朋之龜하여 足以盡天人之助也라

1) (事)〔盡〕: 저본에는 '事'로 되어 있으나, 毛本에 의거하여 '盡'으로 바로잡았다.〔阮刻本 참조〕

柔로서 尊位에 거하여 損의 道를 행한다. 강과 바다가 아래에 처함에 온갖 골짜기의 물이 돌아오니, 높은 지위를 밟고서 덜면(자신을 겸손히 하면) 혹 보태주는 것이다. '朋'은 무리요, '거북껍질'은 의심을 결단하는 물건이다. 陰은 先唱하는 물건이 아니고 柔는 스스로 맡는 자가 아니니, 높음을 자처하나 덜어 지킨다. 그러므로 사람들이 자신의 힘을 쓰고 일이 그 功을 순히 이루는 것이다. 그리하여 지혜로운 자가 재능을 다할 것을 생각하고 현명한 자가 계책을 생각하여 능히 어기지 못하면 여러 인재의 등용됨이 극진한 것이니, 유익함을 얻어 열 종류의 거북껍질을 얻어서 하늘과 사람의 도움을 다할 수 있는 것이다.

【疏】'六五'至'元吉' ○ 正義曰 : 六五居尊, 以柔而在乎損, 而能自抑損者也. 居尊而能自抑損, 則天下莫不歸而益之, 故曰"或益之"也. '或'者, 言有也, 言其不自益之, 有人來益之也. '朋'者, 黨也. '龜'者, 決疑之物也. 陰不先唱, 柔不自任, 尊以自居, 損以守之, 則人用其力, 事竭其功, 智者慮能, 明者慮策, 而不能違也. 朋至不違, 則群才之用, 盡矣, 故曰"十朋之龜, 弗克違"也. 群才畢用, 自尊委人, 天人竝助, 故曰"元吉."

經의 〔六五〕에서 〔元吉〕까지

○ 正義曰 : 六五가 尊位에 거하였으나 柔로서 損의 때에 있어서 능히 스스로 억제하고 더는 자이다. 높은 지위에 거하여 능히 스스로 억제하고 덜면 天下가 돌아와 보태주지 않는 이가 없다. 그러므로 "혹 보태주다."라 한 것이다.

〔或〕 있음을 말한 것이니, 스스로 보태지 않고 어떤 사람이 와서 보태줌을 말한 것이다.

〔朋〕 무리이다.

〔龜〕 의심을 결단하는 물건이다.

陰이 先唱하지 않고 柔가 自任하지 아니하여 높음을 자처하나 덜어 지키면, 사람들이 자신의 힘을 쓰고 일이 그 功을 다해서, 지혜로운 자가 재능을 다할 것을 생각하고 현명한 자가 계책을 생각하여 능히 어기지 못한다. 벗이 이르러 의심하지 않으면 여러 인재의 등용됨이 극진한 것이다. 그러므로 "열 종류의 거북껍질을 어기지 못한다."라고 한 것이다.

여러 인재가 모두 등용되어서 자신이 높으면서 남에게 맡기면 하늘과 사람이 함께 도와준다. 그러므로 "크게 길하다."라고 한 것이다.

【疏】○ 注'以柔居尊'至'天人之助也' ○ 正義曰 : '朋 黨也'者, 馬·鄭皆"案爾雅云'十朋之龜者, 一曰神龜, 二曰靈龜, 三曰攝龜, 四曰寶龜, 五曰文龜, 六曰筮龜, 七曰山龜, 八曰澤龜, 九曰水龜, 十曰火龜.'"[1]

1) 案爾雅云十朋之龜者……十曰火龜 : 이에 대한 ≪爾雅注疏≫의 疏는 다음과 같다. "神龜는 거북 중에 가장 神明한 것이니, ≪禮統≫에 '神龜의 모양은, 위는 하늘을 본받아 둥글고, 아래는 땅을 본받아 네모지고, 등 위는 언덕과 산을 본받아 소반 모양이고, 검은 무늬가 서로 엇갈려 별자리를 이루며, 길이는 2척이다. 길흉을 밝히니, 말하지 않아도 믿는 것이다.'라고 한 것이 이것이다. 靈龜는 거북 중에 영험함이 있어 神龜 다음인 것이니, ≪雒書≫에 '靈龜는 검은 무늬에 五色을 띠니, 神靈의 精粹이다.'라고 하였다. 攝龜는 거북 중에 작은 것이니, 배딱지는 구불구불하고 스스로 늘리거나 움츠릴 수 있는 것이다. 寶龜는 나라를 전할 때 보물로 삼는 것이니, ≪春秋≫에 '도적이 寶와 玉과 大弓을 훔쳤다.' 하였고, ≪公羊傳≫에 '寶란 무엇인가? 거북이 푸르게 선을 두른 것이다.'라고 하였는데, 何休가 '寶라고 한 것은 대대로 보존하여 쓴다는 말이다.'라고 한 것이 이것이다. 文龜는 등딱지에 무늬가 있는 것이다. 筮龜는 蓍草 떨기 밑에 있는 것이다. 山龜는 산 속에 사는 것이고, 澤龜는 못 속에 사는 것이고, 水龜는 물 속에 사는 것이고, 火龜는 불 속에 사는 것이다.〔神龜者 龜之最神明者也 禮統曰 神龜之象 上圓法天 下方法地 背上盤法丘山 玄文交錯以成列宿 長尺二寸 明吉凶 不言而信者 是也 靈龜 龜之有靈 次神龜者 雒書曰 靈龜者 玄文五色 神靈之精也 攝龜 龜之小者 腹甲曲折 能自張閉者也 寶龜 傳國所寶者 春秋經曰 盜竊寶玉大弓 公羊傳曰 寶者何 龜靑純 何休云 謂之寶者 言世世保用之辭 是也 文龜 甲有文彩者 筮龜 在蓍叢下者 山龜 生山中者 澤龜 生澤中者 水龜 生水中者 火龜 生火中者〕"

○ 注의 〔以柔居尊〕에서 〔天人之助也〕까지

○ 正義曰 : 〔朋 黨也〕馬融과 鄭玄이 모두 "살펴보건대, ≪爾雅≫에 「十朋之龜」는 첫 번째는 神龜, 두 번째는 靈龜, 세 번째는 攝龜, 네 번째는 寶龜, 다섯 번째는 文龜, 여섯 번째는 筮龜, 일곱 번째는 山龜, 여덟 번째는 澤龜, 아홉 번째는 水龜, 열 번째는 火龜이다.' 하였다."라고 하였다.

象曰 六五元吉은 自上祐也라

〈象傳〉에 말하였다. "六五가 크게 길함은 위에서 도와주기 때문이다."

【疏】正義曰 : '自上祐'(曰)〔者〕[1], 上謂天也, 故與自天祐之, 吉無不利,[2] 義同也.

1) (曰)〔者〕 : 저본에는 '曰'로 되어 있으나, 글 뜻에 의거하여 '者'로 바로잡았다.

2) 自天祐之 吉無不利 : 大有卦 上九 爻辭이다.

正義曰 :〔自上祐〕'上'은 하늘을 이른다. 그러므로 '하늘에서 도와주어 이롭지 않음이 없다.'는 것과 뜻이 같은 것이다.

上九는 弗損하고 益之면 无咎하고 貞吉하니 利有攸往이요 得臣이니 无家라

上九는 덜지 않고 보태면 허물이 없고 貞하여 吉하니, 가는 바를 둠이 이롭고 신하를 얻으니 정해진 집이 없다.

【注】處損之終하여 上无所奉하니 損終反益이니 剛德不損하고 乃反益之하여 而不憂於咎라 用正而吉하여 不制於柔면 剛德遂長이라 故로 曰 弗損하고 益之면 无咎하고 貞吉하니 利有攸往也라하니라 居上乘柔하고 處損之極하여 尙夫剛德이면 爲物所歸라 故로 曰 得臣이요 得臣則天下爲一이라 故로 无家也라

損의 終에 처하여 위에 받드는 바가 없으니 損이 끝나 도리어 益(보탬, 유익함)이 되니, 剛의 德을 덜지 않고 마침내 도리어 보태어서 허물을 근심하지 않는다. 바름을 사용하여 吉해서 柔에게 제재받지 않으면 剛의 德이 마침내 자라난다. 그러므로 "덜지 않고 보태면 허물이 없고 貞하여 吉하니, 가는 바를 둠이 이롭다."라고 한 것이다.

위에 거하고 柔를 타고 있으며 損의 極에 처하여 剛한 德을 숭상하면 물건(사람들)이 귀의하는 바가 된다. 그러므로 "신하를 얻는다."라고 하였고, 신하를 얻으면 천하가 하나가 되므로 정해진 집이 없는 것이다.

【疏】'上九'至'得臣无家' ○正義曰 : '弗損 益之 无咎 貞吉'者, 損之爲義, 損下益上, 上九處損之極, 上无所奉, 損終反益, 故曰"弗損, 益之"也. 旣剛德不損, 乃反益之, 則不憂於咎, 用正而吉, 故曰"无咎, 貞吉"也.[1] '利有攸往'者, (不利)〔不制〕[2]於柔, 不使三陰俱進, 不疑其志, 剛德遂長, 故曰"利有攸往"也. 又能自守剛陽, 不爲柔之所制, 豈惟无咎貞吉而已. 所往亦无不利, 故曰"利有攸往", 義兩存也. '得臣 无家'者, 居上乘柔, 處損之極, 尊夫剛德, 爲物所歸, 故曰"得臣." 得臣則以天下爲一, 故曰"无家", 无家者, 光宅天下, 无適一家也.

1) 旣剛德不損……貞吉也:'弗損 益之'를 王弼과 孔穎達은 '上九가 자신의 剛德을 덜지 않고 도리어 보탬'으로 보았는바, 이 해석에서 '益之'의 '之'는 上九 자신이 된다.

　　반면 程伊川과 朱子는 '益之'의 '之'를 아랫사람으로 보고, '益之'를 '上九가 아래에 더 해줌'의 뜻으로 보았다. 다만 '弗損'의 해석은 程伊川과 朱子가 다른데, 程伊川은 "陽剛으로 위에 거하였으니, 만일 剛함을 써서 아래에서 덜고 깎아내면 윗사람이 된 도리가 아니니, 그 허물이 크다. 만일 덞을 행하지 않고 바꾸어 陽剛의 道로써 아래에 더해주면 허물이 없어 바르고 또 길함을 얻을 것이다.〔以剛陽居上 若用剛以損削於下 非爲上之道 其咎大矣 若不行其損 變而以剛陽之道 益於下 則无咎而得其正且吉也〕"라고 하여 '弗損'을 '아래에서 덜지 않음'으로 보았다.

　　朱子는 "上九가 아래를 덜어 위에 더하는 때를 당하여 卦의 위에 거하였으니, 더함을 받음이 지극해서 스스로 덜어 남에게 더해주고자 한다. 그러나 위에 있으면서 아래에 더해줌에는 이른바 '은혜롭되 허비하지 않는다.〔惠而不費〕'는 것이 있으니, 자기를 덜어 내기를 기다리지 않고도 남을 유익하게 하는 것이니, 이와 같이 하면 허물이 없다.〔上九 當損下益上之時 居卦之上 受益之極 而欲自損以益人也 然居上而益下 有所謂惠而不費者 不待損己然後可以益人也 能如是則无咎〕"라고 하여 '弗損'을 '上九가 자신을 덜지 않음'으로 보았는바, 이는 王弼·孔穎達의 해석과 통한다. '은혜롭되 허비하지 않음'은 《論語》〈堯曰〉에 "백성들이 이롭게 여기는 것을 인하여 이롭게 해주니, 이것이 은혜롭되 허비하지 않는 것이 아니겠는가.〔因民之所利而利之 斯不亦惠而不費乎〕"라고 보인다.

2) (不利)〔不制〕: 저본에는 '不利'로 되어 있으나, 宋本에 의거하여 '不制'로 바로잡았다. 阮刻本〈校勘記〉에 "살펴보건대, '不制'는 바로 注와 같다. 그러나 注의 '不'자 역시 의심컨대 '下'자의 誤字인 듯하다."라고 하였다. '不制於柔'는 '柔를 제재하지 않음'과 '柔에게 제재받지 않음'의 두 가지 해석이 가능한데, 疏에 '不爲柔之所制'라 한 것에 근거하여 후자로 해석하였다. 注와 疏 모두 이처럼 해석하면 의미가 통하므로 '不'자는 교감하지 않았다.

經의 〔上九〕에서 〔得臣无家〕까지

○正義曰:〔弗損 益之 无咎 貞吉〕損卦의 뜻은 아래를 덜어 위에 보태는 것이니, 上九가 損卦의 極에 처하여 위에 받드는 바가 없어서 損이 끝나 도리어 益이 된다. 그러므로 "덜지 않고 보탠다."라고 한 것이다. 이미 剛의 德을 덜지 않고 마침내 도리어 보태면 허물을 근심하지 않고 바름을 사용하여 길하다. 그러므로 "허물이 없고 貞하여 吉하다."라고 한 것이다.

〔利有攸往〕柔에게 제재받지 않아서 세 陰으로 하여금 함께 나아가지 못하게 하여 그 뜻을 의심하지 않으면 강한 德이 마침내 자라난다. 그러므로 "가는 바를 둠이 이롭다."라

고 한 것이다. 또 능히 스스로 剛陽을 지켜서 柔에게 제재받지 않으면 어찌 다만 '허물이 없고 貞하여 吉함'일 뿐이겠는가. 가는 곳마다 또한 이롭지 않음이 없다. 그러므로 "가는 바를 둠이 이롭다."라고 하였으니, 뜻이 두 가지가 있는 것이다.

〔得臣 无家〕위에 거하고 柔를 타고 있어서 損卦의 極에 처하여 강한 德을 높이니, 물건이 귀의하는 바가 된다. 그러므로 "신하를 얻었다."라고 한 것이다. 신하를 얻으면 천하가 하나가 된다. 그러므로 "정해진 집이 없다."라 하였으니, 정해진 집이 없다는 것은 德이 天下에 충만하여 다만 하나의 집일 뿐만이 아닌 것이다.

象曰 弗損益之는 大得志也라

〈象傳〉에 말하였다. "'덜지 않고 보탬'은 크게 뜻을 얻는 것이다."

【疏】正義曰 : '大得志'者, 剛德不損, 爲物所歸, 故大得志也.

正義曰 : 〔大得志〕剛한 德이 손상되지 않아서 물건이 귀의하는 바가 되었다. 그러므로 크게 뜻을 얻는 것이다.

42. 益☲☴ 震下巽上

益은 利有攸往하며 利涉大川하니라

益은 가는 바를 둠이 이로우며 大川을 건넘이 이롭다.

【疏】正義曰 : '益'者, 增足之名, 損上益下, 故謂之益. 下已有矣, 而上更益之, 明聖人利物之无已也. 損卦則損下益上, 益卦則損上益下, 得名皆就下而不據上者, 向秀云"明王之道, 志在惠下, 故取下謂之損, 與下謂之益." 旣上行惠下之道, 利益萬物, 動而无違, 何往不利. 故曰"利有攸往." 以益涉難, 理絶險阻, 故曰"利涉大川."

正義曰 : 〔益〕 더하고 충족하는 이름이니, 위를 덜어 아래에 보태므로 卦의 이름을 '益'이라 한 것이다.

아래가 이미 소유하고 있는데 위에서 다시 보태니, 聖人이 물건을 이롭게 함이 끝이 없음을 밝힌 것이다. 損卦는 아래를 덜어 위에 보태고 益卦는 위를 덜어 아래에 보태는 것으로, 卦의 이름을 얻음이 모두 아래를 가지고 이름하고 위를 근거하지 않은 것은, 向秀가 말하기를 "明王의 道는 뜻이 아랫사람을 은혜롭게 함에 있으므로 아래에서 취하는 것을 '損'이라 하고 아래에 주는 것을 '益'이라 한다."라고 하였다.

이미 위에서 아래를 은혜롭게 하는 道를 행하여 萬物을 이롭고 유익하게 해서 動함에 어김이 없으면 어디로 간들 이롭지 않겠는가. 그러므로 "가는 바를 둠이 이롭다."라고 한 것이다.

益으로서 어려움을 건너면 이치에 험하고 막힘이 없으므로 "大川을 건넘이 이롭다."라고 한 것이다.

彖曰 益은 損上益下하니 民說(열)无疆이라

〈彖傳〉에 말하였다.

"益은 위를 덜어 아래에 보태니, 백성들의 기쁨이 끝이 없다.

【注】震은 陽也요 巽은 陰也니 巽은 非違震者也라 處上而巽하여 不違於下는 損上益下之謂也라

震은 陽이고 巽은 陰이니, 巽은 震을 어기는 자가 아니다. 위에 있으면서 공손하여 아래를 어기지 않음은 위를 덜어 아래에 보탬을 이른 것이다.

【疏】正義曰：此就二體, 釋卦名之義. 柔損在上, 剛動在下, 上巽不違於下, 損上益下之義也. 旣居上者, 能自損以益下, 則下民懽說, 无復疆限, 益卦所以名益者, 正以損上益下, 民說无疆者也.

正義曰：이는 두 體를 가지고 卦名의 뜻을 해석한 것이다. 柔의 덞은 위에 있고 剛의 動은 아래에 있어서 위가 공손하여 아래를 어기지 않음은 위를 덜어 아래에 보태는 뜻이다. 이미 위에 있는 자가 능히 스스로 덜어 아래에 보태면 아래에 있는 백성들의 기뻐함이 다시 끝이 없으니, 益卦를 '益'이라 이름한 이유는 바로 위를 덜어 아래를 보태어서 백성들의 기쁨이 끝이 없기 때문이다.

自上下下하니 其道大光이요 利有攸往은 中正有慶일새라

위에서 아래에게 낮추니 그 道가 크게 빛나고, 가는 바를 둠이 이로움은 中正하여 福慶(吉慶)이 있기 때문이다.

【注】五處中正하여 自上下下라 故로 有慶也라 以中正有慶之德으로 有攸往也면 何適而不利哉리오

九五가 中正에 처하여 위에서 아래에게 낮춘다. 그러므로 福慶이 있는 것이다. 中正하여 福慶이 있는 德으로 갈 바를 두면 어디로 간들 이롭지 않겠는가.

【疏】正義曰：此就九五之爻, 釋利有攸往, 中正有慶也. 五處中正, 能自上下下, 則其道光大, 爲天下之所慶順也. 以中正有慶之德, 故所往无不利焉, 益之所以利有攸往者, 正謂中正有慶故也.

正義曰：이는 九五의 爻를 가지고 '가는 바를 둠이 이로움은 中正하여 福慶이 있기 때문임'을 해석한 것이다.

九五가 中正에 처하여 능히 위에서 아래에게 낮추면 그 道가 光大하여 천하가 福慶으

로 여기고 순히 따르는 바가 되는 것이다. 中正하여 福慶이 있는 德을 지녔기 때문에 가는 바가 이롭지 않음이 없는 것이니, 益卦가 가는 바를 둠이 이로운 이유는 바로 中正하여 福慶이 있기 때문임을 말한 것이다.

利涉大川은 木道乃行이라

大川을 건넘이 이로움은 나무의 道가 마침내 행해지는 것이다.

【注】 木者는 以涉大川爲常而不溺者也니 以益涉難이 同乎木也라

나무는 大川을 건너는 것을 떳떳함으로 여겨서 빠지지 않는 것이니, 益으로서 어려움을 건너는 것이 나무와 같은 것이다.

【疏】 正義曰 : 此取譬以釋利涉大川也. 木體輕浮, 以涉大川爲常而不溺也, 以益涉難, 如木道之涉川.[1] 涉川无害, 方見益之爲利, 故云 "利涉大川, 木道乃行" 也.

1) 木體輕浮……如木道之涉川 : 程伊川은 '木'이 '益'의 誤字라 하고 "혹자는 '위는 巽이고 아래는 震이다. 그러므로 木道라고 한 것이다.'라고 하나, 옳지 않다.〔或以爲上巽下震 故云木道 非也〕하였다.

　그러나 朱子는 "卦體와 卦象으로 卦辭를 해석했다." 하여 '木道'를 卦象으로 보아 程伊川과 다르게 보았으며, 혹자가 "'木道乃行'을 《程傳》에서 '木字는 본래 蓋字의 誤字이다.' 하였으니, 어떻습니까?" 하고 묻자, 朱子는 다음과 같이 대답하였다. "내가 보건대 다만 木字일 뿐이다. 渙卦☴에서는 '나무를 탐에 功이 있다.〔乘木有功〕'하였고, 中孚卦☱에서는 '나무를 타고 배가 비었기 때문이다.〔乘木舟虛〕'라고 하였으니, 이로써 보건대 다만 木字일 뿐이다. 내가 한 친구를 만났는데, 말하기를 '八卦의 金·木·水·火·土가 있고, 五行의 金·木·水·火·土가 있으니, 예컨대 乾이 金이 됨은 易卦의 金이요, 兌의 金은 五行의 金이며, 巽이 木이 됨은 바로 卦 안에서 象을 취한 것이고 震이 木이 됨은 바로 東方(震)은 木에 속하니, 이는 五行의 木이다. 五行은 乾·坤·艮·巽의 四維를 취했기 때문이다.' 하였다." 이는 《周易傳義》 大全本에 실려 있는 내용으로, 《朱子語類》 권72 〈易八 益〉의 두 條를 합쳐 실은 것이다. 〈說卦傳〉에도 "巽이 木이 되고 바람이 되고 長女가 된다.〔爲木 爲風 爲長女〕"라고 보이는바, 益·渙·中孚 세 卦가 모두 巽이 위에 있다.

正義曰 : 이는 비유를 취하여 '大川을 건넘이 이로움'을 해석한 것이다. 나무의 體는 가볍게 떠서 大川을 건너는 것을 떳떳함으로 여겨 빠지지 않으니, 益으로써 어려움을 건너

는 것은 나무의 道가 川을 건너는 것과 같다. 川을 건넘에 해가 없어야 비로소 益이 이로움이 됨을 볼 수 있다. 그러므로 "大川을 건넘이 이로움은 나무의 道가 마침내 행해지는 것이다."라고 한 것이다.

益은 動而巽하여 日進无疆하며 天施地生하여 其益无方하니

益은 動하고 겸손하여 날로 나아감이 끝이 없으며, 하늘이 베풀고 땅이 낳아 그 유익함이 일정한 方所가 없으니,

【注】 (損下益上)〔損上益下〕[1]라

1) (損下益上)〔損上益下〕: 저본에는 '損下益上'으로 되어 있으나, 岳本·閩本·監本·毛本에 의거하여 '損上益下'로 바로잡았다.〔阮刻本 참조〕

위를 덜어 아래에 보탠다.

【疏】 正義曰 : '益 動而巽 日進无疆'者, 自此已下, 廣明益義. 前則就二體, 明損上益下, 以釋卦名, 以下有動求, 上能巽接, 是損上益下之義. 今執二體, 更明得益之方也. 若動而驕盈, 則彼損无已, 若動而卑巽, 則進益无疆, 故曰"益動而巽, 日進无疆." '天施地生 其益无方'者, 此就天地, 廣明益之大義也. 天施氣於地, 地受氣而化生, 亦是損上益下義也, 其施化之益, 无有方所, 故曰"天施地生, 其益无方."

正義曰 : 〔益 動而巽 日進无疆〕 이로부터 이하는 益卦의 뜻을 넓혀 밝힌 것이다. 앞에서는 두 體를 가지고 위를 덜어 아래에 보탬을 밝혀서 卦의 이름을 해석하였으니, 아래에서 動하여 구함이 있을 적에 위에서 능히 공손히 접함은 바로 위를 덜어 아래에 보태는 뜻이다. 그리고 지금은 두 體를 가지고서 다시 유익함을 얻는 방법을 밝혔으니, 만약 動하면서 교만하고 가득 차면 저 덜어짐이 끝이 없지만 만약 動하면서 낮추고 공손하면 進益함이 끝이 없다. 그러므로 "益은 動하고 겸손하여 날로 나아감이 끝이 없다."라고 한 것이다.

〔天施地生 其益无方〕 이것은 하늘과 땅을 가지고 益의 큰 뜻을 넓혀 밝힌 것이다. 하늘이 기운을 땅에 베풀고 땅이 기운을 받아 萬物을 化生함은 또한 위를 덜어 아래에 보태는 뜻이니, 그 베풀어 化生하는 유익함이 일정한 方所가 없다. 그러므로 "하늘이 베풀고 땅이 낳아 그 유익함이 일정한 方所가 없다."라고 한 것이다.

凡益之道는 與時偕行하나니라

모든 유익하게 하는 方道는 때와 더불어 함께 행하는 것이다."

【注】益之爲用은 施未足也니 滿而益之는 害之道也라 故로 凡益之道는 與時偕行也라

益의 쓰임은 부족한 자에게 베푸는 것이니, 가득한데 더해주는 것은 해치는 道이다. 그러므로 모든 유익하게 하는 方道는 때와 더불어 함께 행하는 것이다.

【疏】正義曰：雖施益无方, 不可恒用, 當應時行之, 故擧凡益摠結之, 故曰"凡益之道, 與時偕行"也.

正義曰：비록 유익함을 베풂이 일정한 방소가 없으나 항상 사용해서는 안 되고, 마땅히 때에 應하여 행해야 한다. 그러므로 '모든 유익함'을 들어 총괄하여 맺은 것이다. 그래서 "모든 유익하게 하는 方道는 때와 더불어 함께 행하는 것이다."라고 한 것이다.

象曰 風雷益이니 君子以見善則遷하고 有過則改하나니라

〈象傳〉에 말하였다. "바람과 우레가 益卦이니, 君子가 보고서 善을 보면 옮겨가고 허물이 있으면 고친다."

【注】遷善改過면 益莫大焉이라

善으로 옮겨가고 허물을 고치면 유익함이 이것보다 큰 것이 없다.

【疏】正義曰：子夏傳云"雷以動之, 風以散之, 萬物皆盈." 孟僖亦與此同其意, 言必須雷動於前, 風散於後, 然後萬物皆益. 如二月啓蟄之後, 風以長物, 八月收聲之後, 風以殘物, 風之爲益, 其在雷後, 故曰"風雷益"也. 遷, 謂遷徙慕尙. 改, 謂改更懲止. 遷善改過, 益莫大焉, 故君子求益, 以見善則遷, 有過則改也. 六子[1]之中, 竝有益物, 猶取雷風者. 何晏云"取其最長可久之義也."

1) 六子 : 八卦 중에 震卦☳, 坎卦☵, 艮卦☶, 巽卦☴, 離卦☲, 兌卦☱를 가리킨다. 八卦 중에 乾卦와 坤卦는 가족으로는 아버지와 어머니를 상징하고, 나머지 여섯 卦는 6명의 자녀를 상징하는바, 震卦☳는 長男, 坎卦☵는 次男, 艮卦☶는 少男, 巽卦☴는 長女, 離卦☲는 次女, 兌卦☱는 少女에 해당한다. 卦의 主爻는 홀로 陰이거나 홀로 陽인 爻

이므로 한 爻가 陰爻이면 여자, 陽爻이면 남자가 되고, 爻의 생성은 아래로부터 시작되
므로 主爻가 初爻이면 長子, 中爻이면 次子, 上爻이면 少子가 되는 것이다.

正義曰：≪子夏易傳≫에 "우레로 動하고 바람으로 흩어서 萬物이 모두 가득 찬다."라
고 하였고, 孟僖의 말도 이와 뜻이 같으니, 반드시 우레가 앞에서 動하고 바람이 뒤에서
흩은 뒤에야 萬物이 모두 유익함을 말한 것이다. 예컨대 二月에 우레가 울려서 땅속에서
잠자던 벌레가 나오게 한 뒤에 바람으로 물건을 자라게 하고, 八月에 우레 소리를 거둔
뒤에 바람으로 물건을 衰殘하게 하는 것과 같으니, 바람이 유익함이 됨은 우레의 뒤에
있다. 그러므로 "바람과 우레가 益卦이다."라고 한 것이다.

遷은 옮겨가고 사모하고 숭상함을 이르고, 改는 고치고 징계하고 그침을 이른다. 善으
로 옮겨가고 허물을 고치면 유익함이 이보다 더 큰 것이 없다. 그러므로 君子가 益을 구
함에 善을 보면 옮겨가고 허물이 있으면 고치는 것이다.

六子 가운데에 모두 남을 유익하게 함이 있는데 오직 우레와 바람을 취한 것은, 何晏
이 말하기를 "가장 크고(뛰어나고) 오래하는 뜻을 취한 것이다."라고 하였다.

初九는 利用爲大作이니 元吉이라야 无咎리라

初九는 큰 일을 일으킴이 이로우니, 크게 吉하여야 허물이 없으리라.

【注】處益之初하고 居動之始하니 體夫剛德하여 以莅其事而之乎巽하니 以斯大作이면 必獲
大功이라 夫居下는 非厚事之地요 (三)〔在〕[1]卑는 非任重之處요 大作은 非小功所濟라 故로
元吉이라야 乃得无咎也라

1) (三)〔在〕: 저본에는 '三'으로 되어 있으나, 글 뜻에 의거하여 '在'로 바로잡았다.

益卦의 처음에 처하고 動의 시초에 거하였으니, 剛德을 體行하여 그 일에 임하되 겸손
함으로 가니, 이러한 방식으로 큰 일을 일으키면 반드시 큰 功을 얻는다. 아래에 거함은
일을 크게 할 자리가 아니고, 낮은 곳에 있음은 임무가 무거운 곳이 아니며, 큰 일을 일
으킴은 작은 功으로 이룰 수 있는 바가 아니다. 그러므로 크게 吉하여야 비로소 허물이
없을 수 있는 것이다.

【疏】正義曰：大作, 謂興作大事也. 初九處益之初, 居動之始, 有興作大事之端, 又
(應)〔體〕[1]剛能幹, 應巽不違, 有堪建大功之德, 故曰"利用爲大作"也. 然有其才而无其

位, 得其時而无其處, 雖有殊功, 人不與也, 時人不與, 則咎過生焉. 故必元吉, 乃得无咎, 故曰"元吉, 无咎."

1) (應)〔體〕: 저본에는 '應'으로 되어 있으나, 錢本·宋本에 의거하여 '體'로 바로잡았다. 〔阮刻本 참조〕

正義曰 : 大作은 큰 일을 興作함을 이른다. 初九가 益卦의 처음에 처하고 動의 시초에 거하여 큰 일을 일으키는 단서가 있고, 또 體가 강하여 능히 주간하고, 巽에 應하여 어기지 않아서, 큰 功을 감당하여 세울 수 있는 德이 있다. 그러므로 "큰 일을 일으킴이 이롭다."라고 한 것이다.

그러나 재주가 있으나 지위가 없고 때를 얻었으나 처소가 없어서 비록 남다른 功이 있으나 사람들이 허여(인정하고 도와줌)하지 않으니, 세상 사람들이 허여하지 않으면 허물이 생겨난다. 그러므로 반드시 크게 吉하여야 허물이 없을 수 있는 것이다. 그러므로 "크게 吉하여야 허물이 없으리라."라고 한 것이다.

象曰 元吉无咎는 下不厚事也일새라

〈象傳〉에 말하였다. "'크게 吉하여야 허물이 없다'는 것은 아래에서는 큰 일을 할 수 없기 때문이다."

【注】時可以大作이로되 而下不可以厚事하여 得其時而无其處라 故로 元吉이라야 乃得无咎也라

때는 큰 일을 일으킬 수 있으나 아래에서는 큰 일을 할 수 없어서 때를 얻었으나 처소가 없으므로 크게 길하여야 허물이 없을 수 있는 것이다.

【疏】正義曰 : '下不厚事'者, 厚事, 猶大事也.

正義曰 : 〔下不厚事〕 厚事는 大事와 같다.

六二는 或益之하여 十朋之龜를 弗克違라 永貞이라야 吉하니 王用享于帝하면 吉하리라

六二는 혹자가 보태주어서 열 종류의 거북껍질을 어기지 못한다. 영원히 하고 貞

固하여야 吉하니, 王이 이때를 사용하여 上帝에게 祭享하면 吉하리라.

【注】以柔居中하여 而得其位하고 處內履中하여 居益以(中)〔沖〕¹⁾이라 益自外來하여 不召自至하여 不先不違하면 則朋龜獻策이 同於損卦六五之位로되 位不當尊故로 吉在永貞也라 帝者는 生物之主요 興益之宗이니 出震而齊巽者也²⁾라 六二居益之中하여 體柔當位하고 而應於巽하니 享帝之美 在此時也라

1) (中)〔沖〕: 저본에는 '中'으로 되어 있으나, 阮刻本 〈校勘記〉에 "살펴보건대, '中'은 마땅히 '沖'이 되어야 하니, 아래 疏에 '居益而能用謙沖者也'라고 한 것에서 징험할 수 있다."라고 한 것에 의거하여 '沖'으로 바로잡았다.

2) 出震而齊巽者也: 〈說卦傳〉에 "上帝가 震에서 나와 巽에서 깨끗하다.〔帝出乎震 齊乎巽〕"라고 보인다.

柔로서 中에 거하여 正位를 얻었고, 안에 처하고 中을 밟고 있어서 沖(겸손함)으로서 益의 때에 거한다. 그래서 益이 밖에서 와서 부르지 않아도 스스로 이르러 먼저 하지 않고 어기지 않으니, 이렇게 되면 열 종류의 거북껍질이 계책을 올림이 損卦의 六五의 자리와 같으나 지위가 尊位에 해당하지 않으므로 吉함이 영원히 하고 貞固함에 있는 것이다.

'帝'는 물건을 낳는 주체이고 유익함을 일으키는 宗主이니, 震에서 나와 巽에서 깨끗한 자이다. 六二가 益의 가운데에 거하여 體가 柔이면서 지위를 담당하고 巽에 應하니, 上帝에게 제향함의 아름다움이 이때에 있는 것이다.

【疏】'六二'至'王用享于帝吉' ○正義曰: 六二體柔居中, 當位應巽, 是居益而能用謙沖者也. 居益用謙, 則物自外來, 朋龜獻策, 弗能違也, 同於損卦六五之位, 故曰"或益之, 十朋之龜, 弗克違"也. 然位不當尊, 故永貞乃吉, 故曰"永貞, 吉." 帝, 天也. 王用此時, 以享祭於帝, 明靈降福, 故曰"王用享於帝吉"也.

經의 〔六二〕에서 〔王用享于帝吉〕까지

○正義曰: 六二는 體가 柔이면서 中에 거하고 지위를 담당하고 巽에 응하니, 이는 益의 때에 거하여 능히 겸손함을 사용하는 자이다. 益의 때에 거하여 겸손함을 사용하면 물건이 밖에서 오니, 열 종류의 거북껍질이 계책을 올리는 것을 어길 수 없는바, 損卦의 六五의 자리와 같다. 그러므로 "혹자가 보태주어서 열 종류의 거북껍질을 어기지 못한

다."라고 한 것이다.

그러나 지위가 尊位에 해당하지 않으므로 영원히 하고 貞固하여야 吉하다. 그러므로 "영원히 하고 貞固하여야 吉하다."라고 한 것이다.

帝는 하늘이다. 왕이 이때를 사용하여 上帝에게 祭享하여 밝은 神靈에게 福을 내린다. 그러므로 "王이 이때를 사용하여 上帝에게 祭享하면 吉하리라."라고 한 것이다.

象曰 或益之는 自外來也라

〈象傳〉에 말하였다. "'혹자가 보탠다.'는 것은 밖에서 오는 것이다."

【疏】正義曰 : '自外來'者, 明益之者, 從外自來, 不召而至也.

正義曰 : 〔自外來〕유익하게 해주는 자가 밖에서부터 스스로 와서 부르지 않아도 이름을 밝힌 것이다.

六三은 益之를 用凶事라야 无咎라 有孚中行하여 告公用圭니라

六三은 유익하게 함을 흉한 일에 사용하여야 허물이 없다. 孚信이 있고 中道를 행하여 公에게 고함에 圭를 사용한다.

【注】以陰居陽하여 求益者也라 故로 曰 益之라하니라 益不外來하고 己自爲之하여 物所不與라 故로 在謙則戮하고 救凶則免이라 以陰居陽하여 處下卦之上하니 壯之甚也니 用救衰危면 物所恃也라 故로 用凶事라야 乃得无咎也라 若能益不爲私하여 志在救難하고 壯不至亢하여 不失中行하여 以此告公이면 國主所任也니 用圭之禮 備此道矣라 故로 曰 有孚中行하여 告公用圭也라하니라 公者는 臣之極也라 凡事足以施天下면 則稱王이요 次天下之大者는 則稱公이니 六三之才 不足以告王이요 足以告公하여 而得用圭也라 故로 曰 中行告公用圭也라하니라

陰으로서 陽의 자리에 거하여 유익함을 구하는 자이다. 그러므로 "유익하게 한다."라고 한 것이다. 유익함이 밖에서 오지 않고 자기가 스스로 만들어서 남들이 허여하지 않는다. 그러므로 겸손한 도리에 있으면 誅戮을 당하고 흉함을 구원하면 誅戮을 면하는 것이다. 陰으로서 陽의 자리에 거하여 下卦의 위에 있으니, 건장함이 심한 것이다. 이것을 사용하여 쇠함과 위태로움을 구원하면 남들이 믿는다. 그러므로 흉한 일에 사용하여야 비로소 허물이 없을 수 있는 것이다.

만약 유익함이 자신의 사사로움을 위하지 아니하여 뜻이 어려움을 구제하는 데에 있고, 건장함이 亢極함에 이르지 아니하여 中行(中道)을 잃지 않아서 이로써 公에게 고하면 나라의 군주가 신임하니, 圭를 사용하는 禮가 이 道에 구비되었다. 그러므로 "孚信이 있고 中道를 행하여 公에게 고함에 圭를 사용한다."라고 한 것이다.

'公'은 신하의 極이다. 모든 일을 천하에 베풀 수 있으면 이것을 '王'이라 일컫고, 천하의 큰 것에 다음인 자를 '公'이라 일컬으니, 六三의 재주는 王에게 고할 수는 없고 公에게 고할 수는 있어서 圭를 사용할 수 있다. 그러므로 "中道를 행하여 公에게 고함에 圭를 사용한다."라고 한 것이다.

【疏】'六三'至'告公用圭' ○正義曰 : 六三以陰居陽, 不能謙退, 是求益者也, 故曰"益之." 益不外來, 己自爲之, 物所不與, 若以謙道責之, 則理合誅戮, 若以救凶原之, 則情在可恕. 然此六三, 以陰居陽, 處下卦之上, 壯之甚也. 用此以救衰危, 則物之所恃, 所以用凶事而得免咎, 故曰"益之, 用凶事, 无咎."[1] 若能求益, 不爲私己, 志在救難, 爲壯不至亢極, 能適於時, 是有信實而得中行, 故曰"有孚中行"也. 用此有孚中行之德, 執圭以告於公, 公必任之以救衰危之事, 故曰"告公用圭."

1) 益不外來……无咎 : 王弼과 孔穎達은 '益之 用凶事'를 '六三이 자신의 건장함을 사용하여 흉한 일을 구원함'의 의미로 해석하였다.

程伊川은 "六三은 下體의 위에 거하였으니, 백성의 위에 있는 자이니 바로 守令이다. 陽位에 거하여 剛과 應하고 動의 極에 처하였으니, 백성의 위에 있으면서 剛하고 果斷하여 유익한 일을 함에 과감한 자이다. 유익한 일을 함에 과감함은 흉한 일에 쓰면 허물이 없으니, 흉한 일이란 患難과 非常한 일을 이른다. 六三은 下體의 위에 거하였으니, 아래에 있을 적에는 마땅히 윗사람에게 명령을 받아 따라야 하니, 어찌 스스로 맡아서 제멋대로 유익한 일을 할 수 있겠는가. 오직 환난과 비상한 일에 있어서는 마땅함을 헤아려 갑작스런 상황에 대응해서 분발하여 몸을 돌보지 않고 힘써 백성을 비호할 수 있다. 그러므로 허물이 없는 것이다.〔三居下體之上 在民上者也 乃守令也 居陽應剛 處動之極 居民上而剛決 果於爲益者也 果於爲益 用之凶事則无咎 凶事謂患難非常之事 三居下之上 在下當承稟於上 安得自任 擅爲益乎 唯於患難非常之事 則可量宜應卒 奮不顧身 力庇其民 故无咎也〕"라 하였다.

朱子는 "六三이 陰柔로 中正하지 못하니, 유익함을 얻을 수 없는 자이다. 그러나 아래에 더하는 때를 당하여 下體의 위에 거하였으므로 유익하게 하기를 흉한 일로써 하는 것이니, 경계하고 진동함이 바로 유익하게 하는 것이다. 점치는 자가 이와 같이 한 뒤에야 허물이 없을 것이다.〔六三陰柔不中不正 不當得益者也 然當益下之時 居下之上 故有益之以凶事者 蓋警戒震動 乃所以益之也 占者如此然後可以无咎〕"라고 하였다.

經의 〔六三〕에서 〔告公用圭〕까지

○正義曰 : 六三이 陰으로서 陽의 자리에 거하여 겸손하지 못하니, 이는 유익함을 구하는 자이다. 그러므로 "유익하게 한다."라고 한 것이다. 유익함이 밖에서 오지 않고 자기가 스스로 만들어서 남들이 허여하지 않는 바이니, 만약 겸손한 도리로 꾸짖는다면 도리상 마땅히 誅戮을 당해야 하고, 만약 흉함을 구원하는 것으로 용서하면 情이 용서할 만한 입장에 있다. 그러나 이 六三이 陰으로서 陽의 자리에 거하여 下卦의 위에 있으니, 건장함이 심한 것이다. 이것을 사용하여 쇠함과 위태로움을 구원하면 남들이 믿는 바이니, 이 때문에 흉한 일에 사용하여야 허물을 면할 수 있는 것이다. 그러므로 "유익하게 함을 흉한 일에 사용하여야 허물이 없다."라고 한 것이다.

만약 유익함을 구함이 자신을 사사롭게 하는 것이 아니어서 뜻이 어려움을 구제함에 있고 건장함이 亢極함에 이르지 않아서 능히 때에 적당하게 하면, 이는 信實이 있으면서 中行을 얻은 것이다. 그러므로 "孚信이 있고 中道를 행한다."라고 한 것이다.

이 '孚信이 있고 中道를 행함'의 德을 사용하여 圭를 잡고서 公에게 고하면 公이 반드시 쇠함과 위태로움을 구원하는 일을 맡길 것이다. 그러므로 "公에게 고함에 圭를 사용한다."라고 한 것이다.

【疏】○注'以陰居陽'至'告公用圭也' ○正義曰 : '告王'者, 宜以文德燮理, 使天下人寧, 不當恒以救凶, 用志褊狹也.

○注의 〔以陰居陽〕에서 〔告公用圭也〕까지

○正義曰 : 〔告王〕마땅히 文德으로 조화하고 다스려서 천하 사람들을 편안하게 해야 하고, 항상 흉함을 구원하여 뜻을 씀이 褊狹해서는 안 된다.

象曰 益用凶事는 固有之也라

〈象傳〉에 말하였다. "'유익하게 함을 흉한 일에 사용함'은 굳게 功을 소유하는 것이다."

【注】用施凶事라야 乃得固有之也라

이것을 사용하여 흉한 일에 베풀어야 비로소 굳게 소유할 수 있는 것이다.

【疏】正義曰 : '固有之'者, 明其爲救凶, 則不可求益, 施之凶事, 乃得固有其功也.

正義曰 : 〔固有之〕흉함을 구원함은 유익함을 구해서는 안 되니, 이것을 흉한 일에 베풀어야 비로소 그 功을 굳게 소유할 수 있음을 밝힌 것이다.

六四는 中行이니 告公從이요 利用爲依遷國이니라

六四는 中行(中道)을 하니 公에게 告하면 따르고, 이 道로써 남에게 의지하여 國都를 옮김이 이롭다.

【注】居益之時하고 處巽之始하여 體柔當位하고 在上應下하여 卑不窮下하고 高不處亢하니 位雖不中이나 用中行者也니 以斯告公이면 何有不從이리오 以斯依遷이면 誰有不納也리오

益卦의 때에 거하고 巽卦의 시초에 처하여 體가 柔이면서 지위를 담당하고 위에 있으면서 아래에 應하여, 낮아도 끝까지 내려가지 않고 높아도 亢極에 처하지 않으니, 자리가 비록 中하지 않으나 中行을 사용하는 자이다. 이로써 公에게 고하면 어찌 따르지 않음이 있겠는가. 이로써 의지하여 國都를 옮기면 누가 받아들이지 않겠는가.

【疏】正義曰 : 六四居益之時, 處巽之始, 體柔當位, 在上應下, 卑不窮下, 高不處亢, 位雖不中, 用中行者也, 故曰"中行"也. 以此中行之德, 有事以告於公, 公必從之, 故曰 "告公從"也. 用此道以依人而遷國者, 人无不納, 故曰"利用爲依遷國"也. 遷國, 國之大事, 明以中行, 雖有大事, 而无不利. 如周之東遷, 晉鄭焉依之義也.[1]

1) 如周之東遷 晉鄭焉依之義也 : 《春秋左氏傳》 隱公 6년조에 "鄭伯이 周나라에 갔으니, 비로소 周 桓王에게 朝見한 것이다. 桓王이 그를 예우하지 않자, 周 桓公이 桓王에게 말하기를 '우리 周나라가 東遷할 적에 晉나라와 鄭나라에 의지하였으니, 鄭나라를 잘 대우해서 오지 않는 제후들을 권장하더라도 오히려 오지 않을까 두려운데, 하물며 예우하지 않는단 말입니까. 鄭나라는 앞으로 다시 오지 않을 것입니다.'라고 하였다.〔鄭伯如 周 始朝桓王也 王不禮焉 周桓公言於王曰 我周之東遷 晉鄭焉依 善鄭以勸來者 猶懼不蔇 況不禮 焉 鄭不來矣〕"라고 보인다.

'東遷'은 周나라의 幽王이 鎬京에서 不道德한 일을 자행하다가 西戎에게 시해당하고 아들 宜臼가 즉위하여 동쪽인 洛邑으로 遷都한 일을 가리킨다. 宜臼는 시호가 平王인

데, 周나라는 이때부터 國力이 쇠약해져 이름만 天子國이어서 제후들이 조회 오지 않 았다.

正義曰:六四가 益卦의 때에 거하고 巽의 시초에 처하여 體가 柔이면서 지위를 담당 하고 위에 있으면서 아래에 應하여, 낮아도 끝까지 내려가지 않고 높아도 亢極에 처하지 않으니, 자리가 비록 中하지 않으나 中行을 사용하는 자이다. 그러므로 "中行"이라 한 것 이다.

이 中行의 德을 가지고 일이 있어 公에게 고하면 公이 반드시 따른다. 그러므로 "公에 게 고하면 따른다."라고 한 것이다.

이 道를 사용하여 남에게 의지하여 國都를 옮기면 사람들이 받아들이지 않음이 없다. 그러므로 "이 道로써 남에게 의지하여 國都를 옮김이 이롭다."라고 한 것이다.

國都를 옮김은 나라의 큰 일이니, 中行으로써 밝히면 비록 큰 일이 있으나 이롭지 않 음이 없다. 예컨대 周나라가 동쪽으로 천도할 적에 晉나라와 鄭나라에 의지했다는 것과 같은 뜻이다.

象曰 告公從은 以益志也라

〈象傳〉에 말하였다. "'公에게 고하면 따름'은 뜻이 유익함을 얻기 때문이다."

【注】志得益也라

뜻이 유익함을 얻는 것이다.

【疏】正義曰 : '以益志'者, 旣爲公所從, 其志得益也.

正義曰 : 〔以益志〕 이미 公이 따르는 바가 되어서 그 뜻이 유익함을 얻는 것이다.

九五는 有孚惠心이라 勿問元吉이니 有孚하여 惠我德하리라

九五는 은혜로운 마음에 孚信을 두어 묻지 않아도 크게 吉하니, 孚信을 두어 나 의 德을 은혜롭게 여기리라.

【注】得位履尊하여 爲益之主者也라 爲益之大 莫大於信이요 爲惠之大 莫大於心하니 因 民所利而利之焉하여 惠而不費는 惠心者也라 信以惠心하여 盡物之願하니 固不待問而元

吉이니 有孚하여 惠我德也라 以誠惠物이면 物亦應之라 故로 曰 有孚하여 惠我德也라하니라

　지위를 얻고 높은 자리를 밟고 있어서 益卦의 주체가 된 자이다. 유익함의 큼은 信보다 더 큰 것이 없고, 은혜의 큼은 마음보다 더 큰 것이 없으니, 백성이 이롭게 여기는 바를 인하여 이롭게 해서 은혜롭게 하되 허비하지 않음은 은혜로운 마음을 간직한 자이다. 은혜로운 마음으로써 믿게 하여 남의 소원을 다 이루어주어서, 진실로 묻기를 기다리지 않고도 크게 吉하니, 孚信이 있어서 나의 德을 은혜롭게 여기는 것이다. 정성으로 남을 은혜롭게 하면 남 또한 應한다. 그러므로 "孚信을 두어 나의 德을 은혜롭게 여기리라."라고 한 것이다.

【疏】正義曰 : 九五得位處尊, 爲益之主, 兼張德義, 以益物者也. 爲益之大, 莫大於信, 爲惠之大, 莫大於心, 因民所利而利之焉, 惠而不費,[1] 惠心者也, 有惠有信, 盡物之願, 必獲元吉, 不待疑問, 故曰"有孚惠心, 勿問元吉." 我既以信, 惠被於物, 物亦以信, 惠歸於我, 故曰"有孚, 惠我德"也.

1) 因民所利而利之焉 惠而不費 : 《論語》〈堯曰〉에 "백성들이 이롭게 여기는 것을 인하여 이롭게 해주니, 이것이 은혜롭되 허비하지 않는 것이 아니겠는가.〔因民之所利而利之 斯不亦惠而不費乎〕"라고 보인다.

　正義曰 : 九五가 지위를 얻고 높은 자리에 처하여 益卦의 주체가 되어서 德과 義를 겸하여 베풀어 물건을 이롭게 하는 자이다. 유익함의 큼은 信보다 더 큰 것이 없고, 은혜의 큼은 마음보다 더 큰 것이 없으니, 백성들이 이롭게 여기는 바를 인하여 이롭게 해주어서 은혜롭되 허비하지 않음은 은혜로운 마음을 간직한 자이다. 은혜가 있고 孚信이 있어서 남의 소원을 다 이루어주면 반드시 크게 吉함을 얻어서 疑問할 필요가 없다. 그러므로 "은혜로운 마음에 孚信을 두어 묻지 않아도 크게 吉하다."라고 한 것이다.

　내가 이미 孚信으로 은혜를 남에게 입히면 남 또한 孚信으로 은혜롭게 나에게 돌아온다. 그러므로 "孚信을 두어 나의 德을 은혜롭게 여기리라."라고 한 것이다.

象曰 有孚惠心은 勿問之矣며 惠我德은 大得志也라

　〈象傳〉에 말하였다. "'은혜로운 마음에 孚信을 둠'은 물을 것이 없으며, '나의 德을 은혜롭게 여김'은 크게 뜻을 얻는 것이다."

【疏】正義曰 : '大得志'者, 天下皆以信惠歸我, 則可以得志於天下, 故曰"大得志也."

正義曰 : 〔大得志〕천하 사람들이 모두 信과 惠를 가지고 나에게 돌아오면 천하에 뜻을 얻을 수 있다. 그러므로 "크게 뜻을 얻는다."라고 한 것이다.

上九는 莫益之요 或擊之라 立心勿恒이니 凶이니라

上九는 보태주는 이가 없고 혹은 공격할 것이다. 마음을 세우기를 항상하지 않는 것이니, 흉하다.

【注】處益之極하여 過盈者也니 求益无已면 心无恒者也요 无厭之求는 人弗與也하여 獨唱莫和하니 是偏辭也라 人道惡(오)盈[1]하여 怨者非一이라 故로 曰 或擊之也라하니라

1) 人道惡(오)盈 : 謙卦 〈彖傳〉에 "天道는 가득한 것을 이지러지게 하고 겸손한 것을 보태주며, 地道는 가득한 것을 변하여 겸손함으로 흐르게 하며, 鬼神은 가득한 것을 해치고 겸손한 것에 복을 주며, 人道는 가득한 것을 싫어하고 겸손한 것을 좋아한다.〔天道 虧盈 而益謙 地道 變盈而流謙 鬼神 害盈而福謙 人道 惡盈而好謙〕"라고 보인다.

益卦의 極에 처하여 지나치게 가득한 자이니, 더하기를 구하여 그치지 않으면 마음이 항상함이 없는 자요, 만족함이 없는 요구는 사람들이 허여하지 않아서 홀로 唱함에 화답하는 이가 없으니, 이는 편벽된 말이다. 人道는 가득한 것을 미워하여 원망하는 자가 한둘이 아니다. 그러므로 "혹은 공격한다."라 한 것이다.

【疏】正義曰 : 上九處益之極, 益之過甚者也. 求益无厭, 怨者非一, 故曰"莫益之, 或擊之"也. 勿, 猶无也.[1] 求益无已, 是立心无恒者也, 无恒之人, 必凶咎之所集, 故曰"立心勿恒, 凶."

1) 勿 猶无也 : 王弼과 孔穎達은 勿을 无로 보아 '立心勿恒'을 '마음을 둠에 항상함이 없는 것'으로 해석하였다.

程伊川은 勿을 禁止辭로 보아 '마음을 둠에 항상 보태지기를 바라지 말아야 하는 것'으로 해석하여 "立心勿恒凶은 聖人이 사람들이 마음을 둘 적에 이익을 오로지해서는 안 됨을 경계하여 '항상하지 말아야 하니, 이와 같이 하면 凶한 道이다.'라고 말씀한 것이니, 마땅히 속히 고쳐야 할 것이다."라고 하였다.

반면 朱子는 "陽으로서 益의 極에 거하여 보태지기를 구하여 그치지 않는다. 그러므로 보태주는 이가 없고 혹 공격하는 것이니, 立心勿恒은 이를 경계한 것이다." 하였으

며, 혹자는 '或擊之'에 대하여 묻자, 朱子는 "或字는 여럿이어서 정하여 주장함이 없는 말이니, 다만 한 사람이 공격할 뿐만이 아닌 것이다. 立心勿恒의 勿字는 다만 不字의 뜻이니 禁止하는 말이 아니다. 이 부분 또한 의심스러우니 우선 제쳐두어야 한다." 하여, '立心勿恒'을 '마음을 세움이 항상하지 못함'의 뜻으로 보았는바, 이는 恒卦 九二 爻辭의 '不恒共德'과 같은 맥락으로 본 것이다. ≪朱子語類 권72 易八 益≫ 이 내용 역시 ≪周易傳義≫ 大全本에 실려 있다.

正義曰 : 上九가 益卦의 極에 처하였으니, 유익하기를 너무 심하게 하는 자이다. 유익함을 구함에 만족함이 없으면 원망하는 사람이 한둘이 아니다. 그러므로 "보태주는 이가 없고 혹은 공격할 것이다."라고 한 것이다.

勿은 无와 같다. 유익함을 구함이 끝이 없으면 이는 마음을 세움이 항상함이 없는 자이니, 항상함이 없는 사람은 반드시 흉함과 허물이 모여든다. 그러므로 "마음을 세우기를 항상하지 않는 것이니, 흉하다."라고 한 것이다.

象曰 莫益之는 偏辭也요 或擊之는 自外來也라

〈象傳〉에 말하였다. "'보태주는 이가 없음'은 편벽된 말이요, '혹은 공격함'은 밖으로부터 오는 것이다."

【疏】正義曰 : '偏辭'者, 此有求而彼不應, 是偏辭也.[1] '自外來'者, 怨者非一, 不待召也, 故曰"自外來也."

1) 偏辭者……是偏辭也 : '偏辭'를 王弼과 孔穎達은 '이쪽에서는 보태지기를 구하나 저쪽에서는 응하지 않음'의 의미로 해석하였다.

程伊川은 자신에게 편벽됨(공정하지 못하고 자신만 위함)을 나쁘게 여기는 말로 보았다. 그리하여 諺解에도 '偏타ᄒᆞᆫ 辭ㅣ오'로 해석하여 '편벽되다는 뜻이다.'로 보았다. ≪程傳≫은 다음과 같다. "理는 天下에 지극히 公正함이요 利는 여러 사람이 함께 원하는 바이니, 만일 그 마음을 공정하게 하여 正理를 잃지 않는다면 사람들과 이익을 함께하여 남을 侵害함이 없으므로 남들도 그와 친하고자 할 것이요, 만일 이익을 좋아함에 간절해서 스스로 사사로움에 가려져 자신의 有益을 구하여 남에게 손해를 끼친다면 남들도 그와 힘써 다툴 것이다. 그러므로 기꺼이 유익하게 해주는 이가 없고 공격하여 빼앗는 자가 있는 것이니, 유익하게 해주는 이가 없다고 말한 것은 자신에게 편벽됨이 있음을 그르다고 여긴 말이다. 〔理者 天下之至公 利者 衆人所同欲 苟公其心 不失其正理 則與衆同利 无侵於人 人亦欲與之 若切於好利 蔽於自私 求自益以損於人 則人亦與之力爭 故莫肯益之 而

有擊奪之者矣 云莫益之者 非有偏己之辭也〕"

한편 朱子는 偏辭를 '한쪽만 말한 것'으로 보았는바, 즉 '莫益之'는 求益의 측면만 말한 것이고 전체를 말한다면 '공격하는 자가 있다.'라고 말하게 될 것이라는 뜻이다. ≪本義≫는 다음과 같다. "'莫益之'라는 것은 유익함을 구하는 한쪽 말만 따라 말한 것이요, 만일 끝까지 다하여 말한다면 또 공격하는 자가 있는 것이다.〔莫益之者 猶從其求益之偏辭而言也 若究而言之 則又有擊之者矣〕" 胡炳文은 이를 부연하여 "'보태주는 이가 없다.'는 것은 上九가 보태지기를 구하니, 우선 보태지기를 구하는 한쪽의 말을 따라 말한 것이요. 그 極을 끝까지 따진다면 단지 보태주는 이가 없을 뿐만 아니라 또 공격하는 자가 있는 것이다. 六二는 보태지기를 구하지 않는데도 혹자가 보태주니 이는 보태줌이 밖에서 오는 것이요. 上九는 보태지기를 구하는데도 혹자가 공격하니 이 역시 밖에서 오는 것이다. 아! 누가 이것을 오게 하는가?" 하였는바, 이 역시 ≪周易傳義≫ 大全本에 실려 있다.

正義曰 : 〔偏辭〕 이는 구함이 있으나 저가 應하지 않으니, 이것이 '편벽된 말'이다.

〔自外來〕 원망하는 자가 한둘이 아니어서 부르기를 기다리지 않는다. 그러므로 "밖으로부터 오는 것이다."라 한 것이다.

譯註者 略歷

成百曉

忠南 禮山 出生
家庭에서 父親 月山公으로부터 漢文 修學
月谷 黃璟淵, 瑞巖 金熙鎭 先生 師事
民族文化推進會 國譯研修院 修了
高麗大學校 敎育大學院 漢文敎育科 수료
韓國古典飜譯院 부설 고전번역교육원 名譽漢學敎授(現)
傳統文化研究會 副會長(現) 해동경사연구소 소장(現)
古典國譯賞 受賞

論文 및 譯書
〈艮齋의 性理說小考〉〈燕岩의 學問思想研究〉
四書集註 ≪詩經集傳≫ ≪書經集傳≫ ≪周易傳義≫
≪古文眞寶≫ ≪牛溪集≫ 등 數十種 國譯
≪宣祖實錄≫ ≪宋子大全≫ ≪茶山集≫ ≪退溪集≫ 등 共譯

申相厚

梨花女子大學校 哲學科 졸업
梨花女子大學校 대학원 철학과 석사과정 졸업
梨花女子大學校 대학원 철학과 박사과정 재학
韓國古典飜譯院 부설 교육원 연수과정 졸업
韓國古典飜譯院 부설 교육원 전문과정(구 상임연구원) 졸업
誠信女子大學校 古典研究所 연구원

論文 및 譯書
〈朱熹의 未發 知覺論 연구〉
共譯 ≪陶谷集≫, ≪梅山集≫

十三經注疏

譯註 周易正義 2   정가 32,000원

2014년 12월 30일 초판 발행
2022년 04월 30일 초판 6쇄

責任飜譯　成百曉
共同飜譯　申相厚
編　輯　東洋古典飜譯編輯委員會
發行人　朴洪植

發行處　社團法人　傳統文化研究會

　서울시 종로구 삼일대로 428 낙원빌딩 411호
　전화 : (02)762-8401　전송 : (02)747-0083
　전자우편 : juntong@juntong.or.kr
　홈페이지 : juntong.or.kr
　사이버書堂 : cyberseodang.or.kr
　온라인서점 : book.cyberseodang.or.kr
　등록 : 1989. 7. 3. 제1-936호

인쇄처 : 한국법령정보주식회사(02-462-3860)
총　판 : 한국출판협동조합(070-7119-1750)

ISBN 979-11-5794-070-7 94140
　　　978-89-91720-93-0(세트)

※ 이 책은 2014년도 교육부 고전문헌 국역지원사업으로 초판(비매품) 간행.